Jaeger/Rüsen
Geschichte des Historismus

Friedrich Jaeger
Jörn Rüsen

Geschichte des Historismus

Eine Einführung

Verlag C. H. Beck München

Die Deutsche Bibliothek – CIP-Einheitsaufnahme

Jaeger, Friedrich:
Geschichte des Historismus : eine Einführung / Friedrich
Jaeger ; Jörn Rüsen. – München : Beck, 1992
  ISBN 3-406-36081-5

NE: Rüsen, Jörn:

ISBN 3 406 36081 5
Umschlagentwurf: Bruno Schachtner, Dachau
Umschlagbilder: Leopold von Ranke, Wilhelm
von Humboldt, Jacob Burckhardt, Johann Gustav Droysen
(Archiv für Kunst und Geschichte, Berlin)
© C. H. Beck'sche Verlagsbuchhandlung (Oscar Beck), München 1992
Gesamtherstellung: Wagner GmbH, Nördlingen
Gedruckt auf alterungsbeständigem (säurefreiem) Papier,
gemäß der ANSI-Norm für Bibliotheken
Printed in Germany

Inhaltsverzeichnis

Vorwort VII

I. Einführung 1
1. Grundsätzliche Fragen 1
2. Die Vieldeutigkeit des Begriffs »Historismus« 4
3. Das Konzept unserer Interpretation 8

II. Die Grundlagen: Historisches Denken im Zeitalter der Aufklärung 11
1. Die Bedeutung der englisch-schottischen Aufklärung für die Entstehung des Historismus 12
2. Die fachlichen Voraussetzungen der Geschichtswissenschaft 15

III. Die Entstehung des Historismus 21
1. Zeitgeschichtliche Erfahrungen in der Übergangsphase zwischen Aufklärung und Historismus 21
2. Der Ursprung des historistischen Entwicklungs- und Individualitätsprinzips 25
3. Die Kritik des Naturrechts und die Wendung zum historischen Recht 28
4. Die Bedeutung der idealistischen Geschichtsphilosophie . 30
5. Die Transformation des Historismus zur empirischen Wissenschaft 34

IV. Der Historismus als Wissenschaftsparadigma 41
1. Prinzipien der Fachlichkeit: Die disziplinäre Matrix . . . 41
2. Strategien der Grundlagenreflexion: Die Historik 53
3. Die Organisation der Forschung in den Institutionen des Fachs 67

V. Positionen und Entwicklungstrends 73
1. Historismus als europäisches Phänomen 75
2. Die Epoche Rankes und Niebuhrs 81
3. Die Preußisch-Kleindeutsche Schule 86
4. Die Ranke-Renaissance 92
5. Historismus und Nationalsozialismus 95

VI. Historiographische Hegemonie und subversiver Diskurs:
  Die Außenseiter des Historismus 113
  1. Die Außenseiter in der Frühphase des Historismus und
     das Erbe der Aufklärung 114
  2. Die Außenseiter in der Epoche der kleindeutschen Schule 121
     a) Die Modernisierungskrise als Krise des politischen
        Systems 122
     b) Die Modernisierungskrise als Krise der okzidentalen
        Kultur 125
     c) Die Modernisierungskrise als soziale Krise 130
  3. Die Außenseiter in der Epoche der Ranke-Renaissance ... 134

VII. Der Historismus in der Krise: Lamprecht-Streit und
  theoretische Neuansätze zu Beginn des 20. Jahrhunderts 141
  1. Der Lamprecht-Streit 141
  2. Die Suche nach einer neuen Historik 146
     a) Wilhelm Diltheys hermeneutische Begründung der
        Geisteswissenschaften 148
     b) Das neukantianische Konzept der »Kulturwissen-
        schaft« 151
     c) Max Webers Transformation der historischen Ideen zu
        Idealtypen der Forschung 156

VIII. Überwindungen des Historismus 161
  1. Der Marxismus 164
  2. Die Annales-Schule 173
  3. Gesellschaftsgeschichte, Historische Sozialwissenschaft . 181
  4. Der Historismus im Meinungsstreit 185

Anhang

Anmerkungen 195

Literaturverzeichnis 214

Personenregister 237

Vorwort

Diesem Buch liegt ein Studienbrief der Fernuniversität/Gesamthochschule Hagen zugrunde, der in drei Kurseinheiten das Thema ›Historismus‹ behandelte und als eine Einführung in seine Geschichte konzipiert war. Bei seiner Erstellung hat uns Heinrich Theodor Grütter in vielfacher Weise geholfen: Er hat unsere Texte kritisch gelesen und eine Reihe von Verbesserungsvorschlägen gemacht. Außerdem hat er die redaktionelle Bearbeitung der Texte übernommen und für die Zusammenstellung des Quellenteils gesorgt, der den vierten Band des Studienbriefes darstellte.

Für die Buchfassung haben wir den Quellenteil weggelassen und den Text überarbeitet, dabei jedoch die sprachliche Form, in der wir uns an die Studierenden richteten, weitgehend unangetastet gelassen. Der Studienbrief erschien 1987. Die seitdem veröffentlichte Literatur haben wir nicht mehr in der Form einer kritischen Auseinandersetzung verarbeiten können; wir mußten uns auf Ergänzungen des Literaturverzeichnisses und gelegentliche Angaben in den Anmerkungen beschränken.

Dieses Buch ist ein Ergebnis des Bochumer Sonderforschungsbereichs »Wissen und Gesellschaft im 19. Jahrhundert«. Obwohl dieser Sonderforschungsbereich wegen seiner breiten interdisziplinären Anlage, seiner Größe und der Form seiner Organisation kritisiert worden ist, bedeutete er für die meisten Beteiligten einen Abschnitt ihrer wissenschaftlichen Arbeit, den sie trotz mancher Verwünschungen der erforderlichen organisatorischen Arbeit nicht missen möchten: Ohne die zur Verfügung gestellten Ressourcen, mit denen junge Wissenschaftlerinnen und Wissenschaftler zur Mitarbeit gewonnen werden konnten, ohne die langjährigen intensiven Diskussionen mit ihnen und den Leitern anderer Projekte und ohne die vielfachen Anregungen auswärtiger Experten, die als Gäste des SFB in Bochum arbeiten konnten, wäre unser Versuch, eine Gesamtdeutung des Historismus zu wagen, nie in Angriff genommen worden. Uns hat zwar die Arbeit im Sonderforschungsbereich die Grenzen unseres Ansatzes deutlich gemacht, zugleich jedoch auch dazu ermuntert, innerhalb dieser Grenzen den Historismus als eine der wichtigsten Wissensformen des 19. Jahrhunderts historisch und systematisch zu beschreiben. Die Gespräche mit Georg Iggers und Peter Reill, die den Historismus anders sehen als wir, haben viel zur Klärung unseres Ansatzes beigetragen. Für die

Entstehung dieses Buches war es wichtig, daß wir das Konzept und die Resultate unserer Interpretation auf verschiedenen Konferenzen zur Diskussion stellen konnten, so auf der Jahrestagung der Western Association for German Studies 1983 und den beiden SFB-Kolloquien 1984 in Bad Homburg und 1986 in Iserlohn.

Wir danken Hans-Ulrich Wehler für seine Anregungen zur Veröffentlichung der Buchfassung und Ernst-Peter Wieckenberg für sein wohlwollendes Urteil, für seine gründliche Lektüre des Manuskripts und für seine hilfreichen Überarbeitungsvorschläge, die von uns dankbar aufgegriffen worden sind. Ferner möchten wir Peter Böhmer, Britta Jünemann und Manuela Lenzen für ihre tatkräftige Hilfe bei der Erstellung des Druckmanuskripts herzlich danken. Schließlich haben uns Horst Walter Blanke-Schweers, Britta Jünemann und Hans-Jürgen Pandel bei der Erstellung und Aktualisierung der Bibliographie mit ihren Hinweisen wirkungsvoll unterstützt, wofür wir ihnen ebenfalls unseren Dank aussprechen möchten.

Bielefeld, im September 1991 *Friedrich Jaeger/Jörn Rüsen*

I.
Einführung

1. Grundsätzliche Fragen

»Historismus« ist eine bestimmte Weise des historischen Denkens und eine ihr entsprechende Konzeption von Geschichtswissenschaft. Es ist ein Denken, dem es um die Erkenntnis der Eigenart vergangener Zeiten im Unterschied zur Gegenwart und dem es zugleich um einen übergreifenden Zusammenhang verschiedener Zeiten geht: Deren Aufeinanderfolge erscheint als einheitliche und durchgängige Entwicklung eigentümlicher menschlicher Lebensformen. »Individualität« und »Entwicklung« sind die dafür charakteristischen Kategorien. Dieses so ausgerichtete historische Denken erfolgt in der Form einer fachwissenschaftlich organisierten Forschung. Die für diese Forschung maßgebliche Methode ist hermeneutisch definiert: Historische Erkenntnis ist Verstehen von zeitlichen Zusammenhängen durch Einsicht in handlungsleitende Absichten (oder, wie es in einer älteren Terminologie formuliert wurde: in den »Geist« der Handelnden). Historismus, wie wir ihn sehen, läßt sich also knapp zusammengefaßt definieren als Geschichtswissenschaft (und ihr nahestehende historische Wissenschaften) in der Form einer verstehenden Geisteswissenschaft.

Zeitlich ist dieses Geschichts- und Wissenschaftskonzept nicht einfach einzuordnen. In sehr grober Vereinfachung bestimmt es das historische Denken im 19. Jahrhundert, das daher hinsichtlich seiner Wissenschaftskultur auch das »Jahrhundert des Historismus« genannt wurde. Seine Wurzeln und Anfänge reichen aber in die späte Aufklärung der zweiten Hälfte des 18. Jahrhunderts zurück, und obwohl es um die Wende zum 20. Jahrhundert zu einer tiefen Krise des Historismus gekommen ist, in der die Grundlagen zu neuen Konzeptionen von Geschichtswissenschaft und historischer Erkenntnis gelegt wurden, reichen die Wirkungen des Historismus auf unterschiedliche Weise noch bis in die Gegenwart hinein. In der Bundesrepublik blieb die historistische Wissenschaftskonzeption fast ungebrochen bis in die 1960er Jahre gültig. (In der DDR wurde sie nach 1945 durch eine marxistisch-leninistische Konzeption abgelöst.)

Diese Historismus-Vorstellung ist nicht selbstverständlich. Sie steht neben anderen Auffassungen, und daher müssen wir zunächst etwas genauer auf den Terminus »Historismus« und seine Bedeutung eingehen. »Historismus« ist ein vieldeutiges Wort. Um es zu verstehen, gehen wir zunächst davon aus, daß es – wie alle Worte mit -ismus – eine Denkweise meint, die einem bestimmten Prinzip, hier: der Geschichte und dem historischen Denken, eine zentrale weltanschauliche Bedeutung zuspricht. Historismus als Schlagwort meint ein Denken, das sich von der Geschichte Aufschluß über die Probleme und Antwort auf die Fragen verspricht, mit denen der Mensch sich Klarheit über sich selbst und seine Stellung in der Welt verschaffen will. »Was der Mensch ist, das sagt ihm die Geschichte«, so könnte man ganz allgemein die Devise des Historismus formulieren. Die Geschichte wird befragt, wenn es um wichtige Gegenwartsprobleme geht: Gegenwart und Zukunft erscheinen im Lichte der Vergangenheit.

Ist uns eine solche Denkweise vertraut, oder kommt sie uns fremd vor? Es mag uns zunächst abwegig erscheinen, daß wir uns der Vergangenheit zuwenden, um über Gegenwart und Zukunft Bescheid zu wissen. Und wir finden es vielleicht auch merkwürdig, wenn im 19. Jahrhundert repräsentative öffentliche Bauten wie Kirchen, Rathäuser, Bahnhöfe in Architekturstilen früherer Jahrhunderte (romanisch, gotisch oder anders) gebaut worden sind. Die Vergangenheit ist ja vergangen, und unsere Gegenwart unterscheidet sich in so vielen Hinsichten von dem, was früher der Fall war, daß man sich zunächst gar nicht vorstellen kann, die Vergangenheit als Auskunftsinstanz für Gegenwart und Zukunft in Anspruch zu nehmen. Auf der anderen Seite brauchen wir jedoch nur unseren Alltag genauer unter die Lupe zu nehmen, um »Historismus« wiederzufinden, d. h. Geschichte dort anzutreffen, wo es um unsere Gegenwart geht. Viele Menschen verbringen z. B. einen nicht kleinen Teil ihres Lebens, ohne es sich bewußt zu sein, in Geschichte, indem sie etwa ihr Wohnzimmer mit Möbeln im Stil vergangener Zeiten ausstatten. Wieso verspricht man sich Lebensgenuß, wenn man sich Möbel im Stil der Vergangenheit in seine Zimmer stellt? Unser Beispiel rührt an Grundprobleme des historischen Denkens, und diese Grundprobleme werden im folgenden von uns angesprochen. Allerdings werden wir uns nicht mit der grundsätzlichen Bedeutung beschäftigen, die Geschichte für unser Leben überhaupt hat, sondern mit einer Epoche in der Entwicklung des historischen Denkens, in der es eine neue, für uns noch wichtige Bedeutung gewinnt. Es handelt sich um die Epoche, in der das historische Denken spezifisch moderne Züge bekommt und in der sich die Geschichte als Fachwissenschaft ausbildet.

Im späten 18. Jahrhundert beginnt eine Entwicklung, die im Laufe des 19. Jahrhunderts zu einer ganz ungewöhnlichen (und für uns in seinem Ausmaß kaum vorstellbaren) Vertiefung des historischen Bewußtseins geführt hat. Rechnete man noch am Ende des 18. Jahrhunderts nur mit einigen tausend Jahren Weltgeschichte, so hat sich am

Ende des 19. Jahrhunderts der zeitliche Umfang der Weltgeschichte mehr als verzwanzigfacht. Ähnlich ist es mit der Zahl der Kulturen, die den Zeitraum der Vergangenheit erfüllen. Unbekannte Völker, Staaten und Gesellschaften früherer Zeiten wurden entdeckt, das Wissen um die Vergangenheit und die Eigenart vergangener Zeiten nahm geradezu explosionsartig zu. Alle Bereiche der menschlichen Kultur wurden ›historisch‹ gesehen und erforscht.

Die Wissenschaften, die sich mit dem Menschen und seiner Welt (mit Sprache, Literatur, Kunst, Philosophie, Religion, Recht, Staat, Wirtschaft, Gesellschaft, Verfassung) beschäftigen, entwickeln sich oder entstehen als historische Disziplinen, die das Wissen um die zeitlichen Verschiedenheiten des menschlichen Lebens ungeheuer steigern.

Dies geschieht in einer Zeit, in der sich durch die Industrialisierung die wirtschaftlichen, durch Parlamentarisierung und Demokratisierung die politischen, durch den Aufstieg der bürgerlichen Mittelschichten die sozialen und durch den Aufschwung der Wissenschaften die kulturellen Grundlagen moderner Gesellschaften bilden. Der Historismus ist ein Teil des umfassenden Prozesses der Modernisierung, in dem unsere heutigen Lebens- und Denkformen entstanden sind. Er wurde daher auch von Friedrich Meinecke als »eine der größten geistigen Revolutionen, die das abendländische Denken erlebt hat«, gefeiert.[1]

Dieser Modernisierungsprozeß wurde bis vor kurzem noch fast selbstverständlich als Fortschritt angesehen. Die Beschäftigung mit dem Historismus erfolgte daher auch meistens unter der Leitfrage, was er zu diesem Fortschritt beigetragen habe: Wogegen hat er sich abgesetzt, welche Vorgänger hatte er, reicht er noch als Grundlage unseres historischen Denkens, oder müssen wir über ihn hinausgehen, also noch ›historischer‹ denken, als es im 19. Jahrhundert möglich war? Heutzutage hat sich die Einstellung vieler Zeitgenossen zur Modernisierung (und damit auch zu den ›modernen‹ Formen des historischen Denkens) gewandelt. Die moderne Lebensform erscheint vielen Nachdenklichen als so problemgeladen, daß die geschichtliche Entwicklung, die zu ihr geführt hat, als Irrweg angesehen und scharf kritisiert wird. Dieser Kritik verfällt auch das historische Denken: Seine Vorstellungen von einem einheitlichen und umfassenden Geschichtsverlauf, seine Fortschrittsideen, sein Wissenschaftsverständnis werden als falscher Zugang zur Vergangenheit zurückgewiesen, manchmal auch verantwortlich gemacht für die Unfähigkeit der modernen Kultur, die menschliche Lebenspraxis auf eine tragfähige Wertbasis zu stellen. Der Historismus wird als völlig ungeeignet hingestellt, die großen Gegenwarts- und Zukunftsfragen zu lösen. Stattdessen sucht man nach Alternativen zu den bisherigen Formen des historischen Denkens, und damit stellt sich unvermeidlich die Frage, ob wir, wenn wir uns heute mit der Vergangenheit beschäftigen, dies noch auf der Basis können, die im späten 18. und im 19. Jahrhundert erarbeitet worden ist.

Wir wollen diese Problemstellung aufgreifen und Informationen und Argumente liefern, mit denen die Fragen danach, was modernes historisches Denken ist, worin seine Leistungen bestehen und wo seine Grenzen liegen, erörtert werden können. Allerdings können wir nicht den ganzen Bereich dessen ansprechen, was modernes historisches Denken ausmacht, sondern nur zwei – allerdings, wie wir glauben: zentrale – Gesichtspunkte behandeln: seine Entstehung um die Wende vom 18. zum 19. Jahrhundert und seine Ausbildung zur Geschichtswissenschaft. Modernes historisches Denken ist wissenschaftliches historisches Denken, – was das heißt, das soll uns vor allem beschäftigen. Was geschieht mit dem historischen Denken, wenn es wissenschaftlich wird und in seiner wissenschaftlichen Form zur Erörterung brennender Gegenwartsfragen und zur Bestimmung von Zukunftsperspektiven verwendet wird? Diese Fragen wollen wir zu beantworten versuchen, indem wir den geschichtlichen Prozeß darstellen und analysieren, in dem die Geschichte als Fachwissenschaft entsteht. Unser Buch handelt also vorwiegend von der Wissenschaftsgeschichte der Geschichtswissenschaft. Damit blenden wir andere Perspektiven aus, in denen modernes historisches Denken betrachtet werden kann, z. B. die umfassendere Perspektive einer Kulturgeschichte des Geschichtsbewußtseins, wo der nicht-wissenschaftliche Umgang mit Geschichte eine wichtige Rolle spielt. Beispiele für einen solchen Umgang sind etwa der historische Roman oder Denkmäler.

Wir glauben aber, daß der Aspekt »Wissenschaftlichkeit« zentral ist für modernes historisches Denken, so daß wir nicht nur eine wichtige Epoche in der Entwicklung der Geschichtswissenschaft (ihre Entstehung und Ausbildung als Fachwissenschaft) behandeln, sondern zugleich damit auch ein wesentliches Prinzip des modernen historischen Denkens, eben: seine Wissenschaftlichkeit erörtern. Statt »Wissenschaftlichkeit« kann man auch »Rationalität« sagen, und dieses Wort kann vielleicht am deutlichsten machen, worum es geht. Wir diskutieren mit dem Historismus Möglichkeiten und Leistungen der für moderne Gesellschaften ausschlaggebenden Rationalität im Umgang mit der Geschichte und natürlich auch ihre Grenzen und Verfehlungen.

2. Die Vieldeutigkeit des Begriffs »Historismus«

Wir haben den Historismus zunächst nur in seiner naheliegenden Bedeutung als ein Denken definiert, in dem die Geschichte eine hervorragende Rolle bei der Klärung weltanschaulicher Fragen spielt. Zugleich haben wir ihn aber auch historisch definiert: Er bezeichnet die erste umfassende Ausprägung des modernen fachwissenschaftlichen historischen Denkens. Diese doppelte Begriffsbestimmung müssen wir noch begründen, bevor wir näher auf die angesprochene Wissenschaftsentwicklung eingehen. Denn es gibt ganz unterschiedliche Bedeutungen des Wortes »Historismus«, und zwar sowohl in seiner eigenen geschichtlichen Entwicklung wie auch im heutigen Sprachgebrauch. Mit unserer Begriffserklärung wollen wir zeigen, daß unsere Vorstellung, die wir mit dem Wort »Historismus« verbinden wollen, etwas wirklich Wichtiges im Bereich des historischen Denkens und der Geschichtswissenschaft in den Blick bringt. Zugleich wollen wir begründen, daß die anderen Bedeutungen des gleichen Wortes zwar auf die gleiche Sache zielen, sie jedoch nur verkürzt oder irreführend ansprechen.

Historisch gesehen bedeutete »Historismus« zunächst nur: ein Bewußtsein oder ein Denken, dem es ganz besonders um Geschichte geht, das sich ganz auf Geschichte konzentriert und damit anderes (Nicht-Geschichtliches) übersieht oder unberücksichtigt läßt. In dieser allgemeinen Bedeutung taucht das Wort im Laufe des 19. Jahrhunderts mehrfach auf,[2] spielt aber zunächst keine besondere Rolle in der Diskussion über das historische Denken und seine kulturelle Bedeutung.

Seit der Wende vom 19. ins 20. Jahrhundert wird das anders: »Historismus« wird zu einem Schlagwort, mit dem ein ganz bestimmtes Verhältnis der inzwischen ausgebildeten historischen Fachwissenschaften (vor allem der Geschichtswissenschaft, aber auch der Literatur- und anderer Geisteswissenschaften) zu ihrer Gegenwart, zu den aktuellen Fragen der Politik und Kultur bezeichnet wird. Man wirft mit dem Wort »Historismus« den Geisteswissenschaften vor, vor lauter Vergangenheit die Gegenwart aus den Augen zu verlieren. Man kritisiert ihre Art, vom Menschen und seiner Welt zu reden, als historischen Selbstverlust der Gegenwart. Dem historischen Denken gehe es nur um die Vergangenheit: Seine Art, von der Geschichte zu reden, lenke von der Gegenwart und ihren Problemen nur ab; es trage eigentlich gar nichts wirklich Produktives zur kulturellen Bewältigung der Gegenwartsprobleme bei, weil es ihm nicht mehr darum gehe, die Gegenwart im Lichte der Vergangenheit zu verstehen und zu deuten, sondern nur noch darum, die Vergangenheit um ihrer selbst willen zu verstehen. Mit dem Wort »Historismus« wird also dem von den historischen Fachwissenschaften produzierten Wissen um die menschliche Vergangenheit kritisch-polemisch eine kulturelle Bedeutung abgesprochen: Es wird als sinnlos, als funktionslos für die Bewältigung drängender Gegenwartsaufgaben angesehen. Ohne das Wort »Historismus« zu benutzen, hatte Friedrich Nietzsche diese Kritik schon früh in der 1873 erschienenen zweiten seiner »Unzeitgemäßen Betrachtungen: Vom Nutzen und Nachteil der Historie für das Leben« formuliert.

Dieser kritisch-polemische Gebrauch des Wortes »Historismus« ist heute immer noch üblich. Daneben wird es noch in drei anderen Bedeutungen verwendet, die alle drei aus dieser ersten, negativen terminologischen Verwendung stammen.

1. Man benutzt das Wort »Historismus«, um einen Positivismus des historischen Denkens zu bezeichnen und meint damit ein historisches Denken, in dem es vor allem auf eine genaue und überprüfbare Ermittlung historischer Fakten ankommt und das sich um tieferliegende Zusammenhänge dieser Fakten ebensowenig kümmert wie darum, welche Rolle das Wissen um die historischen Fakten in der kulturellen Orientierung der gegenwärtigen menschlichen Lebenspraxis spielt.

2. Mit dieser Bedeutung hängt aufs engste eine andere zusammen, in der »Historismus« ein historisches Denken meint, dem es rein um die Vergangenheit geht, um die Eigenart der jeweils zur Frage stehenden Epoche; diese Eigenart wird für sich entwickelt, der Unterschied zwischen verschiedenen Zeiten wird deutlich herausgearbeitet, und jeder Zeit wird ein eigener Sinn, etwas Wertvolles in sich selbst unterstellt. Historismus meint also ein historisches Denken, das die Vergangenheit nicht in klaren Zusammenhängen mit der Gegenwart sieht, sondern sie geradezu gegen solche Zusammenhänge für sich in ihrer jeweiligen Eigenart zu verstehen sucht. Für ein solches historisches Denken gibt es dann keinen die Unterschiedlichkeit vergangener Zeiten übergreifenden Wertmaßstab des historischen Urteils mehr. Historismus wird daher, wenn es dieses Denken bezeichnet, auch oft dazu verwendet, den Relativismus, der diesem Denken verwandt ist und zu dem es führen kann, anzusprechen.

3. Dem Wort »Historismus« ist es so gegangen wie vielen Bezeichnungen, die zunächst in kritischer, polemischer, negativer Absicht verwendet worden sind. Diese Absicht wurde ins Positive gewendet, und dann ging es um die gleiche Sache, aber jetzt bezeichnet Historismus eine Errungenschaft des historischen Denkens, seine Fähigkeit, die menschliche Vergangenheit in einem unvergleichlichen Ausmaß zu erkennen. Der Begriff wird jetzt durchaus gleichbedeutend mit »modernem historischen Denken« gebraucht, und damit wird ein historisches Denken angesprochen, das über die Fähigkeiten verfügt, alle Bereiche des menschlichen Lebens in geschichtlichen Zusammenhängen, in zeitlichen Bewegungen, zu sehen. Dieses Denken löst alle Vorstellungen einer ewig-gültigen Ordnung der menschlichen Welt auf und setzt an ihre Stelle die Vorstellung einer ständigen zeitlichen Veränderung. Bei der Erkenntnis der menschlichen Welt geht es dem

2. Die Vieldeutigkeit des Begriffs »Historismus«

Historismus nicht mehr um das, was in ihr gleich und unveränderlich ist, sondern um ihre Verschiedenheit, Veränderung und Veränderlichkeit. Damit kommt in die denkende Betrachtung des Menschen und seiner Welt ein dynamischer Zug. Veränderung wird in der Form unterschiedlicher Leitbegriffe (wie Fortschritt oder Entwicklung) zur beherrschenden Denkform, und damit wird zugleich die Vielfalt und Verschiedenheit des menschlichen Lebens, der Formenreichtum der menschlichen Kultur, erschlossen und erkennbar. Historismus meint jetzt »grundsätzliche Historisierung alles unseres Denkens über den Menschen, seine Kultur und seine Werte.«[3]

Diese Bedeutung des Wortes »Historismus« wurde in den großen Debatten um die geistigen Grundlagen und die kulturelle Bedeutung der Geisteswissenschaften herausgearbeitet, die in den zwanziger und dreißiger Jahren in Deutschland geführt wurden.[4] Sie ist heute noch üblich, vor allem dort, wo man zwischen einem bürgerlichen und einem marxistisch-leninistischen Historismus unterscheidet: Hier (insbesondere in der sowjetischen Diskussion) ist Historismus gleichbedeutend mit »moderner Historisierung des Denkens über die menschliche Welt«.

Im Unterschied dazu wird jedoch in der deutschen Wissenschaftssprache (und ihr folgend, allerdings nicht so entschieden, in der angelsächsischen) unter Historismus (»historicism«) nicht die moderne Form des historischen Denkens überhaupt, sondern dessen erste Ausprägung in den Denkformen der historischen Wissenschaften des 19. Jahrhunderts verstanden. Historismus meint hier die Art und Weise des historischen Denkens, die die historischen Wissenschaften im 19. Jahrhundert charakterisiert. Mit Denkweise ist hier mehr gemeint als bloß die für diese Wissenschaften wichtigen methodischen Verfahren der historischen Forschung, sondern die Art ihrer Begriffsbildung, ihre philosophisch-weltanschaulichen Voraussetzungen, ihr innerer Zusammenhang mit der menschlichen Lebenspraxis, ihr Bildungsanspruch und ihre praktische Bedeutung.

In diesem Sinne wollen auch wir von »Historismus« sprechen: Wir meinen damit diejenige Art der denkenden Auseinandersetzung mit der menschlichen Vergangenheit, die für die historischen Wissenschaften seit der Wende vom 18. zum 19. Jahrhundert typisch ist und die ihnen im Laufe des 19. Jahrhunderts ihr eigentümliches Gepräge, ihr fachwissenschaftliches Profil, gegeben hat. Zugleich meint Historismus die in den historischen Fachwissenschaften sich ausprägende spezifisch moderne Art des historischen Denkens.

Nur nebenbei weisen wir noch darauf hin, daß es den fachlichen Terminus »Historizismus« gibt. Er kommt von der englischen Übersetzung »Historicism« des deutschen »Historismus« her und wurde von dem Philosophen Karl R. Popper dazu verwendet, ein historisches Denken terminologisch zu bezeichnen, das beansprucht, eine allgemeine historische Gesetzmäßigkeit zu erkennen, die nicht nur die bisherigen geschichtlichen Veränderungen erklärt, sondern auch Prognosen zukünftiger geschichtlicher Entwicklungen ermöglicht.[5] Dieser »Historizismus« hat mit dem »Historismus«, den wir behandeln wollen, direkt nichts zu tun.

3. Das Konzept unserer Interpretation

Wir verstehen also unter Historismus die für die historischen Wissenschaften, insbesondere natürlich für die Geschichtswissenschaft des 19. Jahrhunderts, maßgebliche Denkform. Sie ist vor allem durch zwei Faktoren bestimmt: durch eine neue zeitlich-dynamische Sicht des Menschen und seiner Welt und durch das Prinzip der Wissenschaftlichkeit. Beide Faktoren zusammen machen den ›modernen‹ Charakter des Historismus aus, den wir ganz am Anfang unserer Überlegungen betont haben. Wir sehen im Historismus die erste Epoche in der Geschichte des historischen Denkens und der Geschichtsschreibung, in der sich die Geschichte als Fachwissenschaft ausbildet und in den Formen eines akademischen Betriebes institutionalisiert, die wir heute noch kennen: Mit der historischen Forschung wird ein Prozeß dauernden Wissenszuwachses in Gang gesetzt, auf dem die Geschichtsschreibung aufbauen muß, wenn sie glaubwürdig bleiben will. Die Historiker werden zu Fachleuten; mit dem Bewußtsein ihrer akademischen Professionalität grenzen sie sich von Dilettanten oder bloßen Literaten ab.

Uns wird es darum gehen, diese Epoche durch einen strukturanalytischen Ansatz abzugrenzen und zu beschreiben. Wir wollen von den Anfängen eines ausgesprochen modernen historischen Denkens in der Spätaufklärung der zweiten Hälfte des 18. Jahrhunderts ausgehen und zeigen, wie sich ein fachwissenschaftliches historisches Denken entwickelt und sich die eigenständige Wissenschaftsdisziplin Geschichtswissenschaft ausbildet. Wir sind der Meinung, daß diese Wissenschaftsdisziplin eine Denkstruktur aufweist, die ihre Entwicklung im Laufe des 19. Jahrhunderts durchgängig bestimmt und es uns möglich macht, von einer einzigen umfassenden und grundlegenden Wissenschaftskonzeption des Historismus zu sprechen. Wir werden diese Wissenschaftskonzeption mit strukturgeschichtlichen Methoden zu beschreiben versuchen, d. h. wir wollen ihre durchgängigen und fundamentalen Denkprinzipien herausarbeiten. Dabei wollen wir allerdings den Spielraum unterschiedlicher, ja gegensätzlicher Ausprägungen der einen und gleichen Wissenschaftskonzeption im Laufe des 19. Jahrhunderts nicht ausblenden, sondern im Gegenteil deutlich machen, daß der Historismus als Denkform in unterschiedlichen historischen Situationen unterschiedliche Ausprägungen erfuhr. Schließlich wollen wir auch zeigen, wo die Grenzen dieser Wissenschaftskonzeption liegen. Wir werden auch die offenen und kontroversen Fragen nach dem Ende des Historismus und seiner Überwindung aufgreifen und so zu beantworten versuchen, daß der Ort der heutigen Geschichtsschreibung in ihrem Verhältnis zur Epoche des Historismus umschrieben wird.

Mit dem Historismus geht es uns also nicht nur darum, eine der wichtigsten Etappen in der Entwicklung der Geschichtswissenschaft zu ihrer gegenwärtigen Situation zu analysieren, sondern es geht uns zugleich auch um die Fundamente, auf denen das gegenwärtige wissenschaftliche historische Denken beruht. Damit ist schließlich auch die eigentliche Grundfrage unserer Überlegungen angesprochen, nämlich die, was es eigentlich heißt, ›modern‹ (und das heißt immer: rational-wissenschaftlich) historisch zu denken. Was bedeutet dieses Denken heute? Wenn wir den Historismus als Wissenschaftskonzept ansprechen, dann wollen wir das auf mehreren Ebenen tun. Wir werden ihn als Struktur der verstehenden Geisteswissenschaften identifizieren und beschreiben und seine wichtigsten Elemente hervorheben: seine Vorstellung von Geschichte als Entwicklung individueller Kultursysteme, seinen hermeneutischen Methodenbegriff des historischen Verstehens und seine ästhetischen Darstellungsformen historiographischer Epik. Wir wollen aber die Wissenschaftlichkeit der Geschichtswissenschaft nicht isoliert von ihren politischen Funktionen sehen, sondern ihren inneren Zusammenhang mit neuen Formen der Legitimation und Kritik von Herrschaft betonen: Der Historismus soll als Sprache politischer Interessen und Einstellungen, als außerordentlich wichtiger Faktor der politischen Kultur des 19. Jahrhunderts verstanden werden.

Der enge Zusammenhang zwischen Historismus und Nationalismus soll erkennbar werden. Wir werden zwar auch die gesamteuropäische Dimension des Historismus betonen, uns allerdings vor allem mit der deutschen Entwicklung beschäftigen, und zwar nicht nur deshalb, weil wir die Spuren unseres eigenen historischen Denkens zurückverfolgen wollen, sondern auch deshalb, weil die deutsche Geschichtswissenschaft bis Ende des 19. Jahrhunderts als vorbildlich galt und erst mit der Krise des Historismus seit Beginn des 20. Jahrhunderts durch weiterführende ›moderne‹ Entwicklungen überholt wurde. Bei der deutschen Entwicklung des Historismus wollen wir den in ihm möglichen Spielraum unterschiedlicher politischer Positionen aufzeigen. Wir werden uns also nicht nur auf typische und führende Vertreter und dominierende Schulen und Richtungen der Geschichtswissenschaft beziehen, sondern auch Außenseiter und nicht zum Zuge gekommene Ansätze berücksichtigen.

Die neueren Interpretationen des Historismus geben uns ein widersprüchliches Bild. Georg Iggers, der die letzte umfassende Gesamtdeutung des deutschen Historismus vorgelegt hat,[6] neigt zu einem sehr kritischen Urteil: Er vergleicht das, was im 19. Jahrhundert aus den Ansätzen der Aufklärung zur Modernisierung des historischen Denkens gemacht worden ist, mit dem, was die Aufklärung ursprünglich wollte und in Angriff genommen hatte, und kommt zu dem Schluß, daß der deutsche Historismus als Zersetzung der Aufklärung angesehen werden muß. Er habe das Potential vernünftigen und kritischen, an der menschlichen Selbstbestimmung orientierten Denkens, das die Aufklärung der Geschichtswissenschaft erschlossen habe, nicht genutzt, sondern ins Gegenteil verkehrt. Im deutschen Historismus herrsche ein Denken vor, das die menschliche Selbstbestimmung an vorgegebene Umstände fessele und es der kritischen Distanzierung von ihnen beraube, so daß es letztlich zur Anpassung an den Status quo und zur Legitimation der jeweils bestehenden Verhältnisse führe. Zugespitzt formuliert, gehört im Lichte dieser Interpretation der Historismus in den langfristigen kulturellen Prozeß einer Zerstörung der Vernunft, der im Laufe der deutschen Geschichte des 19. Jahrhunderts die Barbarei des 20. Jahrhunderts mitvorbereitet habe.

Man kann den Historismus aber auch ganz anders interpretieren (und dabei eher seinem Selbstverständnis folgen): als Erben und Vollender der Aufklärung, der ihren Vernunftanspruch, ihre Orientierung der menschlichen Lebenspraxis an den Gesichtspunkten freier Selbstbestimmung um einen entscheidenden Schritt weitergetrieben habe, indem er die geschichtliche Dimension dieser freien Selbstbestimmung erschlossen und sie damit auf den Boden der gegebenen Lebensumstände, in die Mitte der jeweils aktuellen Praxis, gestellt hat. Herbert Schnädelbach hat diese Interpretation ausgearbeitet und mit der Formulierung »historistische Aufklärung« gekennzeichnet.[7] In beiden Fällen geht es um Vernunftansprüche des historischen Denkens an die menschliche Lebenspraxis. Es ist eine offene Frage, was eigentlich ›Vernunft‹ in der Verbindung von modernem historischen Denken und aktueller menschlicher Lebenspraxis ist. Unsere Überlegungen zum Historismus als Großepoche in der Geschichte der Geschichtswissenschaft sollen dazu beitragen, diese Frage zu beantworten.

II.
Die Grundlagen: Historisches Denken im Zeitalter der Aufklärung

Das geistesgeschichtliche Profil des Historismus ist von der Forschung lange Zeit durch Abgrenzung von der Aufklärung des 18. Jahrhunderts bestimmt worden. Der »historische Sinn«, d. h. die zentrale Orientierung des Historismus an Geschichte, wurde dabei dem vernunft- und naturrechtlichen Rationalismus der Aufklärung scharf entgegengesetzt. Ein prominentes Beispiel dieser Interpretation ist Friedrich Meineckes »Die Entstehung des Historismus«.[1] Während Meinecke in den historischen Arbeiten der klassischen Aufklärer – Voltaire und Montesquieu vor allem – die Vorherrschaft einer vernunftrechtlichen Argumentationsweise noch fest installiert sieht, markieren für ihn erst die Werke Herders, Mösers und Goethes das Ende der Aufklärung und den Beginn eines historistischen Weltverständnisses. Diese krasse Entgegensetzung von naturrechtlich denkender Aufklärung und historisch denkendem Historismus ist in den letzten Jahrzehnten einer zunehmend differenzierten Interpretation gewichen. Vor allem zwei Aspekte wurden dabei herausgestellt:

– Einmal modifizierte sich bereits im Kontext der englisch-schottischen Aufklärungsbewegung die traditionelle naturrechtliche Gesellschaftstheorie zu einer historisch orientierten Fortschrittstheorie, die gerade den historischen Wandel moderner Gesellschaften und materieller Lebensbedingungen in den Mittelpunkt ihres Interesses stellte und geschichtsphilosophisch zu erklären suchte.[2]

– Außerdem wurden die aufklärerischen Traditionen der Geschichtswissenschaft in Deutschland schärfer herausgearbeitet und in ihrer Bedeutung neu eingeschätzt.[3] In der zweiten Hälfte des 18. Jahrhunderts vollzogen sich Veränderungen in den institutionellen, programmatischen, methodischen und geschichtstheoretischen Grundlagen der Geschichtswissenschaft, die weit in das 19. Jahrhundert hineinwirkten und an die der Historismus auf vielfältige Weise anknüpfte, ja die auch heute noch als die notwendigen und gültigen Grundlagen der Wissenschaftlichkeit historischer Forschung angesehen werden.

Diese neuen Sichtweisen hatten weitgehende Konsequenzen für die Frage nach der Entstehung des Historismus: Eine Neubestimmung der Bedeutung, aber auch der Grenzen der Aufklärung in diesem Entstehungsprozeß wurde notwendig.

1. Die Bedeutung der englisch-schottischen Aufklärung für die Entstehung des Historismus

In der Tat kann man für die europäische Frühaufklärung des 17. und 18. Jahrhunderts zunächst von einem Primat natur- bzw. vernunftrechtlichen Denkens sprechen. Das Naturrecht mit seinen theoretischen Hauptbestandteilen Naturzustands- und Vertragstheorie war die sozialphilosophische Form, in der sich die entstehende bürgerliche Gesellschaft im Zeitalter des Absolutismus erstmalig selbst reflektierte und ihre Opposition gegenüber den Herrschaftsansprüchen des absolutistischen Staates zur Geltung brachte. In ihr deuteten die bürgerlichen Schichten ihre zeitgenössischen Erfahrungen, und mit ihr legitimierten sie ihre Ansprüche auf politische Partizipation. Nach der Naturrechtstheorie, wie sie von den frühbürgerlichen Sozialtheoretikern, unter ihnen Thomas Hobbes, Samuel Pufendorf und vor allem in der liberalen Variante durch John Locke vertreten wurde, resultieren Staat und Herrschaft aus einem Vertrag, den die gleichen und freien Individuen des Naturzustandes miteinander abschließen, um ihr Leben, ihre Freiheit und ihren durch Arbeit erworbenen Besitz gegen Angriffe von außen oder vor inneren Unruhestiftern zu schützen. Daraus folgt, daß die aus diesem Vertrag entspringende politische Macht nur dann legitim sein kann, wenn sie die in sie gesetzten Erwartungen der Vertragspartner auch praktisch erfüllt, d. h. das Leben der arbeitenden Menschen sicherer und freier macht und die Möglichkeit des Besitzstrebens nicht einschränkt.

Wir müssen es bei dieser äußerst groben Kennzeichnung der frühbürgerlichen Naturrechtstheorie der Aufklärung belassen. Wichtig für uns ist in diesem Zusammenhang nur die vollständige Ungeschichtlichkeit dieses Denkens, das Fehlen ausgesprochen historischer Kategorien. Seine zentralen gedanklichen Bestandteile – Naturzustand und Herrschaftsvertrag – sind weniger historische Zustände oder Ereignisse als vielmehr theoretische Abstraktionen. Dennoch dürfte unmittelbar einsichtig sein, daß die Entstehung der Naturrechtstheorie gebunden war an eine bestimmte historische Konstellation: die Formierung der frühbürgerlichen Gesellschaft. Mit ihr versuchte das immer mehr an sozialer und politischer Bedeutung gewinnende gewerbe- und handeltreibende Bürgertum sich selbst und die Funktionsweise der bürgerlichen Gesellschaft zu definieren.

Für uns wird die englisch-schottische Aufklärung wichtig, weil sie sich der historischen Zusammenhänge und Hintergründe ihres eigenen Denkens bewußt wird. Insbesondere die schottische Aufklärungsbewegung des 18. Jahrhunderts – in ihren wichtigsten Vertretern Adam Smith, John Millar, Adam Ferguson, Dugald Stewart sowie David

Hume – transformiert die Argumentation des traditionellen Naturrechts in eine historische Theorie der bürgerlichen Gesellschaft, indem sie die politischen Grundsätze des Naturrechts als Ausdrucksformen eines historischen Emanzipationsprozesses des Bürgertums zu deuten lernt. Den bürgerlichen Anspruch auf politische Emanzipation meldet die schottische Aufklärungsphilosophie nun nicht mehr an, indem sie naturrechtlich argumentiert, sondern indem sie diese Ansprüche einrückt in den universalhistorischen Fortschrittsprozeß der »civil society«.

In der schottischen Aufklärung artikuliert sich ein zentraler Erfahrungswandel des 18. Jahrhunderts, der für die moderne Welt bis jetzt grundlegend geblieben ist: Die Geschichte stellt einen Raum fundamentalen sozialen Wandels dar, der alle gesellschaftlichen Teilbereiche erfaßt und sich zunehmend beschleunigt – »Fortschritt« wird zum Signum der Epoche der Neuzeit. Der normative Gehalt der Naturrechtstradition – in ihrer klassischen Form ausgedrückt in der bürgerlichen Forderung nach den Rechten auf »life, liberty and property« – wird dabei durch die schottische Aufklärungsphilosophie des 18. Jahrhunderts nicht aufgegeben, sondern im Rahmen des Konzepts einer sogenannten »Theoretischen Geschichte der bürgerlichen Gesellschaft« geschichtsphilosophisch neu formuliert und als notwendiges Ergebnis des historischen Verlaufsprozesses selbst interpretiert. Als Begründung bürgerlicher Emanzipationsansprüche dient seither der Fortschritt der Geschichte.

Durch diesen Vorgang ändern sich die Konturen der Vorstellung von »Geschichte« als Erfahrungsraum nachhaltig: Geschichte als Fortschritt wird zu einem zeitlichen Vorgang, in dem die zu erwartende Zukunft den Horizont der Gegenwart zwangsläufig und permanent sprengt. Zukunft wird zu etwas qualitativ anderem als die jeweilige Gegenwart und alle Vergangenheit. Der Topos von der »historia magistra vitae«, die Vorstellung also, daß man aus der Geschichte lernen könne, was in der Gegenwart mit Blick auf die Zukunft getan werden solle, löst sich in diesem Augenblick unweigerlich auf.[4] Wenn ›Geschichte‹ ein zeitliches Kontinuum darstellt, in dem permanent etwas grundsätzlich Neues geschieht, lassen sich aus ihr keine brauchbaren Handlungsanweisungen und -regeln mehr herleiten. Man kann den Gestaltwandel, den das historische Denken in der Epoche der Aufklärung vollzogen hat, auch als den Übergang von einer exemplarischen zu einer genetischen Erzählweise interpretieren. Historische Veränderungen werden nicht mehr – wie im exemplarischen Erzählen – als durch zeitlose Regeln gesteuerte Handlungs- und Ereigniszusammenhänge interpretiert, sondern als ›Entwicklung‹ oder ›Fortschritt‹, der ständig qualitativ neue Formen der menschlichen Lebensführung gebiert.[5] Damit wurde das Tor zu einer modernen Anschauung von Geschichte aufgestoßen und ihr ein wichtiger Stellenwert im Argumentationshaushalt gesellschaftswissenschaftlicher Orientierungsversuche zugewiesen.

Die Vorstellung eines qualitativen gesellschaftlichen Fortschritts wurde von der schottischen Aufklärungsphilosophie bereits vollständig ›materialistisch‹ begründet. ›Fortschritt‹ war für sie fundiert in einer menschlichen Bedürfnisnatur, die grundsätzlich das jeweilige Maß an materiellen Möglichkeiten zur Befriedigung der menschlichen Bedürfnisse übersteigt und die deshalb die jeweilige historisch-gesellschaftliche Realität als im Hinblick auf eine ›bessere‹ Zukunft zu überwindende Mangelsituation interpretiert.

Der Aufklärung über die normativen Grundsätze, Funktionsmechanismen und Entwicklungstendenzen der modernen Gesellschaft diente das sich ausdifferenzierende Wissenschaftssystem. Besonders Adam Smith versuchte die zunächst naturrechtlich postulierten Ansprüche des Menschen auf ›life, liberty and property‹ im Rahmen erfahrungswissenschaftlicher Einzeldisziplinen neu zu begründen. Das weitgehend auf ihn zurückgehende Repertoire der entstehenden bürgerlichen Sozialwissenschaften – Soziologie, Politische Ökonomie und Politische Wissenschaft – diente der historisch angelegten Untersuchung derjenigen sozialen, rechtlichen, ökonomischen und politischen Organisationsformen von Staat und Gesellschaft, die die Bedingungen der bürgerlichen Freiheit und Emanzipation gewähren würden.

Am Beispiel der englisch-schottischen Aufklärungsphilosophie konnten wir verfolgen, wie es bereits innerhalb der Aufklärung selbst zu einer tendenziellen Verdrängung des Naturrechts durch eine Argumentation mit der Geschichte kommt und wie sich ›Geschichte‹ als prinzipiell auf Fortschritt bezogener Erfahrungsraum zur Fundamentalkategorie wissenschaftlicher wie gesellschaftlicher Selbstverständigungsversuche etabliert. Eigentümlicherweise mündete die Verwissenschaftlichung, Verfachlichung und Historisierung naturrechtlicher Theorietraditionen im Kontext der englisch-schottischen Aufklärung jedoch kaum in einer eigenständigen und institutionalisierten Geschichtswissenschaft. Die historische Selbstaufklärung der bürgerlichen Gesellschaft wurde zum größten Teil von den bürgerlichen Sozialwissenschaften mit übernommen.

Wenn wir nun danach fragen, ob sich im Kontext der Aufklärung auch bereits die Ursprünge des Historismus im Sinne eines fachlichen Paradigmas der Geschichtswissenschaft finden lassen, müssen wir uns nach Deutschland, insbesondere nach Göttingen wenden, wo im 18. Jahrhundert die Geschichtswissenschaft im Sinne einer zunehmend institutionalisierten Forschung die größten Fortschritte machte.

2. Die fachlichen Voraussetzungen der Geschichtswissenschaft

In der historiographiegeschichtlichen Forschung der letzten Jahre ist die Phase der Spätaufklärung zunehmend in den Mittelpunkt des Interesses gerückt. Die Spätaufklärung des letzten Drittels des 18. Jahrhunderts gilt seither als die eigentliche Konstitutionsphase moderner Wissenschaftlichkeit im Bereich der historischen Forschung. Wir müssen uns darauf beschränken, die Prozesse, in denen sich im Zeitalter der Aufklärung die Geschichte als eigenständige Wissenschaft mit eigenem Erkenntnisanspruch und Methodenarsenal sowie eigenen institutionellen Formen etabliert, am Beispiel Göttingens, des bedeutendsten Zentrums der entstehenden Geschichtswissenschaft im deutschsprachigen Raum, zu rekonstruieren.

Die im Jahre 1734 gegründete Reformuniversität in Göttingen hatte sich bereits in der zweiten Hälfte des 18. Jahrhunderts zu einem Zentrum der geschichtswissenschaftlichen Forschung entwickelt. Die bekanntesten zeitgenössischen Historiker lehrten dort: Johann Christoph Gatterer, August Ludwig Schlözer, Thimotheus Spittler, Arnold Hermann Ludwig Heeren u.a.m. Unter unterschiedlichen Aspekten kam der Geschichtswissenschaft in Göttingen eine Vorreiterfunktion zu: Hier entstanden erstmalig die zum Teil noch heute gültigen institutionellen Grundstrukturen und programmatischen Organisationsprinzipien wissenschaftlich betriebenen historischen Denkens. In Göttingen erlangte die Geschichte als Fach erstmalig eine gewisse Selbständigkeit gegenüber der bisher fest etablierten kulturellen Hegemonie von Theologie und Jurisprudenz. Ebenso kam es dort bereits ansatzweise zur Einrichtung von Lehrstühlen, deren spezieller Aufgabenschwerpunkt historische Forschungen waren. Besetzt wurden sie mit Wissenschaftlern, die sich auf historische Forschung spezialisiert und durch umfangreiche Publikationen ihre fachliche Qualifikation bewiesen hatten. Hier begann sich allmählich der intensive Diskussionszusammenhang der Gelehrten untereinander zu entwickeln mit den ihm eigenen Organen der diskursiven Auseinandersetzung, vor allem dem neuen Fachzeitschriften- und Rezensionswesen. Ein bekanntes Beispiel dieses entstehenden Zeitschriftenwesens ist die von Gatterer herausgegebene »Allgemeine Historische Bibliothek«.

Wissenschaft entwickelte sich zunehmend zu einem dynamischen und diskursiv strukturierten Prozeß von Erkenntnisfortschritt, zu dem jeder Wissenschaftler seinen Teil beitragen konnte, innerhalb dessen er jedoch auch der Kritik der Forschergemeinschaft ausgesetzt war und mit der Überholbarkeit seiner Erkenntnisse rechnen mußte. Auf diese Weise institutionell und organisatorisch freigesetzt, entfalteten die neuentstandenen geschichtswissenschaftlichen Einrichtungen unverzüglich eine äußerst produktive forschungspraktische Aktivität. Der historischen Forschung wuchsen gegenüber der traditionellen Geschichtsschreibung, die vornehmlich chronikalisch gearbeitet und ihre vornehmste Aufgabe in der Erarbeitung von Herrschergenealogien, Kirchen- und Fürstengeschichten gesehen hatte, völlig neue Themenbereiche zu. Kultur-, wirtschafts- und sozialgeschichtliche Probleme gerieten in das Blickfeld des historischen Forschungsinteresses; geschichtsfähig waren seither nicht nur die jeweiligen politischen Machthaber mit ihren Kriegen, Schlachten, Allianzen und Intrigen, sondern das gesamte Volk in allen seinen Lebensbezügen, insbesondere jedoch das Leben der bürgerlichen Schichten. Wie innerhalb der englisch-schottischen Aufklärung wurde auch hier die bürgerliche Gesellschaft zum Gegenstand der sich nun auch institutionell verselbständigenden historischen Forschung.

Was waren aber im einzelnen die Gründe dafür, daß sich die Geschichtswissenschaft von der Dominanz der theologischen und juristischen Fakultäten zu emanzipieren vermochte und sich als autonome Disziplin mit eigenem Themenbereich, Wissenschaftsanspruch und spezifischen inneren Organisationsformen zu behaupten lernte? Generell kann man auch für die deutsche Geschichtswissenschaft der Spätaufklärung sagen, daß ihre Konjunktur herrührte von dem bereits kurz angedeuteten grundlegenden Erfahrungswandel der modernen Gesellschaft: einer ungeheuren Dynamisierung sozialer, politischer, technischer, kultureller und ökonomischer Entwicklungen, die zu einer Historisierung der Vorstellungen von Mensch und Welt zwangen. Es kennzeichnet nun die Geschichtswissenschaft der Spätaufklärung, daß sie an diese kollektive Erfahrung anknüpft und sie theoretisiert. Aus den Erfahrungen universellen und permanenten historischen Wandels abstrahiert sie die Vorstellung von ›der‹ Geschichte als einem eigenen Realitätsbereich. Es entsteht der uns geläufige Kollektivsingular »die Geschichte«, die alle denkbaren partikularen Geschichten in sich vereinigt. Bis dahin konnte man sich unter »der Geschichte« immer nur eine bestimmte abgrenzbare Geschichte – beispielsweise die Karls des Großen oder der Stadt Nürnberg – vorstellen; erst die Erfahrung allgemeinen und beschleunigten Wandels ermöglichte die Vorstellung von der ›Geschichte an sich‹.[6]

Mit dem Kollektivsingular »die Geschichte« war der historischen Wissenschaft ein eigener Gegenstandsbereich erschlossen. Wenn man Erkenntnis vom Menschen und seiner Welt wirklich anstrebte, konnte man auf das Instrumentarium der historischen Analyse nicht mehr verzichten. Die kognitive Verarbeitung der Erfahrungen des geschichtlichen Wandels wurde zur Aufgabe einer spezialisierten und professionell betriebenen Wissenschaft. Die sich unter diesen allgemeinen geistesgeschichtlichen Voraussetzungen etablierenden Spezialisten der historischen Erinnerung nutzten den ihnen einmal zugestandenen Spielraum sofort zu weitergehenden Verselbständigungsprozessen und zur wissenschaftstheoretischen und methodologischen Klärung der Grundlagen ihrer Wissenschaft. Geschichtstheorie als eben diese Arbeit an den Grundlagen der Geschichte als Wissenschaft entstand in dieser Zeit aus einem emanzipativen Impuls: Sie diente der Verselbständigung und der Emanzipation aus dem Kanon der traditionell betriebenen Wissenschaften.[7] In wissenschafts- oder erkenntnistheoretischer Hinsicht versuchte die entstehende Fachwissenschaft die Eigentümlichkeit historischer Erkenntnis schärfer herauszuarbeiten. Dabei versuchte sie vor allem, die Frage nach der Wahrheitsfähigkeit ihrer Aussagen sowie nach der potentiellen und realen Bedeutung historischer Forschung für den aktuellen Lebensprozeß ihrer Rezipienten zu beantworten. Diese Theoriereflexionen gewannen sehr schnell eine derartige Qualität und Bedeutung, daß sie sich in zunehmendem Maße institutionalisierten. Für sie bürgerte sich allmählich der erstmals bei Voltaire auftauchende Titel der »Geschichtsphilosophie« bzw. »Philosophie der Historie« ein.[8] Außerdem wurden in der universitären Lehre eigene Vorlesungen eingeführt, deren Hauptaufgabe die Behandlung geschichtstheoretischer Fragen war.[9]

Was waren nun die zentralen Probleme, mit denen sich die entstehende Geschichtstheorie auseinanderzusetzen hatte? Zunächst einmal antwortete sie auf die weit verbreiteten Zweifel an der Wissenschaftlichkeit der Historie und der Wahrheitsfähigkeit ihrer Aussagen mit der erkenntnistheoretischen Ausarbeitung des perspektivischen und konstruktivischen Charakters sowie mit der Betonung der Praxisfunktion und gesellschaftlichen Relevanz historischer Erkenntnis. Man erkannte, daß – mit den Worten des Chladenius – »jeder die Geschichte nach seinem Sehepunckt ansehe; und sie also auch nach demselben erzehle«.[10] Der unweigerlich perspektivische Blick des Betrachters historischer Phänomene wird Grundlage und organisierendes Prinzip aller historischen Erkenntnis: »Der Sehepunckt ist der innerliche und äusserliche Zustand eines Zuschauers in so ferne daraus eine gewisse und besondere Art, die vorkommenden Dinge anzuschauen und zu betrachten, flüsset.«[11]

Die Geschichtstheorie der Spätaufklärung radikalisierte ihre erkenntnistheoretische Position noch dadurch, daß sie über die Perspektivität der historischen Erkenntnis hinaus deren konstruktivistischen Charakter betonte. Während in der voraufklärerischen Geschichtsschreibung die Orientierungs- und Wahrheitsfähigkeit von Geschichten darin gesehen wurde, daß sich ihre Autoren völliger Unparteilichkeit und Wahrheitsliebe befleißigten, sich also bewußt aller ›subjektiven‹ Zutaten enthielten, erkannte die Aufklärungshistoriographie die unhintergehbare Tatsache, daß die Struktur einer erzählten Geschichte unweigerlich bestimmt ist durch eine Konstruktionsarbeit ihres Autors. Diese subjektive Kompositionsleistung hinsichtlich der Frage, welche Tatbestände der Vergangenheit ausgewählt und wie sie erzählt werden, reflektierte sie im Begriff des »historischen Plans«. Jeder Autor habe einen bestimmten Plan, nach dem er die Bestandteile seiner Geschichte in eine nicht beliebige Beziehung zueinander setze: »...wenn also die Sammlung und Auswahl der Materialien geschehen ist, alsdann ist es Zeit, an den Plan zu denken, nach welchem alle große und kleine Stücke, woraus das Gebäude aufgeführt werden soll, am schicklichsten in Ordnung gebracht werden können, so daß man, nach der Vollendung des Werks, ohne Mühe begreifen kann, warum ein Stück der Materialien eben hierher, und nicht an einen anderen Ort gesetzt worden ist.«[12]

Dies heißt jedoch nicht, daß für die Spätaufklärung die Geschichte an und für sich keinen Sinn gehabt hätte und nur durch die Konstruktionsarbeit des Historikers in einen sinnhaften Zusammenhang gebracht werde, Geschichtsschreibung im eigentlichen Sinne also eine ›Sinngebung des Sinnlosen‹ sei. Ganz im Gegenteil ging die Spätaufklärung von der festen Überzeugung aus, daß es einen »Realzusammenhang« des historisch Geschehenen gebe, innerhalb dessen die historischen Abläufe nach streng kausalen Gesetzen abliefen: »Der Realzusammenhang ist die natürliche, unmittelbare, und sichtbare Verbindung solcher Begebenheiten, die einerlei Gegenstand betreffen, und als Ursachen und Wirkungen in einander gegründet sind.«[13] Dasselbe meinte Gatterer, wenn er vom »System der Begebenheiten« bzw. vom »Triebwerk« der Geschichte sprach. Auch ihm war der damit angesprochene realhistorische Zusammenhang nicht anders als ein »pragmatischer« zugänglich; er dachte sich ihn als ein Ursache-Wirkungs-Verhältnis, innerhalb dessen sich der universalhistorische Fortschrittsprozeß vollzog: »Der höchste Grad des Pragmatischen in der Geschichte wäre die Vorstellung des allgemeinen Zusammenhangs der Dinge in der Welt (Nexus rerum universalis). Denn keine Begebenheit in der Welt ist, so zu sagen, insularisch. Alles hängt aneinander, veranlaßt einander, zeugt einander, wird veranlaßt, wird gezeugt, und veranlaßt und zeugt wieder.«[14]

Entscheidend für die Durchsetzung dieser neuen, durch Perspektivität und Konstruktivität geprägten erkenntnistheoretischen Position der Spätaufklärung gegenüber dem traditionellen Unparteilichkeitspostulat wurde nun, daß sie nicht als Mangel an Wahrheitsfähigkeit interpretiert wurde, sondern geradezu als Voraussetzung von historischer Erkenntnis und Wahrheit zu gelten begann.

2. Fachliche Voraussetzungen der Geschichtswissenschaft

Die Tatsache, daß der Historiker seinen eigenen Standpunkt und seine eigenen Interessen an historischer Aufklärung nicht mehr aus dem Erkenntnisprozeß herauszuhalten, sondern ihn gerade von ihnen her zu organisieren versuchte, hatte keinen Relevanz- und Prestigeverlust der historischen Forschung, sondern im Gegenteil eine Kompetenzsteigerung der Geschichtswissenschaft zur Bereitstellung eines gegenwartspraktischen Orientierungswissens – und damit ein Mehr an gesellschaftlicher Relevanz – zur Folge. Sie diente seither nicht mehr antiquarischen Vorlieben, sondern dezidiert der historischen Selbstaufklärung und -interpretation der modernen Gesellschaft.

Als objektivitätsverbürgendes Prinzip historischer Erkenntnis begann an die Stelle von Unparteilichkeit und Wahrheitsliebe von nun an die Verpflichtung historischer Forschung auf bestimmte methodische Prinzipien zu treten. Das Prinzip der methodischen Rationalität wurde zur immer wichtiger werdenden Grundlage, auf die sich das steigende Selbstbewußtsein und die zunehmende institutionelle Selbständigkeit der Geschichtswissenschaft gründete. Die vielfältigen Methoden der historischen Forschung wuchsen in der Spätaufklärung zu einem System quellenkritischer Regeln zusammen, die es ermöglichen sollten, zu wahren Aussagen über die Vergangenheit zu kommen.

Das grundlegendste Prinzip der historischen Methode bestand seither darin, wissenschaftliche Aussagen durch Fakten – in der Sprache des Historikers: Quellen – zu untermauern und untermauern zu müssen, wenn diese Aussagen wahrheitsfähig sein sollten. Der Einlösung dieses Wahrheitsanspruchs diente in der Forschungspraxis zunächst eine intensive Erarbeitung und Edition umfangreicher Quellenbestände und Archivalien. Sie sollten das historische Wissen auf sichere empirische Grundlagen stellen und von Spekulationen und Mutmaßungen unabhängig machen. Die konsequente Scheidung von ›res factae‹ – dem eigentlichen Arbeitsgebiet der Wissenschaft – und ›res fictae‹ wurde erst in der Phase der Spätaufklärung vollzogen.

Weitere grundlegende Bemühungen wurden von der entstehenden Geschichtswissenschaft darauf verwandt, zu einer kontrollierten Kritik und Auswertung der sichergestellten Quellen zu gelangen. Dies versuchte beispielsweise Gatterer durch die Etablierung eines Kanons historischer Hilfswissenschaften, die dem Historiker einen Zugang zum Verständnis des in den Quellen zunächst fremd und unverständlich wirkenden Inhalts weisen sollten (z. B. Diplomatik, Heraldik, Numismatik, Chronologie, Genealogie etc.). Ziel seiner Bemühungen war eine »Wissenschaft, Urkunden zu verstehen, zu beurtheilen und anzuwenden«.[15]

Wie hängen diese Überlegungen mit dem eigentlichen Thema dieses Buches, dem Historismus als Denkform und Wissenschaftskonzeption, zusammen? Unsere These ist, daß in zwei Hinsichten durch das Denken der Aufklärung wichtige Grundlagen gelegt worden sind, auf die der Historismus aufbauen konnte.

Zum einen war dies eine fundamentale Historisierung der Vorstellungen von Mensch und Welt. Es setzte sich der Gedanke durch, daß es sich bei ›der Geschichte‹ um einen sich dynamisierenden und auf Fortschritt angelegten Wandlungsprozeß handelt, der das Leben des Menschen in der modernen Welt existentiell prägt.

Andererseits begannen sich diese Vorstellungen von Geschichte bereits im Zeitalter der Aufklärung zu verfachlichen und zu verwissenschaftlichen. Sie wurden Thema einer professionalisierten Zunft, die das Denken über Geschichte in theoretisch reflektierter und methodisch disziplinierter Weise betrieb.

Dies sind Grundvoraussetzungen für die Entstehung des Historismus. Das bedeutet freilich nicht, daß der Historismus im Grunde nur eine bruchlose Weiterentwicklung der Spätaufklärung gewesen ist, in der die von dieser erarbeiteten Grundlagen aufgegriffen und im Laufe des 19. Jahrhundert zu einer etablierten geschichtswissenschaftlichen Disziplin ausgebaut wurden. Ganz im Gegenteil entsteht der Historismus an der Wende vom 18. zum 19. Jahrhundert in einem vielschichtigen Prozeß, in dem sich Anknüpfung, kritische Abgrenzung und Neuanfänge auf komplizierte Art und Weise verschlingen. Diese Übergangsperiode zwischen Aufklärung und Historismus ist im folgenden der Gegenstand unserer Untersuchung.

III.
Die Entstehung des Historismus

1. Zeitgeschichtliche Erfahrungen in der Übergangsphase zwischen Aufklärung und Historismus

Wenn auch die Erarbeitung zentraler Grundlagen des Historismus weitgehend in die Zeit der europäischen Aufklärung fällt, so bleibt festzuhalten, daß der Historismus selbst Produkt einer neuen Epoche gewesen ist, – einer Epoche, die zutiefst geprägt war durch die Erfahrungen der Französischen Revolution und durch den Durchbruch typischer Lebensformen der europäischen Neuzeit. Unter der Entstehungsphase des deutschen Historismus verstehen wir im wesentlichen die drei Jahrzehnte zwischen der Französischen Revolution und den 20er Jahren des 19. Jahrhunderts, in denen der Historismus als akademische Disziplin und institutionalisierte Geschichtswissenschaft an den Universitäten Fuß faßt. Kennzeichnend dafür ist etwa der Beginn der wissenschaftlichen Karrieren Barthold Georg Niebuhrs (1776-1831) und Leopold Rankes (1795-1886). Es ist die Epoche, in der der Historismus als Denkform und Wissenschaftskonzeption seine Konturen durch das Zusammenwirken verschiedener geistesgeschichtlicher Entwicklungstrends gewinnt. Vor allem drei Tendenzen sind es, welche die intellektuelle Szenerie am Ende der Aufklärungsepoche bestimmen und die Entstehung des Historismus wesentlich prägen. Es sind gleichermaßen Anknüpfungsversuche an das aufklärerische Erbe wie seine Überwindung:

– Zum einen meinen wir die Ablehnung des Fortschritts- und Perfektibilitätsdenkens der Aufklärung, wie sie etwa von Johann Gottfried Herder formuliert worden ist, mit weitreichenden Wirkungen auf das Denken der europäischen Romantik.

– Zum anderen spielte die Kritik des aufklärerischen Naturrechtsdenkens (das sich im Prozeß der Französischen Revolution als so realpolitisch durchschlagend erwiesen hatte), wie sie z. B. Edmund Burke in seinem Buch »Reflections on the Revolution in France« (zuerst 1790 erschienen) formuliert hat, eine weitere wichtige Rolle als konstitutiver Faktor des entstehenden Historismus. Der Rekurs auf politische Traditionen als Grundlage politischer Ordnungen wurde gegenüber den theoretisch entworfenen Ordnungsvorstellungen und Verfassungskonzeptionen der aufklärerischen Staatstheorie ein integraler Bestandteil historischen Denkens.

– Schließlich verweisen wir auf die Überwindung des aufklärerischen Pragmatismus im Zusammenhang des deutschen Idealismus. Als Pragmatismus verstehen wir eine Geschichtstheorie, die den Prozeß des historischen Wandels als ein Ursache-Wirkungs-Verhältnis konzipiert. An die Stelle eines derartigen Pragmatismus setzt Hegel die Vorstellung von Geschichte als einem dialektisch angelegten Selbsthervorbringungsprozeß des menschlichen Geistes. Auf diese drei für den Historismus konstitutiven Theorietraditionen werden wir noch näher eingehen.

Zunächst wollen wir jedoch noch den politischen und gesellschaftlichen Erfahrungshorizont an der Wende vom 18. zum 19. Jahrhundert kurz beschreiben. Für uns heute ist das Phänomen politischer Revolutionen ein integraler Bestandteil des politischen Denkens und der historischen Erfahrung geworden. Insofern ist die tiefe Irritation, die von der Französischen Revolution auf die Zeitgenossen sowohl in Frankreich als auch in ganz Europa ausgegangen ist, heute nur noch schwer nachzuvollziehen. Gepaart mit glühender Zustimmung oder tiefem Erschrecken wurde sie die zentrale Erfahrung mehrerer Generationen in ganz Europa. Daß sich der Mensch in seiner Eigenschaft als ›zoon politicon‹ zum autonomen Gestalter traditioneller politischer Ordnungen machte, die bis in die Zeit des europäischen Absolutismus hinein unhinterfragt galten und überdies mit religiöser Legitimität versehen waren, sie nach eigenen Vorstellungen veränderte und auf seine Interessen hin zuschnitt, das hatte es vorher noch nicht gegeben. Hegel hat diese Säkularerfahrung der Revolution deutlich formuliert: »Solange die Sonne am Firmamente steht und die Planeten um sie herumkreisen, war das nicht gesehen worden, daß der Mensch sich auf den Kopf, d.i. auf den Gedanken stellt und die Wirklichkeit nach diesem erbaut. Anaxagoras hatte zuerst gesagt, daß der Nous die Welt regiert; nun aber erst ist der Mensch dazu gekommen, zu erkennen, daß der Gedanke die geistige Wirklichkeit regieren solle. Es war dieses somit ein herrlicher Sonnenaufgang. Alle denkenden Wesen haben diese Epoche mitgefeiert. Eine erhabene Rührung hat in jener Zeit geherrscht, ein Enthusiasmus des Geistes hat die Welt durchschauert, als sei es zur wirklichen Versöhnung des Göttlichen mit der Welt nun erst gekommen.«[1]

Von der Französischen Revolution ist die Idee der menschlichen Freiheit in die europäische Staatenwelt politisch eingebracht und in den verschiedenen Menschenrechtserklärungen emphatisch postuliert worden. Dies alles hat die Zeitgenossen sowohl fasziniert wie erschreckt. Spätestens seit der Erfahrung des jakobinischen Terrors war das Verhältnis der politisch interessierten europäischen Öffentlichkeit zur Französischen Revolution tief gebrochen. Wiederum kann Hegel als Gewährsmann gelten. Die konkreten Formen ihrer politischen Realisierung lassen die gerade erst geborene Idee der allgemeinen Freiheit für ihn bereits in der Französischen Revolution selber zur todbringenden »Furie des Verschwindens« werden.[2] Für Hegel wie für andere bedeutende zeitgenössische Denker stellte sich im Anschluß an die Französische Revolution und im Angesicht ihres Scheiterns bei dem Versuch, die menschliche Freiheit unter Berufung auf die Natur und die Vernunft des Menschen politisch durchzusetzen, das Problem, wie diese Freiheit alternativ zu begründen und durchzusetzen sei. Wir meinen, daß die Entstehung des Historismus im Kontext derartiger gedanklicher Umorientierungsversuche anzusiedeln ist.

Zunächst sollten jedoch noch weitere Gegenwartserfahrungen in den Blick kommen, die für den Entstehungsprozeß des Historismus an der Wende vom 18. zum 19. Jahrhundert wichtig geworden sind. Die Aufklärung in Europa hatte noch den Glauben besessen, daß die politische, ökonomische, soziale und moralische Freisetzung des bürgerlichen Individuums aus sich selbst heraus – gleichsam naturwüchsig – auch menschenwürdigere, humanere Lebensformen produzieren würde. Der Glaube Adam Smiths an die Ordnungskraft des Marktes und der über ihm und durch ihn waltenden »unsichtbaren Hand« Gottes steht etwa dafür. Dieses Vertrauen ist an der Jahrhundertwende weitgehend zerstört. Ganz im Gegenteil dominieren bedrückende Erfahrungen bisher unbekannten sozialen und ökonomischen Elends, hervorgerufen durch die Abschaffung ständischer Prinzipien und traditioneller Lebenszusammenhänge.

Die hereinbrechende Moderne und die sie begleitende Entstehung der bürgerlichen Gesellschaft mit ihren großen sozialen Folgekosten für breite Bevölkerungsschichten wird zum zentralen Thema des zeitgenössischen Denkens. Der Fortschrittsoptimismus der Aufklärung gerät zunehmend unter Druck und wird durch die Artikulation kollektiver Entfremdungs- und Leidenserfahrungen verdrängt. Das moderne Subjekt ist unglücklich, entzweit mit seiner Welt und sehnt sich zurück in traditionelle, vormoderne Lebensformen. So lassen sich etwa das Lebensgefühl und Denken der Romantik deuten, die auf vielfältige Weise das Leiden des Menschen an der durchrationalisierten und funktionalisierten Welt der Modernität artikuliert. Sie träumt den Traum einer Wiedervereinigung des Menschen mit sich selbst und der ihm entfremdeten Natur – Liebes- und Naturerlebnisse werden ihre klassischen Themen – und wendet sich den vorrationalen Grundlagen der menschlichen Existenz zu; Gefühle und Leidenschaften werden wichtigere Menschheitsqualitäten als Vernunft und Erkenntnis. Die leidvoll erfahrene Gegenwart kontrastiert stark mit einer mythologisierten und idealisierten Vergangenheit, insbesondere dem deutschen Mittelalter, das die Aura einer heilen, ganzheitlich strukturierten und unentfremdeten Welt gewinnt. In ihrer Weltflucht und ihrem Versuch, der Gegenwart zu entkommen, erliegt die Romantik dem Zauber vormoderner Traditionen, den die Aufklärung und die Revolution endgültig zu beseitigen versucht hatten.

Zusammenfassend könnte man sagen, daß die Generation der Gründerväter des Historismus, der wir uns nun zuwenden wollen, an dieses moderne und sich zuspitzende Krisenbewußtsein gedanklich angeknüpft und es zu verarbeiten gesucht hat. Die Entstehung des Historismus ist eingebettet in einen ganzen Komplex von Krisenerfahrungen. Dabei handelt es sich zum einen um die Erfahrung der Revolution und ihres Scheiterns bei dem Versuch, politische Freiheit durch Terror und Diktatur zu verwirklichen. Auf der anderen Seite steht das Leiden an den sozialen Folgen der sich etablierenden bürgerlichen Gesellschaft und der romantisch-restaurative Ausstiegsversuch aus der zeitgenössischen Gegenwart. Diese Bedeutung des Historismus als Krisenverarbeitungsstrategie wurde schon von J.G.Droysen hervorgehoben. Ihn motivierte die »brausende Gärung der Gegenwart, die alles zertrümmert, was war und galt«, zu seiner Wendung zum Historismus als einer geistigen Therapie, die der Gegenwart ein historisches Bewußtsein und damit eine Orientierungsmöglichkeit geben sollte.[3]

Der zentrale Impuls historischen Denkens und des Historismus als geisteswissenschaftlicher Bewegung zu Beginn des 19. Jahrhunderts resultierte aus den Erfahrungen eines beschleunigten gesamtgesellschaftlichen Wandels, die den historischen Rückgriff auf die vergangenen Realisationsformen der menschlichen Existenz zum Zwecke der Lösung drängender Orientierungs- und Identitätsprobleme notwendig machte. Dem Historismus ging es um die Erkenntnis vergangenen menschlichen Handelns, Denkens und Leidens, um in einer als bedrohlich erfahrenen Gegenwart die Handlungs- und Deutungsfähigkeit der Mitglieder des gesellschaftlichen Systems zu garantieren. Er beharrte gerade in einer Situation drohenden Sinn- und Orientierungsverlustes auf der Überzeugung, daß Geschichte sinnhaft konstituiert und ein Produkt des menschlichen Geistes und Handelns ist und daß es gerade gilt, eben diesen ›Sinn‹ sich im Rahmen einer hermeneutischen Methodenkonzeption empirisch anzueignen, um in der Gegenwart orientierungsfähig zu sein. In diesem Zusammenhang formulierte Jacob Burckhardt als zentrales Grundsatzprogramm einer historistischen Geschichtswissenschaft: »Sie geht auf das Innere der vergangenen Menschheit und verkündet wie diese war, wollte, dachte, schaute und vermochte.«[4]

2. Der Ursprung des historistischen Entwicklungs- und Individualitätsprinzips

Wir hatten das Fortschrittsdenken der Aufklärung in ihrer englisch-schottischen Variante bereits erwähnt. Ihm lag die Vision zugrunde, daß die Menschheit in einem stufenförmigen, aber dennoch kontinuierlichen Aufstieg zu einem durch Vernunft geprägten Ideal der Kultur begriffen sei. Dahinter stand die Vorstellung einer vollends aufgeklärten, zivilisierten Gesellschaft, wie sie die eigene, bürgerlich geprägte Lebensform des 18. Jahrhunderts bereits andeutete.[5] Die eigene, durch das öffentliche Räsonnement aufgeklärter Individuen gekennzeichnete Zivilisation stellte die Norm dar und repräsentierte, wenn auch nicht den Abschluß, so doch den vorläufigen Höhepunkt eines historischen Prozesses, der Vernunft in die menschliche Welt gebracht hatte. Die vergangenen, aber auch die außereuropäischen Formen menschlicher Vergesellschaftung stellten demgegenüber eine mehr oder minder große Abweichung von diesem normativen Kulturideal der Aufklärung dar.

Dieses aufklärerische Selbstbewußtsein wird brüchig. Dafür steht beispielhaft Johann Gottfried Herder (1744-1803). Die zahlreichen Eindrücke seiner Seereise nach Nantes, niedergelegt in seiner Schrift »Journal meiner Seereise« aus dem Jahre 1769, öffnen Herder nach eigenen Angaben die Augen für die Vielfältigkeit der historisch gewachsenen Kulturen und die Begrenztheit eines jeden, notwendigerweise an die eigene Kultur gebundenen Denkhorizonts. Indem er jede Ausprägung der menschlichen Existenz als einzigartige historische Individualität anzuerkennen lernt, ergibt sich für ihn die Notwendigkeit einer neuen Betrachtungsweise kultureller Phänomene. Statt sie mit dem ganzen Vernunftstolz der Aufklärung als mehr oder weniger große Abweichung vom Ideal und normativen Maßstab der eigenen, aufgeklärten Zivilisation anzusehen, verteidigt er den Eigensinn und den Eigenwert einer jeden historischen Individualität gegenüber einem moralisierenden Begriff, d. h. einer Bewertung nach Normen, die der betrachteten Erscheinung selbst fremd sind.

Die Erfahrungen kultureller Vielfalt, die Erkenntnis, daß jede historisch gewordene Individualität ihren unendlichen Sinn und Wert in sich selbst hat, motivieren seine Kritik an der aufklärerischen Geschichtsphilosophie in seiner Schrift »Auch eine Philosophie der Geschichte zur Bildung der Menschheit« von 1774. Indem Herder erkennt, daß »jede Nation ... ihren Mittelpunkt der Glückseligkeit in sich wie jede Kugel ihren Schwerpunkt« hat, wird ihm »jede Vergleichung mißlich«.[6] Vor allem zwei Bestandteile des aufklärerischen Geschichtsdenkens sind es, von denen er sich voll »Unwillens und Ekels« abwendet: Anstatt das Vergangene vom normativen Standpunkt des aufgeklärten Bewußtseins der Gegenwart aus zu interpretieren, kultiviert er die Kunst des intuitiven Sich-Einfühlens, also das Verstehen des Eigensinns historischer Individualitäten. Und statt des aufklärerischen Perfektibilitätskonzepts, also des Glaubens an einen kontinuierlichen, qualitativen Fortschritt der Menschheit zum Ideal einer wahrhaft aufgeklärten Gesellschaft existiert bei Herder die Vorstellung eines organischen Werdens und Wachsens. Diese Vorstellung unterstellt zwar eine tendenzielle Ausbreitung von Humanität, ist jedoch nicht teleologisch strukturiert, sondern meint einen unendlichen, schicksalhaften Realisierungsprozeß unterschiedlicher historischer Individuen, über dem letztinstanzlich die ordnende Hand Gottes waltet.

Diese Vorstellung Herders von »Entwicklung« als der historischen Ausprägung eines inneren Kerns, eines Wesens unverwechselbarer Individualitäten hat auf vielfältige Weise den entstehenden Historismus inspiriert und kann als einer seiner Grundgedanken gelten. Davon zeugt z. B. Rankes Betonung des Interesses der Historie am Individuellen und Partikularen: »Während der Philosoph, von seinem Felde aus die Historie betrachtend, das Unendliche bloß in dem Fortgang, der Entwickelung, der Totalität sieht, erkennt die Historie in jeder Existenz ein Unendliches an; in jedem Zustand, jedem Wesen; ein Ewiges aus Gott Kommendes; – und dies ist ihr Lebensprinzip. Wie könnte irgend etwas sein ohne den göttlichen Grund seiner Existenz? Darum wendet sie sich, wie wir sagten, den Einzelnen mit Neigung zu; darum haftet sie gern an den Bedingungen, der Erscheinung; darum macht sie das partikulare Interesse geltend.«[7]

Noch weitere Elemente des Herderschen Denkens haben über unterschiedliche Kanäle große Wirkungen auf den entstehenden Historismus ausgeübt. Vor allem die deutsche Romantik ist durch sein Denken stark angeregt worden, ja ist ohne ihn überhaupt nicht denkbar. Ihre Betonung des Individuellen, Einzigartigen, Subjektiven am Menschen sowie die Vorstellung vom »Volk« bzw. »Volksgeist« als derjenigen historischen Individualität, die in der zeitgenössischen Gegenwart am ehesten eine gelungene soziale und kollektive Identität erlaubt, verraten den großen wirkungsgeschichtlichen Einfluß Herders.

Die Romantik entwickelt sich zu Beginn des 19. Jahrhunderts zur dominierenden Strömung und Kunstform des gesamteuropäischen Denkens und Kulturlebens. Mit den ihr eigentümlichen Mitteln kultureller Weltdeutung entspricht sie einem weitverbreiteten Lebensgefühl des zeitgenössischen Menschen; sie ist ein Ausdruck seines Leidens an den Imperativen der modernen Wirtschaftsgesellschaft mit den ihr eigenen Formen sozialer Entfremdung. Die Romantik antwortet auf das Leiden des modernen Individuums mit dem Entwurf einer durch heimatliche Vertrautheit, soziale Geborgenheit und Einbindung in Traditionen und in die Natur geprägten Gegenwelt, die mit der Kälte der erfahrenen Realität scharf kontrastiert. Ihr Ringen um die individuelle und soziale Identität des modernen Menschen führt sie zurück in die Geschichte. Daß sich sowohl der einzelne Mensch in seiner Subjektivität als auch eine soziale Einheit in ihrer kollektiven Identität nicht anders entfalten kann als durch die Aneignung der ihn oder sie umgebenden und determinierenden Traditionen, dies ist der Gedanke, den die Romantik dem entstehenden Historismus mit auf den Weg gibt. Jedoch ist es ein beinahe mystischer Rückgriff ins Vergangene mit unübersehbaren antiquarischen Zügen, der sie die Überlieferung, die sagenumwobene Frühe, die alten Volkstraditionen gegen das Moderne geltendmachen läßt. Die Romantik denkt zunehmend auch in nationalen Kategorien, die eine stabile kollektive Identität versprechen, und das dunkle, geheimnisvolle Mittelalter ist ihr Entstehungsort. Sagen, Märchen und die alten Volkserzählungen werden wichtige Mittel der Traditionsvergewisserung – die Gebrüder Wilhelm und Jacob Grimm stehen dafür. Da sie die deutschen Sagen und Märchen als den Entstehungsort deutscher Dichtung und Literatur ansahen, arbeiteten sie zunächst an deren Sammlung und Herausgabe (die deutschen »Kinder- und Hausmärchen« erschienen 1812/14 in zwei Bänden, die »Deutschen Sagen« 1816/18 ebenfalls in zwei Bänden).

Bei den Brüdern Grimm ist sehr gut zu verfolgen, wie der ursprünglich romantische Impuls zur Traditionsvergewisserung aus Sehnsuchts- und Verunsicherungserfahrungen allmählich wissenschaftsspezifische Formen annimmt und in der Ausbildung einer ganzen Reihe typisch historistischer Wissenschaftsdisziplinen – vor allem der germanistischen Philologie und Literaturwissenschaft – mündet. Sie haben bei der Wendung zur wissenschaftlich betriebenen Geschichte der eigenen Sprache und Literatur Pionierarbeit geleistet und gewannen bleibende Bedeutung vor allem durch ihre »Geschichte der deutschen Sprache« (1848 in zwei Bänden), sowie durch den Beginn ihrer Arbeit am großangelegten »Deutschen Wörterbuch« (seit 1852). Grundsätzlich liegt dem Historismus ein der Romantik gleichartiges Bedürfnis zugrunde, – ein Bedürfnis nach historischer Identität in einer Situation revolutionären Traditionsverlustes. Friedrich Meinecke hat dieses, Romantik und Historismus gleichermaßen charakterisierende Bedürfnis das Streben nach einer »Besselung« der Geschichte genannt.[8]

Diese wissenschaftlich-historische Traditionsvergewisserung bedeutet jedoch gleichzeitig eine Emanzipation vom romantischen Leidensdruck. Sie enthält ein Potential und eine Dynamik, die gegenüber der Romantik erweiterte Orientierungsmöglichkeiten eröffnet. Die

Überwindung des romantisch erschlossenen Traditionsbestandes zugunsten seiner wissenschaftlich-reflexiven Aneignung war der – auch in dessen Selbstverständnis – konstitutive Schritt zum Historismus. Dies meint Droysen, wenn er schreibt: »Er (der Mensch, die Verf.) umleuchtet seine Gegenwart mit einer Welt von Erinnerungen, nicht beliebigen, willkürlichen, sondern solchen, die die Entfaltung, die Ausdeutung dessen sind, was er um sich her und in sich als Ergebnis der Vergangenheiten hat; er hat diese Momente zunächst unmittelbar, ohne Reflexion, ohne Bewußtsein, er hat sie, als habe er sie nicht, erst indem er sie betrachtet und zum Bewußtsein bringt, erkennt er, was er an ihnen hat, nämlich das Verständnis seiner selbst und seiner zunächst unmittelbaren Bedingtheit und Bestimmtheit.«[9]

3. Die Kritik des Naturrechts und die Wendung zum historischen Recht

Ausgangspunkt für die Wendung vom aufgeklärten Natur- und Vernunftrecht zum historischen Recht, zu der Ansicht also, daß historisch gewachsene politische, staatliche und rechtliche Strukturen und Traditionen die einzig legitime Grundlage staatlich politischer Einheiten seien, ist in Deutschland die intensive Rezeption der Revolutionskritik Edmund Burkes (1729-1797) geworden. Die durch ihn eingeleitete Wende innerhalb der bürgerlichen Staatstheorie kann als weiterer konstitutiver Faktor im Entstehungsprozeß des Historismus gelten. Auf den großen Einfluß seines Buches »Reflections on the Revolution in France« von 1790 spielte Novalis an, als er bemerkte: »Es sind viele antirevolutionnaire Bücher für die Revolution geschrieben worden. Burke hat aber ein revolutionnaires Buch gegen die Revolution geschrieben.«[10]

Worin bestand das Revolutionäre der Revolutionskritik Burkes, die den Terror bereits drei Jahre vor seinem tatsächlichen Beginn als zwangsläufige Konsequenz der Revolution prognostizierte? Es lag in der Propagierung eines konservativ gemäßigten Reformismus als einziger Alternative zum revolutionären Umsturz politischer Ordnungen und zum ihn begleitenden Terror. Burke ging es um den Erhalt historisch gewachsener politischer Strukturen bei gleichzeitiger – vorsichtig dosierter – evolutionärer Anpassung dieser traditionalen Elemente an die Dynamik des historischen Prozesses, der damit seine Gefährlichkeit verlieren würde.

Vorbild seiner Vorstellungen von einer gleichermaßen historisch-traditional wie historisch-dynamisch legitimierten politischen Ordnung war die aus seiner Sicht allmählich gewachsene und kontinuierlich weiterentwickelte politische Realität Englands im späten 18. Jahrhundert. Mit Schrecken erfüllten ihn dagegen die revolutionären Versuche in Frankreich, die Verfassung auf der Basis theoretischer Programme neu zu konstruieren, zu ›machen‹. Für Burke ließen sich Legitimität und Stabilität politischer Formationen nicht anders herstellen als durch eine Vermittlung geltender politischer Traditionen – im Sinne von institutionellen Formen historisch erworbener Erfahrungen und politischer Klugheit – mit einer gleichzeitigen organischen Weiterentwicklung dieser Grundlagen.

Vermittelnde Instanz zwischen der Revolutionskritik Burkes und der Politik- und Staatstheorie des Historismus ist in Deutschland die sogenannte »Historische Rechtsschule« geworden, als deren bekanntester Repräsentant Friedrich Karl von Savigny (1779-1861) gilt. Berühmt geworden ist seine Auseinandersetzung mit dem Juristen Anton Friedrich Justus Thibaut (1772-1840), der 1814, direkt im Anschluß an die Befreiungskriege, mit seiner Schrift »Über die Notwendigkeit eines allgemeinen bürgerlichen Rechtes für Deutschland« an die Öffentlichkeit getreten war und für das gesamte deutsche Volk die Rechtssetzungskompetenz einzuklagen versuchte. Sein Ziel war die Schaffung eines nationalen bürgerlichen Gesetzbuches. Dagegen wandte sich Savigny in seiner Schrift »Vom Beruf unserer Zeit für Gesetzgebung und Rechtswissenschaft«, ebenfalls aus dem Jahre 1814, und bestritt dieses Recht des Volkes auf Satzung des Rechts im Namen seiner historischen Autorität, der gegenüber jede geplante Veränderung reine Willkür und damit illegitim sei: »Die geschichtliche Schule nimmt an, der Stoff des Rechts sei durch die gesamte Vergangenheit der Nation gegeben, doch nicht durch Willkür, so daß er zufällig dieser oder ein anderer sein könnte, sondern aus dem innersten Wesen der Nation selbst und ihrer Geschichte selbst hervorgegangen. Die besonnene Tätigkeit jedes Zeitalters aber müsse darauf gerichtet werden, diesen mit innerer Notwendigkeit gegebenen Stoff zu durchschauen, zu verjüngen und frisch zuerhalten.«[11]

Dieses, durch Burke wirkungsmächtig formulierte und von Savigny und der historischen Rechtsschule weitergeführte historisch geprägte Denken über Staat, Recht und politisches Handeln ist zu einem integralen Bestandteil historistischen Denkens geworden. Der Historiker und Staatstheoretiker Friedrich Christoph Dahlmann (1785-1860), einer der führenden Vertreter des frühen deutschen Historismus, wiederholte z. B. Burkes Kritik an der naturrechtlich fundierten Staatstheorie der Aufklärung folgendermaßen: »Der Staat ist mithin keine Erfindung, weder der Not noch der Geschicklichkeit, keine Aktiengesellschaft, keine Maschine, keine aus einem frei aufgegebenen Naturleben hervorspringendes Vertragswerk, kein notwendiges Übel, kein mit der Zeit heilbares Gebrechen der Menschheit, er ist eine ursprüngliche Ordnung, ein notwendiger Zustand, ein Vermögen der Menschheit und eines von den die Gattung zur Vollendung führenden Vermögen.«[12]

Der Staat ist als uranfängliche Daseinsform des Menschen und als eine »ursprüngliche Ordnung« aus der Sicht des Historismus dem Willen und der Vernunft des Menschen nicht anheimgegeben. Er steht nicht zur politischen Disposition, sondern diktiert als historisch Gewordener, aber auch noch Werdender die Lebensformen der zeitgenössischen Gegenwart: »Da die Menschheit kein anderes Dasein hat als dieses, welches im steten Entwicklungskampfe räumlich und zeitlich begriffen, in unserer Geschichte vorliegt, so entbehrt eine Darstellung des Staates, welche sich der historischen Grundlagen entäußert, aller ernsten Belehrung und gehört den Phantasiespielen an.«[13]

Nur am Rande sei hier vermerkt, daß dieses historistisch geprägte Denken über Staat, Recht und politisches Handeln eminent realpolitische Folgewirkungen in sich barg, in denen der sogenannte »deutsche Sonderweg«, also ein von den anderen europäischen Ländern abweichendes Muster politisch-staatlicher Entwicklung, mitbegründet lag. Das eigentümliche Profil des deutschen politischen Liberalismus im 19. Jahrhundert mit dem weitgehenden Fehlen revolutionärer Energie – selbst in der Revolution des Jahres 1848 – wurde unter anderem auch von diesem historistischen Staatsdenken geprägt, das sich politischen Fortschritt im wesentlichen nur als eine allmähliche Fortbildung historisch gewachsener und erprobter Strukturen und Verfassungsgrundsätze vorstellen konnte und nicht als eruptiven Umsturz einer gesamten politischen Ordnung.

4. Die Bedeutung der idealistischen Geschichtsphilosophie

Der Historismus hat sich als Geschichtswissenschaft und als eine professionalisierte Form des historischen Denkens in seinem Selbstverständnis weitgehend als Emanzipation von der idealistischen Geschichtsphilosophie begriffen. Dies läßt es problematisch erscheinen, den deutschen Idealismus – wir beschränken uns auf die Geschichtsphilosophie Georg Friedrich Wilhelm Hegels (1770-1831) – als relevanten Faktor innerhalb des Entstehungsprozesses des Historismus zu diskutieren. Allerdings gründet der Historismus trotz dieses Selbstverständnisses auf zentralen gedanklichen Elementen des deutschen Idealismus; ja ohne ihr Anregungspotential ist er gar nicht erst denkbar. Allein um eine Isolierung dieser für den Entstehungsprozeß des Historismus wichtigen Elemente der Philosophie Hegels geht es im folgenden.

4. Bedeutung der idealistischen Geschichtsphilosophie

Hegels Philosophie versucht auf anspruchsvolle Weise, drängende Zeiterfahrungen zu deuten, sie ist erstmalig eine Theorie der Moderne, die ihre Konfliktlagen zu erkennen sucht, ist – mit Hegels eigenen Worten – »ihre Zeit, in Gedanken erfaßt«.[14]

Ihren Ausgang nimmt sie von der Erfahrung der Divergenz von Freiheitsanspruch und Freiheitsverwirklichung im Kontext der bürgerlichen Revolutionsepoche. Ihr stellte sich das Problem, daß der religiös, politisch, sozio-ökonomisch und moralisch postulierte Anspruch der Aufklärung auf menschliche Freiheit nicht mit seiner realen Verwirklichung einherging. Damit stand sie vor der Notwendigkeit, in einer Situation des Scheiterns der durch die französischen Revolutionäre dekretierten Freiheit, mit ihren Mitteln gedanklicher Durchdringung die Freiheit des Menschen alternativ zu begründen. Dieses Problem der Begründung menschlicher Freiheit führte sie zu einer philosophischen Argumentation, in der ›Geschichte‹ einen wichtigen Stellenwert erhält. Verfolgen wir kurz den Gedankengang Hegels: Als das beherrschende Phänomen der modernen Welt entdeckt Hegel das Prinzip der menschlichen Subjektivität. Erstmalig ausgedrückt worden ist dieses Bewußtsein menschlicher Subjektivität in der cartesianischen Formel des »cogito, ergo sum«. In ihr ist die Erkenntnis enthalten, daß der Mensch sich als ein von Natur aus denkendes Wesen im Medium des Geistes und der Vernunft verwirklicht. Er selbst und mit ihm die soziale Welt, die ihn umgibt, sind Produkt der dem Menschen eigentümlichen geistigen Potenz, die sich in der Fähigkeit des Denkens äußert. Religion, Staat, Kunst und Gesellschaft als die den Menschen existentiell bestimmenden Phänomene sind nicht mehr Ausdruck eines Transzendenten, einer höheren, gottgewollten Ordnung, sondern Ergebnisse seines eigenen, subjektiven Denkens und Handelns. Es ist die Zeit der großen Säkularisierungen und Entzauberungen, in der der Mensch die materiellen und geistigen Erscheinungen seiner Welt als Verkörperungen des Prinzips seiner eigenen Subjektivität anzusehen lernt: »Das Recht der Besonderheit des Subjekts, sich befriedigt zu finden, oder, was dasselbe ist, das Recht der subjektiven Freiheit macht den Wende- und Mittelpunkt in dem Unterschiede des Altertums und der modernen Zeit. Dieses Recht in seiner Unendlichkeit ist im Christentum ausgesprochen und zum allgemeinen wirklichen Prinzip einer neuen Form der Welt gemacht worden. Zu dessen näheren Gestaltungen gehören die Liebe, das Romantische, der Zweck der ewigen Seligkeit des Individuums usf., – alsdann die Moralität und das Gewissen, ferner die anderen Formen, die teils als Prinzip der bürgerlichen Gesellschaft und als Momente der politischen Verfassung sich hervortun, teils aber überhaupt in der Geschichte, insbesondere in der Geschichte der Kunst, der Wissenschaft und der Philosophie auftreten.«[15]

Dieses neue, aufklärerische Selbstverständnis des modernen bürgerlichen Subjekts, Herr seiner selbst und seiner Welt zu sein, ist für Hegel gleichzeitig Basis und Voraussetzung menschlicher Freiheit. Freiheit versteht er als Rückkehr des Menschen zu sich selbst aus dem »Beim-Anderen-Sein«. Das an die äußeren Dinge verlorene und damit seiner selbst entfremdete Bewußtsein wird Selbstbewußtsein – und damit frei: »Denn wenn ich abhängig bin, so beziehe ich mich auf ein anderes, das ich nicht bin, und kann nicht ohne solch ein Äußeres sein. Frei bin ich, wenn ich bei mir selbst bin.«[16]

Menschliche Freiheit ist für Hegel – der damit noch ganz auf dem von der Aufklärung bereiteten Boden steht – Produkt der Geistnatur und der Vernunft des Menschen, oder wie er auch sagt: seines Selbstbewußtseins freier Subjektivität. Sein »Denken, daß er Ich ist, macht die Wurzel der Natur des Menschen aus.«[17]

Diese dem Menschen eigentümliche Vernunft als Grundlage seiner Freiheit muß für Hegel nun nicht mehr naturrechtlich postuliert werden, sondern sie ist im Medium historischen Denkens erfahrbar; bei ihr handelt es sich daher um eine »Vernunft in der Geschichte«. Die Weltgeschichte ist der Ort der allmählichen Verwirklichung menschlicher Vernunft und Freiheit: »Ihr Beweis ist die Abhandlung der Weltgeschichte selbst; diese ist das Bild und die Tat der Vernunft.«[18] Diese Überzeugung Hegels ist als ein ideologischer Versuch gelesen worden, politischen Systemen – insbesondere dem restaurativen Preußen des Vormärz – die Aura der Vernünftigkeit und damit Legitimität zu verschaffen. Im Grunde jedoch artikuliert sich noch ein typisch aufklärerisches Bewußtsein in Hegels Philosophie, nämlich der Glaube an die Macht und geschichtliche Durchsetzungsfähigkeit des menschlichen Vernunftgebrauchs: »Der einzige Gedanke, den sie (die Philosophie, die Verf.) mitbringt, ist aber der einfache Gedanke der Vernunft, daß die Vernunft die Welt beherrscht, daß es also auch in der Weltgeschichte vernünftig zugegangen ist. Diese Überzeugung und Einsicht ist eine Voraussetzung in Ansehung der Geschichte als solche überhaupt.«[19] Die Weltgeschichte also ist für Hegel teleologisch strukturiert, und ihr Endzweck ist »der Fortschritt im Bewußtsein der Freiheit, – ein Fortschritt, den wir in seiner Notwendigkeit zu erkennen haben«.[20]

Die Originalität Hegels besteht nun unter anderem darin, wie er diesen allmählichen und stufenförmigen Freiheitsprozeß und die Logik seiner Bewegung konstruiert. Geschichte gewinnt den Charakter einer dialektischen, sich stufenförmig steigernden Selbsthervorbringung des menschlichen Geistes. Sowohl gegenüber dem aufklärerischen Pragmatismus mit seinem Denken in Ursache-Wirkungs-Relationen als auch gegenüber einem romantisch-organischen Entwicklungsdenken bringt er den idealistischen Gedanken vom Geist als der Triebkraft der Geschichte zur Geltung: »Er (der Geist, die Verf.) ist aber etwas Tätiges. Die Tätigkeit ist sein Wesen; er ist sein Produkt, und so ist er sein Anfang und auch sein Ende. Seine Freiheit besteht nicht in einem ruhenden Sein, sondern in einer beständigen Negation dessen, was die Freiheit aufzuheben droht. Sich zu produzieren, sich zum Gegenstande seiner selbst zu machen, von sich zu wissen, ist das Geschäft des Geistes; so ist er für sich selber.«[21]

Die sich in diesen Worten äußernde Vernunftmetaphysik ist Hegel oft zum Vorwurf gemacht worden; vor allem von der Seite des entstehenden Historismus ist er unzulässiger a-priori-Konstruktionen verdächtigt worden. Trotz der Berechtigung dieser Einwände muß man sehen, daß Hegel damit andeutete, die Erkenntnis der Geschichte und die Vorstellung der Totalität der Welt seien unumgänglich geleistet durch Kategorien, die der Lebenswelt des Erkennenden, ihren Normen und Erfahrungen entstammen. Der Historiker, so meinte er, »bringt seine Kategorien mit und sieht durch sie das Vorhandene. ... Wer die Welt vernünftig ansieht, den sieht sie auch vernünftig an; beides ist in Wechselbestimmung.«[22] Innerhalb dieses philosophischen Versuchs, die Geschichte auf ihren wahren Begriff zu bringen, müsse man jedoch, so seine tiefe Überzeugung, die Geschichte nehmen, wie sie ist: »wir haben historisch, empirisch zu verfahren«. Hegel hatte sich den Blick für die historische Vielfalt durchaus bewahrt, für dieses ungeheure »Gemälde von Begebenheiten und Taten, von unendlich mannigfaltigen Gestaltungen der Völker, Staaten, Individuen, in rastloser Aufeinanderfolge«.[23] »Völker, Staaten, Individuen« – dies sind zugleich die Phänomene der geschichtlichen Welt, die für Hegel wie in gleicher Weise für den Historismus den realhistorischen Prozeß gestalten und bestimmen. Triebkräfte der Geschichte waren für Hegel vor allem diejenigen weltgeschichtlichen Völker und Staaten, die zugleich in sich selber die jeweiligen Stufen des Geistes und der menschlichen Freiheit repräsentierten. Der Stufengang der Freiheit habe sich dabei über die alten Staaten des Orients (»einer ist frei«), über Griechenland und Rom (»einige sind frei«) schließlich bis zum endgültigen und allgemeinen Durchbruch des Prinzips menschlicher Freiheit in den germanischen Staaten (»der Mensch als Mensch ist frei«) vollzogen. Die welthistorischen Individuen, die Helden in der Geschichte, sind seine ausführenden Organe. Ihre Leidenschaften und Begabungen läßt der Geist in der Geschichte für sich arbeiten, so will es Hegels berühmte These von der »List der Vernunft«.

Es würde zu weit führen, wollte man die vielfältigen Pfade der Hegel-Rezeption des Historismus verfolgen. Jedoch verrät die zentrale Bedeutung, welche die Ideen, Nationalstaaten und die großen Männer im historistischen Denken gespielt haben, seinen Einfluß. Vor allem bei Johann Gustav Droysen, einem Schüler Hegels, lassen sich zentrale Elemente der idealistischen Geschichtsphilosophie nachweisen, insbesondere die Vorstellung von der Geschichte als einer dialektischen Selbsthervorbringung des menschlichen Geistes: »Bis in die äußerste Spitze hin ist es wahr, daß sich der Geist den Körper baut. ... Seine eigene menschliche, sittliche Welt baut er (der Mensch, die Verf.) sich nach dem Wesen, das in ihm ist, oder richtiger, nicht ist, sondern rastlos wird und werden will.«[24]

5. Die Transformation des Historismus zur empirischen Wissenschaft

Hier soll noch kurz dargelegt werden, wie der Historismus sich wissenschaftsspezifisch, als eine historische Fachdisziplin konstituiert. Es handelt sich um einen Prozeß, dessen Beginn gekennzeichnet ist durch die Namen Leopold von Ranke (1795-1886) und Wilhelm von Humboldt (1767-1835) und durch deren Kritik an der Hegelschen Philosophie. Diese war in den zwanziger Jahren des 19. Jahrhunderts zur beherrschenden geistigen Strömung an der Universität Berlin aufgestiegen. Hegel hatte den Zenit seines geistigen Einflusses erreicht, sein philosophisches System, das keinen geringeren Anspruch als den auf die Erklärung des Ganzen, der Welt als Totalität hatte, bestimmte weitgehend die intellektuelle Szenerie in Preußen. In dieser geistesgeschichtlichen Situation wurde der junge Leopold Ranke im Jahre 1825 an die Universität zu Berlin als außerordentlicher Professor für Geschichte berufen. Sofort nahm er die Auseinandersetzung mit der idealistischen Geschichtsphilosophie auf. Er wolle, so formulierte er seine Absicht, »zeigen, daß in der historischen Ansicht der Dinge ein tätiges Prinzip vorhanden sei, das sich stets der philosophischen Ansicht opponiert«.[25] Vor allem zwei Streitpunkte waren es, die die Konfliktlinien zwischen den Positionen Hegels und Rankes absteckten: die Auseinandersetzung um die adäquate Methode der historischen Erkenntnis und eine konkurrierende Interpretation der Welt als einer geschichtlichen Totalität.

Hegel betrachtete die historische Wirklichkeit »bewaffnet mit dem Begriffe der Vernunft«.[26] Die Kategorie der Vernunft erlaubte ihm eine zuverlässige Scheidung der Geschichte in Wichtiges, d. h. die menschliche Freiheit Beförderndes, und Unwichtiges, d. h. die bloße, die »faule« Existenz. Ihn erfüllte tiefes Mißtrauen gegenüber Rankes Versuchen, »wenn nicht diese Lebendigkeit der Empfindung, doch die der Anschauung, der Vorstellung dadurch zu gewinnen, daß sie alle einzelnen Züge gerecht, lebendig darstellen, nicht durch eigene Verarbeitung die alte Zeit reproduzieren wollen, sondern durch sorgfältige Treue ein Bild derselben geben. Die bunte Menge von Detail, kleinliche Interessen, Handlungen der Soldaten, Privatsachen, die auf die politischen Interessen keinen Einfluß haben, – unfähig, ein Ganzes, einen allgemeinen Zweck zu erkennen. ... – solche Manier verwickelt uns in die vielen zufälligen Einzelheiten, die historisch wohl richtig sind: aber das Hauptinteresse wird durch sie um nichts klarer, im Gegenteil verworren.«[27]

Auf diese Kritik Hegels antwortete Ranke mit der Kritik an der philosophisch-spekulativen Erkenntnismethode der idealistischen Geschichtsphilosophie und mit dem Entwurf einer historischen Hermeneutik. Er bezweifelte gerade die Möglichkeit, »die Mannigfaltigkeit der Erscheinungen aus dem spekulativen Begriff zu deduzieren; – denn jenem Begriff der Spekulation entzieht sich und entweicht auf allen Seiten die Realität der Tatsache«.[28]

Ranke antwortete der idealistischen Philosophie, »welche Ansprüche der Herrschaft über die Historie erhebt«, mit dem Verweis auf die Notwendigkeit gründlicher Forschung und dem Bemühen um Objektivität: »Wir haben über Irrtum und Wahrheit schlechthin nicht zu urteilen. Es erhebt sich uns Gestalt um Gestalt, Leben um Leben, Wirkung und Gegenwirkung. Unsere Aufgabe ist, sie bis auf den Grund ihrer Existenz zu durchdringen und mit völliger Objektivität darzustellen.«[29] Hegel hatte die Möglichkeit derart objektiver Erkenntnis bestritten. Für ihn war die Betrachtung der Vergangenheit immer vermittelt durch Kategorien des gegenwärtigen Bewußtseins, was Wahrheit, ja sogar absolute Wahrheit nicht ausschloß. Er bestand jedoch auf der qualitativen Differenz von Vergangenheit und Gegenwart, und zwar im Hinblick auf die Norm der Freiheit. Ranke dagegen betonte die historische Kontinuität, die Wesensgleichheit des Betrachters und der jeweiligen historischen Phänomene und Epochen, die er betrachtet. Sie erschloß ihm einen neuen Zugang zu ihnen: die Möglichkeit »geistiger Apperzeption«, d. h. des hermeneutischen Verstehens: »Diese beruht auf der Übereinstimmung der Gesetze, nach welchen der betrachtende Geist verfährt, mit denen, durch welche das betrachtete Objekt hervortritt.«[30] Diese strukturelle Identität von Subjekt und Objekt im historischen Erkenntnisprozeß eröffnete für Ranke dem Historiker die Möglichkeit des hermeneutischen Verstehens, verschloß ihm aber gleichzeitig die Fähigkeit zu theoretisch-objektivierender Distanz. Erkenntnisgewinn und Aufgabe von Erkenntnisansprüchen halten sich im Schritt von Hegel zu Ranke die Waage: »Zu definieren, unter Abstraktionen zu bringen sind sie (die Objekte der historischen Erkenntnis, die Verf.) nicht; aber anschauen, wahrnehmen kann man sie; ein Mitgefühl ihres Daseins kann man sich erzeugen.«[31] Ganz im Gegensatz zu Hegel, der die Erkenntnis der Vergangenheit gerade von der Subjektivität des Betrachters her zu organisieren strebte, versuchte Ranke seine Subjektivität in der Auseinandersetzung mit der historischen Realität zurückzunehmen, sein »Selbst gleichsam auszulöschen«: »Man lebt mehr in dem Ganzen als in der Person. Glaube mir, die Einsamkeit ist auch nützlich. Oft weiß man kaum mehr, daß man eine Persönlichkeit hat. Man ist kein Ich mehr.«[32]

Für Hegel war dies ein völlig absurder Gedanke; die Auslieferung des Erkenntnissubjekts an die Vergangenheit, die Rücknahme seiner Subjektivität gegenüber der Objektivität des historischen Faktums widersprach grundlegend seiner Idee der menschlichen Freiheit, die ja gerade die Rückkehr zu sich selbst – also das Bewußtsein von Subjektivität – aus dem »Beim-Anderen-Sein« bedeutete.

Ein weiterer Anlaß der Auseinandersetzung Rankes mit der idealistischen Geschichtsphilosophie Hegels war dessen Anspruch, vom Standpunkt der Gegenwart aus die Totalität des welthistorischen Prozesses, seinen absoluten Endzweck erkennen zu können. Die Gegenwart war für Hegel der weltgeschichtliche Ort, an dem der Mensch zum Bewußtsein seiner selbst, seiner unendlichen Subjektivität und absoluten Freiheit gelangt war. Und da die weltgeschichtliche Dynamik und ihr Sinn herrührte von dem Drängen des Geistes, zu wissen, wer er ist, konnte der historische Prozeß für Hegel zu seinem grundsätzlichen Ende gekommen sein, wenn die Vernunft als Vernunft ihr reales Dasein in der Welt erreicht habe. Auf diese historisch einmalige Situation spielt denn auch Hegels berühmte Diagnose seiner Gegenwart an: »Was vernünftig ist, das ist wirklich; und was wirklich ist, das ist vernünftig. In dieser Überzeugung steht jedes unbefangene Bewußtsein wie die Philosophie, und hiervon geht diese ebenso in Betrachtung des geistigen Universums aus als des natürlichen.«[33] Diese historische Situation der Identität von Vernunft und Realität gab den philosophischen Blick auf die Totalität des historischen Universums endgültig frei. Philosophie war zwar nur ein nachträgliches Begreifen der Wirklichkeit – »die Eule der Minerva beginnt erst mit der einbrechenden Dämmerung ihren Flug« –, aber grundsätzlich bot sie die Möglichkeit einer adäquaten Erkenntnis der geschichtlichen Realität, die nun zu ihrem vernünftigen Ende gekommen und damit in ihrer Ganzheit zu begreifen sei. Es war der hybride Anspruch der Philosophie Hegels auf eine Globaldeutung von Welt und Geschichte, die Ranke, Savigny und andere frühe Vertreter des Historismus in die Opposition gegen ihn trieb; ein Anspruch übrigens, der nicht allein von Hegel als einem esoterischen Einzelgänger erhoben wurde, sondern philosophische Breitenwirkung entfachte. Für die Linkshegelianer etwa – unter ihnen befand sich auch der junge Karl Marx – war die Zukunft allein noch bestimmt durch den Versuch einer praktischen Verwirklichung des im Medium philosophischen Denkens von Hegel erarbeiteten Begriffs der menschlichen Freiheit. Hegels Philosophie war für viele Zeitgenossen, wie Friedrich Engels einmal formulierte, »das unbedingt letzte Wort in der Philosophie«.

Was setzten nun Ranke und mit ihm der entstehende Historismus dagegen? – Für Ranke erschloß sich das Wesen der menschlichen Existenz nicht von einem antizipierten Endzustand der Welt her, einer Identität von historischer Wirklichkeit und spekulativem Vernunftbegriff, sondern innerhalb der historischen Entwicklung mit ihrer Ausprägung historischer Individualitäten selber: »Während der Betrachtung des Einzelnen wird sich ... der Gang zeigen, den die Entwicklung der Welt im allgemeinen genommen.«[34] Die Epochen der Vergangenheit sind für Ranke nicht nur die Vorgeschichten der Gegenwart, verlassene und überwundene Stufen der menschlichen Existenz, sondern Zeiten mit eigenem Wert, die jeweils auf ihre Art das Allgemeine repräsentieren. Sie sind letztlich alle gleichermaßen Ausdruck des Waltens Gottes in der Welt: »Es wäre eine der Gottheit nicht entsprechende Idee, die Fülle der Dinge an das Ende der Zeiten zu setzen. Der Gedanke, daß jede vorhergehende Generation im allgemeinen von den folgenden übertroffen werde, mithin die letzte die bevorzugte, die vorhergehenden aber nur die Träger der folgenden seien, würde fast eine Ungerechtigkeit der Gottheit sein. Die Generationen würden nur insofern etwas bedeuten, als sie die Stufen zu den folgenden sind; sie würden, wenn ich mich dieses Ausdrucks bedienen darf, gleichsam mediatisiert werden. Ich denke vielmehr: jede steht zu Gott in einem unmittelbaren Verhältnis: ihr Wert liegt in ihrer eigenen Existenz.«[35] In Ranke lebt noch die Vorstellung eines der Welt gegenüber transzendenten Gottes, während Hegels Gottheit sich ausschließlich in der Geschichte selbst entfaltet; diese Differenz liegt ihren verschiedenen Vorstellungen von der Bedeutung historischer Individualität zugrunde. Für Hegel sind die Individuen lediglich Organe und vergängliche Ausdrucksformen des Geistes: »Ist der Zweck erreicht, so gleichen sie leeren Hülsen, die abfallen.«[36] Ranke dagegen tritt ihnen als den Gegenständen historischer Erkenntnis mit Ehrfurcht entgegen, weil sie für ihn selbst ein Letztes, »Gedanken Gottes« sind, die in ihrer Aufeinanderfolge allesamt das Allgemeine der Weltgeschichte darstellen: »Ohne Zweifel hat in der Historie auch die Anschauung des einzelnen Momentes in seiner Wahrheit, der besonderen Entwicklung an und für sich einen unschätzbaren Wert; das Besondere trägt ein Allgemeines in sich. Allein niemals läßt sich doch die Forderung abweisen, vom freien Standpunkte aus das Ganze zu überschauen; auch strebt jedermann auf eine oder die andere Weise dahin; aus der Mannigfaltigkeit der einzelnen Wahrnehmungen erhebt sich uns unwillkürlich eine Ansicht ihrer Einheit.«[37]

Doch so wichtig der Beitrag Leopold von Rankes als Begründer und schulebildendes Haupt in der Entstehungsphase des Historismus auch gewesen sein mag, um aus einer in erkenntnistheoretischer Perspektive prekären Situation herauszuführen, war seine geschichtstheoretische Konzeption nicht komplex genug. Weder Hegels tendenzielle Vernachlässigung historischer Faktizität, noch Rankes aus erkenntnistheoretischer Sicht naiver Objektivismus, den er durch Subjektivitätsverzicht erkaufte, konnten der entstehenden historistischen Geschichtswissenschaft ein tragfähiges theoretisches Fundament geben. Mit gewissem Recht kann Wilhelm von Humboldt als derjenige gelten, der ihr dieses theoretische Fundament gegeben hat. Sein Aufsatz »Über die Aufgabe des Geschichtsschreibers« von 1821 kann als ein wichtiges Gründungsdokument des Historismus gelesen werden, dessen theoretische Position und Selbstverständnis er hier erstmalig und für lange Zeit gültig formulierte. Diese theoretische Leistung Humboldts würdigte Droysen, indem er ihn den »Bacon der Geschichtswissenschaft« nannte. Dabei war Humboldt eigentlich weder Historiker noch Philosoph. Am bekanntesten ist er vielmehr durch sein politisches Wirken im Zusammenhang mit den preußischen Reformen Steins und Hardenbergs geworden. Seit 1809 war er Leiter des Kultus- und Unterrichtswesens im preußischen Innenministerium und trieb die Bildungsreform voran, insbesondere den Aufbau des Gymnasialwesens und eines neuen Universitätstyps, der sich erstmalig in der Neugründung und -konzipierung der Berliner Universität niederschlug. Weitere Betätigungsfelder Humboldts waren die Staatstheorie und die Sprachforschung. In seinem Werk »Ideen zu einem Versuch, die Grenzen der Wirksamkeit des Staates zu bestimmen« (1792) formulierte er wirkungsmächtig das politische Selbstverständnis des deutschen Liberalismus in der ersten Hälfte des 19. Jahrhunderts. Typisch historistische Denkelemente, wie etwa die Interpretation der Sprachen als geistige Kräfte, in denen sich die jeweilige Individualität der verschiedenen Völker in ihrer reinsten Form ausdrückt, finden sich in seiner Einleitung »Über die Verschiedenheit des menschlichen Sprachbaus und ihren Einfluß auf die geistige Entwicklung des Menschengeschlechts« zu seinem Werk »Über die Kawisprache auf der Insel Java« (1830-1835).

Die Bedeutung seines Aufsatzes »Über die Aufgabe des Geschichtsschreibers« liegt in der Erarbeitung einer hermeneutischen Position, die sich als Vermittlung der Positionen Hegels und Rankes interpretieren läßt. Die Orientierungsstärke historischen Denkens resultiert für

5. Transformation zur empirischen Wissenschaft

Humboldt aus einer erfolgreichen Verbindung seines durch Forschung garantierten Erfahrungsbezuges und seiner Fähigkeit zur Erkenntnis des Ganzen, der leitenden Ideen der Weltgeschichte. Was die Geschichtsschreibung auszeichnet, ist für Humboldt zunächst ihr »Sinn für die Wirklichkeit«, also für das, was in der Vergangenheit tatsächlich einmal der Fall war. Entsprechend umreißt er als die Aufgabe des Geschichtsschreibers »die einfache Darstellung des Geschehenen, mit gewissenhafter Treue ...«.[38] Andererseits erkennt er, und geht damit über Ranke hinaus, daß die Verbindung der Fakten zum Ganzen einer Geschichte Produkt der theoretischen Kompetenz des Historikers, seiner durch den Erfahrungsbezug disziplinierten Theoriearbeit ist – eine Fähigkeit, die Humboldt »Ahndungsvermögen und Verknüpfungsgabe« nennt: »Zwei Wege also müssen zugleich eingeschlagen werden, sich der historischen Wahrheit zu nähern, die genaue, partheilose, kritische Ergründung des Geschehenen, und das Verbinden des Erforschten, das Ahnden des durch jene Mittel nicht Erreichbaren.«[39]

Auf der realhistorischen Ebene wird für Humboldt der Zusammenhang der Weltgeschichte durch Ideen als Äußerungen des menschlichen Geistes gestiftet und gesteuert – hier denkt er zutiefst in Kategorien der idealistischen Philosophie. Die Ideen des Staates, des Rechtes sind für ihn von großer geschichtsmächtiger Bedeutung. Die Wahrheit einer erzählten Geschichte hängt für Humboldt unmittelbar von ihrem Bezug zu diesen Ideen ab, für ihn »muß das Auffassen des Geschehenen von Ideen geleitet sein«.[40] Wahr ist für ihn eine Geschichte dann, wenn die Gesichtspunkte, durch die sich der Forscher bei der Rekonstruktion der Vergangenheit leiten läßt, gegenüber der durch die universalhistorischen Ideen gesteuerten Weltgeschichte keine »fremde Zugabe« bedeuten, sondern mit ihnen identisch sind: »Jedes Begreifen einer Sache setzt, als Bedingung seiner Möglichkeit, in dem Begreifenden schon ein Analogon des nachher wirklich Begriffenen voraus, eine vorhergängige, ursprüngliche Übereinstimmung zwischen dem Subject und Object ... Wo zwei Wesen durch gänzliche Kluft getrennt sind, führt keine Brücke der Verständigung von einem zum andren, und um sich zu verstehen, muß man sich in einem andren Sinn schon verstanden haben. Bei der Geschichte ist diese vorgängige Grundlage des Begreifens sehr klar, da Alles, was in der Weltgeschichte wirksam ist, sich auch in dem Innern des Menschen bewegt.«[41]

Die transzendentale Bedingung des hermeneutischen Verstehens ist eine grundsätzlich existierende Identität zwischen dem verstehenden Erkenntnissubjekt und dem zu verstehenden Geschehenszusammenhang als dem immer schon objektiv gegebenen Gegenstand historischer Erkenntnisbemühungen. Die Ideen, die auf der Ebene des realhistorischen Prozesses als die eigentlichen Triebkräfte der Geschichte fungieren, sind im Sinne der historischen Ideenlehre Ausdruck derselben Geistnatur des Menschen, die auch seiner hermeneutischen Erkenntnis zugrundeliegen, und erst dieser Umstand ermöglicht das ›Verstehen‹ der Geschichte. Von dieser Möglichkeit des hermeneutischen Zugangs menschlicher Erkenntnis zu den wahren Hintergründen, die der Geschichte als Geschehen zugrundeliegen, zu den historischen ›Ideen‹ also, erschließt sich für Humboldt die Aufgabe des historischen Denkens im allgemeinen und des Historikers im besonderen. Er hat den durch Ideen strukturierten historischen Prozeß im Medium seiner Historiographie zu präsentieren: »Das Geschäft des Geschichtsschreibers in seiner letzten, aber einfachsten Auflösung ist Darstellung des Strebens einer Idee, Daseyn in der Wirklichkeit zu gewinnen.«[42]

Die bisherige Absicht bestand darin, das allgemeine gedankliche Umfeld zu rekonstruieren, aus dem heraus sich der Historismus zur Geschichtswissenschaft zu organisieren begann. Nun werden wir uns dem Prozeß zuwenden, innerhalb dessen der Historismus sich zu einer ganz spezifischen Wissenschaft mit eigenem Theorie- und Methodenanspruch entwickelt.

IV.
Der Historismus als Wissenschaftsparadigma

1. Prinzipien der Fachlichkeit: Die disziplinäre Matrix

Im folgenden geht es uns jetzt nicht mehr um eine wissenschaftsgeschichtliche Analyse und Interpretation des Historismus, sondern um etwas ganz anderes: Wir wollen seine innere Struktur darstellen. Wir betrachten ihn nicht diachron als einen Entwicklungsprozeß des historischen Denkens und der Geschichtswissenschaft vom späten 18. Jahrhundert bis zum Ende des 19. mit Ausläufern bis zur Gegenwart, sondern wir betrachten ihn synchron als ein Konzept von Fachwissenschaft, das sich in der ganzen Epoche im wesentlichen durchhält, ihre innere Einheit als Epoche des Historismus ausmacht.

Um diese synchrone Frage nach dem Historismus als einer fachwissenschaftlichen Struktur des historischen Denkens beantworten zu können, muß zunächst die Vorfrage geklärt werden: Was heißt es eigentlich, historisch in der Form einer Fachwissenschaft zu denken? Was macht historisches Denken wissenschaftlich und fachlich? Wissenschaftlich wird es, indem es bestimmten Regeln folgt, die zweierlei garantieren: eine Überprüfbarkeit seiner Aussagen über die Vergangenheit, also seine Objektivität, und einen dauernden Zuwachs an Wissen über die Vergangenheit, also seinen Erkenntnisfortschritt. Fachlich wird es, indem es einen bestimmten, abgrenzbaren Gegenstandsbereich, ein eigenes Erkenntnisgebiet, gewinnt und diesem Gegenstand entsprechende Forschungsmethoden (Regeln, wie man neues Wissen aus der Erfahrung gewinnt) entwickelt.

Maßgebend für die Geschichte als Fachwissenschaft sind also: ein Objektivitätsanspruch, eine innere Dynamik des Erkenntnisfortschritts, Geschichte als abgrenzbarer Gegenstandsbereich und eine eigene Methode der historischen Forschung. Die Form, in der diese für seinen fachwissenschaftlichen Charakter wesentlichen Prinzipien des historischen Denkens sich zur Geltung bringen, kann man das Paradigma[1] oder die disziplinäre Matrix der Geschichtswissenschaft nennen.[2] Sie entscheidet über die Art des wissenschaftlichen Objektivitätsanspruchs, indem sie die lebenspraktischen Bedürfnisse nach zeitlichen Orientierungen auf eine wissenschaftliche Erkenntnisarbeit hin kanalisiert. Geschichtswissenschaft macht grundsätzlich aus Orientierungsbedürfnissen Erkenntnisinteressen, und eben damit begründet sie sich als Wissenschaft. Alles historische Denken entspringt dem Bedürfnis handelnder und leidender Menschen, sich im zeitlichen Wandel ihrer Welt und ihrer selbst zurechtzufinden. Menschen orientieren ihre Lebenspraxis an Zukunftserwartungen, die ihrer Erfahrung von der Vergangenheit entsprechen müssen. Sie ordnen zugleich damit sich selbst, ihr eigenes Ich, in einen Vergangenheit, Gegenwart und Zukunft übergreifenden Zeitzusammenhang ein. Historisches Denken ist also grundsätzlich nicht nur ein Orientierungsfaktor der menschlichen Lebenspraxis, sondern auch ein Faktor menschlicher Selbstbestimmung; es dient der Bildung historischer Identität: d. h., mit ihm sagen Menschen (einzelne Individuen und Gruppen, ja Gesellschaften und ganze Kulturen) aus, wer sie selbst in den handelnd betriebenen und leidend erfahrenen zeitlichen Veränderungen ihrer Welt sind und bleiben wollen und in welche übergreifenden Zeitzusammenhänge sie sich selbst einordnen. Mit dieser Funktion der Praxisorientierung und Identitätsbildung ist das historische Denken stets Teil einer sozialen Auseinandersetzung; es ist abhängig von und bezogen auf Standpunkte seiner Subjekte (der Historiker und ihrer Adressaten). Zugleich will es wahr sein, d. h. seine Aussagen über die Vergangenheit und ihre Bedeutung für Gegenwart und Zukunft sollen zustimmungsfähig sein, sollen allgemein gelten.

Wissenschaftlichkeit des historischen Denkens ist nun eine bestimmte Art und Weise, dieses Verhältnis zwischen Wahrheitsanspruch und Standpunktabhängigkeit zu bestimmen. Die Geschichtswissenschaft spricht dieses Verhältnis als ein Objektivitätsproblem an und begründet zugleich ihren wissenschaftlichen Charakter mit der Objektivität der von ihr produzierten historischen Erkenntnis. Man könnte auch sagen: Das historische Denken definiert seinen wissenschaftlichen Charakter dadurch, daß es lebenspraktische Bedürfnisse nach historischer Orientierung und historischer Identitätsbildung als Fragen aufgreift und ›objektiv‹ beantwortet. Diese ihre Fähigkeit zur ›objektiven‹ Antwort gewinnt sie dadurch, daß sie die Vergangenheit empirisch betrachtet, d. h. sie nimmt sie als Auskunftsinstanz für historische Fragen nur insofern in Anspruch, als sie empirisch gegeben ist, als sie in der Form von Tatsachenaussagen zur Sprache gebracht werden können, die auf Erfahrung beruhen (mit Erfahrung begründet und kritisiert werden können).

Nun geht es dem historischen Denken nicht einfach um die Vergangenheit, sondern seine Fragen richten sich als historische Fragen auf bestimmte zeitliche Zusammenhänge zwischen Vergangenheit, Gegenwart und Zukunft: Es geht ihm um diejenige Vergangenheit, die für die Gegenwart (und ihre Zukunftsperspektive) Bedeutung hat und um die zu wissen für die Gegenwart sinnvoll und notwendig ist. Jacob Burckhardt, einer der berühmtesten Vertreter des Historismus, hat das so ausgedrückt: »Unser Gegenstand ist diejenige Vergangenheit, welche deutlich mit Gegenwart und Zukunft zusammenhängt.«[3] Die historische Betrachtung der Vergangenheit erfolgt unter leitenden Hinsichten, die ihren Sinn und ihre Bedeutung für die Gegenwart und Zukunft betreffen (Burckhardt spricht von einer »leitenden Idee«). Wissenschaftliches Fragen nach der Vergangenheit ist ein Fragen, das um diese seine Hinsichten weiß, das ein Konzept, eine entwickelte Vorstellung (häufig sagt man auch: eine Theorie) davon hat, was eigentlich in den Blick kommen soll, wenn die Vergangenheit als Geschichte angesprochen wird. Die Geschichtswissenschaft richtet die Fragen, die ihr aus den Orientierungsbedürfnissen ihres soziokulturellen Kontextes zuwachsen, nicht blind an die Erfahrung von der Vergangenheit. Es gehört zu ihrem wissenschaftlichen Charakter, daß sie dies gleichsam sehenden Auges tut, d. h. unter leitenden Hinsichten auf die Erfahrung der Vergangenheit. Diese Hinsichten entscheiden darüber, was eigentlich Geschichte an der Vergangenheit ist, d. h., worin der sinn- und bedeutungsvolle Zusammenhang eigentlich besteht, nach dem historisch gefragt wird. Diese Hinsichten entscheiden ebenfalls über den fachwissenschaftlichen Charakter der Geschichtswissenschaft: Sie definieren (grenzen ab) den »Geschichte« genannten Gegenstandsbereich, für den die Geschichtswissenschaft als Fach zuständig ist.

In diese Hinsichten arbeitet die Geschichtswissenschaft nun die Erfahrung der Vergangenheit hinein, oder anders herum gesehen: Mit diesen Hinsichten schließt sie die Erfahrung der Vergangenheit auf und gewinnt aus ihr empirisch gesichertes historisches Wissen. Die Art, wie sie dieses Wissen gewinnt, wird durch die historische Methode bestimmt: Sie macht einen weiteren – den wichtigsten – disziplinären Faktor aus, der das historische Denken als Wissenschaft konstituiert. Die historische Methode ist ein Set von Forschungsregeln: Sie organisieren die historische Erkenntnis als einen Prozeß, in dem überprüfbar (und damit rational begründet) ständig neues Wissen über die Vergangenheit aus ihrer empirischen Bekundung (aus den Quellen) gewonnen wird.

Dieses Wissen wird von den Historikern historiographisch geformt, und die dabei verwendeten Formen der Darstellung sind – wenn es sich um wissenschaftliche Historiographie handelt – gebunden an die Rationalität der Forschung. Sie sind streng an den durch die historische Methode gesicherten Wahrheitsanspruch der gewonnenen historischen Erkenntnis gebunden. In den damit geschaffenen historiographischen Formen bringt die Geschichtswissenschaft schließlich ihr historisches Wissen in das kulturelle Leben ihrer Gegenwart ein: Dort nimmt es dann die Funktionen der historischen Daseinsorientierung und der historischen Identitätsbildung wahr, um derentwillen in einer Gesellschaft historisches Wissen überhaupt produziert und um derentwillen also letztlich das ganze Unternehmen Geschichtswissenschaft betrieben wird.

Der fachwissenschaftliche Charakter der Geschichtswissenschaft wird also – wenn man ihn nicht in den Institutionen der Geschichtswissenschaft wie Universitäten, Seminaren, Lehrstühlen, Zeitschriften u.a., sondern im Erkenntnisprozeß selber, also als kognitive Struktur ausmachen will (und das meint: Paradigma oder disziplinäre Matrix) – dieser fachwissenschaftliche Charakter der Geschichtswissenschaft wird durch die genannten Faktoren des historischen Denkens definiert: Erkenntnisinteressen, leitende Hinsichten, Methoden der Forschung, Formen der Darstellung und Funktionen der Daseinsorientierung und Identitätsbildung. Diese Faktoren stehen in einem systematischen Zusammenhang, und sie werden in der Geschichtswissenschaft selber als deren Grundlagen reflektiert und erörtert, und zwar stets dann, wenn sie sich ihres fachwissenschaftlichen Charakters vergewissern, ihren Wissenschaftsanspruch begründen und ihre Eigenart und Besonderheit (im Verhältnis zu anderen Wissenschaften) zur Geltung bringen will.

Die vorhergehenden Erörterungen zum Paradigma oder zur disziplinären Matrix der Geschichtswissenschaft haben nur scheinbar vom Thema Historismus abgeführt. In Wirklichkeit sollen sie dazu dienen, den Historismus als eine ganz bestimmte paradigmatische Ausprägung der Geschichtswissenschaft begreifbar zu machen und ihn zugleich als eine wissenschaftsgeschichtliche Epoche zu bestimmen.

1. Paradigmatisch begründet der Historismus Geschichte als Wissenschaft, indem er die Bedürfnisse seiner Zeit nach historischen Orientierungen der Lebenspraxis auf methodisches Denken verweist: »Es muß das Erste sein, das, was wir bis dahin gehabt und geglaubt, infrage zu stellen, um es prüfend und begründend neu und sicher zu erwerben.«[4] Diese Objektivitätsbegründung erhält ihr besonderes Gewicht dadurch, daß der Historismus von der Aufklärung die Einsicht in die Standpunktabhängigkeit des historischen Denkens übernimmt. Chladenius hatte diese Abhängigkeit mit seiner These vom ›Sehepunkt‹ des Historikers ausgeführt, und Gatterer den »Standort und Gesichtspunkt des Geschichtsschreibers« im Vergleich seiner selbst mit Livius dargelegt. Für beide Vertreter der Aufklärung hatte sich also bereits das alte Gebot der Rhetorik an den Geschichtsschreiber, er müsse aus Wahrheitsliebe unparteiisch sein, als unzureichend für die Sicherung historischer Objektivität erwiesen. Mit der bloßen Absicht des Geschichtsschreibers, nicht einseitig zu sein, war es nicht mehr getan. Er muß jetzt den Wissenschaftlichkeitsanspruch seiner Geschichtsschreibung angesichts der Rolle neu und tiefer begründen, die

sein Standpunkt im Leben seiner Gegenwart für sein historisches Denken spielt. Der Historismus greift diese Einsicht in die Bedeutung des Standpunktes des Historikers und seines Publikums im Leben der Gegenwart für die historische Erkenntnis auf und entwickelt aus ihr ein neues Verständnis von historischer Objektivität. Der Wahrheitsanspruch der Geschichtsschreibung wird nicht mehr mit der Fähigkeit des Historikers zu einer überparteilichen Einstellung angesichts der von ihm beschriebenen Konflikte in der Vergangenheit abhängig gemacht, sondern aus der Art und Weise begründet, wie er seine Anteilnahme am politischen Geschehen der Gegenwart, an den Parteikämpfen seiner Zeit, in historische Erkenntnis umsetzt. Der paradigmatische Objektivitätsanspruch der Geschichte als Wissenschaft wird vom Historismus mit der Art und Weise begründet, mit der wissenschaftliches historisches Denken mit seiner eigenen Standpunktabhängigkeit umgeht. Wissenschaftlichkeit wird nicht mit Neutralität und Wertfreiheit des historischen Denkens identifiziert, das aus einer Überwindung von Standpunkten, von interessierter Anteilnahme an den Machtkämpfen der Gegenwart in einen interesselosen Blick auf die Vergangenheit mündet, sondern sie wird mit einer bestimmten Art und Weise begründet, den Standpunkt des Historikers im Leben seiner Gegenwart als Zugang zu historischen Einsichten zu benutzen.

Bis heute ist ein Satz charakteristisch für den Objektivitätsanspruch des Historismus geblieben, mit dem Leopold von Ranke seine Absicht als Geschichtsschreiber von derjenigen der Aufklärung abgegrenzt hat: »Man hat der Historie das Amt, die Vergangenheit zu richten, die Mitwelt zum Nutzen zukünftiger Jahre zu belehren, beigemessen: So hoher Ämter unterwindet sich gegenwärtiger Versuch nicht: er will bloß zeigen, wie es eigentlich gewesen.«[5] Dieser Satz drückt schlagwortartig das für die Geschichte als Wissenschaft maßgebliche Interesse an einer bestimmten Art des historischen Denkens aus, an wissenschaftlicher Erkenntnis, die objektiv ist, d. h. auf methodischer Forschungsarbeit an den Quellen beruht. Ranke war der Meinung, daß diese Objektivität des historischen Wissens, seine Wissenschaftlichkeit, nur entstehen kann, wenn der Historiker sein subjektives Erkenntnisvermögen ganz auf die objektiven historischen Entwicklungen ausrichtet. Er hat diese subjektive Einstellung, die Art des Interesses, die das historische Denken als wissenschaftliches kennzeichnet und die zugleich seine Einstellung gegenüber der Erfahrung des zeitlichen Wandels von Mensch und Welt in der Vergangenheit bestimmt, mit ebenfalls berühmt gewordenen und vielzitierten Worten so ausgedrückt: »Ich wünschte mein Selbst gleichsam auszulöschen, und nur die Dinge reden, die mächtigen Kräfte erscheinen zu lassen.«[6] An diesen Äußerungen Rankes wird die eine Seite des für die Geschichtswissenschaft maßgeblichen Erkenntnisinteresses deutlich, die Erkenntnis als eine Wissensform, die durch Objektivität ausgezeichnet ist.

Die andere Seite des Erkenntnisinteresses, daß die wissenschaftlich-objektive Denkform mit der menschlichen Lebenspraxis, mit ihren Orientierungsbedürfnissen angesichts der Erfahrung vom zeitlichen Wandel des Menschen und seiner Welt zusammenhängt und daß diese Erfahrungen und Bedürfnisse das historische Denken in seiner Wissenschaftlichkeit bestimmen und lenken, hat Ranke eher ausgeblendet. Andere Vertreter des Historismus haben jedoch diese Seite angesprochen und hervorgekehrt. Sie betonten, daß sich das historische Denken nicht aus den Problemen seiner Zeit heraushalten kann, sondern in seiner wissenschaftlichen Form gerade auf die Probleme seiner Zeit antworten muß: Der Historiker wird in die sittliche und politische Pflicht genommen, aus der Erkenntnis der Vergangenheit seiner eigenen Zeit Gesichtspunkte für die politische Praxis zu geben. Dies ist besonders von der sogenannten kleindeutschen oder borussischen Schule des Historismus vertreten worden. Johann Gustav Droysen z. B. polemisierte in seiner »Historik« heftig gegen ein falsches Verständnis von wissenschaftlicher Objektivität, gegen eine »Art von eunuchischer Objektivität«, die darin besteht, daß der Historiker seinen Standpunkt im Leben der Gegenwart nicht als Erkenntnischance nützt, also den Bereich der historischen Erfahrung nicht mit den Frage- und Problemstellungen, die ihm von seinem Standpunkt im Leben der Gegenwart zuwachsen, erschließt, sondern glaubt, völlig frei davon und ganz neutral verfahren zu können.[7]

Im Historismus scheint es also zwei einander entgegengesetzte Auffassungen darüber zu geben, wie die Wissenschaftlichkeit des historischen Denkens, die übereinstimmend in den methodischen Regeln der Forschung gesehen wird, in ihrem Verhältnis zur politischen Praxis der Gegenwart zur Geltung gebracht wird. In der einen Konzeption erhebt sich der Historiker über die Parteikämpfe seiner Zeit, in der anderen nimmt er an ihnen teil; eine einheitliche Auffassung scheint es nicht zu geben. Sieht man aber genauer hin, dann handelt es sich nur um zwei verschiedene Ausprägungen eines Grundgedankens. Für den Historismus führen die Kräfte, die den Parteienkampf der Gegenwart bewegen, zu einer Veränderung der menschlichen Welt, deren zeitliche Richtung sich erst historisch erkennen läßt. Die Kräfte, die in den zeitlichen Veränderungen der menschlichen Welt wirksam sind und deren geschichtliche Tendenz ausmachen, sind zugleich als Erkenntniskräfte im Bewußtsein der Historiker wirksam. Gerade weil der Historiker einen Standpunkt im Leben seiner Gegenwart hat, das durch die Kräfte der Geschichte bewegt wird, kann er sie als solche bewegenden Kräfte in der Vergangenheit erkennen und mit dieser

Erkenntnis das, was in der Gegenwart geschieht, als Teil des erkannten historischen Prozesses deuten. Er erhebt sich nicht über die Parteikämpfe der Gegenwart, sondern er bewegt sich erkennend in sie hinein, so daß er in ihnen die das Gegeneinander der Parteien umgreifenden, gesamtgesellschaftlich wirksamen Triebkräfte der geschichtlichen Veränderung ausmachen und das politische Handeln am Wissen darüber orientieren kann, welche Kräfte in welcher Richtung von zeitlicher Veränderung in ihm wirksam sind. Ranke hat dies so formuliert: Es sei »die Aufgabe der Historie, das Wesen des Staates aus der Reihe der früheren Begebenheiten darzutun und dasselbe zum Verständnis zu bringen, die der Politik aber nach erfolgtem Verständnis und gewonnener Erkenntnis weiter zu entwickeln und zu vollenden«.[8]

Objektivität meint also mehr als einen strengen, methodisch geregelten Erfahrungsbezug des historischen Denkens, aufgrund dessen seine Erkenntnis intersubjektiv überprüfbar wird. Es meint auch, daß das historische Denken genau diejenigen zeitlichen Zusammenhänge in der Veränderung des Menschen und seiner Welt in der Vergangenheit zur Sprache bringt, um die man wissen muß, wenn man verstehen will, welche zeitlichen Veränderungen sich in der Gegenwart vollziehen und auf welchen zukünftigen Wandel der menschlichen Welt hin die gegenwärtige Lebenspraxis orientiert werden soll. Man könnte diesen Sinn von ›Objektivität‹ auch mit ›Orientierungsstärke‹ umschreiben; in der Sprache des 19. Jahrhunderts wäre er am ehesten mit ›politischer Sittlichkeit‹ oder auch mit ›praktischer Vernunft‹ auszudrücken. Heinrich von Sybel hat diese Art des historischen Denkens im Historismus, den Standpunkt des Historikers im Leben seiner Gegenwart als Faktor der historischen Erkenntnis bewußt ins Spiel zu bringen, in seiner Bilanz der Errungenschaften des Historismus so ausgedrückt: »Es gab religiöse und atheistische, protestantische und katholische, liberale und konservative, es gab Geschichtsschreiber von allen Parteien, aber es gab keine objektiven, unparteiischen, blut- und nervenlosen Historiker mehr. Ein höchst erheblicher Fortschritt! ... Daß unsere Geschichtsschreibung sich zur Vaterlandsliebe und politischer Überzeugung bekannt, hat ihr erst die Möglichkeit zu erziehender Kraft und zu fester Kunstform gegeben.«[9]

2. Diese ethisch-praktische Ausrichtung des wissenschaftlichen Objektivitätskriteriums beruht darauf, daß im historistischen Geschichtskonzept geistige Triebkräfte (Ideen) über den eigentlich geschichtlichen Charakter der zeitlichen Veränderungen des Menschen und seiner Welt entscheiden. Ideen machen die Geschichte, wie es W. von Humboldt programmatisch in seiner bereits erwähnten Akademieabhandlung »Über die Aufgabe des Geschichtsschreibers« betont.[10] Im Historismus ist diese idealistische Geschichtskonzeption zumeist nicht

in der Form einer historischen Theorie ausgearbeitet worden; wohl aber bestimmt sie in der Form einer grundlegenden impliziten geschichtstheoretischen Annahme den historischen Blick auf die menschliche Vergangenheit. Geschichtlich ist die menschliche Vergangenheit, insofern in ihr der menschliche Geist Kunde von seiner kulturschöpferischen Kraft gibt: Er bewegt das menschliche Handeln über die Absichten und Interaktionen der Akteure. Er prägt sich in den handelnd verwirklichten gesellschaftlichen Lebensformen aus und gibt ihnen ihre individuelle Besonderheit. Diese Geistnatur der Geschichte macht der Historismus vor allem an politischen Gebilden, an den unterschiedlichen nationalen Ausformungen von Staaten und natürlich an Wissenschaft, Kunst und Religion aus. Soziale Sachverhalte wie Schichten und Klassen spielen eine eher untergeordnete Rolle, und wirtschaftliche Gegebenheiten werden oft nur als Natur in der Geschichte angesehen, als bloß äußerliche Bedingungen kultureller Ausformungen des menschlichen Geistes. Natürlich wurde im Rahmen des historistischen Wissenschaftskonzepts auch Wirtschaftsgeschichte betrieben, aber sie gehörte nicht zu den besonders wichtigen Forschungsfeldern und Darstellungsinhalten.

Die leitenden Hinsichten des Historismus auf die menschliche Vergangenheit, die dieses Geschichtskonzept ausmachen, stellen eine eigentümliche Mischung von ästhetischen und politischen Gesichtspunkten dar. Ästhetisch insofern, als die ins Auge gefaßten zeitlichen Verläufe (meistens von der Art der politischen Ereignisgeschichte) auf innere Qualitäten hin betrachtet werden, als Ausformung und Gestaltung einer geistigen Qualität des menschlichen Lebens. Geschichte stellt als innerer Zusammenhang zeitlicher Verläufe so etwas wie einen Text dar, der chronologisch fortlaufend von den Ereignissen geschrieben wird und der ihnen gleichsam (durch die Forschung) abgelesen werden kann. Politisch ist dieses Geschichtskonzept, insofern diese ästhetisch wahrgenommenen inneren Qualitäten historischer Zeitverläufe als bewegende Kräfte auch und gerade des politischen Handelns und seiner staatlichen Formen (Verfassungen) gelten und die erkannte Zeitrichtung historischer Verläufe zur Orientierung politischen Handelns verwendet wird. Erst in einer späteren Entwicklungsphase können die politischen und ästhetischen Elemente des historistischen Geschichtsbegriffs auseinandertreten. Das historische Denken erfährt dann eine entpolitisierende Ästhetisierung (z. B. bei Jacob Burckhardt). Politische Geschichte wird dann als quasi-naturhafter Machtkampf kulturell abgewertet.[11]

3. Der entscheidende Beitrag des Historismus zur Entwicklung eines fachwissenschaftlichen Paradigmas der Geschichtswissenschaft besteht in seiner Auffassung von der historischen Methode als Regelsy-

stem der Forschung. Die Aufklärungshistorie hatte den forschenden Umgang mit den Quellen im wesentlichen in der Quellenkritik und in deren Steuerung durch die Hilfswissenschaften gesehen. ›Methode‹ war für sie eine Form der Darstellung, die die quellenkritisch ermittelten Tatsachen zu historischen Zusammenhängen verbindet. Dieser Methodenbegriff wird durch den Historismus nun entscheidend verändert. Die Verbindung der quellenkritisch ermittelten Tatsachen zu historischen Zusammenhängen wird jetzt als methodische Operation der historischen Forschung, als Interpretation, verstanden. Der geschichtliche Zusammenhang in den zeitlichen Veränderungen der Vergangenheit wird – im Rahmen des idealistischen Geschichtskonzepts – als Sachverhalt angesehen, der in den Tatsachen der Vergangenheit selber verborgen liegt und durch historische Forschung interpretierend aus ihnen erhoben werden kann. Diese Erhebung richtet sich auf die in den menschlichen Handlungen und Interaktionen wirksamen geistigen Triebkräfte (Ideen). Sie sind als geschichtsbewegende Mächte des zeitlichen Wandels erkennbar, indem man vergangene Handlungen und Interaktionen versteht. Droysen hat diese Forschungskonzeption des Historismus daher so bezeichnet: »Das Wesen der geschichtlichen Methode ist forschend zu verstehen, ist die Interpretation.«[12] Die ereignisgeschichtlichen Tatsachen der Vergangenheit (z. B. Vertragsabschlüsse) werden historisch so interpretiert, daß in den Absichten der Handelnden (in unserem Beispiel: der Vertragspartner) geistige Triebkräfte des Handelns (etwa nationale Interessen und Mentalitäten) festgestellt werden, die den Tatsachen ihren geschichtlichen ›Sinn‹, ihren inneren Zusammenhang mit anderen Tatsachen (Kriegen, Reaktionen anderer Mächte auf den Vertrag) geben (z. B. die Entwicklung nationaler Eigentümlichkeiten in der politischen Verfassung eines Staates). Entscheidend für diese Forschungskonzeption des Historismus, für ihren hermeneutischen Charakter, ist die (geschichtstheoretische) Auffassung, daß der geschichtliche Zusammenhang der Tatsachen in ihnen selber liegt, und zwar dort, wo sie von den geistigen Triebkräften des menschlichen Handelns zeugen, die der Historiker auch in sich selber, in seiner Gegenwart, wirksam weiß. Hermeneutisch heißt: daß er seine Gegenwart über das Verstehen von Handlungen der Vergangenheit in einen geistigen Zusammenhang mit der Vergangenheit bringt. Dieser verstehbare Zusammenhang ist es dann, in den der Historiker die Tatsachen so einordnet, daß sie eine Geschichte bilden, die auf seine Gegenwart und Zukunft bezogen ist.

4. Die für den Historismus kennzeichnende Darstellungsform ist diejenige einer großen, breit angelegten epischen Erzählung. Zwar ist für ihn als Wissenschaftskonzeption auch die Form einer kritischen Untersuchung wichtig.

Niebuhrs »Römische Geschichte« (1811-1832) ist ein bedeutendes historiographisches Dokument des Historismus, und sie stellt historische Zusammenhänge in der Form komplizierter quellenkritischer Untersuchungen dar. Es gibt aber auch strukturgeschichtliche Darstellungen, in denen Zustände und Lebensformen vergangener Epochen beschrieben werden. Hier wären als Beispiele Biedermanns »Geschichte des 18. Jahrhunderts« (1854-1880) und Jacob Burckhardts »Kultur der Renaissance in Italien« (1860) zu nennen. Aber typisch für den Historismus ist die erzählende Form, in der die geschichtliche Entwicklung von Völkern oder Institutionen (wie z. B. der Kirche) oder die Geschehnisse einer Epoche (etwa des Mittelalters oder der Reformation) als Folge von Ereignissen geschildert wird, und zwar so, daß der Sinn dieser Geschichte und ihre Bedeutung für die Gegenwart aus der Ereignisfolge selber deutlich wird, ihr gleichsam abgelesen werden kann. Diese – meist ›narrativ‹ genannte – Darstellungsform scheint mit dem Wissenschaftscharakter der Geschichtswissenschaft nichts zu tun zu haben. Man könnte in ihr ein Eingeständnis der Geschichtsschreibung sehen, daß sie nicht nur wissenschaftlich sein kann, sondern immer auch eine ästhetische Seite, einen Kunstcharakter hat. So ist es auch von den Historikern des 19. Jahrhunderts selber gesehen worden. Gleichwohl ist diese ästhetische Form der epischen Geschichtsschreibung historiographischer Ausdruck der historistischen Wissenschaftskonzeption.[13] Sie entspricht der Auffassung vom inneren ideellen Zusammenhang der Gegebenheiten der Vergangenheit. Forschend wird dieser Zusammenhang aus der geistigen Tiefe der historischen Tatsachen (aus den geistigen Grundlagen handlungsbestimmender Absichten) erhoben, und die Darstellung bringt ihn in der erzählenden Verknüpfung der Ereignisse zu einer geschlossenen, ihren Sinn und ihre Bedeutung in sich tragenden Geschichte zum Vorschein. Der Nobelpreis für Literatur, den Theodor Mommsen 1902 für seine »Römische Geschichte« bekommen hat, zeigt nur, daß die Verwissenschaftlichung des historischen Denkens durch den Historismus durchaus positive Folgen für den Kunstcharakter der Historiographie haben konnte.

5. Die Wissenschaftskonzeption des Historismus bildet sich aus der Interessenlage der gebildeten bürgerlichen Mittelschichten vor der Entfaltung der kapitalistisch organisierten Industriegesellschaft. Diese Mittelschichten betrachteten sich nicht als Schicht oder Klasse neben oder gegen andere, sondern fühlten sich als Wortführer des Volkes, als Wahrer gesamtgesellschaftlicher Interessen gegenüber der staatlich organisierten monarchischen Herrschaft (unter adligem Einfluß). Daher spielten soziale Gesichtspunkte der Klassenbildung im Geschichtsverständnis des Historismus nur eine untergeordnete Rolle. Die bürgerli-

1. Prinzipien der Fachlichkeit

chen Mittelschichten hielten sich durch Besitz und Bildung für legitimiert, an der politischen Herrschaft zumindest teilzunehmen, wenn nicht gar selber (über eine Repräsentativverfassung) zu herrschen. Daher ist die dem Historismus verpflichtete Geschichtsschreibung vornehmlich politisch ausgerichtet, und zwar post-revolutionär. Der Historismus verarbeitet die Erfahrung der Französischen Revolution, und insbesondere die Erfahrung der Jakobiner-Diktatur, der Revolutionskriege und des aggressiven napoleonischen Expansionismus zu der Auffassung, daß die revolutionäre Durchsetzung politischer Prinzipien (wie Volkssouveränität, Gewaltenteilung, Parlamentarismus) zu keinen dauernden Lösungen des Problems führe, wie politische Herrschaft partizipatorisch organisiert werden kann. Stattdessen müsse politisch an die gegebenen Umstände und Voraussetzungen staatlicher Herrschaft angeknüpft und der Entwicklungsprozeß kontinuierlich fortgeführt werden, der in diese Umstände und Voraussetzungen gemündet ist und zugleich im Sinne einer zunehmenden Beteiligung von Besitz und Bildung an der Herrschaft über sie hinaustreibt. »Die Politik« wird – so der Titel des Buches von F.C. Dahlmann, das als repräsentativ für das politische Denken des deutschen Historismus in seiner frühen Phase gelten kann – »auf den Grund und das Maß der gegebenen Zustände zurückgeführt«;[14] Politik soll durch historisches Denken wirklichkeitsnah und erfahrungsoffen und zugleich im Sinne einer politischen Emanzipation zukunftsgerichtet werden.[15]

Im Rahmen dieser Interessenlage und politischen (Reform-) Strategie formuliert der Historismus ein neues Konzept historischer Identität, dem das wissenschaftlich durch Forschung gewonnene historische Wissen letztlich (über alle Unterschiede zwischen linken und rechten Spielarten der politischen Emanzipation hinweg) zu dienen hat: Es ist das bis heute wirksame Konzept nationaler Identität. Es wird zunächst nicht gegen das Menschheitskonzept der Aufklärung entwickelt, sondern als dessen Weiterentwicklung und Vollendung verstanden. Hatte die Aufklärung ›Menschheit‹ als Erfahrungsinhalt der Universalgeschichte und als universelle Norm kultureller und politischer Freiheit kritisch gegen die Begrenzung des traditionellen heilsgeschichtlichen Erfahrungshorizontes und gegen die ständischen Normen sozialer und politischer Ungleichheit gewandt, so füllt der Historismus diese abstrakte universalistische Menschheitsauffassung mit einem konkreteren und partikularen Inhalt: der Nation. Menschheit wird als ein historischer Prozeß gedacht, in dem sich die universelle ›Idee‹ menschlicher Freiheit in partikularen politisch-kulturellen Gebilden, ihren Wechselverhältnissen und Veränderungen ausprägt: in den Nationen, ihrer kulturellen Eigenart, ihren durch Machtstreben nach innen und außen geprägten politischen (meist staatlichen) Formen und deren Interdependenzen. In der Vielfalt von Nationen und ihren Interaktionen wird Menschheit historisch konkret und empirisch anschaubar: »In der Herbeiführung der verschiedenen Individuen und Nationen zur Idee der Menschheit und der Kultur ist der Fortschritt ein unbedingter.«[16]

Mit dieser nationalen Wende partikularisiert sich das Menschheitskriterium einer spezifisch modernen historischen Identitätsbildung. Historisches Wissen mobilisiert nun Zugehörigkeitsgefühle von besonderer Dynamik und Intensität. Die Nation steht als neue Bezugsgröße kollektiver Identität stellvertretend für die Menschheit; mit ihr eignet sich das Individuum gleichsam eine konkretisierbare Universalität an. Das Pathos universeller Menschheitsqualitäten lädt das Gefühl nationaler Zugehörigkeit auf, und umgekehrt gibt die Nation den mentalen Erfahrungsraum und das Aktionsfeld zur Verwirklichung menschheitlicher Ideale ab. Mit dieser Nationalisierung der historischen Identität geht zwar die universalistische Weite des historischen Blicks, die die Aufklärung eröffnet hatte, nicht grundsätzlich verloren: Der Historismus vertieft die Einsicht in die Vielfalt, Unterschiedlichkeit und jeweilige Besonderheit des menschlichen Lebens. Dennoch repräsentiert sich die Menschheitsqualität des Nationalen immer mehr in den europäischen Völkern: Wie in einem Brennspiegel kondensieren sie und ihre wechselvolle Geschichte von der Antike bis zur Gegenwart sowohl den kulturellen Pluralismus der Menschheit wie auch die zeitliche Richtung, in der er sich ausprägt und seine Zukunft anzeigt.

Der Historismus richtet also das historische Denken auf eine spezifisch ›moderne‹ dynamische Identitätskonzeption zugleich menschheitlicher und nationaler Qualitäten von Zugehörigkeit und Gemeinsamkeit aus. Das bedeutet in der systematischen Hinsicht auf die disziplinäre Matrix, daß das forschend gewonnene und historiographisch gestaltete historische Wissen eine ihm selbst inhärente Bildungsfunktion ausübt: Es formuliert historische Identität als einen dynamischen zeitlichen Entwicklungsprozeß, löst also (tendenziell) alle Fixierungen von Zugehörigkeit an feste Größen (z. B. an vorgegebene Traditionen, starre Verhaltensregeln, an räumliche Grenzen) auf. Die Dauer dessen, woran sich ein ›Wir‹-Gefühl entzündet, wird angesichts eines prinzipiellen Wandels der Zeit von seiner Veränderungsfähigkeit abhängig gemacht. Das ›Wir‹ der Menschheit oder der Nation, das der Historismus als Bezugsgröße der Identitätsbildung dem Publikum der Gebildeten präsentiert, ist zeitlich flexibel und entwicklungsfähig; es entspricht der Gegenwartserfahrung dauernden, ja sich beschleunigenden Wandels und ist insofern ›modern‹. Der Historismus transportiert die äußere Zeit tiefgreifenden Wandels in eine innere Zeitvorstellung, in der das, was man ist, selber als Werden erscheint.

Die Historiographie spricht im Bild der Vergangenheit das Ich und Wir ihrer Adressaten als Durchgangspunkt einer zeitlichen Entwicklung an: Die Vorstellung, wer man ist, hängt davon ab, welche Chancen sich aus der eigenen Vergangenheit für die Zukunft ergeben, derjenige zu werden, der man sein will (und noch nicht in jeder Hinsicht ist). Es liegt auf der Hand, daß diese Dynamisierung historischer Identitätsbildung, wenn sie im Medium einer historistisch organisierten historischen Erkenntnis erfolgt, in hohem Maße zu manipulierenden und ideologisierenden Zugriffen herausfordert. Allerdings ist diese Herausforderung so lange durch das Wissenschaftsverständnis des Historismus gebannt, wie es sich nicht nur auf die methodischen Regeln der historischen Forschung erstreckt, sondern auch auf den Einfluß des historischen Wissens auf die kulturellen Prozesse der menschlichen Identitätsbildung bezieht, also auch dort mit wissenschaftsspezifischen Vernunftkriterien gearbeitet wird. Hier ist es im Entwicklungsprozeß des Historismus zu einer bemerkenswerten Verengung des Wissenschaftsanspruches gekommen: Die historiographische Formung und die innere Funktionsbestimmung des historischen Wissens im Bildungsprozeß der Gesellschaft wurden immer weniger als wissenschaftsspezifisch und wissenschaftsfähig angesehen, was in der Aufklärung und im frühen Historismus noch durchaus der Fall war. In dem Maße, in dem die Wissenschaftlichkeit der Geschichte als Fachwissenschaft nur noch in der Forschungstechnik gesehen wurde, konnte das historische Wissen in seiner Bildungsfunktion ideologisch und manipulativ verwendet werden, ohne daß darin ein Verstoß gegen wissenschaftliche Objektivität gesehen werden konnte.

2. Strategien der Grundlagenreflexion: Die Historik

Als Fachwissenschaft hat die Geschichtswissenschaft nicht nur ihre äußeren Institutionen, sie ist auch innerlich, als Gedankengebilde und Erkenntnisprozeß, institutionalisiert. Wir haben diese innere Institution des historischen Denkens, in der es sich als Fachwissenschaft formiert, im vorigen Kapitel als ›disziplinäre Matrix‹ oder ›Paradigma‹ beschrieben. Wir wollen jetzt der Frage nachgehen, in welcher Form der Historismus diese disziplinäre Matrix, also die Grundlagen der fachlichen Verfassung der Geschichtswissenschaft, expliziert und begründet.

Es gehört zur wissenschaftlichen Rationalität von Erkenntnisprozessen, daß sie auf ihre Prinzipien hin durchsichtig sind, d.h. daß sie ihre eigene Rationalität als solche explizieren und begründen. Wir nennen diese Darlegungs- und Begründungsarbeit der Geschichtswissenschaft »Historik«. Damit knüpfen wir ausdrücklich an die bedeutendste Leistung an, die der Historismus in der Erörterung der disziplinären Grundlagen der Geschichtswissenschaft hervorgebracht hat: an Johann Gustav Droysens »Historik«, die er seit 1857 regelmäßig als Vorlesung gehalten hat, um seinen Studenten Eigenart und Aufbau der Geschichtswissenschaft darzulegen.

Droysen ist mit seiner Vorlesung über die Grundlagen der Geschichtswissenschaft, über die Ordnung des von ihr forschend produzierten historischen Wissens, über die methodischen Regeln dieser Forschung, über die Formen, in denen das historische Wissen historiographisch präsentiert wird und über die Zusammenhänge, in denen die Geschichte als Fachwissenschaft mit dem kulturellen und politischen Leben ihrer Zeit steht, kein Einzelfall. So wie er haben auch viele seiner Fachkollegen in eigens dazu konzipierten Vorlesungen den Studierenden klarzumachen versucht, »wie man Geschichte zu studieren habe, womit man anfangen, was treiben müsse, um ein Historiker zu werden«.[17] So sind, um ein anderes prominentes Beispiel zu nennen, die »Weltgeschichtlichen Betrachtungen« Jacob Burckhardts – eines der bedeutendsten Dokumente der ästhetischen und kulturkritischen Wendung des Historismus in der zweiten Hälfte des 19. Jahrhunderts – Gedanken, die er zum größten Teil in der Form einer Vorlesung »Über das Studium der Geschichte« vorgetragen hat.[18] Es gehörte zur akademischen Lehr- und Studienpraxis, daß die fachlichen Grundlagen der Geschichtswissenschaft, zumindest einzelne wichtige Prinzipien wie die Regeln der historischen Methode oder (wie im Falle von Burckhardts Vorlesung) die maßgebenden Gesichtspunkte der historischen Interpretation dargelegt wurden, damit die Studierenden eine Vorstellung davon bekommen konnten, was eigentlich ihr Studienfach im Verhältnis und im Unterschied zu anderen Wissenschaften ausmacht. Die Art solcher Darlegung der fachlichen Grundlagen gibt Aufschluß darüber, wie sich die Geschichtswissenschaft als Wissenschaft selber versteht, was sie also für wichtig und entscheidend für ihre fachwissenschaftliche Verfassung, für das Metier professioneller Historiker, ansieht.

Mit der Verwissenschaftlichung des historischen Denkens hatte sich die Art und Weise geändert, wie über seine Eigenart und Bedeutung diskutiert wurde und wie sich die Geschichtsschreiber selber Rechenschaft über ihr Metier gaben. Solange die Geschichtsschreibung als ein literarischer Vorgang angesehen wurde, bei dem es vor allem auf die Fähigkeit und das Geschick des Historikers ankommt, Wissen über die Vergangenheit in einprägsamen und lehrreichen Bildern zu komponieren und zu präsentieren, wurden die Probleme der Geschichtsschreibung überwiegend in der Form einer Kunstlehre der Historiographie,

2. Strategien der Grundlagenreflexion: Die Historik

einer Poetik der Geschichtsschreibung, diskutiert. Das Nachdenken über die Geschichte gehörte in die Rhetorik: Es richtete sich auf die literarische Veranstaltung der Geschichtsschreibung und ihren politischen und religiösen Wert. Schon für diese Art der Reflexion der Geschichtsschreibung wurde die Bezeichnung »Historik« verwendet. So erschien z. B. 1623 eine »Ars historica sive de historiae et historicis natura historiaeque scribendae praeceptis commentatio« von G.J. Vossius (Historische Kunst oder Erörterung über die Natur der Geschichtsschreibung und der historischen Argumentation und über die Vorschriften, Geschichte zu schreiben). In solchen Werken, die sich bis ins 19. Jahrhundert hinein finden, geht es um Geschichtsschreibung als Schreibkunst. Es werden Regeln erörtert und aufgestellt, nach denen die Vergangenheit vergegenwärtigt werden kann und soll. Es handelt sich um Kunstlehren des Geschichtsschreibens. Sie weisen den Historiker an, die Vergangenheit so zu vergegenwärtigen, daß sie als Erfahrungsschatz für die Lebenspraxis seiner Adressaten erschlossen wird. Das Schwergewicht der Argumentation liegt auf einem rhetorisch-praktischen Adressatenbezug.

Mit der Verwissenschaftlichung des historischen Denkens wird aus der Kunstlehre des Schreibens eine Methodenlehre des Erkennens. Maßgebend ist jetzt nicht mehr der Adressatenbezug der Geschichtsschreibung, sondern ihr Bezug auf die historische Erfahrung. Der Geschichtsschreiber wird als Fachmann der historischen Forschung angesprochen. Es geht jetzt in der Historik um die Regeln dieser Forschung, die sicherstellen, daß das durch die Geschichtsschreibung präsentierte historische Wissen den Standards wissenschaftlicher Erkenntnis entspricht. Mit dieser neuen Ausrichtung bleibt die Historik praxisbezogen, allerdings nicht mehr auf die Praxis der Geschichtsschreibung, sondern auf diejenige der Forschung: Indem sie deren Regeln darlegt, will sie sicherstellen, daß die historische Erfahrung methodisch gesichert aus den Quellen erhoben und sachgerecht interpretiert werden kann. Die Methodik der historischen Forschung wird zum Kernstück der praktischen Selbstverständigung der verwissenschaftlichten Geschichtsschreibung.

Indem die Historik nunmehr die methodischen Standards der historischen Forschung darlegt und begründet, will sie zweierlei erreichen. Einmal sollen diese Standards lehr- und lernbar gemacht werden: Die Historik dient der didaktischen Professionalisierung von Historikern. Daneben und zugleich wird mit ihnen der fachwissenschaftliche Charakter der Geschichtswissenschaft begründet, gerechtfertigt und in seinem Verhältnis zu anderen Wissenschaften behauptet und zur Geltung gebracht: Die Historik dient der theoretischen Begründung der Geschichtswissenschaft als Fachdisziplin. In beiden Fällen handelt es sich darum, daß die Geschichtswissenschaft über sich selbst als ein eigenständiges Wissensgebiet und Erkenntnisverfahren Auskunft gibt. Sie läßt gleichsam den Wald vor lauter Bäumen sehen: Jenseits aller einzelnen geschichtlichen Sachverhalte, historischen Problemstellungen und historiographischen Darstellungen legt sie dar, wie Geschichtswissenschaft im ganzen aufgebaut ist und wie sie mit der menschlichen Vergangenheit umgeht, sie erforscht und darstellt.

Diese Reflexions- und Begründungsarbeit der Historik richtet sich auf die disziplinäre Matrix der Geschichtswissenschaft. Sie wurde in dem langen Prozeß, in dem die Geschichte als Wissenschaft entstand und sich in den akademischen Institutionen von Lehre und Forschung etablierte, auf unterschiedliche Weise angesprochen und dargelegt.[19] Zunächst wirkte die alte humanistisch-rhetorische Tradition der Historik noch weiter. Gervinus z. B. veröffentlichte 1837 »Grundzüge der Historik«, in denen es ihm um »die künstlerische Behandlung der Geschichte« ging.[20] Hier wird allerdings die Kunst der Darstellung von der Fähigkeit des Historikers abhängig gemacht, den durch Ideen bewirkten inneren Zusammenhang der zeitlichen Veränderung des Menschen und seiner Welt zu erkennen.

Die Frage, welchen methodischen Regeln diese Erkenntnis als Praxis der historischen Forschung zu folgen hat, gewinnt im Laufe der Wissenschaftsentwicklung immer mehr an Gewicht. Ihre Antwort stellt die Historik als Methodologie der Forschung (»Methodik«) dar. Zunächst konzentrierte sich diese Methodologie auf die Quellenkritik und betonte die Notwendigkeit und die Leistung eines entwickelten Systems von Hilfswissenschaften, wenn es darum geht, aus den Quellen, in denen die Vergangenheit als Erfahrung gegenwärtig ist, sicheres Wissen darüber zu gewinnen, was wann wo wie und warum in der Vergangenheit der Fall war. Ging es darum, diese quellenkritische Potenz der historischen Forschung als Kanon von Verfahrensregeln darzulegen, dann trat Historik als System der Hilfswissenschaften auf. Sie legte all das Wissen dar, das man beherrschen mußte, um sicheres Wissen über die menschliche Vergangenheit aus den Quellen zu gewinnen. Typisch dafür ist das Werk von J.E. Fabri: »Encyclopädie der Historischen Hauptwissenschaften und deren Hülfs-Doctrinen Archäologie, Alterthumskunde, Chronologie, Diplomatik, Epigraphik, Genealogie, Heraldik, Hieroglyphik, Mythologie, Mythographie, Numismatik, Sphragistik, Toponomie, politische Arithmetik. Zu akademischen Vorlesungen« (Erlangen 1808).

Wie wichtig diese Methodologie der Quellenkritik und damit die hilfswissenschaftliche Kompetenz des professionellen Historikers für die Geschichtswissenschaft war, als sie sich in den Universitäten als eigenständiges Fach zu etablieren begann, zeigt der »Entwurf einer

Propädeutik des historischen Studiums« von Friedrich Rühs, in der es um »eine Vorbereitung auf das Studium der Geschichte und die Behandlung geschichtlicher Gegenstände« ging.[21] 220 Seiten des etwa 270 Seiten starken Buches handeln von den Wissenschaften, deren Wissen zur Ermittlung historischen Wissens notwendig ist (Philologie, Philosophie, Politik, Chronologie, Geographie, Ethnologie, Genealogie, Diplomatik, Numismatik usw.). Auf nur 10 Seiten wird dargelegt, was Geschichte als Erkenntnisbereich der Geschichtswissenschaft ist und wie man sie zu studieren habe, 12 Seiten behandeln die Geschichtsschreibung, und abschließend wird auf 13 Seiten die Geschichte des historischen Studiums dargelegt.

In der Selbstverständigung der Geschichtswissenschaft gibt es noch eine dritte Art, ihre Erkenntnisleistung im Hinblick auf das Fach als Ganzes darzulegen: die enzyklopädische Ordnung des forschend gewonnenen historischen Wissens. In dem Maße, in dem durch die Forschung immer mehr Wissen über die Vergangenheit produziert wird, steigt der Bedarf einer ordnenden Übersicht über das wachsende historische Wissen. Die Historik entspricht diesem Bedürfnis, indem sie Ordnungsschemata ausarbeitet, in die hinein die Forschungserträge wachsen und mit denen sie aufeinander bezogen und zu Überblicken über umfassende historische Zusammenhänge geordnet werden können. Mit dieser Ordnungsarbeit bewegt sich die Historik in die Nähe der Geschichtsphilosophie. »Philosophie der Geschichte« – der Terminus stammt von Voltaire – war zunächst nichts anderes als eine Ordnung des historischen Wissens nach Kriterien des menschlichen Verstandes (kritisch von der Theologie der Geschichte abgegrenzt und polemisch gegen sie gewendet), und insofern gehört sie in den umfassenden kulturgeschichtlichen Zusammenhang, in dem das historische Denken wissenschaftlich wird. Als philosophische Disziplin jedoch, in der Geschichtsverläufe nach obersten Gesichtspunkten der menschlichen Vernunft gedeutet und dargelegt wurden, wurde sie von der Geschichtswissenschaft mit Mißtrauen betrachtet.[22] Es gehörte zu den Allgemeinplätzen des Historismus, mit dem die Geschichtswissenschaft ihr Verhältnis zur Geschichtsphilosophie bestimmte, daß der empirische Charakter des durch die wissenschaftliche Forschung gewonnenen historischen Wissens grundsätzlich von dem bloß »spekulativen«, d. h. aus reinem Denken gewonnenen Charakter geschichtsphilosophischer Aussagen über die menschliche Vergangenheit unterschieden wurde. Dabei bestritt man zugleich, daß das spekulative Denken einen besonderen Erkenntniswert neben dem der wissenschaftlichen Erkenntnis besitzt. Auf der anderen Seite arbeitet jedoch die historische Forschung immer mit leitenden Gesichtspunkten und allgemeinen Vorstellungen, die darüber entscheiden, was eigentlich von der

Vergangenheit als Geschichte in den Blick kommen und erkennend aus den Quellen erarbeitet werden soll. Die zu erkennende Geschichte steht als solche ja nicht in den Quellen, kann ihnen nicht einfach empirisch abgelesen werden, sondern wird in der Fragestellung, mit der die Historiker forschend an die Quellen herangehen, immer schon mitgebracht. Diese Gesichtspunkte und allgemeinen Vorstellungen – man kann sie das theoretische Bezugssystem der historischen Forschung nennen – expliziert die Historik als wichtigen Faktor fachwissenschaftlicher Erkenntnisarbeit, und dabei setzt sie sich (ausdrücklich oder stillschweigend) stets auch mit der Geschichtsphilosophie auseinander.

Das bedeutendste literarische Dokument einer solchen Erörterung der leitenden Hinsichten der historischen Interpretation, der wesentlichen Gesichtspunkte, nach denen die Quellenbefunde in sinn- und bedeutungsvolle Geschichten hinein verarbeitet werden können, ist Jacob Burckhardts Vorlesung, die er seit 1851 unter den Titeln »Einleitung in das Studium der Geschichte« oder »Über das Studium der Geschichte« an der Universität Basel gehalten hat. Sie wurden zusammen mit einigen Vorträgen 1905 unter dem Titel »Weltgeschichtliche Betrachtungen« veröffentlicht. Burckhardt erörtert in diesen Vorlesungen die besondere Rolle, die dem historischen Denken in der Kultur des 19. Jahrhunderts zukommt, und er entwickelt die Hinsichten auf die Erfahrung der Vergangenheit, in denen deren Qualität als erinnerungsfähige Geschichte sichtbar wird. Angesichts des revolutionären Bruchs zwischen Gegenwart und Vergangenheit, der nach Burckhardt typisch ist für seine Zeit, für das »Revolutionszeitalter«, kommt dem historischen Denken die Aufgabe zu, die Vorstellung einer kulturellen Kontinuität zu entwickeln, die Vergangenheit, Gegenwart und Zukunft über alle Brüche und Diskontinuitäten hinweg umgreift. Burckhardt legt drei fundamentale »Potenzen« der geschichtlichen Entwicklung der Menschheit dar, die in ihrem komplexen Wechselspiel die Mannigfaltigkeit historischer Verläufe ausmachen: Staat, Religion und Kultur. In diesem Wechselspiel ist es die Kultur, die den inneren Kern, das eigentlich Historische im zeitlichen Entwicklungsprozeß der Menschheit ausmacht. Das historische Denken selber wird von Burckhardt als die Kulturleistung seiner Zeit angesprochen, mit der der revolutionäre Bruch zwischen alteuropäischer Vergangenheit und der Zukunft modernisierter Gesellschaften überwunden werden kann. Seine Historik stellt diese Funktion der historischen Erkenntnis in den Vordergrund und weicht damit signifikant von der Selbstgenügsamkeit der Geschichtswissenschaft als Fachwissenschaft ab, die in den Regeln der historischen Forschung allein schon eine hinreichende Sicherung und Begründung der Erkenntnisleistung der Geschichtswissenschaft sah.

2. Strategien der Grundlagenreflexion: Die Historik

Die Historik kann aber auch auf andere Art diese Selbstgenügsamkeit und methodologische Verengung des Selbstverständnisses der Geschichtswissenschaft überwinden, immer dann nämlich, wenn sie Eigenart und Eigenständigkeit der Geschichtswissenschaft erkenntnistheoretisch oder wissenschaftstheoretisch begründet und verteidigt. Es geht ihr dann um den Nachweis der Tatsache, daß es einer ganz bestimmten Denkweise bedarf, um so etwas wie ›Geschichte‹ zu erkennen, und daß aus dieser Eigenart des historischen Denkens auch besondere (und von anderen wissenschaftlichen Erkenntnisverfahren unterscheidbare) methodische Prinzipien der historischen Erkenntnis folgen. Am Anfang der Begründungsarbeit, die dem historischen Denken im Prozeß seiner Verwissenschaftlichung zuteil wurde, stehen solche erkenntnistheoretischen Überlegungen: Johann Martin Chladenius hat in seiner »Allgemeinen Geschichtswissenschaft« (1752) versucht, die Wissenschaftsfähigkeit des historischen Denkens erkenntnistheoretisch nachzuweisen, indem er den Tatsachengehalt historischer Aussagen als rational ermittelbar und begründbar darlegte.

Die Grundlagenreflexion der Historik, die die Entstehung und Ausbildung des Historismus als Wissenschaftskonzeption begleitet und mitvollzieht, ist in unterschiedlicher Weise erfolgt. Die genannten Argumentationsstrategien konnten unabhängig voneinander je für sich, aber auch in verschiedenen Mischungsverhältnissen auftreten. Einen festen Typ »Historik« gab es weder in der Vorlesungstätigkeit noch in der fachwissenschaftlichen Literatur. Aus heutiger Sicht stellt sich Droysens »Historik« als eine Reflexionsleistung der historistisch verfaßten Geschichtswissenschaft auf ihre Grundlagen dar, die alle genannten Argumentationsstrategien vereinigt und so ein umfassendes Bild von den Grundlagen der historistisch verfaßten Geschichtswissenschaft zeichnet. Eine Historik mit so umfassender Themenstellung, mit einer solchen systematischen Geschlossenheit und mit einem solchen philosophischen Niveau blieb allerdings die Ausnahme. Üblich war es vielmehr, einzelne Aspekte in Spezialvorlesungen, außerdem in Festvorträgen, in Einleitungen zu historiographischen Werken und in Rezensionen zu erörtern und darzulegen.

Im Zentrum der Historik des Historismus steht die historische Methode als Regelsystem der historischen Forschung. Mit seiner Methodenlehre geht der Historismus auch über das Verständnis der Aufklärung vom Rationalitätspotential des historischen Denkens hinaus. Die Rationalität der Geschichte als Fachwissenschaft wurde mit ihrer Fähigkeit identifiziert, durch einen methodisch geregelten Forschungsprozeß prüfbares Wissen über die Vergangenheit aus den Quellen zu gewinnen. Droysen hat in seiner Historik zum erstenmal die für die historische Forschung maßgebenden Erkenntnisoperationen systematisch als Dreischritt von Heuristik, Kritik und Interpretation beschrieben.

Angestoßen von der historischen Frage, die aus den Orientierungsbedürfnissen der Gegenwart erwächst, beginnt die historische Forschung mit der heuristischen Operation des Sammelns und Sichtens des Quellenmaterials, das zur Beantwortung der gestellten historischen Frage herangezogen werden muß. Der zweite Forschungsschritt ist die (quellen-) kritische Operation, in der aus den Quellen (dem, was von der menschlichen Vergangenheit noch empirisch da ist) kontrollierbare Informationen darüber gewonnen werden, was wann wo wie und warum in der Vergangenheit der Fall war. Der dritte Forschungsschritt ist die Operation der historischen Interpretation. In ihr werden die einzelnen Informationen aus den Quellen zu Aussagen über reale zeitliche Verläufe verbunden: aus bloßen Fakten werden Geschichten. Erst in dieser Zusammenfügung gewinnen die quellenkritisch ermittelten Tatsachen (oder Informationen) ihren spezifisch historischen Charakter; sie haben ihn nur in dem besonderen zeitlichen Zusammenhang mit anderen Tatsachen, den man geschichtlich nennt. Diese Operation ist daher auch die eigentlich historische. Die Art und Weise, wie sie vollzogen wird, wie kontrollierbar aus einzelnen Tatsachen geschichtliche Zusammenhänge werden, entscheidet darüber, was das für die Geschichte als Wissenschaft maßgebliche Erkenntnisprinzip ist. Dies hat Droysen deutlich gesehen und zum Ausdruck gebracht: »Das Wesen der geschichtlichen Methode ist forschend zu verstehen, ist die Interpretation.«[23]

Entscheidend für das Selbstverständnis des Historismus als Wissenschaftskonzeption der Geschichtswissenschaft ist seine Auffassung von der Forschungsoperation der Interpretation. In ihr trägt sich das Geschichtsverständnis des Historismus im Umgang mit den Quelleninformationen aus. Sie setzt die geschichtstheoretischen Grundannahmen des Historismus über den inneren Zusammenhang zeitlicher Veränderungen des Menschen und seiner Welt in der Vergangenheit um in die konkrete Quellenarbeit. Der Historismus war der Meinung, man könne diesen Zusammenhang den in den Quellen dokumentierten Vorgängen empirisch ablesen, wenn man ihn daraufhin betrachte, wie sich in ihm die wirkende Triebkraft von Ideen manifestiere. Die ideellen Triebkräfte menschlicher Handlungen, die den geschichtlichen Zusammenhang zeitlicher Veränderungen des Menschen und seiner Welt ausmachen, wirken im Medium der das menschliche Handeln stets bestimmenden Absichten und Deutungen. Interpretiert man also das in den Quellen dokumentierte Handeln und Leiden der Menschen im Lichte der es bestimmenden Absichten und Deutungen, dann kommt man den spezifisch geschichtlichen Zusammenhängen dieses Handelns auf die Spur. Ein Handeln im Lichte seiner Absichten und Deutungen zu interpretieren heißt, es zu verstehen.

Der Historismus konzipiert also die für den wissenschaftlichen Charakter der historischen Erkenntnis maßgebende Forschungsoperation der Interpretation hermeneutisch. Dieses auf geschichtstheoretischen Annahmen über den geistig-kulturellen Charakter des geschichtlichen Zusammenhangs zeitlicher Veränderungen des Menschen und seiner Welt in der Vergangenheit beruhende hermeneutische Methodenverständnis begründet den von einem ausgesprochen humanistischen Pathos getragenen Bildungsanspruch der historistisch verfaßten Geschichtswissenschaft. Als verstehende Geisteswissenschaft beansprucht sie für sich die Bildungskompetenz, die in der menschlichen Lebenspraxis fundamental wirkenden und den Menschen als Menschen definierenden ideellen Triebkräfte seines Handelns ins Bewußtsein zu erheben und durch dieses Bewußtsein das menschliche Handeln menschlicher werden zu lassen. Der Historismus vergegenwärtigt die Vergangenheit des Menschen als einen universalen Prozeß der Kulturschöpfung (zumeist in staatlich-politischen Gebilden) und bringt das Wissen um die geistigen Triebkräfte dieser politischen Kulturschöpfung in die historische Identität ihrer Adressaten ein. Er formuliert nationale Identität als subjektive Teilhabe an den kulturschöpferischen geistigen Triebkräften des geschichtlichen Lebens. Die Geschichtswissenschaft versteht sich also auch und gerade dort, wo sie ihre methodische Eigenart als Wissenschaft erörtert, nicht als eine von der menschlichen Lebenspraxis und ihren politischen Verhältnissen abgehobene akademische Disziplin, sondern sie bringt ihre Wissenschaftlichkeit als einen wesentlichen Faktor der politischen Kultur zur Geltung; im Medium des von ihr produzierten historischen Wissens können sich die Gebildeten mit den kulturellen Fähigkeiten, die sie sich als Gebildete zuschreiben, im Zentrum des weltgeschichtlichen Prozesses wissen. Man hat den Historismus daher mit Recht als eine »Religion der Gebildeten« bezeichnet.

Mit seiner hermeneutischen Methodenkonzeption behauptet der Historismus also zugleich seinen Status als Fachwissenschaft und seine weit über die Grenzen des Faches hinausgehende Funktion im Bildungsprozeß der historischen Identität. Beides, methodische Eigenart und Bildungsanspruch der Geschichtswissenschaft als einer verstehenden Geisteswissenschaft, wurde im 19. Jahrhundert durch den Positivismus massiv herausgefordert.[24] Er gründete sich auf das Prestige und den Erfolg der Naturwissenschaften im Prozeß der Industrialisierung und übersetzte die mit diesem Prozeß verbundenen Fortschrittserwartungen in eine Vorstellung von der Wissenschaftlichkeit der menschlichen Erkenntnis und ihrer praktischen Bedeutung, in der die exakten

Naturwissenschaften zum Ideal wissenschaftlichen Denkens und seiner praktischen Anwendung überhaupt erhoben wurden. Die Geschichtswissenschaft sah sich im Siegeszug der Fortschrittsvorstellungen, die mit der Rolle von Naturwissenschaft und Technik als wesentlicher Produktivkraft der Industrialisierung verbunden war, dem Problem gegenüber, sich als Wissenschaft nur in dem Maße behaupten zu können, in dem sie der Wissenschaftsform der Naturwissenschaften entsprach.

Nur wenn sie streng und gesetzesmäßig verfahre wie die Naturwissenschaften, sei sie als Wissenschaft akzeptabel, und nur wenn sie zur Erkenntnis historischer Gesetzmäßigkeiten führe, sei sie auch praktisch brauchbar, da sie mit dem Wissen um die Gesetzmäßigkeit historischer Abläufe diese auch beherrschbar und so die Zukunft planbar mache. Versuche von Historikern, diese Herausforderung anzunehmen, also geschichtliches Wissen analog zu den Naturwissenschaften zu formieren, ließen auch nicht lange auf sich warten. Hier ist als herausragendes Beispiel das Werk von Henry Thomas Buckle »History of civilisation in England« zu nennen (zwei Bände, London 1859/61). In deutscher Übersetzung erschien es (in drei Bänden) 1860/61, und von seiner Attraktivität zeugt die Tatsache, daß es bis 1874 fünf Auflagen erfahren hat.

Für die historistische Wissenschaftskonzeption stellte der Positivismus eine radikale Herausforderung dar, negierte er doch die hermeneutische Eigenart und Besonderheit, mit der sich die Geschichtswissenschaft im historistischen Wissenschaftskonzept von den Naturwissenschaften unterschied. Droysen hat diese Herausforderung aufgegriffen und Buckles Werk ausführlich rezensiert. Es ist symptomatisch für die Funktion der Historik, daß er diese Rezension der ersten Auflage seines »Grundrisses der Historik« (1868), eines Leitfadens für die Hörer seiner Vorlesung, als Beilage hinzugefügt hat. Buckle entwickelt das positivistische Programm einer Geschichtswissenschaft, die die bisher von der historischen Forschung zutage geförderten Tatsachen in gesetzmäßige Zusammenhänge bringt; mit der Fähigkeit zu einem gesetzmäßigen historischen Wissen würde die Geschichtswissenschaft erst den inzwischen erreichten Wissenschaftsstandards entsprechen. Droysen sieht darin eine Zerstörung des spezifisch geschichtlichen Charakters der menschlichen Vergangenheit, eine Naturalisierung der Geschichte, die genau das aus der Erfahrung der Vergangenheit vertreibe, was der Historismus als die geschichtsmächtige Wirkung ideeller Triebkräfte des menschlichen Handelns angesehen hatte. Er betont gegenüber Buckle den ›sittlichen‹ Charakter der menschlichen Welt, d. h. die Bestimmtheit menschlichen Handelns durch Absichten und Deutungen. Die historische Erfahrung dieser

2. Strategien der Grundlagenreflexion: Die Historik

spezifisch menschlichen Daseinsweise ließe sich nicht in der Art der Naturwissenschaft erklären, sondern nur in der bisherigen (historistischen) Art der historischen Wissenschaften ›verstehen‹.

Mit dieser Unterscheidung zwischen Erklären und Verstehen hat Droysen in seiner Historik die Weichen zu einer erkenntnistheoretischen Begründungsstrategie für die Eigenart der historischen Wissenschaften und ihren Unterschied zu den Naturwissenschaften gestellt, die dann von der Philosophie aufgegriffen, weiterentwickelt und vertieft worden ist. Im Rahmen der Historik, in der die Geschichtswissenschaft ihre disziplinäre Struktur und Eigenart explizierte, ist diese erkenntnistheoretische Begründungsstrategie nicht besonders verfolgt worden; das widersprach der praktischen Ausrichtung der Historik auf die Forschung und ihre methodische Regelung. Die Historik konzentrierte sich darauf, die Regeln der historischen Forschung lehr- und lernbar darzulegen. Da der Erfolg der fachwissenschaftlich betriebenen historischen Forschung – Erkenntnisfortschritt im Wissen um die menschliche Vergangenheit – außer Frage stand und dieses Wissen eine wichtige Rolle in den kulturellen Prozessen historischer Identitätsbildung spielte (der Geschichtsunterricht galt unbestritten als wichtige Instanz zur Legitimation der staatlichen Ordnung und zur Pflege nationaler Gesinnungen), konnte die Geschichtswissenschaft ihr Selbstbewußtsein als erfolgreich arbeitende Fachwissenschaft im Rahmen einer Historik am besten dadurch zum Ausdruck bringen, daß sie die Garantie dieses ihres Erfolges, das in ihrer Forschungspraxis wirksame System methodischer Regeln, darlegte und mit ihm ihren fachlichen Status begründete und verteidigte.

Dabei konnte sie einem anderen ›Positivismus‹ anheimfallen. Wenn es ihr auch nicht wie in den Naturwissenschaften um Gesetze ging, so konnte sie doch behaupten, mit ihren methodischen Verfahren empirische (›positive‹) Tatsachen der menschlichen Vergangenheit präzise und nachprüfbar zu ermitteln. In dem Maße, in dem sie ihre Wissenschaftlichkeit darin sah, kam es ihr vor allem auf die Produktion von Tatsachen-Wissen und weniger auf den historischen Sinn und die historische Bedeutung der ermittelten Tatsachen an. Die quellenkritische Forschung stand im Vordergrund; ihr Ideal war die historische Edition von Quellen. Sie verlor mit diesem ›Positivismus‹ (der nicht mit dem wissenschaftshistorischen Programm verwechselt werden sollte, alle Wissenschaften an das Vorbild der exakten Naturwissenschaften anzupassen) den inneren Zusammenhang aus dem Blick, in dem das historische Denken mit Orientierungsproblemen und Erfahrungen der Gegenwart steht. Dieser ›Positivismus‹ wurde seit dem Ende des 19. Jahrhunderts auch mit dem Wort »Historismus« bezeichnet und kritisiert.[25] Diese enge Bedeutung des Terminus »Historismus« wird gelegentlich auch heute verwendet. Sie birgt die Gefahr in sich, daß man die Erkenntnisleistungen der historischen Fachwissenschaft im 19. Jahrhundert mit einer Verfallsform der zugrundeliegenden Wissenschaftskonzeption verwechselt.

Die erkenntnistheoretische Begründung dafür, daß Geschichtswissenschaft grundsätzlich anders verfährt als die Naturwissenschaften und zu keiner Erkenntnis historischer Gesetze fähig ist und daher auch kein Wissen liefern kann, mit dem man Geschichte als machbaren Prozeß in den Griff bekommt, wurde von der Philosophie übernommen. Deren erkenntnistheoretische Begründung für die Eigenart der historischen Erkenntnis ist ein integraler Bestandteil der Wissenschaftskultur des Historismus. Historismus in der Philosophie heißt nicht nur, daß das Philosophieren immer stärker in der Form einer Geschichte der Philosophie erfolgte, sondern Philosophie diente auch dort, wo sie nicht historisch, sondern philosophisch-systematisch argumentierte, dem Historismus, indem sie den Positivismus kritisierte und einen wissenschaftlichen Dualismus im Verhältnis zwischen Natur- und Geisteswissenschaften verteidigte.[26]

Wilhelm Dilthey entwickelte eine hermeneutische Philosophie der Geisteswissenschaften, die Verstehen als Erkenntnisprinzip derjenigen Wissenschaften darlegte, die sich mit dem Menschen und seiner Welt beschäftigten. Die neukantianische Erkenntnistheorie arbeitete fundamentale Unterschiede in den Erkenntnisarten der Wissenschaften heraus, mit denen der besondere Status historisch arbeitender Wissenschaften (und damit natürlich vor allem der Geschichtswissenschaft) legitimiert und der Anpassungsdruck, der von den Naturwissenschaften ausging, gemildert, wenn nicht gar beseitigt wurde. So unterschied z. B. Wilhelm Windelband zwischen nomothetischen (Natur-)Wissenschaften auf der einen und idiographischen (Geistes-)Wissenschaften auf der anderen Seite. Heinrich Rickert hat diesen Unterschied systematisch ausgearbeitet. Er sah die Naturwissenschaften durch eine generalisierende und die Kulturwissenschaften durch eine individualisierende Methode bestimmt.

Für die Historik bedeutete diese Verlagerung grundsätzlicher Fragen nach der historischen Denkweise in den Arbeits- und Kompetenzbereich der Philosophie eine folgenreiche Verengung des Blicks auf die Grundlagen. Indem sie sich darauf beschränkte, praktisch wirksame Forschungsregeln zu explizieren, entwickelte sie ein eher technisches Methodenverständnis und blendete die Implikationen, Voraussetzungen und Folgen der Forschung aus dem Selbstverständnis der Geschichtswissenschaft aus. Die in der Forschung selber wirksamen Bezugssysteme der historischen Interpretation fanden nicht die Aufmerksamkeit, die sie wegen ihrer praktischen Wirkung verdient hätten. Das läßt sich daran zeigen, daß Bernheims »Lehrbuch der historischen Methode« erst von der fünften Auflage an »Geschichtsphilosophie« als Thema behandelt.[27] Unter diesem Stichwort wird die Frage diskutiert, welche Art Wissen die Geschichtswissenschaft verwendet und verwenden kann, wenn es um allgemeine historische Zusammenhänge, um die Faktoren geschichtlicher Entwicklungen geht, die die quellenkritisch ermittelten Tatsachen zu spezifisch geschichtlichen Vorgängen verbindet. Mit dem Wort »Geschichtsphilosophie« bringt Bernheim auch zum Ausdruck, daß er die Geschichte als Fachwissenschaft gar nicht für zuständig hält, ein solches theoretisches Wissen über historische Zusammenhänge zu produzieren.

Das eher forschungstechnische Selbstverständnis der Geschichtswissenschaft als Fachwissenschaft rückt aber nicht nur diesen forschungspraktisch bedeutsamen Theoriefaktor der historischen Erkenntnis aus dem Blick, sondern noch mehr die Zusammenhänge zwischen menschlicher Lebenspraxis und historischer Erkenntnis, die Rolle, die historischen Orientierungsbedürfnissen, Gegenwartserfahrungen, Standpunkten der Historiker und Erwartungen ihres Publikums im Erkenntnisprozeß zukommt, und die Wirkung, die das forschend gewonnene historische Wissen in der Kultur der Gegenwart hat. Als am Ende des 19. und Anfang des 20. Jahrhunderts die kulturelle Bedeutung des von der Geschichtswissenschaft produzierten historischen Wissens immer mehr infragegestellt wurde (in diesem Zusammenhang kam der Historismusbegriff auf, und man sprach von der »Krise des Historismus«), wirkte sich diese Zweiteilung in der Reflexion auf die Leistungen der Geschichtswissenschaft verhängnisvoll aus: Die Grundsatzfragen nach der kulturellen Bedeutung des von der Geschichtswissenschaft in ihrer historistischen Struktur produzierten historischen Wissens wurde unabhängig von der methodischen Regelung der fachlichen Forschungsarbeit diskutiert. Die Kulturkrise, in die der Historismus geriet, als mit neuen Gegenwartserfahrungen (krisenhafte Erscheinungen im Industrialisierungsprozeß, Aufkommen massendemokratischer politischer Strukturen und damit zusammenhängender Verunsicherung der Bildungseliten, die den Historismus sozial trugen, und dann natürlich die Katastrophenerfahrung des Ersten Weltkrieges) neue historische Orientierungen notwendig wurden, hätte auch zu grundlegenden Innovationen in der Forschungspraxis führen können. Einer der Gründe, warum dies nicht geschah, liegt darin, daß im fachlichen Selbstverständnis der Geschichtswissenschaft die Prinzipien der Forschung isoliert und abgehoben von den lebenspraktischen Herausforderungen und Auswirkungen des historischen Denkens angesehen wurden.

Schließlich fiel auch die Geschichtsschreibung als ein produktiver Erkenntnisakt weitgehend aus dem thematischen Bereich der Historik heraus. Zwar wurde die literarisch-künstlerische Seite im Metier des Historikers nicht übersehen. In England kam es sogar zu einer Kontroverse über das Verhältnis von Wissenschaft und Kunst in der Geschichte,[28] aber die historische Darstellung spielte in der fachlichen Selbstverständigung der Geschichtswissenschaft über die für sie als methodisch geregelte Erkenntnisleistung maßgeblichen Prinzipien keine besondere Rolle. Die Gestaltung galt eher als Beiwerk zur Forschung, und damit geriet der Adressatenbezug, den das historische Wissen im Akt seiner historiographischen Präsentation erfährt, als wichtiger Gesichtspunkt für die Arbeit des Historikers aus dem Blick. Es konnte so scheinen, als spreche das aus den Quellen forschend gewonnene historische Wissen kraft seines Sachgehalts für sich. Daß für die Funktion der Geschichtsschreibung in der politischen Kultur ihrer Gegenwart die Art und Weise, wie die Forschungsergebnisse in historische Darstellungen umgesetzt werden, eine wesentliche Rolle spielt, wurde übersehen.

Damit war unter dem Anschein der wissenschaftlichen Objektivität eine Praxis der Historiographie möglich, in der ungeprüft und undiskutiert politische Werthaltungen propagiert werden konnten. Im verengten Blick eines technizistischen Methodenverständnisses war die Fachwissenschaft den Vorgängen ihrer politischen Indienstnahme zunehmend hilflos ausgeliefert. Zugleich mit dieser Verengung des Blicks auf sich selbst verlor die Geschichtswissenschaft auch ihr Verständnis von der Bedeutung didaktischer Reflexionen ihres praktischen Nutzens für die Kultur der Gegenwart. In der Aufklärung waren Fragen nach dem Lehren und Lernen von Geschichte zentraler Bestandteil der Selbstverständigung von Historikern, auch und gerade dort, wo sie sich als Fachleute fühlten. Und auch dort noch, wo (wie z. B. bei Droysen) der Zusammenhang zwischen historischem Denken und politischer Lebenspraxis eine wichtige Rolle bei der Begründung der hermeneutischen Eigenart der Geschichtswissenschaft spielte, wurden grundlegende didaktische Fragen, so vor allem diejenige nach der historischen Bildung als Prozeß menschlicher Identitätsfindung, erörtert.[29] Diese Einsicht in die innerfachliche und prinzipielle Bedeutung didaktischer Gesichtspunkte in der Erkenntnisarbeit der Geschichtswissenschaft ging jedoch im Horizont eines fachlichen Selbstverständnisses verloren, dem es vor allem auf die technischen Regeln der Forschung als Garantie erfolgreicher Produktion von Tatsachenwissen über die menschliche Vergangenheit ankam.[30]

3. Die Organisation der Forschung in den Institutionen des Fachs

Die gegenwärtige Erscheinungsform der Geschichtswissenschaft als einer akademischen Disziplin geht zu großen Teilen immer noch auf den Historismus des 19. Jahrhunderts zurück. Er hatte die Geschichte als eigenständiges Fach an der Universität verankert und ihr eine spezifische, institutionelle Form verschafft, die sie sowohl von den anderen wissenschaftlichen Disziplinen als auch von den nichtwissenschaftlichen Formen der historischen Erinnerung unterschied. Der Historismus konnte dabei zwar an gewisse Verwissenschaftlichungs- und Verselbständigungstendenzen der spätaufklärerischen Geschichtswissenschaft anknüpfen, insgesamt gesehen ist aber die Geschichtswissenschaft als Institution, als ein ineinandergreifendes und umfassendes System von Forschung, Lehre und Präsentation der wissenschaftlichen Arbeit ein Resultat der historistischen Bemühungen um die Etablierung der Geschichte als Wissenschaft. Von Beginn an stand dieser Institutionalisierungs- und Verwissenschaftlichungsschub unter zwei Leitgedanken: Es ging sowohl um die Professionalisierung der Forschung als auch um die Ermöglichung einer auf Erkenntnisfortschritt, Diskursivität und intersubjektive Überprüfbarkeit angelegten wissenschaftlichen Öffentlichkeit.

1. Die Professionalisierungsabsicht des Historismus äußerte sich vor allem in den Bestrebungen zur Einrichtung ›historischer Seminare‹. Die heutige Bedeutungsvielfalt des Seminarbegriffs (wir bezeichnen als »Seminar« sowohl die heute an den Universitäten dominierende Veranstaltungs- und Lehrform, die Bibliothek, schließlich das institutionelle Ganze des Faches) hat sich im Laufe des 19. Jahrhunderts erst allmählich entwickelt. Entstanden ist der Seminargedanke in der humanistischen Bildungsreform. Humboldt hatte das dialogische Prinzip der seminaristischen Lehr- und Lernform als geeignete Grundlage der intendierten Universitätsreform angesehen: »Da aber auch das geistige Wirken in der Menschheit nur als Zusammenwirken gedeiht, und zwar nicht bloß, damit Einer ersetze, was dem Anderen mangelt, sondern damit die gelingende Tätigkeit des Einen den Anderen begeistere ..., so muß die innere Organisation dieser Anstalten ein ununterbrochenes, sich immer selbst wiederbelebendes, aber ungezwungenes und absichtsloses Zusammenwirken hervorbringen und unterhalten.«[31]

Als die eigentliche organisatorische Keimzelle des historischen Seminargedankens gelten im allgemeinen die von einzelnen »historischen Societäten« veranstalteten Übungen, wie sie etwa der junge Leopold Ranke seit 1825 in seiner Berliner Wohnung unter dem Titel »Exercitationes historicae« organisiert hatte.[32] Zwar wurden diese historischen Übungen bereits »Seminar« genannt, was jedoch eher auf die in ihnen dominierende Lernform als auf ihren institutionellen Charakter zutraf. Im Grunde waren es noch private Gesprächszirkel, in denen sich Studenten unter Anleitung eines Professors im quellenkritischen Umgang mit dem historischen Material übten. Einen halbamtlichen Charakter erhielten diese Veranstaltungen auf der Basis privater Initiativen durch die Möglichkeit, sich prüfungs- und zeugnisrelevante Testate ausstellen zu lassen. Diese seminaristischen Übungsformen waren noch nicht eingebunden in das größere institutionelle Ganze eines »Seminars« im Sinne einer geschichtswissenschaftlichen Abteilung der Gesamtuniversität. In dieser Frühphase des Historismus existierten noch keine Statuten, Etats, Räume, Bibliotheken als die äußeren Merkmale einer Institution, sondern einzelne, freilich bereits verbeamtete Ordinarien veranstalteten neben ihren öffentlichen Vorlesungen und Collegien mit ihren engsten ›Schülern‹ Übungsseminare. Ranke selbst und sein Schüler Waitz wollten es zeitlebens bei diesem halbamtlichen Charakter des historischen Seminars bewenden lassen, während andere Historiker seit den 40er Jahren anfingen, sich um die Errichtung eines historischen Seminars als staatlich finanzierter und fest an der Universität verankerter Institution zu bemühen, allen voran Sybel in München und Bonn und Droysen – freilich ohne Erfolg – in Berlin. Die finanzpolitisch motivierten Widerstände der Kultusbürokratien verhinderten oftmals eine Seminargründung oder verzögerten sie zumindest erheblich. Dennoch nahm ihre Anzahl in der zweiten Hälfte des 19. Jahrhunderts kontinuierlich zu.[33]

Zunächst waren mit dem Seminargedanken zwei Zielvorstellungen verknüpft: Die Seminare sollten im Sinne einer Wissenschaftspropädeutik die Studenten methodisch professionalisieren und gleichzeitig die künftigen Lehrer pädagogisch und didaktisch auf ihren Schuldienst vorbereiten. Mit der allmählichen Durchsetzung des historischen Seminars verengte sich diese Doppelfunktion einseitig zugunsten der Professionalisierungsaufgabe. Exemplarisch läßt sich diese Entwicklung an den Statutenänderungen des historischen Seminars der Universität Bonn verfolgen. Während die Aufgaben in den Statuten von 1861 noch folgendermaßen umrissen waren: »§1: Das historische Seminar hat den doppelten Zweck, in die Methode der historischen Forschung einzuführen und künftige Gymnasiallehrer für den Unterricht im historischen Fache vorzubereiten«, hieß es bereits 1876 nunmehr lapidar: »§1: Das historische Seminar hat den Zweck, seine Mitglieder in die Methode der historischen Forschung und Darstellung einzuführen.«[34] In diesem allmählichen Verdrängungsprozeß der Geschichtsdidaktik von der Universität in das Lehrerseminar spiegelt sich das Selbstbewußtsein des Historismus, allein durch seinen Charakter als methodisch angeleitete Wissenschaft Bildungsaufgaben adäquat erfüllen zu können. Die kritische Methode der Forschung selbst wurde das pädagogisch und didaktisch Bedeutsame; in gewisser Weise warf der wissenschaftliche Positivismus des späten 19. Jahrhunderts mit diesem Verlust der didaktischen Dimension des historischen Denkens bereits seine Schatten voraus. Wissenschaft gerann zunehmend zum Selbstzweck, so daß die ihr immer schon immanente Bildungsfunktion nicht mehr eigens thematisiert zu werden brauchte.

Mit der Gründung historischer Seminare ging eine zunehmende Spezialisierung und Differenzierung des Forschungsbetriebes einher. Die gleichzeitige Existenz mehrerer Lehrstühle an einer Universität machte es notwendig, sich thematisch miteinander abzusprechen, um Überschneidungen zu vermeiden und die Vielfalt von Forschung und Lehre zu gewährleisten. Darüber hinaus wich die universalhistorische Perspektive, die noch Ranke besessen hatte, einer zunehmenden Spezialisierung auf beschränkte Arbeitsgebiete. Diese Veränderungen in der Ausbildung von Historikern wurden allein schon durch forschungspraktische Entwicklungstendenzen erzwungen. Die großen heuristischen Anstrengungen der entstehenden Geschichtswissenschaft und eine administrativ durchgesetzte Öffnung der Archive hatten eine derartige Flut von historischen Quellenmaterialien entstehen lassen, daß Spezialisierung unumgänglich wurde. Das Ergebnis war seit der Mitte des 19. Jahrhunderts zum einen die Unterteilung der historischen Abteilungen in einzelne Fachbereiche und Forschungsinstitute (zumeist für alte, mittlere und neuere Geschichte), zum anderen die thematische Bindung der Professuren an bestimmte Forschungsschwerpunkte.

Ein weiterer Aspekt der zunehmenden Professionalisierung der Geschichtswissenschaft war die Aufbereitung und Katalogisierung der Bibliotheks- und Archivbestände unter wissenschaftlichen Gesichtspunkten, sowie die Entstehung wissenschaftlich betreuter Museen. Das ›Museum‹ stellte dabei eine Weiterentwicklung und professionalisierte Weise des Sammelns historischer Gegenstände dar, das anfangs noch hauptsächlich durch das im 19. Jahrhundert explosionsartig entstehende historische Vereinswesen betrieben worden war.

Schließlich sei noch an die Gründung historischer Akademien und Kommissionen erinnert, die sich zu institutionellen Trägern großangelegter Forschungs- und Editionsvorhaben entwickelten. Bereits 1815 hatte der Altphilologe August Boekh gefordert: »Der Hauptzweck einer königlichen Akademie der Wissenschaften muß dieser sein, Untersuchungen zu machen und Arbeiten zu liefern, welche kein einzelner leisten kann.«[35] Insbesondere die »Historische Kommission bei der Bayerischen Akademie der Wissenschaften«, die 1858 auf Initiative

König Maximilians II. von Bayern entstanden war, hat in dieser Hinsicht Hervorragendes geleistet. In dem Statut vom 20. August 1858 war ihren Mitgliedern, den bekanntesten zeitgenössischen Historikern unter der Leitung Rankes, als Aufgabe die »Auffindung und Herausgabe wertvollen Quellenmaterials für die deutsche Geschichte in deren ganzem Umfang« aufgetragen worden.[36]

2. Diese Aufgabenstellung der »Historischen Kommission« deutet bereits einen weiteren Aspekt des Institutionalisierungsprozesses der Geschichtswissenschaft an: die Entstehung einer wissenschaftlichen Öffentlichkeit als einer Gemeinschaft wahrheitssuchender Gelehrter auf der Basis von Diskursivität und intersubjektiver Überprüfbarkeit der Forschungsergebnisse.

Die Edition und Veröffentlichung zentraler Quellenbestände kann in ihrer Bedeutung für Wissenschaft und Forschung gar nicht hoch genug eingeschätzt werden. Mit der allgemeinen Zugänglichkeit der empirischen Grundlagen von Forschungsergebnissen ist die Geschichte als Wissenschaft prinzipiell der Kritik der anderen Forscher geöffnet worden. Historische Wahrheit konstituiert sich seither im Prozeß einer Dauerrevision von Forschungsresultaten im akademischen Diskurs der Gelehrten. Was die Geschichtswissenschaft der Spätaufklärung intendiert und eingeleitet hatte: historisches Denken als einen durch diskursive Kritik dynamisierten Prozeß von Erkenntnisfortschritt zu betreiben, verwirklichte der Historismus auf dem Boden einer allgemeinen Zugänglichkeit des Materials der historischen Forschung. Es hat im deutschen Historismus eine ganze Reihe riesiger Editionsprojekte gegeben, von denen für die deutsche Geschichte die »Monumenta Germaniae Historica« (MGH) das wichtigste geworden ist. Die ›Monumenta‹ gingen noch auf die Initiative des Freiherrn vom Stein zurück, der am 20. Januar 1819 die Gründung einer »Gesellschaft für Deutschlands ältere Geschichtskunde« in Frankfurt/Main veranlaßte, deren wissenschaftliche Leitung seit 1823 Georg Heinrich Pertz (1795-1875) innehatte. Ihre Aufgabe sollte die Gesamtausgabe aller Quellen und Schriftsteller zur deutschen Geschichte zwischen 500 und 1500 »zur Erhaltung der Liebe zum gemeinsamen Vaterland und des Gedächtnisses unserer Vorfahren« sein.[37] Weitere Großprojekte der historistischen Editionstätigkeit waren die Herausgabe der römischen Inschriften durch die Preußische Akademie der Wissenschaften unter Leitung Theodor Mommsens (Corpus Inscriptionum Latinarum), der griechischen Inschriften (Inscriptiones Graecae), der mittelalterlichen Papsturkunden etc.

Weitere Indikatoren für die zunehmende Diskursivität innerhalb der historistischen Geschichtswissenschaft waren eine Welle von Neugründungen historischer Zeitschriften seit den 20er Jahren des 19. Jahrhunderts mit einem florierenden Rezensionswesen sowie die Entstehung eines sich ständig vergrößernden wissenschaftlichen Buchmarktes.[38] Es entstanden zahlreiche Publikations- und Schriftenreihen, die eigens der Veröffentlichung der anschwellenden Dissertationsliteratur dienen sollten.[39]

Wir brechen hier unseren fragmentarischen Überblick über die Organisationsformen der historischen Forschung ab, zu denen der Institutionalisierungsschub des Historismus in Deutschland geführt hat. Sicherlich wäre noch vieles mehr in diesem Zusammenhang zu erwähnen, wie etwa das im 19. Jahrhundert explosionsartig anschwellende historische Vereinswesen und die seit dem späten 19. Jahrhundert regelmäßig veranstalteten »Deutschen Historikertage«, die als öffentliche Foren einer sich an aktuellen Forschungs- oder Theorieproblemen entzündenden fachwissenschaftlichen Auseinandersetzung zunehmend an Bedeutung gewannen;[40] die großen Entwicklungstrends sind jedoch skizziert worden.

Der Historismus hat mit der durch ihn entscheidend vorangetriebenen Institutionalisierung und Verwissenschaftlichung der Historie die Voraussetzungen dafür geschaffen, daß sie sich als eine bis heute anerkannte universitäre Disziplin zu etablieren vermochte. Wichtige Meilensteine in diesem Prozeß waren die zunehmende Professionalisierung der Historiker, die Entstehung einer vielfältig organisierten und informierten intellektuellen Öffentlichkeit sowie schließlich die Durchsetzung eines auf Diskursivität angelegten Forschungsbetriebes.

Die Kehrseite dieser institutionellen Emanzipation war jedoch die unübersehbare Entwicklung der Geschichtswissenschaft zu einem in reine Stoffhuberei ausufernden Forschungspositivismus, der über seinem Materialreichtum vergaß, welchen Zwecken seine wissenschaftliche Bearbeitung eigentlich dienen sollte. Karl Heussi hat diesen positivistischen Nebeneffekt des historistischen Verwissenschaftlichungsprozesses kritisiert und in ihm die Hauptursache für die Krise des Historismus seit dem Ende des 19. Jahrhunderts gesehen: »Ganze Menschenleben werden dem bloßen Anhäufen und Durchstöbern immer neuer Stoffmassen geopfert, mit dem Erfolg, daß immer weitere Probleme auftauchen, immer neue Stoffmassen herausgebracht werden, die immer wieder die gleiche Bearbeitung um ihrer selbst willen verlangen. Hier wird die Vergangenheit zum Moloch, der die Lebenden mit allen Möglichkeiten wirklichen fruchtbaren Schaffens verschlingt. Der wahre Forscher gibt sich mit Inbrunst und mit dem Gefühl, pflichtmäßig zu handeln, diesem Dienst an der Geschichte um der Geschichte willen hin: l'histoire pour l'histoire.«[41]

Entsprechend hatte K. Lamprecht, als er seit den 90er Jahren erstmalig ein bisher weitgehend unterschwelliges Krisenbewußtsein gegenüber dem Historismus als Wissenschaftsparadigma öffentlich zu artikulieren begann, seine Kritik mit dem Versuch verbunden, das verkrustete universitäre Institutionengefüge der Geschichtswissenschaft aufzubrechen und neu zu organisieren. Das von ihm im Jahre 1909 an der Universität Leipzig gegründete »Institut für Kultur- und Universalgeschichte« stellte den institutionellen Versuch dar, aus der positivistischen Enge des historistisch geprägten Forschungsbetriebes auszubrechen und auf der Basis einer allgemeinen Theorie der ›Kulturzeitalter‹ der Geschichtswissenschaft wieder den Blick für universalgeschichtliche Fragestellungen und Forschungsperspektiven zu öffnen.[42]

V.
Positionen und Entwicklungstrends

Wir nehmen nun, nach einer eher systematisch angelegten Einführung in die paradigmatischen und institutionellen Grundlagen der Geschichtswissenschaft, den historiographiegeschichtlichen Faden wieder auf. Wir hatten bereits geschildert, in welchen geistesgeschichtlichen Zusammenhängen sich die Grundzüge des historistischen Denkens in den ersten zwei Jahrzehnten des 19. Jahrhunderts herausbilden. Jetzt soll dargestellt werden, wie sich von diesen Grundlagen ausgehend der Historismus als Geschichtswissenschaft zur dominierenden geisteswissenschaftlichen Strömung des 19. Jahrhunderts entwickelt und in welche Positionen er sich im 19. und 20. Jahrhundert ausdifferenziert.

Die Entwicklung des Historismus läßt sich unserer Meinung nach als Abfolge unterschiedlicher und jeweils für einen bestimmten Zeitraum dominierender Strömungen interpretieren. Im wesentlichen lassen sich auf diese Art drei übergreifende Epochen des Historismus ausmachen – wir beschränken uns dabei auf die deutsche Entwicklung: Die erste Epoche ist entscheidend geprägt worden durch das Werk Leopold von Rankes. Er kann mit gewissem Recht als der erste große Vertreter des Historismus gelten, der die Tendenzen und Traditionen, aus denen historistisches Denken in den ersten zwanzig Jahren des 19. Jahrhunderts zusammengewachsen ist, in seinem Werk vereinigt und der ihnen in einer ganzen Reihe historiographischer Darstellungen klassischen Ausdruck gegeben hat. Das Motiv der historistischen Geschichtswissenschaft in dieser durch Ranke geprägten Epoche war die empirische Aneignung einer geschichtlichen Tradition, die durch die tiefgreifende Orientierungskrise der bürgerlichen Gesellschaft notwendig geworden war. Diese Tradition war zunächst durch die Romantik erschlossen, aber gleichzeitig verklärt worden, so daß sich die Notwendigkeit eines durch die Spätaufklärung bereits vorbereiteten Neuanfangs der historischen Traditionsbildung ergab. Mithilfe der empirischen Forschung der kritischen Wissenschaft sollte eine tragfähige politische, soziale und historische Identität der bürgerlichen Gesellschaft ermöglicht werden.[1]

Auf diese erste Epoche, die ungefähr bis in die 50er Jahre des 19. Jahrhunderts andauerte, folgte die einer Historikergeneration, deren historiographisches Werk als Reflex auf die Erfahrungen mit den nationalstaatlichen Einigungsprozessen seit der Mitte des 19. Jahrhunderts verstanden werden kann. Diese Historiker – unter ihnen Theodor Mommsen, Johann Gustav Droysen, Heinrich von Sybel und Heinrich von Treitschke – bezogen die Impulse ihres historischen Denkens aus den Problemen und Erfordernissen der deutschen Nationalstaatsbildung, ja sie verstanden ihr Werk als einen kulturellen Beitrag zu ihrem politischen Erfolg.

Schließlich läßt sich nach vollzogener Reichsgründung, etwa seit den 80er Jahren des 19. Jahrhunderts, eine Phase des deutschen Historismus erkennen, die bis weit in das 20. Jahrhundert andauerte, ja die letztlich ohne weitgehende Veränderungen oder gar Umbrüche bis in die 60er Jahre unseres Jahrhunderts Bestand hatte. In ihr wurde versucht, im Rückgriff auf Elemente der rankeanischen Historiographie die politischen Erfahrungen des europäischen Imperialismus, der Weltkriegsepoche und des dreifachen Systemwandels in Deutschland historisch zu verarbeiten.

Wie aus diesen Andeutungen zu entnehmen ist, ergeben sich die Positionen und Epochen des Historismus aus der jeweiligen Konstellation zwischen Wissenschaft und Lebenspraxis. Die Entwicklungstrends des Historismus lassen sich mit den dominanten politisch-sozialen Prozessen im Europa des 19. und 20. Jahrhunderts synchronisieren. Unser Versuch, den Historismus im 19. und 20. Jahrhundert zu rekonstruieren, soll das Verhältnis von politischen und sozio-ökonomischen Erfahrungen auf der einen und der historiographischen Praxis auf der anderen Seite sichtbar machen und – methodologisch gewendet – Objektivität und Parteilichkeit der historischen Forschung in ihrem wechselseitig aufeinander verweisenden Zusammenhang klären.

Unsere Epocheneinteilung ergibt sich dann, wenn man die jeweils vorherrschenden Strömungen des Historismus berücksichtigt, wenn man also danach fragt, welche Denkweise, welches Interpretationskonzept und welche Darstellungsart zu verschiedenen Zeiten den Ton angaben. Gegenüber diesen jeweils dominierenden Formen des Historismus gab es jedoch immer auch konkurrierende Positionen. Deren Differenz zu den vorherrschenden Spielarten leitet sich aus einer alternativen historischen Verarbeitung der gleichen politischen und sozialen Gegenwartserfahrungen her. Sie sind selten über einen Außenseiterstatus hinausgelangt. Aber gerade das macht sie interessant, wenn man die Geschichte des deutschen Historismus kritisch rekonstruieren will, und das ist unsere Absicht. Wir wollen, indem wir die Außenseiter des Historismus stärker berücksichtigen, seine Grenzen und Defizite deutlich machen.

1. Historismus als europäisches Phänomen

Der Historismus ist eine gesamteuropäische Kulturerscheinung. Wir betonen in unserer Darstellung die deutsche Entwicklung, weil der Prozeß der Verwissenschaftlichung des historischen Denkens hier am frühesten einsetzte und die in Deutschland ausgebildeten akademischen Institutionen der historischen Forschung bis zum Ende des 19. Jahrhunderts in der ganzen Welt vorbildlich waren. Der europäische Historismus tritt jedoch nicht nur in den wissenschaftlichen Institutionen der Geschichtswissenschaft auf. Er ist durch eine Einstellung zur Vergangenheit geprägt, in der deren Eigenart im Unterschied zur Gegenwart und das zeitlich-dynamische Spannungsverhältnis zwischen Vergangenheit, Gegenwart und Zukunft betont werden. Diese Einstellung beschränkt sich nicht auf den Bereich des wissenschaftlichen Denkens, sondern findet als eine neue Form des Geschichtsbewußtseins der Gebildeten auch in anderen kulturellen Bereichen seinen Ausdruck, vor allem in der bildenden Kunst, der Literatur und Architektur. Wichtige Impulse zur Veränderung des historischen Denkens der Aufklärung in den Historismus hinein sind von diesen Bereichen ausgegangen. Wir heben nur ein Beispiel hervor: Die historischen Romane von Walter Scott (1771-1832). Sie haben in ganz Europa ein starkes Echo gefunden (»Waverly Novels« seit 1810; die bekanntesten sind: »Ivanhoe« 1820; »Kenilworth« 1821; »Quentin Durward« 1823). Scott führt das bürgerliche Lesepublikum in die historischen Wandlungsprozesse ein, in denen ihre moderne bürgerliche Welt entstanden ist. Seine Romane spielen überwiegend in der englisch-schottischen Geschichte des 17. und 18. Jahrhunderts und schildern im dramatischen Schicksal der jeweiligen Helden, die zumeist keine historisch bedeutsamen, ›großen‹ Persönlichkeiten sind, sondern Durchschnittsmenschen, das Leben des Volkes in Zeiten historischer Umbrüche. Der Modernisierungsprozeß des 19. Jahrhunderts spiegelt sich romanhaft-episch in einem fiktionalen Handlungsgewebe, das die sozialen und politischen Weichenstellungen der Jahrhunderte vorher darstellt. Indem der historische Roman vor-bürgerliche Lebensverhältnisse lebendig vergegenwärtigt, bringt er bürgerliches Leben zum Ausdruck; er gibt ihm eine historische Tiefendimension. Damit wird die Gegenwartserfahrung der bürgerlichen Gesellschaft zeitlich dynamisiert: Im Anderssein der Vergangenheit und ihres historischen Übergangs in die Gegenwart öffnet sich eine Zeitperspektive, die auch die Zukunft als ein Anderswerdenkönnen der gegenwärtigen Lebensverhältnisse erschließt und damit Hoffnung historisch plausibel macht.[2]

Der historische Roman wurde zu einer der beliebtesten Literaturgattungen des 19 Jahrhunderts. Er verrät eine – häufig als ›romantisch‹

bezeichnete – Vorliebe des Publikums für die Andersartigkeit der Vergangenheit und zugleich die Bereitschaft dieses Publikums, sich imaginativ in den ›Geist‹ der Vergangenheit hineinzuleben oder hineinzufühlen. Aber es ist gar nicht die neue Kunstform des historischen Romans, in der sich der Historismus als Einstellung des gebildeten Publikums zur Vergangenheit literarisch repräsentativ niederschlägt. Die Geschichtsschreibung selber gewinnt im 19. Jahrhundert eine neue literarische Qualität. Sie veranschaulicht strukturelle Veränderungen menschlicher Lebensverhältnisse in der Form breit angelegter, episch erzählender Darstellungen mit Realitätsanspruch. Die neue Erfahrung der Modernisierung und die mit ihr zusammenhängende Wirklichkeitsauffassung des Bürgertums drücken sich in der epischen Form großer erzählender Geschichtsschreibung aus.

Es ist heute üblich geworden, diese erzählenden Darstellungen des 19. Jahrhunderts als bloße Ereignisgeschichte zu kritisieren, die den Blick in die Vergangenheit nur auf die Oberfläche des damaligen Geschehens, auf menschliches Handeln und seine Motive (zumeist politisch einflußreicher Akteure) gelenkt habe. Diese Kritik greift aber zu kurz: Es geht in den episch breit dargestellten politischen Geschehnissen letztlich um umfassende Prozesse, nämlich darum, wie sich moderne Staaten als nationale Lebensformen breiter Schichten herausbilden.

Für den europäischen Historismus ist es typisch, daß diese neue literarische Form und Qualität der Geschichtsschreibung zeitlich der Verwissenschaftlichung des historischen Denkens vorausgeht. Die großen Geschichtsschreiber Englands und Frankreichs z.B., die den neuen Entwicklungsgedanken in die politische Anschauung der historischen Besonderheit vergangener Zeiten und in die ästhetische Kultur ihrer Zeit einbrachten, waren keine professionellen Historiker. Sie hatten zumeist keine akademische Ausbildung in den methodischen Verfahren der historischen Forschung, sondern sie waren Schriftsteller, Journalisten und Politiker. Thomas Babington Macaulay (1800-1859), der bedeutendste englische Geschichtsschreiber des 19. Jahrhunderts, war kein Wissenschaftler, sondern Schriftsteller und Politiker von hohem Rang. Er schuf mit seiner »History of England from the Accession of James II« (5 Bände, 1859-1861) das repräsentativste Werk für die bürgerlich-liberale Geschichtsauffassung, die sogenannte »Whig-Interpretation« der englischen Geschichte. Sie ist um die »glorreiche Revolution« von 1688 zentriert und ganz unter dem Blickwinkel eines liberalen Fortschrittsgedankens geschrieben, dem es um »authority of law«, »security of property«, »liberty of discussion and of individual action«, »union of order and freedom« – also um spezifisch bürgerliche Lebensprinzipien geht.[3] Die englische Geschichte erscheint als Prozeß kontinuierlicher Durchsetzung und Verwirklichung dieser Prinzipien.

Mit ihnen bildet sich Großbritannien als Großmacht nach außen und als Rechts- und Verfassungsstaat nach innen aus und gewinnt nationale Größe. Macaulay will durch seine »bunte Erzählung« (chequered narrative) »hope in the breasts of all patriots« erwecken,[4] also durch die Erfolgsgeschichte der Vergangenheit, in der sich die bürgerliche Gesellschaft der Gegenwart etabliert, deren Fortschrittsfähigkeit für die Zukunft sicherstellen. Es ist eine Geschichte, die zwar minutiös die politischen Ereignisse im Handlungsgeflecht der maßgebenden Staatsmänner aufzeichnet, aber »the people« als gleichberechtigtes Handlungssubjekt mit »the government« zur Einheit einer Nation als Subjekt der Geschichte verbindet. »It will be my endeavour to relate the history of people as well as the history of the government.«[5] Die alltäglichen Lebensformen des Volkes werden zum tragenden Hintergrund der großen Ereignisse, in denen England seine historische Größe gewinnt.

In den anderen europäischen Ländern gibt es ähnliche historiographische Beiträge zur politischen und ästhetischen Kultur. Gesamteuropäisch ist die neue historiographische Form anschaulich-plastischen historischen Erzählens und die Vorstellung einer nationalen Fortschrittsgeschichte, in der Volk und Herrschaft (Staat) zur Einheit der Nation verschmelzen. Im Gebilde der politischen Ereignisgeschichte erscheinen die politische Macht und die kulturelle Größe der Nation als entwicklungsfähig durch die freigesetzten Energien bürgerlicher Schichten. Die Historiographie selber dient dazu, mit ihren ästhetischen Mitteln diese Energien politisch freizusetzen: Sie formiert mithilfe einer nationalen Fortschrittsgeschichte historische Identität als Zugehörigkeit zu einem Volk, das durch die bürgerlichen Mittelschichten in der Wirtschaft Reichtum, in der Politik Beteiligung an der Herrschaft, in der Gesellschaft (formale) Gleichheit und in der Kultur Rationalität und Wissenschaftlichkeit produziert.

Wir nennen noch drei französische Beispiele für diese Art Geschichtsschreibung, die gegen Ende des 19. Jahrhunderts von den akademisch etablierten professionellen Geschichtsforschern etwas herabsetzend ›literarisch‹ genannt wurde. François Guillaume Guizot (1787-1874) war vom Studium her Jurist, lehrte nur zeitweise als Geschichtsprofessor und gehörte dann als Staatssekretär, Minister, Botschafter und schließlich auch Ministerpräsident (1847/48) zur politischen Elite seines Landes. Seine »Histoire de la Civilisation en France« (5 Bände, 1829-1832) erlebte bis 1886 14 Auflagen. Hier feiert sich die französische Nation als Kulturträger und Kulturbringer der Menschheit. »Je crois pouvoir l'affirmer: si une autre histoire en Europe m'avait paru plus grande, plus instructive, plus propre que celle de la France à représenter le cours de la civilisation; je l'aurais choisie.«[6]

Wer als der eigentliche Träger der nationalen Fortschrittsgeschichte angesehen wird, das zeigt Augustin Thierry (1795-1856) mit seinem Hauptwerk, einem »Essai sur l'histoire de la formation et des progrès du tiers état« (1855). Der literarisch vielleicht bedeutendste Geschichtsschreiber Frankreichs im 19. Jahrhundert war Jules Michelet (1798-1874) mit seinem Hauptwerk, einer 17-bändigen »Histoire de France« (1833-1867). Michelet malt historiographisch das Bild einer Freiheitsgeschichte des französischen Volkes. In diesem Bild sollen die Toten auferstehen, – Geschichte gewinnt also eine eminent religiöse Bedeutung. Die Geschichte der Nation verrät den Sinn des Lebens und bindet die Lebenden mit den Toten zusammen in eine gottähnliche nationale Gemeinschaft. Man hat mit Recht den Historismus als letzte Religion der Gebildeten Europas bezeichnet: Die innerweltliche Entwicklung nationaler Größe ersetzt den christlichen Gedanken von Tod und Auferstehung im Prozeß der Heilsgeschichte. Das erklärt auch die Inbrunst, mit der die Vergangenheit des eigenen Volkes historiographisch lebendig gemacht, als Schlüssel zur kollektiven Identität vergegenwärtigt wurde.[7]

Ohne diese quasi religiösen Elemente ist auch der Eifer nicht zu erklären, der in ganz Europa seit der ersten Hälfte des 19. Jahrhunderts darauf verwendet wurde, die Quellen der älteren Geschichte des eigenen Volkes und Staates zu sammeln. Mit nicht geringer Anteilnahme des Publikums der Gebildeten wurden Institutionen gegründet oder gefördert, deren Aufgabe vor allem darin bestand, systematisch Quellen zu sammeln, zu sichten und kritisch zu edieren. In vielen europäischen Ländern wurde der Quellenbestand zur eigenen Geschichte neu erschlossen. Der gelehrte Eifer richtete sich vornehmlich auf das Mittelalter, das in der Aufklärung noch keinen oder nur einen geringen Stellenwert im öffentlichen Bewußtsein als Zeitraum der eigenen historischen Herkunft hatte. Typisch für diese großen, zumeist vom Staat geförderten Quelleneditionen sind in Deutschland die »Monumenta Germaniae Historica«, die seit 1819 von einer »Gesellschaft für Deutschlands ältere Geschichtskunde« geplant wurde und deren erster Band 1835 erschien. In Frankreich wurde 1821 eine »Ecole des Chartes« eingerichtet, in der Spezialisten für die »Erschließung und Verwertung aller Quellen zur Geschichte Frankreichs, seiner Verfassung, Verwaltung und Kultur« ausgebildet wurden.[8]

In England gab es zunächst nur eine Reihe von Kommissionen des Unterhauses, deren Aufgabe darin bestand, »to inquire into the state of the public records of this Kingdom and of such other public instruments, holds, books and papers« und Vorschläge dazu auszuarbeiten, was getan werden könne »for the better arrangement, preservation and more convenient use of the same«. An der Geschichte der verschiedenen Kommissionen vom Beginn bis zur Mitte des 19. Jahrhunderts läßt sich der Einfluß des neuen, historistischen Denkens gut nachweisen. Ging es zunächst darum, daß die alten Dokumente auf ihren juristischen Wert für die Klärung von Streitfragen der Gegenwart hin geprüft und untersucht werden sollten, so steht bei der Arbeit der Kommission von 1836 an nicht mehr ein juristischer, sondern ein ausgesprochen historischer Aspekt im Umgang mit den Dokumenten im Vordergrund. 1851 wird dann mit dem »General Record Office« eine Dauerinstitution zur Aufbereitung des mittelalterlichen Quellenbestandes eingerichtet.

Die Fachwissenschaft integriert die literarischen Formen des historischen Erzählens und den kritischen Umgang mit den Quellen und bildet gegen Ende des 19. Jahrhunderts in allen europäischen Ländern gemeinsame Strategien der Forschung und Institutionen des fachlichen Diskurses aus. Die Verfachlichung und Akademisierung der historistischen Geschichtsschreibung läßt sich symptomatisch an der Gründung von Fachzeitschriften studieren, die das neue Selbstbewußtsein der Historiker als professioneller Forscher zum Ausdruck bringt. Auch die Gründung solcher Fachzeitschriften ist ein gesamteuropäisches Phänomen. Die deutsche Geschichtswissenschaft hatte Vorreiterfunktion mit der 1844 gegründeten »Zeitschrift für Geschichtswissenschaft« (die allerdings 1848 ihr Erscheinen mit dem 9. Band einstellen mußte) und der 1859 zuerst erschienenen und bis heute als eines der führenden Fachorgane bestehenden »Historischen Zeitschrift«. Dieser Zeitschriftentyp tritt in den anderen europäischen Ländern erst gegen Ende des 19. Jahrhunderts auf. Die »Revue historique« beginnt ihr Erscheinen 1876 mit einem programmatischen Aufsatz von E. Monod, in dem er den Anspruch der Geschichte begründet, »Wissenschaft« (science) zu sein und zugleich ihren wissenschaftlichen Charakter vom »literarischen« der großen Historiographen der Jahrzehnte vorher abgrenzt. 1886 erscheint das erste Heft der »English Historical Review«. Sein erster Aufsatz, ein Beitrag von Lord Acton über »German Schools of History« zeigt den Einfluß der deutschen Wissenschaftsentwicklung auf die anderen Wissenschaftskulturen Europas im Bereich des historischen Denkens. Ähnliche Zeitschriften entstehen auch in den anderen europäischen Ländern (um ein osteuropäisches Beispiel zu nennen: seit 1887 erscheint die polnische Fachzeitschrift »Kwartalnik historyczny«).

Wie sehr Geschichte als Wissenschaft gesamteuropäisch am Ende des 19. Jahrhunderts installiert ist, geht auch daraus hervor, daß innerhalb eines Jahrzehnts in England, Deutschland und Frankreich Gesamtdarstellungen der historischen Methode erscheinen, die den erreichten Standard der Forschungsverfahren als Garantie der akademischen Fachlichkeit geradezu schulmäßig festschreiben: 1886 erscheint »The Methods of Historical Study« von E. A. Freeman, 1889 das »Lehrbuch der historischen Methode« von E. Bernheim, 1889 die »Introduction aux études historiques« von Ch.-V. Langlois und Ch. Seignobos. Am Ende des 19. Jahrhunderts münden also die verschiedenen nationalen Ausprägungen der europäischen historiographischen Kultur in die Einheit eines Wissenschaftskonzepts, das durch die Standards der historischen Methode, vor allem durch die differenziert ausgearbeiteten Forschungstechniken der Quellenkritik, charakterisiert ist.

Der Historismus ist gesamteuropäisch eine Denkweise, die die Substanz der menschlichen Weltdeutung und Selbstverständigung nicht in zeitlosen Dimensionen gültiger Wahrheiten, sondern in der zeitlichen Veränderung von Mensch und Welt ausmacht. In den Worten des englischen Historikers Georges H. Sabine: »Every institution, social or political, every art, science, or religion, in fact, everything which is a product of human activity, as well as every race or nation, has a history and is to be adequately understood only by study of its genesis and cause of development. A nation or institution as it exists at any single period, however self-sufficing it may be, is, so to speak, a cross-section of a long process which extends both into the past and into the future; though itself an individual, it is a member of a larger individual which extends beyond the limits of any single time.«[9]

Der Historismus ist also als gesamteuropäische Kulturerscheinung eine Form des Geschichtsbewußtseins, in der die Selbstverständigung sozialer Systeme an der Erfahrung und Deutung ihrer zeitlichen Veränderung ausgerichtet wird. Kulturelle Selbstbehauptung wird an die historische Bedingung der Veränderbarkeit geknüpft. Im 19. Jahrhundert macht er diese zeitliche Veränderung vor allem als Entstehung und Entwicklung nationaler Kulturen und politischer Systeme sichtbar. Gesamteuropäisch sieht er in der Nationalität die politisch entscheidende und kulturell dominierende Form kollektiver Identität und fördert damit den Nationalismus: »Der geschichtlichen Betrachtung erscheint das Leben jedes Volkes, unter der Herrschaft der sittlichen Gesetze, als natürliche und individuelle Entwicklung, welche mit innerer Notwendigkeit die Formen des Staates und der Kultur erzeugt, welche nicht willkürlich gehemmt und beschleunigt und nicht unter fremde Regel gezwungen werden darf.«[10]

Der Historismus weist auch in seiner politischen Ausrichtung des historischen Denkens gesamteuropäische Züge auf: Er betont den zeitlichen Wandel politischer Systeme (Nationen oder Nationalstaaten) als geschichtlichen Prozeß in der Form kontinuierlicher Veränderungen. Damit nimmt er gleichermaßen gegen jede revolutionäre Veränderung wie gegen reaktionäre Erstarrung Stellung. Er ist in der politischen

Konsequenz seiner historischen Orientierung prinzipiell reformistisch. Er verankert gleichsam das ›juste milieu‹ (die rechte Mitte) in der Tiefe des Geschichtsbewußtseins der Gebildeten, und umgekehrt gibt er dem Liberalismus das historische Fundament grundsätzlicher politischer Mäßigung.

Mit dieser politischen Ausrichtung läßt er sich gesamteuropäisch als ›post-revolutionär‹ charakterisieren, und mit seiner Betonung historischer Entwicklungen, in denen sich staatlich-politisches Leben national organisiert, ist er im Grunde prä-industriell. Er trägt insofern der Zeiterfahrung der industriellen Revolution noch nicht Rechnung, als er die wirtschaftliche und soziale Dimension der historischen Erfahrung eindeutig der politischen und kulturellen unterordnet. Mit dieser Ausrichtung repräsentiert er das Selbstverständnis und die politischen Ansprüche der bürgerlichen Mittelschichten, die sich als repräsentativ für das ganze Volk betrachteten, ihre sozialen Interessen also als gesamtgesellschaftlich ansehen und auch kulturell plausibel machen konnten.

2. Die Epoche Rankes und Niebuhrs

Die zentrale Persönlichkeit im Entstehungsprozeß des deutschen Historismus ist unumstritten Leopold von Ranke gewesen; von ihm gingen sowohl in methodischer wie darstellerischer Hinsicht die größten Impulse aus. Zeitlich früher und am unmittelbaren Beginn dieser Epoche steht jedoch noch ein anderer Historiker: Barthold Georg Niebuhr (1776-1831), berühmt geworden vor allem durch seinen neuartigen methodischen Umgang mit dem historischen Quellenmaterial. Es ist kein Zufall, daß mit Niebuhr ein Althistoriker am Anfang des Historismus als Geschichtswissenschaft steht.

Der Historismus bezog in seiner Entstehungsphase sein Selbstverständnis als Wissenschaft zu guten Teilen aus seiner Fähigkeit, empirisch fundierte historische ›Richtigkeiten‹ zu produzieren. Grundlage dieses Anspruchs auf Richtigkeit seiner Aussagen war der perfektionierte quellenkritische Umgang mit den Materialien und Objekten der historischen Erkenntnis. Da es sich bei diesen Objekten zumeist um alte literarische Texte und Quellen handelte, ist es nicht verwunderlich, daß die historisch-kritische Methode zunächst im Rahmen der philologischen, vor allem der altphilologischen Wissenschaften entwickelt und immer weiter verfeinert worden ist.

Der Bezug auf Quellen, der die Plausibilität historischer Aussagen glaubhaft macht, war dabei nicht neu. Wir haben gesehen, daß der Quellenbezug bereits im Zeitalter der Aufklärung zu einem wissenschaftskonstitutiven Kriterium geworden war. Neu war allerdings, daß sie nun genauestens auf ihre Glaubwürdigkeit hin untersucht wurden. Ihr Entstehungszusammenhang und ihre Überlieferungsgeschichte wurden rekonstruiert, ihr Aussagegehalt mit anderen – eventuell widersprechenden – Quellenbeständen verglichen, und bei konkurrierenden Quellenbefunden wurde ihre jeweilige Berechtigung und Plausibilität geprüft. Die philologisch arbeitende Quellenkritik wurde als eigenständige Arbeitsphase der eigentlichen historischen Darstellung vorgeschaltet und diente der systematischen Erarbeitung zuverlässiger historischer Informationen.

Niebuhrs »Römische Geschichte«[11] kann als das erste große historistische Werk gelten, in dem die neuen quellenkritischen Forschungsgrundsätze konsequent umgesetzt wurden. Wichtiger noch als Niebuhr ist jedoch Leopold von Ranke für die Ausarbeitung der historistischen Wissenschaftskonzeption geworden. Sein Aufstieg zum Haupt der Geschichtswissenschaft begann mit seinem Erstlingswerk aus dem Jahre 1824 »Geschichten der romanischen und germanischen Völker von 1494 bis 1535«,[12] das ihm auf Betreiben des preußischen Kultusministeriums unter Altenstein eine außerordentliche Professur an der Universität Berlin einbrachte. In diesem Frühwerk Rankes sind bereits die beiden wichtigsten gedanklichen Elemente enthalten, die sein gesamtes Werk bestimmen. Es handelt sich dabei um sein Verständnis von Geschichte als Wissenschaft bzw. sein Ethos als Historiker und um seine Vorstellung von dem Verlauf und der Kontinuität der europäisch-neuzeitlichen Geschichte.

Zum einen äußert Ranke einen unerschütterlichen Glauben an die Möglichkeit eines durch methodische Disziplinierung objektivierten und daher auch gerechten Zugriffs des Historikers auf die historische Vergangenheit. Zum anderen besitzt er die gleichzeitig vor- und übernationalistische Vorstellung von der europäischen Geschichte als einem politischen und kulturellen Kontinuum, das zur Einheit des neuzeitlich-modernen Staatensystems des 19. Jahrhunderts geführt hat und in dem die einzelnen europäischen Nationen ihren Platz haben. Im Vorwort seines Erstlingswerks findet sich der berühmte Satz: »Man hat der Historie das Amt, die Vergangenheit zu richten, die Mitwelt zum Nutzen zukünftiger Jahre zu belehren, beigemessen: so hoher Ämter unterwindet sich gegenwärtiger Versuch nicht: er will bloß zeigen, wie es eigentlich gewesen.«[13]

Interessant an diesem Satz ist vor allem das Wort »eigentlich«; es signalisiert die Vorstellung Rankes, daß es Aufgabe des Historikers sei, zu der Vergangenheit vorzudringen, die nach Abzug aller subjektiven Verzerrungen, Fehler und Lücken der Überlieferung noch übrigbleibt; zu der Geschichte also, wie sie sich ›wirklich‹ zugetragen hat. Diesem

Ideal, zum wirklichen, objektiven Kern der historischen Vergangenheit vorzustoßen, dienten alle seine methodischen und historiographischen Bemühungen. Daher wandte er konsequent die Grundsätze der historisch-kritischen Methode auf die neuzeitliche Geschichte an. Das eindrucksvollste Dokument dieser Bemühungen Rankes ist seine Abhandlung »Zur Kritik neuerer Geschichtsschreiber«, die den Anhang zu den »Geschichten der romanischen und germanischen Völker von 1494 bis 1514« bildete.[14] Diese Abhandlung Rankes stellt eine kritische Prüfung des Wahrheitsgehaltes der herangezogenen Quellen und eine Auseinandersetzung mit der bisherigen Bearbeitung des Themas dar, das den Gegenstand seines Buches bildete.

Diesem Ideal diente weiterhin – wir erwähnten es bereits in anderem Zusammenhang – der Versuch, sich subjektiver Wertungen strikt zu enthalten: »Ich wünschte mein Selbst gleichsam auszulöschen, und nur die Dinge reden, die mächtigen Kräfte erscheinen zu lassen, die im Laufe der Jahrhunderte mit und durch einander entsprungen und erstarkt, und nunmehr gegen einander aufstanden und in einen Kampf gerieten...«[15]

Der Historiker sollte für Ranke nicht Richter, sondern unbefangener, objektiver Betrachter der historischen Vergangenheit sein. Die adäquate Haltung des Historikers zu seinen Gegenständen hat Ranke oft mit Begriffen des Sehens und des Bildes umschrieben; sie schien ihm eine rein rezeptiv-ästhetische Tätigkeit zu sein,[16] was durch eine Erinnerung Wilhelm Diltheys bestätigt wird: »Ich sehe ihn noch, die Augen nicht auf die Zuschauer, sondern auf die historische Welt gleichsam innerlich gerichtet. Es war nie die Spur von Rhetor in ihm, gar kein Verhältnis zu Zuhörern: ganz ohne Bezug derselben lebte er in der Anschauung der historischen Welt: er sah, wie die Bilder an ihm vorüberzogen: sein großes Auge schien sie innerlich zu gewahren.«[17]

Und doch – obwohl sich das Postulat, der Historiker solle unparteilich und damit objektiv sein, durch das gesamte Werk Rankes zieht, bleibt seine Haltung zu diesem Problem letztlich ambivalent. Die Formulierung, »ich wünschte mein Selbst gleichsam auszulöschen«, impliziert das Eingeständnis, daß dies am Ende gar nicht möglich ist. Ranke hat letztlich die Verpflichtung des Historikers auf Unparteilichkeit mehr als wissenschaftlich-ethisches Postulat und regulative Idee angesehen, statt in ihr eine konkrete forschungspraktisch und erkenntnistheoretisch einzulösende Möglichkeit zu sehen: »Alles hängt zusammen: kritisches Studium der echten Quellen; unparteiische Auffassung; objektive Darstellung; – das Ziel ist die Vergegenwärtigung der vollen Wahrheit. Ich stelle da ein Ideal auf, von dem man sagen wird, es sei nicht zu realisieren. So verhält es sich nun einmal: die Idee ist unermeßlich, die Leistung der Natur nach beschränkt. Glücklich, wenn man den richtigen Weg einschlug und zu einem Resultat gelangte, das vor der weiteren Forschung und der Kritik bestehen kann.«[18] Von einer Standpunktlosigkeit Rankes kann in der Tat keine Rede sein, was sofort deutlich wird, wenn man seine historischen Werke auf ihren Bezug zur politisch-sozialen Realität des 19. Jahrhunderts hin untersucht.

Ranke, der 1795 in der thüringischen Kleinstadt Wiehe an der Unstrut geboren wurde, ist noch vollständig in die Vorstellungswelt des Ancien Régime hineingewachsen. Zeit seines Lebens stand er den Zeittendenzen des späten 18. und 19. Jahrhunderts, der politischen Revolution, der Industrialisierung und sozialen Frage und auch der Entstehung eines deutschen Nationalstaates in eigentümlicher Weise teilnahmslos gegenüber.[19]

Dies schlug sich in seiner historischen Arbeit deutlich nieder; er favorisierte das europäische Staatensystem der frühen Neuzeit und des Absolutismus als Untersuchungsgegenstand. Hier glaubte er die eigentliche Triebkraft der Geschichte am deutlichsten erkennen zu können: den permanenten Ausgleich politischer Macht im internationalen Konzert der europäischen Staaten. Geschichte folgt für Ranke einer Logik, nach der die europäischen Mächte ständig um Gleichgewicht bemüht sind, dem Hegemonialstreben einer einzelnen Macht ihren gemeinsamen Widerstand entgegenzusetzen und so eine supranationale Einheit und Harmonie wiederherzustellen. Der Kampf der antagonistischen politischen Interessen der Großmächte konstituiert für Ranke Geschichte; diese Vorstellung hat man später mit der auf Wilhelm Dilthey zurückgehenden Redewendung vom »Primat der Außenpolitik« umschrieben.[20] Die Vorstellung der Einheit der europäischen Menschheit und Staatenwelt ließ Ranke auch unter dem Eindruck nationalstaatlicher Einigungsprozesse nicht fallen; sie umklammert das Gesamtwerk. Wie seine historiographische Karriere begonnen hatte mit einem Werk zur Einheit der »romanischen und germanischen Völker«, so beschloß er sie mit seiner neunbändigen Weltgeschichte. Die nationale Vielfalt Europas blieb für Ranke auch im Zeitalter des Nationalismus eingebettet in eine übergreifende, politisch und kulturell definierte Einheit der – europäischen – Menschheit: »In der Herbeiführung der verschiedenen Nationen und der Individuen zu der Idee der Menschheit und der Kultur ist der Fortschritt ein unbedingter.«[21]

Auch Rankes von einem starken Objektivitätsanspruch geprägte Historiographie war von ›parteilichen‹ Perspektiven und Standpunkten geprägt. Dies wird in seiner Haltung zu den tagespolitischen Fragen seiner Gegenwart offenbar, zu denen er deutlich und mit aller Konsequenz im Sinne eines gemäßigten Konservatismus Stellung bezogen hat.

In der zwischen 1832 und 1836 von ihm herausgegebenen »Historisch-Politischen Zeitschrift« griff Ranke direkt in das politische Geschehen seiner Gegenwart ein. Hier entwarf er unter dem Eindruck der Juli-Revolution von 1830 die Grundsätze seines historischen und politischen Denkens. Ranke vertrat entschieden den restaurativen Kurs der preußischen Politik unter gleichzeitiger Distanzierung von den Zielen der Liberalen und denen der Hochkonservativen im Sinne der ständischen Lehren des Staatstheoretikers Karl Ludwig von Haller: »Die Richtung, die ich einschlug, war nun aber weder Revolution noch Reaction. Ich hatte das kühne Unterfangen, zwischen den beiden einander in jeder öffentlichen oder privaten Äußerung widerstrebenden Tendenzen eine dritte zu Worte bringen zu wollen, welche an das Bestehende anknüpfte, das, auf dem Vorausgegangenen beruhend, eine Zukunft eröffnete, in der man auch den neuen Ideen, insofern sie Wahrheit enthielten, gerecht werden konnte.«[22]

Was aber ist das Kriterium, das den Historiker in die Lage versetzt, zu entscheiden, welche Ideen Wahrheit enthalten und welche nicht? Hier liegt eines der zentralen Probleme des historistischen Denkens; Ranke erhebt den Anspruch, einen bestimmten, dezidiert politischen Standpunkt einzunehmen, von ihm aus die historische Vergangenheit zu rekonstruieren und dennoch ›objektiv‹ oder gar ›unparteilich‹ zu sein. Standpunktbezug und Unparteilichkeit schließen sich nicht aus, sondern bedingen sich wechselseitig: »Ich hatte mich der äußersten Unparteilichkeit beflissen, ohne doch das Positive aufzugeben.«[23]

Der Bezug auf das Gegebene, historisch Gewordene, auf das also, was Ranke hier das »Positive« nennt, sichert dem Historiker die Objektivität seiner Aussagen, ohne daß er auf den Eingriff in die Fragen seiner Gegenwart völlig verzichten müßte. Parteilich waren für Ranke nur die Historiker, die entweder im Sinne eines revolutionären Liberalismus das Bestehende radikal verändern oder im Sinne der äußersten Reaktion zu den Verhältnissen der vorrevolutionären Epoche zurückkehren wollten und die ihr historisches Denken von diesen politischen Standpunkten her organisierten.

Rankes Eintreten für das Bestehende, seine grundsätzlich konservative Orientierung am Status quo konnte seiner Meinung nach dagegen Unparteilichkeit und Objektivität beanspruchen, da es für ihn nur ein Akzeptieren historischer Entwicklungsverläufe war, die Anerkennung des göttlich sanktionierten historisch Gewordenen und Bestehenden. Er konnte sich der Illusion hingeben, unparteilich zu sein, standpunktlos, weil man für das, was einmal geschichtliche Realität war oder jetzt noch ist, nicht parteilich sein kann. Man kann es nur erkennen und ihm dadurch Gerechtigkeit widerfahren lassen.

Die Würde und Objektivität des Vergangenen und Gegenwärtigen war dabei für Ranke geschichtstheologisch fundiert.[24] Die Geschichte war für ihn Ausdruck und Ergebnis des Walten Gottes in der Welt. Dieser Glaube an die Göttlichkeit der Geschichte ging in der Nachfolge Rankes zwar verloren, was jedoch für den Historismus über Ranke hinaus konstitutiv blieb, war der direkte und später auch explizit eingestandene Bezug des historischen Denkens auf die politischen Probleme und Interessen der Gegenwart. Die wissenschaftliche Rekonstruktion der Vergangenheit diente im Historismus auch dazu, in einer Periode beschleunigten Wandels und allgemeiner Unruhe die Erfahrungen der Gegenwart zu verarbeiten und ihre Probleme zu meistern. Wie sich dieser Bezug zwischen Geschichtswissenschaft und Lebenspraxis in der Nachfolge Rankes gestaltete und in den einzelnen Schulen und Strömungen ausprägte, soll anhand der Darstellung der Entwicklungstrends im Historismus des 19. Jahrhunderts gezeigt werden.

3. Die Preußisch-Kleindeutsche Schule

Es mag überraschend sein, Historiker durch eine Begrifflichkeit zu klassifizieren, die dem politischen Leben entnommen ist und die sich eigentlich auf eine komplexe politische Entscheidungssituation bezieht. Mit »preußisch-kleindeutsch« umschreiben wir in der Regel eine bestimmte Lösung der deutschen nationalen Frage im 19. Jahrhundert, nämlich die Durchsetzung der nationalen Einheit in den Reichseinigungskriegen zwischen 1864 und 1871 unter der Führung Preußens und unter Ausschluß Österreichs.

Warum eignet sich nun diese Begrifflichkeit dazu, die Position einer Anzahl von Historikern zu kennzeichnen, die sich unter anderen wissenschaftlichen und politischen Aspekten stark voneinander unterscheiden? Über welche Integrationskraft verfügt er, um z.B. sowohl den liberalen Althistoriker Theodor Mommsen (1817-1903) als auch den konservativen Neuzeithistoriker und Publizisten Heinrich von Treitschke (1834-1896), den großen Theoretiker des Historismus Johann Gustav Droysen (1808-1884) als auch den theoretisch unreflektierten Heinrich von Sybel (1817-1895) – um nur die wichtigsten zu nennen – angemessen einordnen zu können?

Das gemeinsamkeitsstiftende Merkmal besteht darin, daß sie alle die kleindeutsche Lösung des Nationalstaatsproblems befürworteten und ihr historiographisches Werk als einen kulturellen Beitrag zur Einlösung dieser politischen Forderung verstanden. Aus der distanzierten Perspektive des Schweizers bespöttelte Jacob Burckhardt diese enge

Verzahnung von Geschichtsschreibung und nationalen Interessen bei den kleindeutschen Historikern, indem er direkt nach dem Ende der Reichseinigungskriege prognostizierte, man werde nur einige Jahre warten müssen, »bis die ganze Weltgeschichte von Adam an siegesdeutsch angestrichen und auf 1870/71 orientiert sein wird«.[25]

Wenn man die Biographien dieser Gruppe kleindeutscher Historiker verfolgt – man könnte sie noch um Georg Gottfried Gervinus, Ludwig Häusser, Hermann Baumgarten, Max Duncker u.a.m. erweitern –, so lassen sich einige gemeinsame Elemente erkennen: In aller Regel haben sie bereits wesentliche politische Impulse durch die liberale Bewegung des deutschen Vormärz erhalten und sind in der Mehrzahl auch an der Revolution des Jahres 1848 beteiligt gewesen, zumeist als Vertreter eines gemäßigten bis rechten Liberalismus. Die Erfahrung, die sie politisch am tiefsten prägte, war das Scheitern des deutschen Bürgertums beim Versuch einer revolutionären Neugestaltung Deutschlands im Kontext der 48er Revolution. Diese Erfahrung war für sie grundsätzlich mehr als nur die einer politischen Niederlage. Sie bedeutete gleichzeitig die Zerstörung einer im Medium ihres historischen Denkens erschlossenen allgemeinen Vorstellung des Zusammenhangs zwischen Vergangenheit, Gegenwart und Zukunft. Was sie zutiefst verunsicherte, war weniger das Scheitern ihrer politischen Interessen, als vielmehr der drohende Verlust einer historischen Sinnvermutung: der Vorstellung nämlich, daß sich Geschichte als die Ausweitung bürgerlicher Freiheit und liberaler Prinzipien im Rahmen moderner Nationalstaaten rekonstruieren lasse. Diesen Zusammenhang von politischem Interesse und historischer Perspektive formulierte Theodor Mommsen im Jahre 1848 in der »Schleswig-Holsteinischen Zeitung«: »Daß ein Volk zum Staate werde und zwar Ein Volk zu Einem Staate, das ist politisches Gemeinbewußtsein geworden und wird sich immer mehr realisieren.«[26]

Es kennzeichnet die weitere Entwicklung dieser kleindeutschen Historiker, daß sie die Aufgabe der nationalstaatlichen Einigung nach 1848 nicht mehr dem dazu offensichtlich unfähigen Bürgertum zutrauten, sondern – freilich unter Aufgabe wesentlicher liberaler Prinzipien – Preußen übertrugen. Die Schaffung eines deutschen Nationalstaates wurde und war schon immer – recht besehen – »Preußens Beruf«; dies war der Tenor des riesigen Werkes J.G. Droysens zur Geschichte Preußens,[27] und dies bestätigte sich ihm in den deutschen Reichseinigungskriegen unter der politischen Führung Bismarcks in eindrucksvoller Weise. Spätestens mit dem Erfolg der Einigungspolitik Bismarcks hatten die kleindeutschen Historiker ihren Frieden mit dem preußischen Obrigkeitsstaat geschlossen, nicht ohne auch gleichzeitig mit ihrer liberalen Vergangenheit abgerechnet zu haben.[28]

Aber nicht allein dieser Verlust an liberaler Substanz, der zudem keineswegs bei allen Vertretern in gleichem Maße einsetzte und auch – etwa bei Theodor Mommsen – eine spätere Rückkehr zu liberalen Prinzipien nicht ausschloß, ist für diese Historiker kennzeichnend geworden. Interessant ist vielmehr die Tatsache, daß er begleitet war von Veränderungen in den Grundstrukturen ihres historischen Denkens und Interpretationsrahmens neuzeitlicher Geschichte. Die kleindeutschen Historiker betrieben Geschichte ›cum ira et studio‹; sie bekannten sich zur Parteilichkeit: »Jeder Historiker, der in unserer Literatur etwas bedeutete, hatte seitdem seine Farbe; es gab religiöse und atheistische, protestantische und katholische, liberale und conservative, es gab Geschichtsschreiber von allen Parteien, aber es gab keine objektiven, unparteiischen, blut- und nervenlosen Historiker mehr. Ein höchst erheblicher Fortschritt!«[29]

Das Verhältnis zwischen Politik und Geschichte ist dabei durchaus wechselseitig konzipiert: Zum einen erkennen die kleindeutschen Historiker, daß ihnen aus dem politischen und gesellschaftlichen Umfeld unweigerlich ihre Perspektiven auf das historische Material zuwachsen, denen sie entweder überhaupt nicht entgehen können oder nur um den Preis der Belanglosigkeit ihrer Geschichtsschreibung. Daß sie ganz bewußt einen eindeutigen Standpunkt bezogen, wurde wesentliches Merkmal ihrer historischen Arbeiten: »Ich danke für diese Art von eunuchischer Objektivität, und wenn die historische Unparteilichkeit und Wahrheit in dieser Art von Betrachtung der Dinge besteht, so sind die besten Historiker die schlechtesten und die schlechtesten die besten. Ich will nicht mehr, aber auch nicht weniger zu haben scheinen als die relative Wahrheit meines Standpunktes, die mein Vaterland, meine religiöse, meine politische Überzeugung, meine Zeit mir zu haben gestattet ... Die objektive Unparteilichkeit ..., ist unmenschlich: Menschlich ist es vielmehr, parteilich zu sein.«[30]

Zum anderen erwuchs der Geschichtswissenschaft aus der Sicht der kleindeutschen Historiker erst aus dieser unmittelbaren Anknüpfung an die gesellschaftliche Praxis das politische Bildungs- und Orientierungspotential, das sie benötigte, um die ihr aufgetragene »Pflicht politischer Pädagogik« (Theodor Mommsen) auch tatsächlich zu erfüllen.

Trotz dieses zweifachen Praxisbezuges ihrer Historiographie gaben die kleindeutschen Historiker ihren Anspruch auf Wissenschaftlichkeit nicht auf. Sie beanspruchten Objektivität und Wahrheit für ihre Geschichtsschreibung und verwiesen auf zwei wesentliche Merkmale ihrer historiographischen Praxis: Einerseits betonten sie die Wissenschaftlichkeit ihrer Methode, ihres quellenkritischen Vorgehens. Sie schrieben in dem Selbstbewußtsein einer professionalisierten Elite, die sich auf ein reiches und perfektioniertes Arsenal methodischer Techniken stützen konnte. Ihre Virtuosität im Einsatz quellenkritischer Verfahren befähigte sie in ihrem Selbstverständnis zu völliger Objektivität ihrer Erkenntnis: »Die historische Wissenschaft ist fähig, zu völlig exacter Kenntnis vorzudringen.«[31]

Wenn auch der Historismus seinen Objektivitätsanspruch aus dem Bewußtsein der methodischen Rationalität seiner Verfahren schöpfte, so war seinen theoretisch reflektierten Vertretern in der Regel doch bewußt, daß sie diesen Anspruch auf Objektivität ihrer Aussagen auch dort einlösen mußten, wo sie ihre Hauptaufgabe sahen und ihren eigentlichen Erkenntnisanspruch erhoben – im Bereich der historischen Interpretation. Vor allem Droysen betonte, daß sich die Aufgabe des Historikers nicht in der quellenkritischen Bearbeitung der Archivmaterialien erschöpfe, sondern daß es gerade auf die Deutung dieses Materials ankomme, daß man also von den quellenkritisch eruierten »Richtigkeiten« zur »Wahrheit« einer historischen Interpretation fortschreiten müsse.[32]

Um den Wahrheitsanspruch einer historischen Interpretation zu begründen, war für Droysen das Instrumentarium der Quellenkritik überfordert. Erst in der Interpretation, der eigentlich historischen Erkenntnisoperation, geht es nicht mehr allein um die Richtigkeit der Fakten, sondern um die Wahrheit ihrer Kohärenz im Sinne der Totalität einer Geschichte: »Unser Verstehen ist überhaupt zunächst auf ein einzelnes gewandt. Aber dies einzelne ist Ausdruck einer Totalität, die uns in diesem einzelnen wie in einem Beispiel verständlich wird; und wir verstehen sie in dem Maß, als wir aus diesen peripherischen Einzelheiten den bestimmenden Mittelpunkt der Totalität zu gewinnen vermögen. Als Einzelheiten könnten wir sie nur in ihrer Richtigkeit erfassen; zur Totalität fortschreitend finden wir ihre Wahrheit.«[33]

Wie ließ sich nun auf dem Felde der historischen Interpretation im Selbstverständnis dieses Historismus die Objektivität und Wahrheit der historischen Erkenntnis realisieren? Ob ein Standpunkt, von dem aus die Historiker des Historismus die Geschichte betrachteten, richtig oder falsch sei, war in ihrem Selbstverständnis eine klar entscheidbare Frage. Die Wahl zwischen möglichen Standpunkten war nicht beliebig, sondern ganz erheblich eingeschränkt. Nur so ist es verständlich, daß sich die Historiker wechselseitig eine tendenziöse Geschichtsschreibung vorwerfen konnten, ein Vorwurf, der besagte, daß jemand Geschichte vom ›falschen‹ Standpunkt aus geschrieben habe.[34]

Die ›Richtigkeit‹ eines Standpunktes bei der Deutung des historischen Geschehens wurde vom Historismus gleich auf zweifache Weise eingeklagt: Zum einen war der Standpunkt richtig, der die Historiker zum Sprachrohr der ›wirklich‹ existierenden gesellschaftlichen und politischen Realitäten machte. Er erfuhr für Droysen etwa dadurch die höhere Weihe der Objektivität, daß er ›sittlich‹ erhöht wurde: »Natürlich nicht von meiner subjektiven Willkür, von meiner kleinen und kleinlichen Persönlichkeit aus werde ich die großen geschichtlichen Aufgaben lösen wollen; indem ich von dem Standpunkt, von dem Gedanken meines Staates, meines Volkes, meiner Religion aus die Geschichte der Welt betrachte, stehe ich schon hoch über meinem eigenen Ich, ich denke gleichsam aus einem höheren Ich, in dem die Schlacken meiner eigenen kleinen Person hinweggeschmolzen sind.«[35] Zum anderen war für die Historisten derjenige Standpunkt der richtige, der ihnen den Blick freigab auf die Totalität des historischen Prozesses und ihnen als ein Leitfaden bei der historischen Arbeit diente, bei dem sich das historische Material zwanglos zur Artikulation einer welthistorischen Tendenz zusammenfügte.

Der Standpunkt des vorrevolutionären Historismus, der diese Bedingungen erfüllen sollte, war die Parteinahme für die bürgerliche Emanzipation, wie ihr Georg Gottfried Gervinus in einer berühmten Formulierung Ausdruck gegeben hat: »Mit geordnetem Geiste, mit Gleichmut und Besonnenheit, in die er (der Historiker, die Verf.) alles setzen muß, soll er die menschlichen Geschicke berichten und beurteilen, und doch muß er ein Parteimann des Schicksals, ein natürlicher Verfechter des Fortschritts sein und kann schwer der Verdächtigung entgehen, mit der Sache der Freiheit zu sympathisieren, weil ja Freiheit gleich ist mit Regung der Kräfte und weil darin das Element liegt, worin er atmet und lebt.«[36]

Der Historiker muß sich aus der Sicht des Historismus also historiographisch an die ›objektive‹ welthistorische Tendenz anschließen, sagen, was die Geschichte selber sagen will, um die »rechte Objektivität« (Droysen) – also die Vermittlung von Standpunktbezug und Objektivitätsanspruch – oder eben »objektive Parteilichkeit« zu üben. Die Rekonstruktion der Geschichte am normativen Leitfaden einer zunehmenden bürgerlichen Emanzipation war jedoch für den Historismus kein überzeitliches Ideal, kein abstrakter Wertmaßstab, der unabhängig von historischen und politischen Gegenwartserfahrungen Geltung beanspruchen konnte; der historische Erfolg entschied letztlich über die Plausibilität der Sinnvorstellungen des Historismus – und Erfolg war im Deutschland des 19. Jahrhunderts den Vertretern bürgerlicher Emanzipation nicht beschieden.

Der »Erfolg« ist als maßgebliches Beurteilungskriterium historischer Zeitverläufe von H. von Sybel im Kontext des sogenannten Sybel-Ficker-Streites explizit eingeführt worden. In dieser großen Auseinandersetzung, die zunächst zwischen dem kleindeutschen Sybel und dem vom ›großdeutschen‹ Standpunkt aus argumentierenden Julius Ficker

(1826-1902) ausgetragen wurde und in die sich im weiteren Verlauf noch der Ranke-Schüler Georg Waitz (1813-1886) einschaltete, ging es um konkurrierende Interpretationen der mittelalterlichen Italienpolitik der deutschen Kaiser. Während Sybel die christlichen Universalstaatsvorstellungen der mittelalterlichen Kaiser als einen Selbstverlust der spezifisch deutschen Identität interpretierte, der die Gründung eines deutschen Nationalstaats entscheidend behindert habe, wehrten sich Ficker und später auch Waitz gegen eine derartige, von expliziten Gegenwartsinteressen determinierte Bewertung historischer Phänomene und machten demgegenüber auf ihren ›Eigensinn‹ aufmerksam, der eine Instrumentalisierung im Sinne bestimmter Gegenwartsprobleme verbiete. Waitz beharrte auf dem Standpunkt, »daß unsere historische Wissenschaft von den Stimmungen und Wünschen der Gegenwart unbeirrt« bleiben müsse.[37] Demgegenüber vertrat Sybel den Standpunkt, daß der historische Erfolg (und das heißt letztlich: der Standpunkt der Gegenwart) über Wert und Unwert einer historischen Individualität mit unnachgiebiger Strenge richte.

Für ihn ergab sich der Sinn der Geschichte erst aus ihrer Konfrontation mit eben diesen »Stimmungen und Wünschen der Gegenwart«: »Wenn es wahr ist, daß in den großen historischen Kämpfen der Erfolg der höchste Richter ist oder mit anderen Worten, daß der Wert einer großen politischen Schöpfung an ihren Früchten erkannt wird, so war durch diese erschütternde Welttragödie der Kaisergedanke Karls des Großen, man sollte denken, vollständig und für immer gerichtet.«[38]

Für die kleindeutschen Historiker, die nach 1850 die beherrschende Strömung der Geschichtswissenschaft in Deutschland ausmachten, wurde das politische Scheitern der liberalen Bewegung zur dominierenden Erfahrung und ließ sie umfangreiche Umbauten in ihren historischen Deutungsmustern vornehmen, korrespondierend mit der Wendung des deutschen Liberalismus zur Macht- und »Realpolitik«.[39] Geschichte ließ sich für sie nun nicht mehr als historisch gewordene und weiter werdende Freiheit, sondern als ein universaler Machtkampf konkurrierender Nationen rekonstruieren. So wie ihnen die deutsche Realität der zweiten Hälfte des 19. Jahrhunderts weitreichende Veränderungen ihres allgemeinen Interpretationsrahmens historischer Zeitverläufe nahelegte, so wirkten sie auch publikumswirksam auf die politische und intellektuelle Öffentlichkeit zurück – mit verheerenden Konsequenzen für die politische Kultur Deutschlands nach der Jahrhundertmitte.

Man sollte die Bedeutung und die Verantwortung der kleindeutschen Historiker für den rapiden Substanzverlust liberalen und demokratischen Denkens in der zweiten Hälfte des 19. Jahrhunderts in Deutschland nicht unterschätzen. Insbesondere Heinrich von

Treitschke erzielte mit seinen populären historischen und Politikvorlesungen eminente Breitenwirkung. Hier saßen die kommenden Eliten des wilhelminischen Deutschlands und wurden mit einem Denken konfrontiert, das im Gewande historischer Argumentationen nationalistische, antidemokratische und bereits antisemitische[40] Ideologien transportierte und verstärkte.

4. Die Ranke-Renaissance

In den 80er Jahren des 19. Jahrhunderts wenden sich führende Vertreter einer neuen Generation von Historikern – es sind die etwa um die Jahrhundertmitte geborenen – erneut Ranke und seinem Wissenschaftsideal zu. Die kleindeutschen Historiker hatten sich ausdrücklich vom Denken Rankes abgewendet und seine relative politische Zurückhaltung – Treitschke nannte sie eine »schreckliche, charakterlose Leisetreterei«[41] – bzw. seinen Anspruch auf Unparteilichkeit eindeutig abgelehnt. Demgegenüber proklamierten sie in ihren historischen Werken ihr Eintreten für den nationalen Einigungsprozeß Deutschlands. Sie verstanden ihre Geschichtsschreibung in einem solchen Ausmaß als aktiven, kämpferischen Beitrag zu diesem politischen Ziel, daß ihnen, nachdem es erreicht war, eine historiographische Neubesinnung schwerfiel. Diese Orientierungsschwierigkeiten deutete Sybel in einem Brief an H. Baumgarten an, den er unter dem Eindruck der Reichseinigung schrieb: »Wodurch hat man die Gnade Gottes verdient, so große und mächtige Dinge erleben zu dürfen? Und wie wird man nachher leben? Was zwanzig Jahre der Inhalt alles Wünschens und Strebens gewesen, das ist nun in so unendlich herrlicher Weise erfüllt! Woher soll man in meinen Lebensjahren noch einen neuen Inhalt für das weitere Leben nehmen?«[42] Die Erfahrung der Reichsgründung und des wilhelminischen Nationalstaates machte langfristig gesehen eine Revision der gerade auf dieses Ziel hin orientierten Geschichtswissenschaft notwendig. Diese historiographische Umorientierung in weiten Kreisen des deutschen Historismus vollzog sich unter einem doppelten Rückgriff auf das Werk und Denken Leopold von Rankes:[43] Zum einen versuchten die Neo-Rankeaner ihrer Geschichtsschreibung wieder die Aura des Rankeschen Objektivitätsanspruchs zu verleihen – mit dem Argument, die nationalpolitischen Ziele seien erreicht und man könne nun wieder mit gelassener Unparteilichkeit die Geschichte betrachten: »Das Reich mußte gegründet sein, ehe der Sinn für die Wirklichkeit, das rechte Augenmaß für die Realität auch der Vergangenheit gegenüber neu erwachen konnte. Das Verdienst daran hat mehr noch Bismarck als Ranke selbst. Solange die Nation im Kampfe

4. Die Ranke-Renaissance

für ihre höchsten Güter stand, mußte die objektive Historie zurücktreten; als der Sieg erfochten war, kam sie von selbst hervor. Die Leidenschaften haben sich gelegt, und so können wir wieder Gerechtigkeit üben.«[44] Doch dieser erneute Anspruch auf Unparteilichkeit war nur ein Teil des Rankeschen Erbes, das nun erneuert wurde. Wichtiger noch wurde Rankes Vorstellung vom Primat der Außenpolitik, vom ewigen Kampf der ›Großen Mächte‹ um Hegemonie und Gleichgewicht, die in hervorragender Weise dazu geeignet schien, den zeitgenössischen imperialistischen Kampf der kontinentalen Großmächte um Kolonien und Weltherrschaft zu deuten.

Während Ranke mit seiner Theorie noch die zwischenstaatlichen Auseinandersetzungen des frühneuzeitlichen und absolutistischen Europa im Blick hatte, wurde sie nun von den Neo-Rankeanern zur Aufklärung über die Strukturprinzipien der Epoche des Imperialismus bemüht und dabei in folgenschwerer Weise naturalistisch und sozialdarwinistisch umgedeutet. Nicht mehr gleichgewichtige Harmonie der Staaten und einzelstaatliche nationale Hegemonie waren die Pole dieses universalen Machtkampfes der Völker, vielmehr ging es um ihre Existenz oder Nichtexistenz: »So ist nun der Krieg für jedes Volk ein Kampf um Sein oder Nichtsein geworden: Ausrottung oder Umschmelzung der Nationalitäten wurde die Losung.«[45] Aus der in dieser Weise uminterpretierten These vom Primat der Außenpolitik ergab sich der kategoriale Rahmen der neo-rankeanischen Geschichtsschreibung. Geschichtliche Vorgänge wurden vornehmlich aus einer nationalstaatlich-etatistischen Perspektive wahrgenommen. Das historische Geschehen gruppierte sich um die Staaten und ihre kriegerischen oder diplomatischen Auseinandersetzungen, ferner um das politische Handeln der ›großen Männer‹; insbesondere um Bismarck wurde ein ausgeprägter Personenkult betrieben. Die kulturelle, soziale oder ökonomische Dimension historischer Prozesse ging demgegenüber weitgehend verloren.

Wenn man nun, nachdem wir das Motiv und den allgemeinen Deutungsrahmen der neo-rankeanischen Geschichtsschreibung kurz angedeutet haben, nach der Möglichkeit einer plausiblen Periodisierung bzw. nach ihren wichtigsten Vertretern fragt, tauchen erhebliche Schwierigkeiten auf: Der Begriff der Ranke-Renaissance wird nicht einheitlich benutzt. Während ihn die einen auf die Zeit des Wilhelminismus beschränken und für die Zeit nach 1918 bereits nicht mehr verwenden (Fehrenbach, Faulenbach), dient er im Extremfall dazu, das Profil der bürgerlichen Geschichtsschreibung in Deutschland von der Reichsgründungszeit bis in die 60er Jahre des 20. Jahrhunderts zu charakterisieren (Schleier). Die zweite Position hat dabei durchaus gute Argumente auf ihrer Seite: Eine nachhaltige Neubesinnung der deutschen Geschichtswissenschaft ist zwischen den 80er Jahren des 19. Jahrhunderts und der Zeit nach dem Zweiten Weltkrieg nicht erfolgt, sieht man einmal vom Lamprecht-Streit in den 90er Jahren ab, den wir noch gesondert behandeln werden. Sowohl in personeller wie konzeptueller Hinsicht läßt sich eine erstaunliche Kontinuität und Homogenität historistischer Deutungsmuster registrieren. Insbesondere blieb die Bedeutung Rankes, seine Rolle als »Leit- und Polarstern«[46] der deutschen Geschichtswissenschaft weitgehend unangetastet. Ihren Entstehungsort – darin stimmen alle Autoren überein – hat die Ranke-Renaissance in der durch die internationale imperialistische Konfrontation geprägten Atmosphäre des wilhelminischen Kaiserreichs. Vor allem Max Lenz (1850-1932) sowie Erich Marcks (1861-1938) waren ihre führenden und schulebildenden Vertreter. Noch in der Zeit vor dem Ersten Weltkrieg setzten sich die Neo-Rankeaner unter Mithilfe ihrer Schüler und anderer führender Historiker des Kaiserreichs[47] als dominierende geschichtswissenschaftliche Strömung der deutschen Historiographie durch.

In der Zeit der Weimarer Republik polarisierte sich jedoch unter dem Druck der politischen Verhältnisse die Situation. Die relative Einheit der Neo-Rankeaner zerfiel in einen rechten Flügel, der die Republik ablehnte und auch zum Teil den Weg für den Nationalsozialismus intellektuell bereitete,[48] und in einen Flugel der sogenannten ›Vernunftrepublikaner‹ und – vereinzelter – ›Herzensliberaler‹.[49]

In der Entstehungsphase der Weimarer Republik läßt sich ein erneuter Politisierungsschub unter den Historikern beobachten. Sie griffen wieder vehement in die tagespolitischen Fragen ein – es sei hier nur an die intensiven Auseinandersetzungen um den Versailler Vertrag und die historisch-politischen Diskussionen um die Kriegsschuldfrage erinnert. Außerdem bildete sich in dieser Zeit in weiten Teilen der deutschen Historikerschaft eine eigentümliche Variante historiographischer Vergangenheitsbewältigung mit eminenten Folgewirkungen für die politische Kultur aus, ein Interpretationsmuster, das Bernd Faulenbach eine »Ideologie des deutschen Weges« genannt hat.[50]

Der historische Interpretationsrahmen der im wilhelminischen Obrigkeitsstaat sozialisierten geschichtswissenschaftlichen Elite wurde zu einem zentralen Werkzeug, den politisch-sozialen Sonderweg, den Deutschland gegenüber den übrigen westlichen Industrienationen im 19. Jahrhundert eingeschlagen hatte, ideologisch zu rechtfertigen. Man hat diesen Entwicklungsweg Deutschlands im 19. Jahrhundert eine »partielle Modernisierung«[51] genannt und meinte damit, daß das deutsche Reich zu einer militärischen, politischen und industriellen Großmacht aufgestiegen war, ohne gleichzeitig auch liberale parlamentarische Verfassungsstrukturen auszubilden. Es blieb im 19. Jahrhundert ein Land ohne erfolgreiche bürgerliche Revolution und ohne wesentliche politische Mitsprache- und Gestaltungsmöglichkeiten liberaler, demokratischer oder gar sozialistischer Kräfte. Politisch bestimmend blieb der preußische Obrigkeitsstaat, und sozialstrukturell dominierten weiterhin traditionelle Eliten wie z.B. das ostelbische Junkertum.

Dieses schwierige politische und soziale Erbe des 19. Jahrhunderts, das auch die Weimarer Republik noch weithin belastete, wurde von der Mehrzahl der deutschen Historiker nicht traditionskritisch zu Bewußtsein gebracht, sondern sogar noch mental verstärkt und zur Sonderwegsideologie ausgebaut. Die Chance zur kritischen Aufarbeitung der deutschen Geschichte, die der politische Neubeginn von 1918 hätte bieten können, wurde nicht genutzt. Die Historiker wurden geradezu die Verwalter dieses spezifisch deutschen nationalen Erbes, sie fühlten sich – in einer beinahe mystischen Wendung – als »Hüter des heiligen Feuers auf den Altären der Vergangenheit«.[52] Historische Erinnerung verstanden sie als »nationale Wesensschau«, als Rekonstruktion einer spezifisch deutschen Identität, die sich deutlich von den westeuropäischen Alternativen nationaler Entwicklung unterschied. Zaghafte Versuche von Kultursynthesen, die gerade darauf zielten, die Differenz zwischen ›Deutschheit‹ und ›westlicher‹ europäischer Kultur abzubauen und als historisch unbegründet zu erweisen – Versuche, wie sie z.B. von Ernst Troeltsch, Otto Hintze und Veit Valentin unternommen wurden – stießen in einer Situation, die durch die Diskussionen um den Versailler Friedensvertrag und die Kriegsschuldfrage zusätzlich politisch angeheizt wurde, auf wenig Resonanz bei der Mehrheit der deutschen Historiker. Eine weitgehende Ablehnung der als ›undeutsch‹ empfundenen parlamentarischen und demokratischen Elemente der Weimarer Republik läßt sich bei vielen Historikern konstatieren. Dies macht es auch wenig verwunderlich, daß sie in ihrer Mehrheit dem Nationalsozialismus entweder direkt in die Hände arbeiteten oder ihm zumindest keinen Widerstand entgegensetzten – was ja auch historiographisch möglich gewesen wäre, etwa durch Zerstörung völkischer Mythen und Geschichtsklitterungen wie z.B. der Dolchstoßlegende. 1933 gab es dagegen, wie Rudolf Vierhaus bemerkt hat, »erstaunlich wenig Kollision zwischen dem, was das NS-System vertrat und erwartete und dem, was von den Historikern gelehrt und geschrieben wurde.«[53]

5. Historismus und Nationalsozialismus

Friedrich Meinecke äußerte im Juli 1940, ganz unter dem Eindruck der siegreich aus Frankreich zurückkehrenden deutschen Truppen, in einem Brief an S. Kaehler: »Das Gewaltige, das wir erlebt haben, stellt sich ja mit jedem Tage als noch gewaltiger heraus. Gewiß, man muß in Vielem umlernen, aber nicht in Allem.«[54] Diese Briefstelle, in der sich eine spürbare Distanz gegenüber dem deutschen Nationalsozialismus und eine beinahe enthusiastische Begrüßung seiner politisch-militärischen Erfolge zu einer eigenartig zwiespältigen Haltung vereinigen, dokumentiert die ganze Ambivalenz des Verhältnisses zwischen Historismus und Nationalsozialismus. Dieser innere Zwiespalt ließ eine ganze Bandbreite von Reaktionen der deutschen Historikerschaft auf die Zumutungen des Nationalsozialismus zu; sie reichten von einem freudigen Arrangement und abwartender Anpassung bis hin zur resignativen Flucht in einen sich unpolitisch gebenden Forschungspositivismus oder gar zu verhaltenem Widerstand.

In der Regel jedoch disponierte die politische Kultur eines Großteils der deutschen Historikerschaft – zu der ein ausgeprägter Nationalismus ebenso gehörte wie ein weitverbreiteter Hang zu antidemokratischen, autoritären Lösungen von Problemen der industriekapitalistischen und massendemokratischen Gesellschaft – zu einer eher abwartenden Haltung und zu einem, wenn auch freudlosen, Arrangement mit den neuen Machthabern. Meineckes Äußerung zeigt die Attraktivität des Nationalsozialismus, die dieser für viele deutsche Historiker deshalb besaß, weil er auf so erfolgreiche und schlagkräftige Art und Weise ihre eigenen nationalpolitischen Wunschvorstellungen realisiert hatte. Sie macht jedoch nachdrücklich auch auf ein weiteres Phänomen aufmerksam, das über dieser Teilidentität der Ziele nicht vergessen werden sollte. Es existierte für die Vertreter des Historismus eine deutliche, wenn auch nicht immer eindeutig bestimmbare Grenze des möglichen Arrangements mit dem Nationalsozialismus, jenseits deren man das historistische Paradigma verließ (was dennoch viele Historiker nicht davon abhielt, sich als exponierte Vertreter nationalsozialistischer Weltanschauung hervorzutun).

Bei vielen Vertretern des deutschen Historismus im ersten Drittel des 20. Jahrhunderts findet sich ein nur schwer interpretierbarer Bruch zwischen ihrer politischen Kultur und ihrem geschichtstheoretischen Wissen. Ein prominentes Beispiel dafür ist der Historiker Otto Hintze. Er veröffentlichte im Jahre 1903 einen Aufsatz mit dem Titel »Rasse und Nationalität und ihre Bedeutung für die Geschichte«.[55] Dieser Aufsatz stellt eine einzige Abrechnung mit den rassentheoretisch ambitionierten Geschichtsklitterungen im Stile Gobineaus und Chamberlains dar, denen Hintze prinzipiell den Wissenschaftscharakter abspricht. Er gelangt zu dem Ergebnis: »Es ist eine Anschauung, die in geradem Gegensatz steht zu der modernen Theorie der Entwicklung in ihrer Anwendung auf Geschichte und Kultur.«[56] Mit der »modernen

Theorie der Entwicklung« meint Hintze ohne Zweifel die eigene, historistische Position. Für ihn selbst stellen die Nationen im Sinne von ›Kulturnationen‹ – was die ökonomischen und sozialen Beziehungsgefüge sowie die politischen Institutionen mit umfaßt – die eigentlichen Triebkräfte des historischen Wandels dar. Im weiteren Verlauf dieses Aufsatzes reflektiert Hintze schließlich die europäische politische Konstellation in ihrer hochimperialistischen Phase und kommt nun zu dem überraschenden und widerspruchsvollen Ergebnis, daß das ›deutsche Volkstum‹ historisch letztlich nur bestehen könne auf der Basis seiner rassischen Reinerhaltung – unter rigider Ausgrenzung aller ›rassisch minderwertigen‹, vor allem slawischen Volksgruppen wie etwa der Polen in den westfälischen Kohlerevieren. Er endet schließlich mit der Aufforderung: »Sorgen wir dafür, daß auch ein festes, kompaktes, einheitliches Volkstum daraus werde, das nicht bloß im Gemüt, sondern auch im Geblüt steckt, die deutsche Rasse der Zukunft.«[57]

Auf der Ebene seines politischen Denkens gerät Hintze also in den Sog eines nationalistisch-rassistischen Radikalismus, der ihn zu gedanklichen Konsequenzen treibt, die, gemessen an den von ihm akzeptierten Kriterien wissenschaftlich-methodischer Rationalität und an seinen theorieförmigen Einsichten in die Strukturprinzipien des historischen Wandels im Grunde als nicht wahrheitsfähig gelten müßten. Bereits an diesem frühen Beitrag Hintzes läßt sich der Vorgang beobachten, daß das historistische Paradigma von gedanklichen Elementen überlagert wird, die einer anderen, naturalistisch und biologistisch argumentierenden Theorietradition entstammen, die bereits zur Vorgeschichte des Nationalsozialismus gehört. Selbst bei Hintze, der als späteres Opfer des Nationalsozialismus nicht in dem Ruf steht, ihn ideologisch mit vorbereitet zu haben, finden sich die Einbruchstellen eines Denkens, an dessen Horizont bereits die Umrisse der nationalsozialistischen Weltanschauung sichtbar werden.

Geschichtstheoretisch betrachtet stehen zwar, so meinen wir, der Historismus als Wissenschaftsparadigma und die nationalsozialistische Geschichtstheorie durchaus im Verhältnis einer Paradigmenkonkurrenz zueinander (auf einzelne divergierende Elemente werden wir weiter unten noch näher eingehen). Das heißt jedoch nicht, daß es im Selbstverständnis und innerhalb der historiographischen Praxis der Historiker nicht zu vielfältigen Konvergenzen und Vermittlungen gekommen ist, in denen die Historiker das traditionell verbindliche Selbstbewußtsein als Historisten in Übereinstimmung zu bringen suchten mit den politischen und sozialen Erfahrungen, die sie mit der deutschen Geschichte im ersten Drittel des 20. Jahrhunderts machten.

Zunächst wollen wir uns jedoch dem Problem des Verhältnisses von Nationalsozialismus und Historismus disziplingeschichtlich nähern. In diesem Falle erscheint die deutsche Geschichtswissenschaft als mehr oder weniger gefügiges Objekt einer nationalsozialistischen Gleichschaltungspolitik mit unübersehbaren institutionellen, personellen und mentalen Erfolgen, aber auch deutlichen Grenzen:[58] Institutionell betrachtet gelang es dem Nationalsozialismus nur sehr bedingt, auf die Organe der Wissenschafts- und Universitätspraxis der historistischen Geschichtswissenschaft nachhaltigen Einfluß zu gewinnen oder gar eigens eingerichtete Institutionen in Konkurrenz zu den etablierten mit getreuen Gefolgsleuten zu besetzen. Am spektakulärsten war in dieser Hinsicht der erzwungene Rücktritt Friedrich Meineckes als Herausgeber der »Historischen Zeitschrift« und die Ernennung des dem Nationalsozialismus ergebenen Karl Alexander von Müller im Jahre 1935.

Als letztlich aussichtslos erwies sich dagegen der Versuch, neue Forschungsinstitute einzurichten, die konsequent die nationalsozialistische Lehre vertreten sollten. Das »Reichsinstitut für Geschichte des neuen Deutschland« unter Walter Frank blieb weitgehend eine Randerscheinung des Wissenschaftsbetriebes.[59]

Folgenreicher und für viele Historiker einschneidender war die nationalsozialistische Gleichschaltungspolitik unter personalpolitischen Gesichtspunkten. Jüdische und politisch links stehende Historiker wurden zur Emigration gezwungen oder aber verloren ihre Stellungen an Nachfolger, die entweder Parteigänger des Nationalsozialismus waren oder zumindest weitgehende Zugeständnisse machten.[60] Unter mentalitätsgeschichtlichen Gesichtspunkten schließlich scheint es erstaunlich, wie schnell sich viele der deutschen Ordinarien, von denen immerhin vor 1933 niemand offizielles Parteimitglied der NSDAP war,[61] im Gehäuse der nationalsozialistischen Weltanschauung zurechtfanden, mit ihr sympathisierten oder doch zumindest ihre Phraseologie übernahmen.

Im folgenden zielt unsere Frage nach dem Verhältnis von Nationalsozialismus und Historismus jedoch weniger auf disziplingeschichtliche (zumal deren Aufarbeitung bis heute weitgehend Desiderat geblieben ist) als vielmehr auf theoriegeschichtliche Zusammenhänge. Es geht uns also weniger um das äußere Erscheinungsbild der Geschichte als Wissenschaft noch darum, wie sich ihre Vertreter im Gehäuse des nationalsozialistischen Herrschaftssystems eingerichtet haben; wir fragen vielmehr sowohl nach den Überlagerungen zwischen der nationalsozialistischen Weltanschauung und dem Historismus als Wissenschaftsparadigma als auch nach ihren Divergenzen und Unterschieden.

Zweierlei ist dabei bemerkenswert: Zum einen ist eine genaue Bestimmung der nationalsozialistischen ›Geschichtstheorie‹ selbst in ihren groben Umrissen nahezu unmöglich, weil sie als konsistentes und theoretisch anspruchsvolles Deutungsschema der historischen Wirklichkeit nirgendwo in auch nur einigermaßen verbindlicher und intellektuell gehaltvoller Form ausformuliert worden ist. Eher trifft auch hier die Vorstellung vom Nationalsozialismus als einer autoritär geführten Anarchie zu. Um eine offizielle Auslegung des nationalsozialistischen Geschichtsbildes konkurrierten unterschiedliche Instanzen, die sich für die Lösung von Weltanschauungsfragen zuständig und kompetent fühlten[62] und deren Vertreter durch dieses Konkurrenzverhältnis zu einer sich wechselseitig steigernden Radikalisierung ihrer Positionen provoziert wurden.[63]

Zum anderen handelt es sich bei der nationalsozialistischen Geschichtsideologie – wenn man versucht, zu ihren eigentlichen theoretischen Grundlagen vorzudringen – weniger um eine originäre Schöpfung eines einzigartigen und hier erstmalig auftauchenden Interpretationsrahmens historischer Verlaufsprozesse als vielmehr um ein diffuses Konglomerat und eine Radikalisierung einzelner, in der spätbürgerlichen Geschichtstheorie seit dem letzten Drittel des 19. Jahrhunderts bereits ›vorgedachter‹ Elemente. So wie der Nationalsozialismus als realhistorisches Phänomen nicht aus der Entwicklung der bürgerlichen Gesellschaft, gleichsam als tragischer Unfall, herausfällt, sondern als ein integraler Bestandteil der Geschichte der bürgerlichen Gesellschaft in Deutschland interpretiert werden muß, so offenbart auch eine theoriegeschichtlich angelegte Untersuchung des nationalsozialistischen Geschichtsbildes zahlreiche Anknüpfungspunkte und Verbindungslinien zwischen Faschismus und einem in diesem Sinne ›präfaschistischen‹ geistigen Erbe.

Präfaschismus meint hier keine eindeutigen Ursache-Wirkungs-Relationen oder gar eine geistige Mittäterschaft dieses spätbürgerlichen Denkens an den Greueln des Nationalsozialismus, vielmehr spielt der Begriff auf die Existenz geistes- und rezeptionsgeschichtlicher Zusammenhänge an. In diesem Sinne ist die These vom geistigen Präfaschismus kein moralisches oder politisches, sondern ein historisches Argument. Hier entstand ein geistiger Nährboden, an den das faschistische Denken in vielfältiger Weise anzuknüpfen vermochte. In klassischer Form hat G. Lukács dieser Interpretationsperspektive in seinem Werk »Die Zerstörung der Vernunft« Ausdruck verliehen, ein Werk, in dem er »den Weg Deutschlands zu Hitler auf dem Gebiet der Philosophie« und »alle gedanklichen Vorarbeiten zur nationalsozialistischen Weltanschauung zu entlarven« versuchte und unter diesem Aspekt im Grunde die gesamte deutsche Schulphilosophie und -soziologie des späten 19. und 20. Jahrhunderts interpretierte.[64] Aus einem eher wissenschaftssoziologischen Blickwinkel ist diese Perspektive Lukács' von F. Ringer ergänzt, aber auch nachhaltig differenziert worden. Ringer kommt zu dem Ergebnis, daß dem »Mandarinentum«, wie er die deutsche Gelehrtenkultur seit dem Ende des 19. Jahrhunderts bis zum Ende der Weimarer Republik nennt, ein großer Teil der Verantwortung für die Zerstörung der Republik in Deutschland zukam, ohne daß die Gelehrten selbst explizit eine nationalsozialistische Position einnahmen. Trotz einer vornehmen, bildungselitär motivierten Distanz der ›deutschen Mandarine‹ gegenüber den braunen Plebejern trugen sie aufgrund ihres tief sitzenden Antidemokratismus, übersteigerten Nationalismus und ihres Hangs zu autoritären Lösungen der Probleme des massendemokratischen Zeitalters nachhaltig zur Verhinderung bzw. zur Schwächung einer demokratischen Kultur in Deutschland bei.[65]

In unserem Zusammenhang soll das Verhältnis von Historismus und Nationalsozialismus nicht als Problem der deutschen politischen Kultur thematisiert werden,[66] sondern als ein Problem der Geschichtstheorie. Was geschieht mit dem Historismus als Wissenschaftsparadigma und als umgreifendes Interpretationskonzept der historischen Realität, wenn er sich einläßt auf die Zumutungen der nationalsozialistischen Weltanschauung?

Unsere These lautet, daß sich die nationalsozialistische Geschichtstheorie und der Historismus im Verhältnis einer Paradigmenkonkurrenz zueinander befinden. Trotz der Tatsache, daß zwischen der politischen Kultur der deutschen Historikerelite und zentralen Bestandteilen des nationalsozialistischen Denkens Teilidentitäten und programmatische Konvergenzen feststellbar sind, und auch ungeachtet zahlreicher personeller Verbindungslinien und institutioneller Kontinuitäten bildet der Nationalsozialismus letztlich die Negation und das Ende des Historismus. Das Arrangement eines Großteils der Historikerschaft mit dem Nationalsozialismus war letztlich nur möglich unter Aufgabe bzw. Umdeutung zentraler Bestandteile des Historismus als Deutungsrahmen des historischen Wandels. Es ist schwierig, das Verhältnis der historistisch geprägten Historikerschaft zum aufkommenden und etablierten Nationalsozialismus differenziert zu bestimmen. Es gab ein komplexes Nebeneinander von ideologischen Kontinuitäten und Brüchen, persönlicher Korrumpierung und konsequenter Distanzierung, institutioneller Gleichschaltung und Resistenz gegenüber Einflußversuchen der neuen Machthaber.

In den Forschungskontroversen der letzten Jahre um das Problem des ›deutschen Sonderweges‹ sind die Kontinuitäten zwischen dem Nationalsozialismus und einer spezifisch deutschen Tradition betont worden. Zu recht, wie wir meinen. Der Nationalsozialismus fällt nicht als ›schicksalhafte Katastrophe‹ aus dem Kontext der deutschen Geschichte heraus, sondern ist – gerade in seiner einzigartigen Radikalität – erst möglich geworden unter ihren spezifischen Bedingungen. Zu ihnen gehörte als integrales Moment die an autoritäre Modelle gesamtgesellschaftlicher Entwicklung fixierte, bildungsaristokratische Intellektuellenkultur der ›deutschen Mandarine‹. Der Nationalsozialismus wäre ohne den ideologischen und politischen Beitrag der traditionellen, extrem konservativen Führungseliten (deren Mitglieder die Historiker in der Regel waren) nicht denkbar gewesen. Darüber dürfen jedoch wichtige Differenzen nicht verlorengehen. Die Historiker selber waren in der Regel keine originären Nationalsozialisten, sondern ihre Haltung dem deutschen Faschismus gegenüber war zutiefst gebrochen. Will man dieser Tatsache Rechnung tragen, läßt sich die spezifische Struktur des Historismus im Zeitalter des Nationalsozialismus letztlich nur befriedigend klären, wenn man jenseits aller Konvergenzen gerade die divergierenden Elemente betont.

Wir meinen, daß vor allem unter drei Gesichtspunkten die nationalsozialistische Geschichtstheorie das Ende des historischen Paradigmas bedeutet:

1. Auf der Ebene der geschichtsphilosophischen Grundlagen ersetzt sie den Idealismus der historistischen Ideenlehre durch ein streng naturalistisches, lebensphilosophisches Paradigma.

2. Gegenüber der historistischen Vorstellung eines sich durchziehenden Sinns der Geschichte und des Kulturfortschritts der Menschheit diskreditiert sie in Form einer extremen Radikalisierung der kulturkritischen Perspektive eine jegliche Vorstellung von Geschichte als Fortschritt bei der Durchsetzung der menschlichen Vernunft.

3. Schließlich negiert sie den historischen Wissenschafts- und Objektivitätsanspruch zugunsten einer strikten Instrumentalisierung der historischen Erkenntnis für die Zwecke des politischen Tageskampfes.

1. Die nationalsozialistische Geschichtstheorie wechselt den philosophischen Bezugsrahmen der Interpretation des historischen Wandels. An die Stelle der historistischen Vorstellung vom Geist und von den Ideen als Triebfedern des Weltgeschehens setzt sie den Gedanken eines evolutionären Naturalismus. Es dominieren biologische Kategorien wie zum Beispiel der Begriff der Rasse. Aktualisiert wird ein geschichtsphilosophisches Erbe, das sich seit der zweiten Hälfte des 19. Jahrhunderts in Gegnerschaft zum Historismus herausgebildet hatte. Die Schriften Arthur Schopenhauers, Friedrich Nietzsches und Oswald Spenglers lassen sich als Stufen einer Überwindung des Historismus lesen. Geschichte erscheint aus ihrem Blickwinkel nicht mehr als Ausdruck der menschlichen Geistnatur, nicht mehr als Resultat eines sittlichen Vernunftgeschehens, sondern als ein reiner Naturprozeß. Die historistische Vorstellung von Geschichte als einem dialektischen Fortschritts-, Entwicklungs- und Kulturprozeß degeneriert unter den seit Schopenhauer virulenten lebensphilosophischen Prämissen

zur Monotonie eines qualitativ gleichbleibenden Lebens: Sie wird zur ewigen Wiederkehr des Gleichen.

Die Anfänge dieses Denkens sind in der Abrechnung Schopenhauers mit der idealistischen Philosophie bereits greifbar. Er erhebt erstmals das ›Leben‹ in den Rang desjenigen Prinzips, das der geschichtlichen Entwicklung von Welt und Mensch bestimmend zugrunde liegt. Ihm gegenüber sinken Geist und Ideen zu abgeleiteten Phänomenen herab. Die Dynamik der Geschichte, die nun freilich keine Geschichte im Sinne eines Kulturprozesses mehr ist, leitet Schopenhauer aus dem irrationalen Willen zum Leben her, aus einer naturhaften Triebstruktur des Menschen: »Die wahre Philosophie der Geschichte besteht nämlich in der Einsicht, daß man, bei allen diesen endlosen Veränderungen und ihrem Wirrwarr, doch stets nur das selbe, gleiche und unwandelbare Wesen vor sich hat, welches heute das Selbe treibt, wie gestern und immerdar: sie soll also das Identische in allen Vorgängen, der alten wie der neuen Zeit, des Orients wie des Occidents, erkennen und, trotz aller Verschiedenheit der speciellen Umstände, des Kostümes und der Sitten, überall die selbe Menschheit erblicken. Dies Identische und unter allem Wechsel Beharrende besteht in den Grundeigenschaften des menschlichen Herzens und Kopfes, – vielen schlechten, wenigen guten. Die Devise der Geschichte überhaupt müßte lauten: Eadem, sed aliter. Hat einer den Herodot gelesen, so hat er, in philosophischer Absicht, schon genug Geschichte studirt. Denn da steht schon Alles, was die folgende Weltgeschichte ausmacht: das Treiben, Thun, Leiden und Schicksal des Menschengeschlechts, wie es aus den besagten Eigenschaften und dem physischen Erdenloose hervorgeht.«[67]

Spätestens bei Nietzsche, der Schopenhauer seinen »Erzieher« nannte, hat das historische Bewußtsein seine historistische Führungsposition als kulturelle Orientierungsmacht der menschlichen Lebensführung verloren zugunsten einer Orientierung an der »plastischen Kraft des Lebens«. Nietzsche interpretierte die Historie als eine Gesundheitsgefährdung des Lebens, als eine »historische Krankheit«, in deren kontemplativer Geistigkeit der Mensch das Leben, diese »dunkle, treibende, unersättlich sich selbst begehrende Macht«, verlernen und verlieren werde. In den antiquarischen Zügen einer sich in weltfremdem Forschungspositivismus verlierenden Wissenschaft sah Nietzsche die Gefahr menschlichen Subjektivitätsverlustes angelegt, – und damit die Zerstörung seiner Fähigkeit zum Handeln, zur Entscheidung, zur Tat: »Es gibt einen Grad ... von historischem Sinne, bei dem das Lebendige zu Schaden kommt, und zuletzt zu Grunde geht, sei es nun ein Mensch oder ein Volk oder eine Kultur.«[68]

Die Geschichtsphilosophie Oswald Spenglers schließlich stellt die vielleicht geschlossenste und nun bereits sozialdarwinistisch und rassistisch aufgeladene lebensphilosophische Umdeutung der Geschichte dar, deren Biologismus für die nationalsozialistische Geschichtskonzeption unmittelbar prägend geworden ist: »Es handelt sich in der Geschichte um das Leben und immer nur um das Leben, die Rasse, den Triumph des Willens zur Macht, und nicht um den Sieg von Wahrheiten, Erfindungen oder Geld. Die Weltgeschichte ist das Weltgericht: Sie hat immer dem stärkeren, volleren, seiner selbst gewisseren Leben Recht gegeben, Recht nämlich auf das Dasein, gleichviel ob es vor dem Wachsein recht war, und sie hat immer die Wahrheit und Gerechtigkeit der Macht, der Rasse geopfert und die Menschen und Völker zum Tode verurteilt, denen die Wahrheit wichtiger war als Taten, und Gerechtigkeit wesentlicher als Macht.«[69]

Der Nationalsozialismus bildete die Übersteigerung dieses lebensphilosophischen Ausbruchs aus dem historischen Bewußtsein, ein Ausbruch, der geistesgeschichtlich gesehen eine Negation des Historismus darstellt. ›Geschichte‹ als führende Orientierungsmacht der Gegenwart gerät unter die kulturelle Hegemonie des Lebens als desjenigen Prinzips, von dem man nun annimmt, daß es dem Geschehen zugrundeliegt. Diese Vorstellung ist aber streng antihistoristisch. Wenn die Vertreter des Historismus etwa von den Nationen als den Triebfedern des geschichtlichen Wandels sprachen, so hatten sie dabei weniger Machtprozesse oder gar staatliche Hülsen einer biologisch definierten Rasse im Auge, als vielmehr Kulturtäger und geistige Potenzen. Anhänger einer Blut- und Boden-Mystik bildeten eine krasse Ausnahmeerscheinung unter den ernstzunehmenden Historikern. Für den bereits erwähnten Hintze war die Geschichte kein Resultat des »wallenden Blutes der Rasse«, eines universellen Machtkampfes zwischen feindlichen Völkern, sondern sie vollzog sich im Rahmen eines Nationengefüges, in dem zwar um politische Macht gerungen wurde, innerhalb dessen die einzelnen Nationen letztlich jedoch kulturell konstituiert waren: »Sie sind überhaupt keine Naturgewächse, sondern Produkte der Geschichte. Was sie zusammenhält, ist nicht ein ganz gleichartiges Blut, sondern mehr die gemeinsame Sprache und Kultur, sind die gemeinsamen Erinnerungen und Einrichtungen, Lebensinteressen und Bildungsideale.«[70]

Von den Historikern der Weimarer Republik hat sich vielleicht niemand dem entstehenden Bruch zwischen einem historistischen und einem lebensphilosophischen Paradigma in einem solchen Ausmaß gestellt wie Friedrich Meinecke. Insbesondere sein berühmtgewordenes Werk aus dem Jahr 1924 »Die Idee der Staatsräson in der neueren Geschichte«[71] verstand sich als ein geistesgeschichtlicher Versuch, dem problematischen Verhältnis von Geist und Macht nahezukommen. Meinecke, der an der nationalistischen Aufgeregtheit der Weltkriegsatmosphäre noch intensiv partizipiert hatte, erwarb sich erst in Form seiner ›vernunftrepublikanischen‹ Wende nach dem Ende des Ersten Weltkriegs die Fähigkeit zu einem distanzierten Blick auf die ›Dämonie der Macht‹. Meineckes »Idee der Staatsräson« stellt den klassisch gewordenen Versuch dar, noch einmal ›Macht‹ und ›Leben‹ in das kulturalistisch orientierte Geschichtskonzept des Historismus einzubinden. Geschichte wird hier als ein Kulturprozeß gedacht, »wo die Kristallisierung zu edleren Formen beginnt, wo das, was zuerst nur als notwendig und nützlich galt, auch als schön und gut empfunden zu werden beginnt, bis schließlich der Staat als sittliche Anstalt zur Förderung der höchsten Lebensgüter erscheint, bis schließlich der triebhafte Lebens- und Machtwille einer Nation übergeht in den sittlich verstandenen Nationalgedanken, der in der Nation das Symbol eines ewigen Wertes sieht. In unmerklichen Übergängen veredelt sich so die Staatsräson der Herrschenden und wird zum Bindeglied zwischen Kratos und Ethos.«[72]

Die naturalistische Vereinseitigung der nationalsozialistischen Weltanschauung, ihre Interpretation von Welt und Geschichte als naturhaften Kampf eines nur sich selbst inszenierenden Lebens sind prinzipiell ahistorisch. Ihnen setzt ein intakter und konsequent vertretener Historismus einen leisen, aber beharrlichen Widerstand entgegen. Geschichte bleibt innerhalb des Historismus ein ›sittliches‹ Geschehen, gebunden an menschliche Geistes- und Vernunfttätigkeit; sie »entspringt aus selbständigen Anlagen des Menschen, aus dem spontanen Drange nach Vergeistigung des bloß Natürlichen, nach Versittlichung des bloß Nützlichen«.[73]

Der normative Leitbegriff des »sittlichen Staates«, verstanden als Einheit historischer Vernunft und politischer Herrschaft, ermöglichte es Meinecke noch, die Frage nach der Legitimität und Illegitimität von Herrschaft zu stellen. Dieser Leitbegriff implizierte noch die Existenz normativer Kriterien, von denen sich der Historismus bei der historischen Analyse staatlichen Handelns leiten ließ. Einem prinzipiellen politisch-normativen Relativismus redete der Historismus auch in dieser Phase nicht das Wort. Erst die nationalsozialistische Staats- und Rechtstheorie hat die im Horizont des historistischen Denkens immer noch präsente Unterscheidung zwischen legitimer und illegitimer politischer Herrschaft eingeebnet und zu einem reinen Intellektuellenproblem deklariert, das an den eigentlichen Realitäten des politischen Lebens gründlich vorbeiziele. Das historistische Beharren auf dem Prinzip der ›Sittlichkeit‹ von Herrschaft als Voraussetzung ihrer Legitimität wurde unmaßgeblich gegenüber der Frage, wer jeweils herrscht. Diese Position eines konsequenten Machiavellismus in der politischen Theorie bezog Carl Schmitt, einer der exponiertesten Staatstheoretiker des Dritten Reiches, gegenüber Meinecke in seiner Rezension der »Idee der Staatsräson«: »Natürlich wollen alle nur Recht, Moral, Ethik und Frieden; keiner will Unrecht tun; aber die in concreto allein interessante Frage ist immer, wer im konkreten Fall darüber entscheidet, was rechtens ist; worin der Friede besteht; was eine Störung oder Gefährdung des Friedens ist, mit welchen Mitteln sie beseitigt wird, wann eine Situation normal und ›befriedet‹ ist usw. Dieses quis judicabit zeigt, daß innerhalb des Rechts und des allgemeinen Moralgebots wiederum ein Dualismus steckt, der diesen Begriffen die Fähigkeit nimmt, als einfache Gegensätze der ›Macht‹ entgegenzutreten und zu ihr in einer Pendelschwingung sich zu bewegen.«[74]

Die Hilflosigkeit des Historismus gegenüber den nationalsozialistischen Verengungen der Legitimitätsproblematik von Herrschaft auf die pure Machtfrage lag freilich auch darin begründet, daß er nach der Aufgabe der unter Metaphysikverdacht geratenen historischen Ideenlehre[75] über keine hinreichend plausiblen normativen Kriterien mehr verfügte, praktische Fragen überzeugend zu entscheiden, das heißt also, Vernunft von Unvernunft zu trennen. Die eigene – geschichtstheoretische – Schwäche des Historismus selbst ließ überhaupt erst einen normativ entleerten Raum entstehen, den der Nationalsozialismus intellektuell neu besetzen konnte.

2. Jacob Burckhardt sah die Voraussetzungen der geschichtlichen Existenz des Menschen noch fundiert in einer Kontinuität der europäischen Kulturentwicklung, die mit den geistigen Schöpfungen der Griechen eingesetzt hatte und nun, im Zusammenhang mit einer tiefgreifenden Modernisierungskrise der industrialisierten Nationen Europas an ihr Ende gekommen schien.[76] Für Burckhardt fiel die Krise der Kultur mit der Krise des modernen Menschen zusammen. Der Kulturverlust der Moderne war es für ihn, der ein menschenwürdiges Dasein in Gegenwart und Zukunft unmöglich machen werde. Die Perspektive dieses Krisenbewußtseins gegenüber der Welt der Modernität kehrt sich im Zusammenhang faschistischen und präfaschistischen Denkens geradezu um. Gerade im Fortschreiten und in der Kontinuität eines menschlichen Kulturalisierungsprozesses sah man nun die Bedingungen dafür angelegt, daß der Mensch als Mensch unweigerlich zugrunde gehen werde. Die zeitgenössische Philosophie brachte diese Vorstellung auf den Nenner eines vermeintlichen »Gegensatzes von Leben und Geist«.[77] Die Kultur galt als Zerstörerin des Lebens, die den Menschen seiner wahren Natur entfremde und in das Korsett seiner Vernunft zwinge: »Die Kultur, der Inbegriff künstlicher, persönlicher, selbstgeschaffener Lebensformen, entwickelt sich zu einem Käfig mit engen Gittern für diese unbändige Seele (des Men-

schen, die Verf.). Das Raubtier, das andere Wesen zu Haustieren machte, um sie für sich auszubeuten, hat sich selbst gefangen.«[78]

Während der Historismus noch von einem ›Sinn‹ der Geschichte ausgegangen war, den er in einer sich durch die einzigartigen historischen Individuen durchhaltenden Kontinuität der menschlichen Vernunfttätigkeit garantiert sah, wird nun eben diese Kontinuität der menschlichen Vernunft zur eigentlichen Misere des Weltlaufs. Die Vernunftgeschichte wird zur Verfallsgeschichte: »Der ›freie Wille‹ schon ist ein Akt der Empörung, nichts anderes. Der schöpferische Mensch ist aus dem Verbande der Natur herausgetreten, und mit jeder neuen Schöpfung entfernt er sich weiter und feindseliger von ihr. Das ist seine ›Weltgeschichte‹, die Geschichte einer unaufhaltsam fortschreitenden, verhängnisvollen Entzweiung zwischen Menschenwelt und Weltall, die Geschichte eines Empörers, der dem Schoße seiner Mutter entwachsen die Hand gegen sie erhebt.«[79]

Konsequent zuende gedacht, führte diese kulturkritische Perspektive zu einer Kultivierung des Irrationalismus. Sie mündete schließlich in der Empfehlung zur Kulturzerstörung und Rebarbarisierung des Menschen als einzig wirkungsvoller Therapie zur Heilung der diagnostizierten Erkrankung des Menschen an Kultur und Vernunft. Der Erste Weltkrieg hatte mit der von ihm ausgehenden Erfahrung kollektiven Sinnverlustes einen Neuanfang durch Kulturzerstörung für viele Kulturkritiker erst möglich gemacht. Der Krieg hatte – wie Ernst Jünger, der Ästhet der Stahlgewitter, hoffte – durch das Labyrinth der Modernität hindurch einen neuen Zugang zur wahren menschlichen Natur, »zum Mutterboden, dessen Krume durch das Feuer der Materialschlachten wieder aufgesprengt und durch Ströme von Blut befruchtet ist«,[80] freigelegt und eine neue Ordnung ermöglicht, deren Prophet und Statthalter der Frontsoldat wurde.

Das historische Denken des deutschen Faschismus lebte vom Ausbruch aus der Kontinuität der gesamten europäischen Kulturentwicklung – und war erst dadurch zu seiner ganzen Konsequenz und völlig einzigartigen Radikalität freigesetzt. Es definierte sich geradezu durch seine Ablehnung aller bisherigen kulturellen Ausprägungen des historischen Wandels, vor allem aller ›bürgerlichen‹ Normen und Wertvorstellungen. Das extremste Beispiel dieses Ausbruchsversuchs aus der geschichtlichen Kontinuität der Kultur war eine weitverbreitete Ästhetisierung des Tötens. Im Töten des Feindes gelang für das faschistische Denken dem kultivierten Menschen der Moderne am entschiedensten die Rückkehr zu seiner ursprünglichen Raubtiernatur, zu seiner eigentlichen ›Urseele‹, der das Rauschhafte des Tötens einstmals noch ein Begriff war und die es im Laufe des Zivilisationsprozesses hatte einschlafen lassen.[81]

5. Historismus und Nationalsozialismus

Für das faschistische Denken artikuliert der Mensch im Akt der Feindestötung mit aller Konsequenz seinen Protest gegen die ihm die Kehle zuschnürende Kultur und Zivilisation – und findet darin zu sich selbst zurück. In dieser verbreiteten Denkfigur des Tötens als heroischer Tat zur Gesunderhaltung des Lebens gegenüber den Angriffen der Kultur – oder auch fremder Rassen – werden die mörderischen SS-Todeskulte und die Stilisierung des Völkermordes in den nationalsozialistischen Vernichtungslagern zu ›hygienischen‹ Maßnahmen bereits unmittelbar greifbar. Das eigene Handeln stilisierte man geradezu zur geschichtlichen Rückkehr der ›blonden Bestie‹ Nietzsches, zum letzten heroischen Aufbäumen des Menschen gegenüber der Herrschaft des Geistes, das einen historischen Prozeß radikal beenden und umkehren werde, in der die kulturelle Überlagerung der nordischen Herrenrasse durch fremde Rassen erst ›Kultur‹ geschaffen habe: »Und der Verfall dieser Welt (der nordischen Rasse, die Verf.) in die Kultur hinein, das Vergessen der Ursprünge, bedeutet immer ein Hochkommen anderer Rassen, so daß im vorher durch das Nordische geprägten Staatsgefüge Rassen an die Herrschaft gelangen, die eigentlich zu ihnen adäquater dienender Rolle bestimmt sind und nun, da sie nicht herrschen können, von der Verschleuderunq des Erbes leben, das andere erworben haben ... Weil ›Kultur‹ Desagregation, Desorganisation, Abbau bedeutet, sind gerade diese Rassen, die das große Erbe der alten Herrenrasse antreten, vorzügliche ›Kulturträger‹.«[82]

Dem Historismus ist eine derartige Radikalisierung der kulturkritischen Perspektive, in der ›Kultur‹ als leitende Sinnvorstellung historischen Wandels gänzlich diskreditiert wird, prinzipiell fremd geblieben. Selbst bei denjenigen seiner Vertreter, die sich dem Sinn der Geschichte unter dem Leitbegriff der Macht zu nähern suchten und auf dieser Grundlage aufbauend Geschichte als Ergebnis eines universellen Machtstrebens des Menschen bzw. Machtkampfes der Nationen interpretierten, blieb der historische Prozeß letztlich eingebettet in den Rahmen einer Kontinuität der Kulturentwicklung. In diesem Sinn bemerkte Max Lenz, sicherlich ein markanter Vertreter dieses machttheoretischen Historismus, »daß der Staat im Mittelpunkt alles Geschehens steht, weil er als der Sammler aller geistigen und physischen Energie der Träger der Wirtschaft und das ›Gefäß‹ aller Kultur ist, und darum allein imstande, beide zu erhalten und in der Welt auszubreiten«.[83]

Aus geschichtstheoretischer Perspektive differieren also Historismus und nationalsozialistisches Geschichtsdenken in der Frage, ob Geschichte als Sinnzusammenhang durch eine Rücknahme oder durch ein Weitertreiben von Geschichte als Kulturprozeß realisiert werden kann.

3. Konstitutives Moment des Historismus blieb auch noch in den

Wirren des 20. Jahrhunderts die Vermutung, daß sich Geschichte als Fortschrittsprozeß interpretieren läßt, in den sich menschlicher Geist und menschliche Vernunft hinein entäußern und sich zu immer kultivierteren Formen der geschichtlichen Existenz des Menschen steigern. Diese geschichtsphilosophische Vernunftvermutung des Historismus besaß unmittelbare Konsequenzen für das historistische Methodenbewußtsein und fungierte in gewisser Weise als dessen Wissenschafts-Apriori: Der Historismus war seit seiner Entstehung mit dem Anspruch auf Wissenschaftlichkeit, methodische Rationalität und Objektivität seiner Arbeitsweisen und Ergebnisse aufgetreten. Er hatte sein enormes Selbstbewußtsein zum größten Teil gerade aus diesem Anspruch hergeleitet. Dieses Beharren des Historismus auf dem Wissenschaftsprinzip lebte letztlich von einem Vernunftidealismus, der sich in der Überzeugung äußerte, daß man nur vom Boden methodischer Vernunft ausgehend etwas von der Vernunft verstehen könne, die sich objektiv in die Geschichte hinein entäußert habe. Die Geschichtswissenschaft galt dem Historismus insofern als Geist vom Geiste der Vernunft in der Geschichte. Insofern steckt in der Tat im historistischen Wissenschaftsverständnis ein gutes Stück ›Idealismus‹. In gewisser Weise unterstellt jede Wissenschaft (die Naturwissenschaften übrigens nicht minder als die Geisteswissenschaften) die Existenz einer ›vernünftigen‹ Realität im Sinne eines wohlgeordneten, rationalen Prinzipien gehorchenden Systems, zu dem die methodische Rationalität der Wissenschaft im Verhältnis einer geistigen Wahlverwandtschaft steht. Wird diese Form des ›Idealismus‹ aufgesprengt, verliert Geschichte als Wissenschaft letztlich ihren Sinn. Die Geschichtswissenschaft als in diesem Fall methodisch angeleitete »Sinngebung des Sinnlosen« (Theodor Lessing) wird dann nicht nur überflüssig, sondern selbst völlig sinnlos – sie wird zur puren Ideologie. Gerät Geschichte als Prozeß jenseits aller Vernunftunterstellung in den Verdacht eines vernunftlosen Monstrums,[84] bedarf man keiner methodischen Rekonstruktion ihrer Vernunftlosigkeit im Medium einer so ›vernünftigen‹ Veranstaltung wie der Wissenschaft mehr. Die Bilder ihres Schreckens sind dann mit anderen Mitteln (z.B. mit den Mitteln monströser Kunst) viel besser reproduzierbar als im Medium rationalen wissenschaftlichen Denkens.

Freilich war der Wissenschaftlichkeitsanspruch des Historismus bereits gegen Ende des 19. Jahrhunderts vielfach zur positivistischen Ideologie der reinen Forschung verkümmert. Der Verweis von Max Lenz darauf, daß die Historiker »reine Methodiker« seien, ist ein Indiz dieses weitverbreiteten Selbstverständnisses. Durchaus selbstkritisch hat Meinecke den epigonalen Charakter dieses Forschungspositivismus moniert und bemerkt, daß »unserer Arbeit ein gewisses starkes

Etwas gefehlt habe, das den Generationen von Ranke bis Treitschke eigen war, nämlich die Symbiose von Wissenschaft und Politik, die in der politischen Luft seit 1871 nicht mehr voll gedeihen konnte. So daß in der Tat eine verknöchernde Tendenz zu bloßer Fachwissenschaft mit virtuosenhafter Methodik nun einsetzen konnte.«[85]

Die Diskussion erkenntnis- und wissenschaftstheoretischer Fragen gehörte in dieser Phase des Historismus nicht mehr zum Arbeitsgebiet der Geschichtswissenschaft, sondern wurde institutionell ausgelagert in andere Wissenschaftsdisziplinen.[86] Der Historiker verlor im späten Historismus weitgehend die Kompetenz zu einer geschichtstheoretischen Reflexion auf die Zusammenhänge seiner wissenschaftlichen Arbeit mit der ihn umgebenden lebensweltlichen Realität. Gegenüber diesem theoretisch entleerten und gewissermaßen ›positivistisch halbierten‹ Selbstbewußtsein der Geschichtswissenschaft, der man einen wissenschaftlichen Beitrag zur Lösung aktueller gesamtgesellschaftlicher Orientierungs- und Sinnprobleme nicht mehr zutraute, hatte es der Nationalsozialismus nicht schwer, einen politisch extrem aufgeladenen Wissenschaftsbegriff zur Geltung zu bringen. Unter seiner Herrschaft verkam Wissenschaft zum willenlosen Objekt eines politischen Dezisionismus und diente letztlich einzig und allein der Legitimation nationalsozialistischer Herrschaftsinteressen.

Im historischen Denken des Nationalsozialismus verband sich eine explizite Aufgabe des Rationalitätsgebots der Wissenschaft unmittelbar mit einer Funktionalisierung der Wissenschaft im Hinblick auf die jeweiligen Interessen des politischen Tageskampfes. Die Preisgabe des Wissenschaftsprinzips im nationalsozialistischen Denken wurde durch seine radikale kulturkritische Perspektive geradezu provoziert. Walter Frank hat dieses Zusammenspiel zwischen einer kulturkritischen Diagnose des Prozeßcharakters von Geschichte und der Aufgabe wissenschaftlicher Standards durchaus treffend skizziert: »Es wird der Bildung gut tun, wieder etwas ›barbarisiert‹, durch den Zustrom chaotisch ringenden Lebens aus Verkalkung und Erstarrung befreit zu werden.«[87]

In die Leerstelle, die der Wegfall der Verpflichtung auf methodische Rationalität hinterließ, konnte im Nationalsozialismus einerseits ein ganzer Kanon von Mythen, Legenden und Geschichtsklitterungen treten, die jeglichen Wahrheitsanspruch verloren hatten, andererseits war der Boden bereitet für die Indienstnahme historischer ›Erkenntnis‹ für einen dem Kriterium der ›Objektivität‹ nicht mehr verpflichteten Dezisionismus. Ein geistesgeschichtlicher Prozeß, der im Umfeld einer einseitigen Zurichtung historischen Wissens auf die Zwecke des Lebens etwa bei Nietzsche begonnen hatte,[88] endete hier in einer vollständigen Instrumentalisierung der Geschichtswissenschaft zum Zwecke der Legitimierung totalitärer Herrschaft. Wiederum wird dies in einer verräterischen Formulierung Franks deutlich, in der die Identität von Wissenschaft und politischer Manipulation trotz seines Versuchs ihrer Abgrenzung voneinander deutlich zutage tritt: »So stellten wir uns das große Ziel, die Geisteswissenschaften und in ihrem Mittelpunkt die Historie wieder zu einem Faktor der öffentlichen Meinungs- und Gesinnungsbildung zu machen. Wenn wir das taten, so waren wir niemals des Glaubens, daß nun etwa die Wissenschaft die Propaganda ersetzen oder sich ihr wesensmäßig dienstbar machen solle. Propaganda gehört zu den ehernen Notwendigkeiten der modernen Massenlenkung. Propaganda hat die Aufgabe, in blitzschneller Anpassung an die Erfordernisse des Augenblicks die tägliche Meinung der Massen eines Volkes zu lenken. Wissenschaft wird niemals die breiten Massen so erfassen können wie die Propaganda es tut. Aber die politische Wissenschaft kann und muß die Meinungsbildung auf lange Sicht und in großen Zeiträumen mitbestimmen; sie kann, wenn sie lebensstark ist, jene kämpferische Minderheit erfassen, in der sich zu allen Zeiten das eigentliche Geschick einer Nation entscheidet.«[89]

Zwar war das Bekenntnis des Historismus zu der nationalpädagogischen Aufgabe seiner Geschichtsschreibung ebenfalls ein integraler Bestandteil seines Bildungsanspruchs; die deutschen Historiker definierten sich geradezu über den intellektuellen Beitrag, den sie für die Entstehung einer starken deutschen Nation leisteten, jedoch verletzten sie in der Regel nicht das Kriterium der empirischen Richtigkeit. Ihr Ethos als professionalisierte Elite lebte von ihrem Bewußtsein, auf methodischem Wege Richtiges von Falschem, die historische Wahrheit vom ideologischen Schein zu säubern. Dem ›Vetorecht der Quellen‹ beugten sie sich aus der Überzeugung, ihrem nationalen Auftrag nur auf dem Wege wissenschaftlicher Rationalität angemessen nachkommen zu können. Dieser enge Zusammenhang zwischen den lebenspraktischen Interessen nach historischer Orientierung, die im Zuge der historistischen Theoriebildung rationalisiert worden sind, und den objektivitätsverbürgenden Prinzipien methodischer Rationalität, der den Historismus insgesamt kennzeichnete, wurde durch das nationalsozialistische Geschichtsdenken aufgesprengt; ein geistesgeschichtlicher Vorgang, der das Ende und die freiwillige Aufgabe aller Wahrheitsansprüche des historischen Denkens besiegelte.

Wir haben versucht, anhand einiger Kriterien die gedankliche Trennungslinie zu bestimmen, die den Historismus als Wissenschaftsparadigma von der nationalsozialistischen Weltanschauung abschottet und die er beachten muß, will er seine theoretische und methodische Eigenständigkeit wahren. Gerade weil die institutionalisierte Geschichtswissenschaft in Deutschland im Zeitalter des deutschen Faschismus nur zu einem schwer bestimmbaren, zwischen Kollaboration, stillschweigender Anpassung und vorsichtiger Resistenz schwankenden Verhältnis gefunden hat, werden klare Differenzierungen notwendig.

Abschließend lautet unsere These, vereinfacht und idealtypisch zugespitzt: Bereits seit der zweiten Hälfte des 19. Jahrhunderts existierte in Deutschland die Parallelität, ja Konkurrenz eines historistischen und eines naturalistischen, am Begriff des ›Lebens‹ orientierten Paradigmas. Seit den 70er Jahren begannen sich diese beiden konkurrierenden Konzeptionen bürgerlichen Denkens bei den Historikern in Deutschland wechselseitig zu überlagern, was zu einer diffusen Vielfalt von Positionen führte. Äußerliches Merkmal dieser Paradigmenkonfusion war sowohl ein deutlich zu konstatierendes, tiefsitzendes Krisenbewußtsein innerhalb der deutschen Historikerschaft gegenüber den eigentlichen theoretischen Grundlagen ihrer Disziplin als auch ein Verlust der relativen Homogenität des Historismus und seine Öffnung gegenüber den mentalen und politischen Zumutungen des entstehenden Faschismus. Letztlich hingen die Unsicherheit über die theoretische und methodische Basis des Fachs und die Möglichkeit des Einströmens nationalsozialistischer Weltanschauung in die deutsche Historikerschaft der Weimarer Republik unmittelbar miteinander zusammen. Das historische Denken des deutschen Faschismus stellt im Grunde nur die extreme Radikalisierung und Vereinseitigung des einen – lebensphilosophisch-irrationalistischen – Stranges der kulturellen bürgerlichen Tradition dar.

Insofern existiert ein oftmals verschlungenes Geflecht von Kontinuität und Diskontinuität zwischen dem historischen Denken des Nationalsozialismus und den Traditionen der ›bürgerlichen‹ Geschichtstheorie, die in Deutschland weitgehend identisch war mit derjenigen des Historismus. Nationalsozialistische Weltanschauung stellt also letztlich – paradox genug – sowohl eine Fortsetzung bürgerlicher Kultur dar als auch deren radikale Negation.

Das Ende des Zweiten Weltkrieges und der Zusammenbruch des Dritten Reiches zwang in Deutschland dazu, unter dem Eindruck einer nun endgültig pathologisch verlaufenen deutschen Geschichte, die Frage nach der Plausibilität des bisher weitgehend neo-rankeanischen, an staatlicher Macht und am Primat der Außenpolitik orientierten historischen Denkens neu zu stellen. Insbesondere von Friedrich Meinecke wurden erste Zweifel angemeldet, ob man den krisenhaften Verlauf deutscher Geschichte und der modernen Welt insgesamt mit den Ranke entlehnten Kategorien noch angemessen erfassen könne: »Heute aber beginnen wir uns zu fragen: wird uns und den nach uns historisch Forschenden nicht Burckhardt am Ende wichtiger werden als Ranke? ... Was wir erlebt haben in den letzten 14 Jahren, zwingt uns ganz neue Aspekte und Probleme für unsere eigene geschichtliche Vergangenheit auf. Wir müssen vielfach umlernen und uns doch dabei hüten, der bloßen Konjunktur und den emotionalen Eindrücken des neu Erlebten zu erliegen. Aber mit aller Behutsamkeit darf man doch sagen: Burckhardt hat tiefer und schärfer in das geschichtliche Wesen der eignen Zeit hineingesehen, hat infolgedessen auch das Kommende bestimmter und sicherer voraussehen können als Ranke.«[90]

Zur Bewältigung der Krise des Historismus nach dem Ende des Zweiten Weltkrieges, in der Friedrich Meinecke zur zentralen Figur wurde, kehrte man zu bisher eher am Rande liegenden Außenseiterpositionen und ausgeblendeten Traditionen des Historismus selbst zurück. Das historistische Paradigma als ganzes geriet dagegen noch nicht in den Sog dieser Krise, wie es dann später in den Auseinandersetzungen um das Konzept der Gesellschaftsgeschichte und der historischen Sozialwissenschaft in den 60er und 70er Jahren geschah. In bisher brachliegenden, randständigen Historismustraditionen sah man zunächst noch ein hinreichendes Innovationspotential, um die Probleme des Historismus zu lösen, ohne ihn gleichzeitig als Wissenschaftsparadigma insgesamt infragestellen zu müssen. Die Grundstrukturen und die Leistungsfähigkeit einiger wichtiger Außenseiterpositionen des Historismus sollen daher im folgenden näher gekennzeichnet werden. Gerade an ihnen könnte deutlich werden, wie leistungsfähig das historistische Denken angesichts der historischen Erfahrungen des Modernisierungsprozesses ist und inwieweit diese Erfahrungen seine Deutungskompetenz und die Leistungsfähigkeit seines Interpretationsrahmens sprengen.

VI.
Historiographische Hegemonie und subversiver Diskurs: Die Außenseiter des Historismus

Die Beschäftigung mit den Außenseitern des deutschen Historismus hat Konjunktur. In dem Maße, in dem der traditionelle Historismus in eine Krise geraten ist und der modernen Geschichtswissenschaft eine Position »jenseits des Historismus«[1] zugewiesen wird, gewinnt sie zunehmend an Bedeutung. Dieser Tendenz trägt die von Hans-Ulrich Wehler herausgegebene Reihe »Deutsche Historiker«,[2] die ein wichtiges Dokument historiographiegeschichtlicher Selbstbesinnung darstellt, programmatisch Rechnung: »Wir wollen uns nicht auf die Universitätshistoriker, die akademische Zunft im engen Sinn beschränken, vielmehr auch die großen, nicht minder wesentlichen Außenseiter hinzunehmen. Das ist nicht nur aus Gründen der Wissenschaftsgeschichte und Gerechtigkeit geboten, sondern auch aus wissenschaftspolitischen und -theoretischen Erwägungen notwendig. Die deutsche Geschichtswissenschaft bedarf heute keiner engen Fachüberlieferung, sondern eines größeren Horizonts, der bisher schroff gegensätzliche Positionen umschließt. Für das Selbstverständnis der Geschichtswissenschaft in unserer Gegenwart können wir uns von einer derart erweiterten Tradition nur Vorteile versprechen.«[3]

Hier können allenfalls einige Hinweise zu den wichtigsten dieser Außenseiter innerhalb des Historismus gemacht werden. Es hat sie in jeder Periode des Historismus gegeben, und jedesmal brachten sie, ausgestattet mit einem äußerst sensiblen Problembewußtsein gegenüber den Konfliktlagen ihrer Gegenwart, Orientierungsprobleme zur Sprache, die von den jeweils dominierenden Spielarten des Historismus entweder übersehen oder aber mit untauglichen Interpretationsmustern und Methoden angegangen worden sind. Da sie gewöhnlich in den jeweiligen Grenzbereichen des historistischen Interessenhorizontes entstanden sind und die etablierten Positionen von dort aus mit ungelösten historischen Deutungsproblemen konfrontierten, lassen sich an ihnen die Belastungsfähigkeit und die methodologischen und theoretischen Erkenntnisgrenzen des historistischen Paradigmas im ganzen erkennen. Insbesondere dann, wenn man den deutschen Historismus als eine zunehmende »Zerstörung der Vernunft«, als einen tendenziellen Verlust der historischen Vernunft interpretiert,[4] lassen sich aus den oppositionellen Stimmen seiner Außenseiter die Umrisse eines alternativen Konzepts der historischen Forschung herausarbeiten.

Das heißt nun nicht, den deutschen Historismus durch Betonung seiner jeweiligen Außenseiterpositionen in gänzlich neuem Licht erscheinen zu lassen. Sie könnten jedoch als Korrektive fungieren, die zeigen, welches Maß an historischer Vernunft jeweils denkbar und historiographisch realisierbar gewesen wäre.

Außenseiterschaft innerhalb des Historismus konnte vielfältige Ursachen und Erscheinungsformen haben: Sie konnte ihre Ursache in einer alternativen Interpretation und Beurteilung historisch-politischer Zeitverläufe und Entwicklungstrends besitzen; sie konnte – was jedoch selten der Fall war – methodologisch begründet sein, und sie konnte mit rigiden akademischen und politischen Ausgrenzungs- und Sanktionsmechanismen verbunden sein, von Karriereverhinderungen bis hin zu politischer Verfolgung und erzwungener Emigration.

1. Die Außenseiter in der Frühphase des Historismus und das Erbe der Aufklärung

In der Entstehungsphase des Historismus kann man als Außenseiter diejenigen Historiker bezeichnen, die den Denkweg von der Aufklärung zum Historismus erst gar nicht mitvollzogen haben, die also weiterhin in der Tradition der Aufklärung dachten und schrieben. Zu denken wäre hier etwa an die beiden Vertreter des vormärzlichen Liberalismus in Süddeutschland, Karl von Rotteck (1775-1840) und Friedrich Christoph Schlosser (1776-1861). Letzterer war auch der Begründer der sogenannten Heidelberger Schule, aus der Historiker wie Georg Gottfried Gervinus, Ludwig Häusser und – weniger bekannt – Karl Hagen hervorgegangen sind. Außenseiter waren Rotteck und Schlosser in der ersten Jahrhunderthälfte jedoch nur innerhalb der etablierten Fachwissenschaft. Ihr publizistischer Erfolg bei der historisch interessierten Öffentlichkeit war dagegen noch unverhältnismäßig größer als etwa der Leopold von Rankes.[5]

In der zweiten Jahrhunderthälfte sank ihre Bedeutung jedoch relativ schnell, unter anderem auch deshalb, weil sie mit der methodischen Rationalität des etablierten Historismus nicht mehr konkurrieren konnten. Schlosser und Rotteck gehören in methodischer Hinsicht noch der vorkritischen Epoche an. Rotteck wollte zudem nicht mit den Historisten konkurrieren, da er ihre Denkvoraussetzungen gar nicht erst teilte. Er blieb Zeit seines Lebens dem aufklärerischen Vernunft- und Naturrechtsdenken verhaftet und äußerte einmal, daß es ihn nicht interessiere, ob etwas alt oder neu, sondern nur, ob es richtig oder falsch sei. In seiner Antrittsrede anläßlich der Übernahme des

Ordinariats für Vernunftrecht und Staatswissenschaften in Freiburg im Jahre 1818 (mit dem Titel: »Über den Streit natürlicher Rechtsprinzipien oder idealer Politik mit historisch begründeten Verhältnissen«) stellte er die zweifelnde Frage: »Ist das historische Verhältnis wirklich die alleinige Basis, auf welcher das verbesserte Gebäude einer Staatseinrichtung mag aufgeführt werden?«[6] Mit dem Tausch seiner Professur für Geschichte gegen eine juristische für Vernunftrecht hatte Rotteck diese Frage bereits beantwortet.

Anders Schlosser: Bis zu seinem Tod im Jahre 1861 betrieb er, der als der »Kant der Geschichtsschreibung« bezeichnet worden ist,[7] Geschichte in der Tradition der Aufklärung und widerstand – allerdings um den Preis eines zunehmenden Anachronismus seiner Historiografie – dem Konformitätsdruck des sich allmählich durchsetzenden Historismus. Schlosser selbst hat den Prozeß des eigenen Altmodisch-Werdens deutlich bemerkt: »Diese ganze Zeit und ihre Bildung ist in den letzten Jahren von uns abgewichen und wir von ihr, so daß wir gewissermaßen aufgehört haben, Zeitgenossen der Begebenheiten zu sein, die rund um uns vorgehen.«[8] Schlosser behielt sich in typisch aufklärerischer Manier das Recht auf Beurteilung historischer Prozesse vor; er verstand sich nicht als objektiven Betrachter der Geschichte wie Ranke, sondern als ihr Richter, der mit unerbittlichem Eifer die historischen Akteure und ihre Taten beurteilt, von der Warte seiner aufklärerischen Normen und Ideale bewertet und die Geschichte im Hinblick auf ihren erzieherischen oder aufklärerischen Nutzen für ihre Rezipienten auswählt und darstellt. Dies betont Schlossers Schüler Gervinus in dem Nekrolog auf seinen Lehrer: »Der eingestandene Zweck all seiner Schriften war der Eine: durch Takt und sicheres Urtheil seine Leser zu eigenem Denken anzuleiten, in der Sichtung, Ordnung und Feststellung der Thatsachen alle Elemente zum Selbsturtheilen zu geben.«[9]

Schlossers Historiographie bezog ihren Impuls noch aus einem aufklärerischen Verständnis von Emanzipation; sie sollte ein Beitrag zu menschlicher Freiheit durch Einsicht in die Vernunftfähigkeit des Menschen sein. Damit schloß er sich einem Verständnis von Aufklärung an, wie ihm Kant in der bekannten Formulierung Ausdruck verliehen hatte: »Aufklärung ist der Ausgang des Menschen aus seiner selbst verschuldeten Unmündigkeit.«[10] Diese beiden aufklärerischen Elemente der Geschichtsschreibung Schlossers, seine Beurteilung der Geschichte vom Wertmaßstab und Vernunftprinzip der aufklärerischen Gegenwart aus und sein Anspruch, durch Historiographie emanzipatorisch und moralisch-läuternd auf seine Gegenwart wirken zu können, hat der Historismus entschieden zurückgewiesen und Schlosser dadurch in eine Außenseiterposition gedrängt.

Unter welchen Gesichtspunkten könnte nun Schlosser und mit ihm Kant, auf dessen geschichtsphilosophischen Grundlagen er steht, für uns heute von Interesse sein? Wir meinen, daß durch den Kontrast zwischen Historismus und Aufklärung die Frage nach Nutzen und Kosten des Historismus in instruktiver Weise neu gestellt werden könnte. Daß dies keine rein historiographiegeschichtliche Frage ist, sondern ins Zentrum der jüngeren Selbstklärungsprozesse einer nachhistoristischen Geschichtswissenschaft zielt, zeigen die intensiven Diskussionen der letzten Jahre, in denen die theoretische Neubesinnung der Geschichtswissenschaft oftmals mit der Berufung auf die Prinzipien der Aufklärung einherging. Indem sich die gegenwärtige Geschichtswissenschaft als Emanzipation vom Historismus versteht, gewinnt das Aufklärungsparadigma an Aktualität.[11]

Inwieweit dies berechtigt ist und welche Impulse eine historismuskritische Geschichtswissenschaft auch heute noch aus der Aufklärung zu ziehen vermag, soll im folgenden am Beispiel der Geschichtsphilosophie Kants angedeutet werden. Zwar hat Kant niemals eine seinen übrigen Kritiken vergleichbare ›Kritik der historischen Vernunft‹ geschrieben, jedoch lassen sich aus seiner Schrift »Idee zu einer allgemeinen Geschichte in weltbürgerlicher Absicht« grundlegende Bestandteile einer aufklärerischen Geschichtstheorie andeuten.

Man kann die Geschichtsphilosophie Kants als einen Versuch verstehen, den aufklärerischen Fortschrittsoptimismus in einer geschichtlichen Situation noch plausibel erscheinen zu lassen, die bereits geprägt war durch die Erfahrung einer ›Dialektik der Aufklärung‹, eines Umschlagens von Vernunft in Unvernunft. Er formuliert als Prinzip der Geschichtsphilosophie, »daß, wenn sie das Spiel der Freiheit des menschlichen Willens im großen betrachtet, sie einen regelmäßigen Gang derselben entdecken könne; und daß auf die Art, was an einzelnen Subjekten verwickelt und regellos in die Augen fällt, an der ganzen Gattung doch als eine stetig fortgehende obgleich langsame Entwickelung der ursprünglichen Anlagen derselben werde erkannt werden können«.[12]

Die Notwendigkeit eines geschichtsphilosophischen Systematisierungsversuchs ergibt sich für Kant aus Erfahrungen, die geeignet sind, diesen Fortschrittsglauben und Vernunftsoptimismus der Aufklärung infragezustellen. ›Geschichte‹ als Erfahrungsgegenstand scheint nicht oder zumindest noch nicht der Logik menschlichen Vernunftgebrauchs zu gehorchen, eine Erfahrung, der sich der Aufklärer Kant in aller Radikalität stellt: »Da die Menschen in ihren Bestrebungen nicht bloß instinktmäßig, wie Tiere, und doch auch nicht, wie vernünftige Weltbürger, nach einem verabredeten Plane, im ganzen verfahren: so scheint auch keine planmäßige Geschichte (wie etwa von den Bienen oder den Bibern) von ihnen möglich zu sein. Man kann sich eines gewissen Unwillens nicht erwehren, wenn man ihr Tun und Lassen auf der großen Weltbühne aufgestellt sieht; und, bei hin und wieder anscheinender Weisheit im einzelnen, doch endlich alles im großen aus Torheit, kindischer Eitelkeit, oft auch aus kindischer Bosheit und Zerstörungssucht zusammengewebt findet: wobei man am Ende nicht weiß, was man sich von unserer auf ihre Vorzüge so eingebildeten Gattung für einen Begriff machen soll.«[13]

Kant realisiert, indem er sich auf die geschichtliche Wirklichkeit einläßt und sie als, gemessen am Vernunftideal, pathologisch und defizitär einstufen muß, daß sich die Erfahrung der Geschichte nur bedingt mit den Kategorien der ›reinen‹ praktischen Vernunft und Moralphilosophie deuten und verstehen läßt. Die historischen Akteure sind für Kant zwar Subjekte der praktischen Vernunft, moralische Wesen, die in ihrem Handeln unter der unbedingten Autorität des kategorischen Imperativs stehen;[14] zugleich handelt es sich jedoch auch um Menschen, die ihr Handeln an den Zwängen kontingenter Umstände orientieren und von egoistischen Besitz- oder Herrschaftsinteressen her organisieren. Kants Geschichtsphilosophie versteht sich als Antwort auf die Frage, wie sich in der Konfrontation mit der Realität eines ständigen politischen Machtkampfes, ökonomischer Ungleichheit und sozialer Ungerechtigkeit am Prinzip der Vernunftnatur und moralischen Kompetenz des Menschen festhalten läßt. Dies gelingt ihm, indem er die beiden für ihn zentralen Aspekte der menschlichen Existenz: die Unbedingtheit moralischen Handelns und die Notwendigkeit materieller Selbstbehauptung anthropologisch fundiert. Er tut dies in einer Weise, die entfernt an Hegels These von der »List der Vernunft« erinnert. Auf der einen Seite hält er grundsätzlich am Vernunftprinzip und Fortschrittskonzept der Aufklärung fest: »Alle Naturanlagen eines Geschöpfes (beim Menschen also die Vernunft, die Verf.) sind bestimmt, sich einmal vollständig und zweckmäßig auszuwikkeln. ..., wenn wir von jenem Grundsatze abgehen, so haben wir nicht mehr eine gesetzmäßige, sondern eine zwecklos spielende Natur; und das trostlose Ungefähr tritt an die Stelle des Leitfadens der Vernunft.«[15] Andererseits hat Kant jedoch deutlich gesehen, daß die unterstellte Vernunftnatur des Menschen zwar ein notwendiges moralisches Prinzip, vor allem aber auch ein geschichtliches Realisierungsproblem darstellt. Die Plausibilität der aufklärerischen Vernunftvermutung hängt von einer doppelten Beweisführung ab: Zum einen müssen sich realhistorische Tatbestände aufbieten lassen, die in der Tat als Ausdruck und empirischer Beleg der menschlichen Vernunftnatur gedeutet werden können, und zum anderen müssen sich ihr widersprechende Erfahrungen so interpretieren lassen, daß sie keine grundsätzliche Negation des Vernunftkonzepts mehr darstellen. Kant ist beide Argumentationswege gleichzeitig gegangen:

Als eine realhistorische Erfahrung des menschlichen Vernunftgebrauchs hat er die zunehmende Verrechtlichung zwischenstaatlicher Beziehungen mit dem geschichtlich absehbaren Resultat eines universellen Völkerbundes und Weltbürgertums interpretiert, genauso wie die innerstaatliche Ausweitung und verfassungsmäßige Verankerung bürgerlicher Freiheitsrechte. Man könne, darauf beharrte Kant trotz aller politischen Mißtöne seiner Gegenwart, »einen regelmäßigen Gang der Verbesserung der Staatsverfassung in unserem Weltteile (der wahrscheinlicher Weise allen anderen dereinst Gesetze geben wird) entdecken«.[16]

Andererseits hat er die realgeschichtliche Erfahrung des fortwährenden Scheiterns der menschlichen Vernunfttätigkeit in sein Vernunftkonzept integrieren können, indem er es anthropologisch fundierte. Die partielle Vernunftwidrigkeit der menschlichen Natur konnte er so zur eigentlichen Triebkraft des Fortschritts der Vernunft erklären. Kant begriff den gesellschaftlichen Fortschritt der Vernunft als das ursprünglich nicht intendierte Ergebnis der »ungeselligen Geselligkeit« des Menschen, die sich in den Antagonismen des Erwerbs- und Machtstrebens geschichtlich verkörperte; als ein unübersehbares Begleitphänomen der Entstehung der bürgerlichen Gesellschaft verursachte und garantierte sie für Kant deren Dynamik und Fortschrittsfähigkeit: »Dank sei also der Natur für die Unvertragsamkeit, für die mißgünstig wetteifernde Eitelkeit, für die nicht zu befriedigende Begierde zum Haben, oder auch zum Herrschen! Ohne sie würden alle vortreffliche Naturanlagen in der Menschheit ewig unentwickelt schlummern. Der Mensch will Eintracht; aber die Natur weiß besser, was für seine Gattung gut ist: sie will Zwietracht. Er will gemächlich und vergnügt leben; die Natur will aber, er soll aus der Lässigkeit und untätigen Genügsamkeit hinaus, sich in Arbeit und Mühseligkeiten stürzen, um dagegen auch Mittel auszufinden, sich klüglich wiederum aus den letztern heraus zu ziehen.«[17]

Die aufklärerische Vernunftidee Kants versteht sich als normativ und empirisch zugleich, und die Geschichtsphilosophie ist die Instanz, durch die der Zusammenhang von Geschichte und Moral erwiesen wird und die daher die Deutung der Geschichte als Fortschritts- und Vernunftsprozeß erlaubt.[18] Ihr gleichzeitig normativer und empirischer Status macht die eigentliche Bedeutung der Geschichtsphilosophie aus: Der Philosoph muß sich den Ergebnissen der von der Geschichtsforschung erarbeiteten historischen Zeitverläufe stellen und an ihnen die Plausibilität seiner Gedanken überprüfen. Andererseits darf sich die Geschichtsforschung nicht allein positivistisch, als »cyklopische« Wissenschaft, der das Auge der Philosophie fehlt, auf die Vergangenheit einlassen, sondern sie muß sie anhand eines Leitfadens – man könnte auch sagen: unter einem erkenntnisleitenden Interesse – rekonstruieren. Eine derart theoriegeleitete Rekonstruktion der geschichtlichen Wirklichkeit erfordert den zugleich empirischen und normativen Leitfaden der Vernunft: »Es ist zwar ein befremdlicher und, dem Anscheine nach, ungereimter Anschlag, nach einer Idee, wie der Weltlauf gehen müßte, wenn er gewissen vernünftigen Zwecken angemessen sein sollte, eine Geschichte abfassen zu wollen; es scheint, in einer solchen Absicht könne nur ein Roman zu Stande kommen. Wenn man indessen annehmen darf: daß die Natur, selbst im Spiele der menschlichen Freiheit, nicht ohne Plan und Endabsicht verfahre, so könnte diese Idee doch wohl brauchbar werden; und, ob wir gleich zu kurzsichtig sind, den geheimen Mechanismus ihrer Veranstaltung durchzuschauen, so dürfte diese Idee uns doch zum Leitfaden dienen, ein solch planloses Aggregat menschlicher Handlungen, wenigstens im großen, als ein System darzustellen.«[19]

Eine aus der Perspektive der menschlichen Vernunft betriebene Geschichtsforschung ist für Kant aus zwei Gründen notwendig auf die Idee der menschlichen Freiheit, Aufklärung und Emanzipation verpflichtet: Zum einen lassen sich aus ihrem Blickwinkel bestimmte historische Ereignisreihen empirisch auszeichnen, solche nämlich, die menschliche Freiheitschancen erweitert haben, die also zur Entstehung einer durch »Recht« als Vergesellschaftungsprinzip gekennzeichneten bürgerlichen Gesellschaft aufgeklärter Individuen und eines internationalen Staatensystems geführt haben. Dagegen müssen diejenigen Tendenzen, die der Durchsetzung bürgerlicher Emanzipation entgegengestanden haben, grundsätzlicher Kritik unterzogen werden.

Zum anderen reklamiert die Geschichtsforschung einen normativen Impuls für sich durch ihren Anspruch und ihre Verpflichtung, durch historische Aufklärung zur menschlichen Freiheit beizutragen: »Ein philosophischer Versuch, die allgemeine Weltgeschichte nach einem Plane der Natur, der auf die vollkommne bürgerliche Vereinigung in der Menschengattung abziele, zu bearbeiten, muß als möglich, und selbst für diese Naturabsicht beförderlich angesehen werden.«[20]

Eine geschichtsphilosophische, durch das Leitkriterium der menschlichen Vernunft inspirierte Geschichtsforschung wird für Kant zum gleichzeitig normativ, methodisch und empirisch fundierten Versuch, zur allmählichen Realisierung einer vernünftigen Welt aufgeklärter Individuen beizutragen. Das Erbe dieses geschichtsphilosophischen Programms haben mit unterschiedlichen Akzentuierungen in Deutschland Hegel und der Historismus angetreten. Der Leitfaden der Vernunft, den Kant noch eher tastend und als immerhin mögliche Sinnvermutung an die Geschichte herangetragen hatte, ist von Hegel zu einer unterstellten Identität von Vernunft und Geschichte radikalisiert worden. Hegel historisiert die Vernunft der Natur zur »Vernunft in der Geschichte« und hält gleichzeitig am aufklärerischen Vernunft-Apriori fest. Für ihn ist Geschichte vernünftig und muß vernünftig sein, weil die Vernunft geschichtlich ist und sich notwendig in die Geschichte hinein entäußern muß; es existiert überhaupt keine andere Vernunft als die, die sich historisch verwirklicht. Die Vernunft ist die Norm der Geschichte und die Geschichte die Vernunft in ihrer Wirklichkeit.

Der Historismus hat die Historisierung der Vernunft noch weiter getrieben, was von Anfang an aufklärerische und gegenaufklärerische Elemente in sich barg.[21] Die Vernunft, die die Aufklärung in die Welt zu bringen beanspruchte, sei schon immer in dieser Welt gewesen, nur in jeweils historisch-individueller Form, so lautet sein Argument. Überhistorische Vernunftmaßstäbe gegenüber einer immer schon vernünftigen Welt seien deshalb nicht nur überflüssig, sondern es sei geradezu unstatthaft, diese zu beanspruchen. Der Historiker kann sich nur an die historische Vernunft halten, sich also an den Gesetzen orientieren, die sich die jeweilige historische Individualität selbst gegeben hat.

Mit einer gewissen Folgerichtigkeit mündete diese Vorstellung des Historismus in einen geisteswissenschaftlichen Positivismus und Werterelativismus. Dem Historiker bleibt nur die Parteilichkeit für das »Positive« (Ranke), das Gegebene und historisch Gewordene und – mit einer historiographischen Wendung zur offensiven Parteilichkeit – für das Werdende, für das, was an der Zeit ist. Keine überzeitliche und in ihrem universellen Geltungsanspruch begründungsfähige Norm entscheidet über den Wert und Unwert historischer Prozesse und Phänomene, sondern letztlich der historische Erfolg. Der Historismus ergibt sich der normativen Kraft des Faktischen, gegenüber der es keine höhere Appellationsinstanz mehr gibt. Die historistische Geschichte wird somit zwangsläufig zur Geschichte der Sieger.

Damit ist in groben Zügen die Konstellation skizziert, innerhalb derer sich Aufklärung und Historismus gegenseitig befruchten und gemeinsam ein tragfähiges Fundament einer modernen Geschichtswissenschaft abgeben könnten: einer Geschichtswissenschaft, der es um eine Rekonstruktion der Vergangenheit ›am Leitfaden der Vernunft‹ geht, ohne dabei die geschichtliche Vielfalt der Kulturen zu übersehen. Eine aufklärerische und emanzipatorische Geschichtswissenschaft kann heute nicht mehr im Stile Schlossers betrieben werden; dies wäre Terror der Aufklärung und ihres Vernunftideals gegenüber historischen Individuen und Kulturen, die sich ihrer individuellen Logik nicht ohne weiteres fügen. Insofern stellt der Historismus einen Erkenntnisfortschritt dar, der nicht ohne Kosten rückgängig gemacht werden kann. Andererseits ist der späthistoristische Werterelativismus kein besonders verlockender Ausweg, da er das historische Denken nur den Normen der historischen Sieger ausliefern würde, ihn zum Sprachrohr jeweiliger Herrschaftsinteressen verkümmern ließe.

2. Die Außenseiter in der Epoche der kleindeutschen Schule

Der im Jahre 1848/49 gescheiterte Versuch des deutschen Bürgertums, auf dem Wege einer Revolution bürgerliche Freiheit und nationale Einheit und damit zwei wichtige staatlich-politische Rahmenbedingungen einer modernen Gesellschaft zu schaffen, machte eine grundsätzliche politische Neuorientierung des liberalen Bürgertums und gleichzeitig eine alternative historische Sinnvorstellung und Perspektivierung der eigenen gesellschaftspolitischen Praxis notwendig. Man kann das Werk der kleindeutschen Historiker als einen historiographischen Beitrag zu dieser notwendigen Neuorientierung des Bürgertums ansehen. Ihnen gelang es, den spezifisch deutschen, durch eine ›Revolution von oben‹ und eine erfolgreiche Verhinderung politischer Demokratisierung geprägten Weg in die industrielle Moderne als eine historisch sinnvolle, gleichermaßen in der deutschen Vergangenheit angelegte und die Zukunft eröffnende Perspektive des historischen Wandels zu legitimieren.

Gegenüber diesem apologetischen Versuch der kleindeutschen Historiker etablierten sich konkurrierende Positionen, die aus unterschiedlichen Blickwinkeln die Krisenhaftigkeit und die Pathologien des deutschen, aber auch des gesamteuropäischen, zur industriellen Gesellschaft der Gegenwart führenden Modernisierungsprozesses betonten. Die von den kleindeutschen Historikern weiterhin unterstellte Konvergenz zwischen Geschichte als einer zunehmenden Realisierung menschlicher Freiheit und der politischen und nationalstaatlichen Entwicklung Deutschlands und Europas in der zweiten Hälfte des 19. Jahrhunderts ist für sie aus unterschiedlichen Gründen unplausibel geworden. Geschichte wurde stattdessen als ein zunehmender Verlust der menschlichen Freiheit erfahrbar. Alle Außenseiterpositionen dieser Zeit resultierten aus einer gegenüber der kleindeutschen Schule andersartigen historischen Interpretation und Perspektivierung des deutschen bzw. gesamteuropäischen Modernisierungsprozesses. Wenn man das Spektrum dieser Außenseiterpositionen unter dem Aspekt ausdifferenziert, wo die Krisenphänomene des 19. Jahrhunderts jeweils lokalisiert wurden, so lassen sich in idealtypischer Vereinfachung drei Strategien voneinander unterscheiden:

Die erste, vornehmlich durch Georg Gottfried Gervinus (1805-1871) repräsentierte Position diagnostiziert die Modernisierungskrise in der zweiten Hälfte des 19. Jahrhunderts als Krise des politischen Systems. Sie lag für ihn begründet in der Verhinderung politischer Demokratisierung durch den preußisch-deutschen Obrigkeitsstaat und seinen darin begründeten Mangel an politischer Legitimität.

Eine zweite, tiefer ansetzende und die gesamteuropäische Dimension in den Blick bringende Position war die Jakob Burckhardts (1818-1897), der die Entstehung des modernen Europa im Kontext der doppelten – politischen und industriellen – Revolution des bürgerlichen Zeitalters als Zersetzungsprozeß und Kontinuitätsbruch der alteuropäischen Kultur begriffen hat.

Eine dritte Richtung lokalisierte schließlich die Ursachen der europäischen Modernisierungskrise unter dem Eindruck der seit der Jahrhundertmitte stärker ins kollektive bürgerliche Bewußtsein dringenden ›sozialen Frage‹ und – abgeschreckt durch eine Politische Ökonomie sozialistischer Provenienz, die das kulturelle Deutungsmonopol der bürgerlichen Wissenschaft infragezustellen drohte – im sozialen und ökonomischen System der modernen Gesellschaft. Im einzelnen umfaßt diese Außenseiterströmung des Historismus Positionen mit sehr unterschiedlichen Akzentsetzungen: es handelt sich etwa um den sozialkonservativ eingestellten Lorenz von Stein (1815-1890), um den Radikaldemokraten Karl Hagen (1810-1868), sowie schließlich um die Vertreter der sogenannten »älteren historischen Schule der deutschen Nationalökonomie«: Wilhelm Roscher (1817-1894), Bruno Hildebrand (1812-1886) und Karl Knies (1821-1898). Als ›Krise‹ thematisierten sie den Verlust der sozialen und materiellen Grundlagen einer menschenwürdigen Existenz bei breiten Bevölkerungsschichten durch den sich auf breiter Front durchsetzenden modernen Kapitalismus.

a) Die Modernisierungskrise als Krise des politischen Systems

Es mag zunächst problematisch erscheinen, mit Gervinus einen Historiker als Außenseiter des deutschen Historismus zu verstehen, der bis zur Jahrhundertmitte eher als einer seiner führenden Vertreter gelten kann und der auch im Kontext dieses Buches immer dann auftauchte, wenn es darum ging, typische Elemente des Historismus zu bezeugen. In der Tat kann man bei Gervinus erst für die Zeit nach 1850 von einer Außenseiterposition sprechen, und auch dann weniger aus theoretischen oder methodologischen Gründen als vielmehr wegen einer außergewöhnlichen Beurteilung des politischen Entwicklungsprozesses in Deutschland nach der Revolution von 1848.[22]

Bis zu dieser Zeit kann Gervinus vor allem aus zwei Gründen als typischer Vertreter des Historismus gelten, wenn er auch als Schüler Schlossers stärker als die übrigen Vertreter des vormärzlichen Historismus das Erbe der Aufklärung zur Geltung brachte: Zum einen bemühte er sich um die Rekonstruktion der deutschen Kultur (insbesondere der Literatur), weil er sie als wichtigen Ausdruck einer sich historisch ausprägenden und kulturell definierten nationalen Identität ansah. Sein frühes Werk, das seinen Ruhm als Historiker begründete, war die bereits erwähnte fünfbändige »Geschichte der poetischen National-Literatur der Deutschen«. Zweitens verarbeitete Gervinus die Erkenntnis der praktischen Bedeutung von Geschichtsschreibung für den Prozeß der kollektiven Identitätsbildung – ganz im Sinne der historistischen Überzeugung von einem engen Zusammenhang zwischen Wissenschaft und Lebenspraxis – zu der Einsicht, auch politisch auf dem Boden eines gemäßigten Liberalismus für den historisch begründeten Fortschritt der Gesellschaft einstehen zu dürfen und sogar zu müssen: »Es ist eine Beschränktheit, einer Wissenschaft im Flusse des Lebens einen Zweck in sich selbst zu geben.«[23] Zu Beginn der Revolution des Jahres 1848 ließen sich für Gervinus noch eine historische, am Fortschrittsbegriff orientierte Entwicklungsvorstellung und eine gemäßigt-liberale, an einer »Vereinbarung« mit den traditionellen Gewalten interessierte politische Strategie zu einem sinnvollen Ganzen homogenisieren.[24]

Dieser einheitliche Sinn- und Fortschrittszusammenhang von historischer Vergangenheit, gegenwärtigem Handeln und Zukunftserwartung ging für Gervinus jedoch nach dem Scheitern der Revolution, dem Einsetzen der Reaktionspolitik und verstärkt unter dem Eindruck der Reichseinigungspolitik Bismarcks verloren. In der Neuorientierungsphase des deutschen Liberalismus nach der Revolution, die für die kleindeutschen Historiker zu einem ›realpolitischen‹ Arrangement mit dem deutschen Nationalstaat führte, versagte sich Gervinus einer Revision seiner politischen Grundsätze und historischen Entwicklungsvorstellungen aufgrund zeitgenössischer Erfahrungen und avancierte damit zu einem sowohl politischen wie wissenschaftlichen Außenseiter. Er konfrontierte die ihn umgebende politische Realität der Reaktion und der von Seiten der preußischen »Militärdiktatur« betriebenen »Revolution von oben« mit dem durch eine Gesamtinterpretation der neuzeitlichen Geschichte gefundenen »Gesetz der Emanzipation« und bestritt ihr aufgrund der historischen Einsicht in die Gesetzmäßigkeit des Fortschrittsprozesses die historische Legitimität. Als »Gesetz aller geschichtlichen Entwicklung« ist für Gervinus ein »regelmäßiger Fortschritt zu gewahren von der geistigen und bürgerlichen Freiheit der Einzelnen zu der der Mehreren und Vielen«.[25]

An sich ist eine derartige Bewertung politischen Handelns am Maßstab seiner Entsprechung mit historischen Entwicklungsverläufen nicht ungewöhnlich, sondern eher typisch für den Historismus; außergewöhnlich ist jedoch, daß er wie bei Gervinus in die Haltung einer gegenwartskritischen Opposition gerät. Gervinus bot die Einsicht in den Charakter historischer Verlaufsprozesse gegen eine politische Realität auf, die den historischen Erfolg in so überzeugender Weise für sich reklamieren konnte. Fragt man nach der Plausibilität der gegenwartskritischen Perspektive von Gervinus, ist zweierlei zu berücksichtigen: Zum einen prognostizierte Gervinus in überaus weitsichtiger Weise die politischen Kosten der unter Absage an liberale und demokratische Grundsätze erfolgenden deutschen Reichsgründung: »Dem, der die Tagesgeschichte nicht mit dem Auge des Tages, sondern mit dem Auge der Geschichte ansieht, erscheinen sie trächtig an unberechenbaren Gefahren, weil sie uns auf Wege führen, die der Natur unseres Volkes, und, was viel schlimmer ist, der Natur des ganzen Zeitalters zuwiderlaufen.«[26] Das deutsche Reich werde aus permanentem Mangel an innerer Legitimität, hervorgerufen durch die politische Ausgrenzung breiter Bevölkerungsgruppen, zur Aggression nach außen gezwungen sein und in große Kriege verwickelt werden.

Zum anderen war die von Gervinus in seiner »Einleitung« entworfene Entwicklungsvorstellung selbst nicht ohne jede Erfahrungsbasis. Gervinus beanspruchte, ein »reines Geschichtsbuch« und kein »Parteibuch« verfaßt zu haben; ein Anspruch freilich, der im Kontext des 1853 gegen ihn angestrengten Hochverratsprozesses von der Seite der badischen Staatsanwaltschaft angezweifelt wurde. Sie sah in den Thesen von Gervinus reine politische Demagogie bzw. Volksaufwiegelung und verfaßte ihre Anklageschrift »wegen Aufforderung zum Hochverrat und wegen Gefährdung der öffentlichen Ruhe und Ordnung«.[27]

Gervinus versuchte in seiner »Einleitung«, die politischen Ansprüche und Bestrebungen der unteren Volksschichten noch in sein Konzept historisch-politischer Entwicklungsprozesse zu integrieren. Er sah in ihnen nicht, wie viele andere Historisten, Ausbrüche einer gefährlichen politischen Irrationalität, sondern politische Artikulationsformen mit einer eigenen Vernunft, die keine Bedrohung der historischen Kontinuität von Fortschritt und politischer Emanzipation bedeuteten, sondern im Gegenteil deren konsequente Fortführung und Vollendung: »Die Emanzipation aller Gedrückten und Leidenden ist der Ruf des Jahrhunderts.«[28]

Gervinus thematisierte die historische Konstellation Deutschlands seit der Niederlage der Revolution von 1848 als Legitimationskrise des politischen Systems. Ihre Ursache war für ihn die Verweigerung politischer Partizipation und Demokratisierung durch den preußisch-deutschen Obrigkeitsstaat. Abhilfe erwartete er dagegen durch eine sukzessiv herbeigeführte politische Emanzipation aller Bevölkerungsgruppen und durch die Etablierung eines föderalistischen Gemeinwesens auf demokratischer Grundlage. Für die zunehmende Bedeutung ökonomisch-sozialer Probleme und Entwicklungstendenzen in Wirtschaft und Gesellschaft fehlte ihm jedoch der Blick. Darin bestand der Mangel und die zunehmende Unzulänglichkeit seiner historischen Entwicklungsperspektive. Den Bewegungsstrukturen und Determinanten der industriell geprägten Moderne konnte die Beschränktheit des Bezugsrahmens historischer Erkenntnis auf die Dimensionen politischen und kulturellen Handelns nicht mehr gerecht werden. Aufgrund dieser konzeptuellen Enge gelang es Gervinus trotz aller inhaltlichen Differenzen zu den dominierenden Strömungen des deutschen Historismus der zweiten Hälfte des 19. Jahrhunderts niemals, die internen Grenzen des Historismus zu überschreiten.

b) Die Modernisierungskrise als Krise der okzidentalen Kultur

Gegenüber Gervinus legte Burckhardt die Fundamente seiner Krisentheorie wesentlich tiefer: Statt einer nationalen Krise aufgrund politischer Modernisierungsrückstände sah Burckhardt eine Globalkrise der abendländischen Kultur und Zivilisation aufgrund einer zunehmenden Infizierung aller Lebensbereiche der modernen Welt mit den Organisationsprinzipien industriell-kapitalistischer Weltaneignung heraufziehen.[29] Burckhardt brachte den sich im 19. Jahrhundert verschärfenden Krisenzusammenhang der europäischen Moderne auf den Begriff des »Revolutionszeitalters«; er bemerkte, »daß eigentlich alles bis auf unsere Tage im Grunde lauter Revolutionszeitalter ist, und wir stehen vielleicht erst relativ an den Anfängen oder im zweiten Akt. ... Dieses aber scheint eine Bewegung werden zu wollen, die im Gegensatz zu aller Vergangenheit unseres Globus steht. ... Jetzt ... wissen wir, daß ein und derselbe Sturm, welcher seit 1789 die Menschheit faßte, auch uns weiterträgt.«[30] Die in diesen Sätzen ausgesprochene Erfahrung einer revolutionären Bedrohung der historischen Kontinuität Europas lag für Burckhardt im allmählichen Zersetzungsprozeß seiner Kultur begründet. Für ihn war ein geltungssicherer Bestand an geschichtlichen Traditionen die notwendige Voraussetzung für die Fortexistenz der europäischen Kultur. Er erfuhr seine Gegenwart als tiefgreifende Krise, weil Geschichte als zeitliches Kontinuum der europäischen Kulturentwicklung sich im Revolutionszeitalter aufzulösen begann. Seine geradezu menschheitsbedrohende Qualität gewann der zeitgenössische Kulturverlust für Burckhardt aus dem Umstand, daß die geschichtliche Existenz des Menschen überhaupt erst durch das Phänomen der

»Kultur« definiert ist. Die Geschichte der Menschheit resultiert aus ihrer Fähigkeit zur Kulturproduktion – eine Fähigkeit, die in der griechischen Antike entstanden war. ›Geschichte‹ als Gegenstand der historischen Erkenntnis beginnt für Burckhardt an dem weltgeschichtlichen Ort, an dem sich im Kontext menschlicher Arbeit erstmals ein »geistiger Überschuß« entbindet und sich in kulturelle Objektivationen hinein entäußert.[31] Diesem Phänomen, daß Geschichte als ein zeitlicher Prozeß, der Vergangenheit, Gegenwart und Zukunft zu einem einheitlichen, sinnvollen Kontinuum zusammenschließt, erst durch die Entstehung der Kultur möglich wird, trug Burckhardt auf der Ebene seines theoretischen Zugriffs auf die Geschichte Rechnung: »Unser Gegenstand ist diejenige Vergangenheit, welche deutlich mit Gegenwart und Zukunft zusammenhängt. Unsere leitende Idee ist der Gang der Kultur, die Sukzession der Bildungsstufen bei den verschiedenen Völkern und innerhalb der einzelnen Völker selbst.«[32] Über das Schicksal Europas entscheidet der Zustand seiner Kultur, an ihr läßt sich die Tendenz der historischen Entwicklung ablesen; sie ist daher »die Uhr, welche die Stunde verrät«.[33]

Es sind vor allem zwei Prozesse, die die kulturelle Tradition Europas in ihrer Substanz gefährden und die Brisanz der zeitgenössischen Krise ausmachen: zum einen eine zunehmende Monetarisierung kultureller und lebensweltlicher Zusammenhänge und Existenzformen des Menschen, die die Durchsetzung des industriellen Kapitalismus begleitet. Die alteuropäische Kultur wird durch den Prozeß der Modernisierung in ihren Funktionsmechanismen umgestellt auf die Prinzipien kommerziellen Erwerbs und Besitzes. Kultur, für Burckhardt das ehemals wichtigste Instrument der Menschheit zur Bildung und Identitätsfindung, das zentrale Erfahrungsfeld, »wo sie kennen lernt, was sie kann«[34], wird marginalisiert und verliert, zur Ware geworden, ihren substantiellen Gehalt für die Begründung menschlicher Lebensformen und sozialer Beziehungen, die nun über materielle Interessen organisiert werden. Das menschliche »Dasein« tendiert zum »Geschäft«.

Die zweite Ursache für die Krisen seiner Gegenwart und für noch größere in der Zukunft sind für Burckhardt die politischen Tendenzen, die den Modernisierungsprozeß begleiten: insbesondere die Herausbildung nationaler Großmächte und die erweiterten politischen Partizipationsmöglichkeiten größerer Bevölkerungsgruppen. Während er in der Entstehung eines Systems konkurrierender Nationalstaaten bereits die Zwangsläufigkeit großer Weltkriege angelegt sah, fühlte er sich im Innern durch die politische Irrationalität einer von ihm verachteten »Kopfzahlmasse« bedroht: »Seitdem die Politik auf innere Gährungen der Völker gegründet ist, hat alle Sicherheit ein Ende.«[35]

2. Epoche der kleindeutschen Schule

Die Staaten und Gesellschaften des Revolutionszeitalters hält Burckhardt prinzipiell für unfähig zur Begründung stabiler politischer Ordnungen. Nach dem Verlust traditioneller, göttlich sanktionierter Herrschaftsformen und Rechtsnormen sei es die »Schwäche der den Krisen gegenüberstehenden Rechtsüberzeugungen«, die die Hoffnung auf stabile und legitime politische Ordnungs- und Normensysteme hinfällig machten. Die Legitimationschancen, über die eine politische Ordnung verfügt, die sich auf die demokratische Zustimmung und Mitsprachemöglichkeit tendenziell Aller stützt, übersah Burckhardt vollständig.

Insgesamt ist der Stellenwert von Burckhardts Modernitätskritik sehr zwiespältig einzuschätzen: Seiner Sensibilität für die kulturellen Kosten des Modernisierungsprozesses steht eine äußerst selektive Wahrnehmung sowohl ihres normativen Gehalts als auch ihrer ökonomischen und politischen Chancen gegenüber. Auf die Probleme, die mit der Entstehung der modernen, industriell geprägten Arbeitswelt und parlamentarisch strukturierter Nationalstaaten einhergingen, konnte Burckhardt als ein den politischen und sozialen Strukturen Alteuropas Verpflichteter jedenfalls keine innovative historische Antwort geben.

Ganz im Gegenteil ist Burckhardt der erste Vertreter einer Theorietradition, die über so ungleiche Vertreter wie Friedrich Nietzsche, Max Horkheimer/ Theodor W. Adorno, Michel Foucault u.a. bis in unsere Gegenwart hineinreicht. Mit ihnen ist er sich darin einig, daß die »Moderne« kaum noch im aufklärerischen Sinne als Fortschritt und Rationalisierung gedeutet werden kann.

Burckhardt hat unter dem Eindruck des Modernisierungsprozesses dessen Grundlage und Ursprungsort, die aufklärerische Idee der menschlichen Subjektivität, Freiheit und Vernunft, negiert und die durch sie geprägte Epoche der Neuzeit als Verlustgeschichte interpretiert.[36] Mit ihrem Aufkommen verknüpfte Burckhardt nicht mehr die Hoffnung aufkommender Freiheit und einer vernünftigen Regelung menschlicher Verhältnisse, sondern geradezu die Furcht vor einer Zerstörung der Grundlagen der gesamten menschlichen Existenz. Die Krise seiner Gegenwart sah er heraufbeschworen durch die Unterwerfung von Natur, Staat und Gesellschaft unter die Verfügbarkeit des menschlichen Willens: »Die furchtbar gesteigerte Berechtigung des Individuums besteht darin: cogito (ob richtig oder falsch gilt gleich) ergo regno.«[37]

In seiner Spätphase interpretierte Burckhardt – durchaus in der Form einer Selbstkorrektur gegenüber seinem Werk »Die Kultur der Renaissance in Italien« – den gesamten und sich im 19. Jahrhundert beschleunigenden Krisenprozeß der Neuzeit als eine historische Einheit, die mit dem Aufkommen dieses subjektiven Selbstbewußtseins im Zeitalter der Renaissance beginnt: »Es ist noch nicht lange her, daß man die Epoche von 1450 bis 1598 wesentlich in optimistischem Sinne betrachtete und denjenigen ›Fortschritt‹ mit ihr beginnen ließ, in dessen weiterer Ausdehnung und Ausbildung man selber zu leben glaubte. ... Im Hinblick auf die in Aussicht stehenden Krisen des sinkenden 19. Jahrhunderts sind diese angenehmen Räsonnements zu Boden gesunken, und über die Wünschbarkeit der Ereignisse und Entwicklungen seit 1450 in Beziehung auf uns haben wir Ursache, uns behutsamer zu äußern, ja den Begriff der Wünschbarkeit des Vergangenen gänzlich aufzugeben.«[38] Burckhardt besaß nicht mehr das Vertrauen in die Sinnhaftigkeit des historischen Prozesses, die der traditionelle Historismus noch dadurch garantiert gesehen hatte, daß sich Geschichte als zunehmende Realisierung von Ideen, vor allem der Idee der Freiheit, begreifen ließ.

Demgegenüber verabschiedete Burckhardt alle an genetischen Entwicklungs- und Fortschrittskategorien orientierten Zeitverlaufsvorstellungen. An die Stelle eines Fortschrittskonzepts setzte er die Vorstellung von Geschichte als Resultat eines menschlichen Handelns, das durch eine anthropologisch fixierte Trieb- und Bedürfnisnatur des Menschen reguliert wird: »Unser Ausgangspunkt ist der vom einzigen bleibenden und für uns möglichen Zentrum, vom duldenden, strebenden und handelnden Menschen, wie er ist und immer war und sein wird; daher unsere Betrachtung gewissermaßen pathologisch sein wird. Die Geschichtsphilosophen betrachten das Vergangene als Gegensatz und Vorstufe zu uns als Entwickelten; – wir betrachten das sich Wiederholende, Konstante, Typische als ein in uns Anklingendes und Verständliches.«[39]

Mit gewisser Zwangsläufigkeit hatte diese Anthropologisierung der Geschichte, die Ansiedlung der Triebkräfte der historischen Entwicklung in der Immanenz des menschlichen Seins, eine Naturalisierung historischer Verlaufsprozesse zur Folge. So ist für Burckhardt zum Beispiel die eruptive Krisenhaftigkeit der Geschichte im »Drang zu großer Veränderung in dem Menschen« begründet. Geschichte wird nicht mehr geprägt durch die Existenz und Wirksamkeit von Ideen, sondern eher durch eine menschliche Natur, in der in einer Art Gemengelage die »Potenz« zur Kulturproduktion, aber gleichermaßen der Trieb zur Machtausübung, Unterdrückung und ein unstillbares materielles Erwerbsstreben beschlossen liegen. Die Pathologien der Moderne sind im Menschsein bereits angelegt, sie bestehen in einer Verschiebung der anthropologischen Gewichte zugunsten der Prinzipien von Macht- und Erwerbsstreben und zuungunsten der Fähigkeit zu geistig-kultureller Produktion.

Aus diesem Grunde erwartete Burckhardt eine Besserung der geschichtlichen Situation auch nur durch eine Rückkehr des Menschen zu seiner »eigentlichen« Natur, in der erneut ein kulturelles Selbstbewußtsein und die Tradition der alteuropäischen Kultur ihren Platz fände: »Es können Zeiten des Schreckens und tiefsten Elends kommen. Wir möchten gerne die Welle kennen, auf welcher wir im Ozean treiben, allein wir sind die Welle selbst. Aber zum Untergang ist die Menschheit nach nicht bestimmt, und die Natur schafft so gütig wie jemals. Wenn aber beim Elend noch ein Glück sein soll, so kann es nur ein geistiges sein, rückwärts gewandt zur Rettung der Bildung früherer Zeit, vorwärts gewandt zur heitern und unverdrossenen Vertretung des Geistes in einer Zeit, die sonst gänzlich dem Stoff anheimfallen könnte.«[40]

Damit ist zugleich der Ort bezeichnet, an dem historisches Denken und Geschichtsschreibung für Burckhardt ihre Bedeutung gewinnen. Sie dienen der Erinnerung und der Tradierung der alteuropäischen Kultur in einer Situation ihres drohenden Verlustes. Burckhardt hat dieser Bedeutung von Historiographie als Kulturgeschichte in einer ganzen Reihe klassisch gewordener Werke Ausdruck verliehen.[41] Nur die Ausschnitte der Vergangenheit waren für Burckhardt von Interesse, die sich in kulturellen Objektivationen manifestiert haben und die als ästhetische Zeugen der vergangenen alteuropäischen Kultur in die Gegenwart hineinragen. Daher rührt der eigentümlich unpolitische, ja kontemplative Charakter seiner Geschichtsschreibung, die ihren Impuls aus der »Sehnsucht nach dem Untergegangenen«, der europäischen Kultur der Vormoderne, bezieht und politische bzw. soziale Faktoren der Vergangenheit weitgehend ausblendet. Für das Selbstverständnis und die Orientierungsversuche seiner Gegenwart sind sie ohne Belang.

Für Burckhardt war die Herstellung einer kulturellen Kontinuität zwischen Gegenwart und Vergangenheit unbedingt notwendig, um der modernen Kultur ein Überleben zu ermöglichen, und das historische Denken erachtete er als das dafür unverzichtbare Organ: »Diese Kontinuität ist aber ein wesentliches Interesse unseres Menschendaseins und ein metaphysischer Beweis für die Bedeutung seiner Dauer; denn ob Zusammenhang des Geistigen auch ohne unser Wissen davon vorhanden wäre, in einem Organ, das wir nicht kennen, das wissen wir nicht und können uns jedenfalls keine Vorstellung davon machen, müssen also dringend wünschen, daß das Bewußtsein jenes Zusammenhangs in uns lebe.«[42]

c) Die Modernisierungskrise als soziale Krise

Von drei Strömungen des Historismus sind in der zweiten Hälfte des 19. Jahrhunderts die Probleme aufgegriffen worden, die mit der Entstehung der »sozialen Frage« einhergingen. Sie thematisierten die Modernisierungskrise dieser Zeit als Krise des sozialen Systems. Auf der einen Seite handelt es sich um Lorenz von Stein, der als der eigentliche Begründer einer deutschen Gesellschaftswissenschaft gilt. Eine zweite Variante wird durch den radikaldemokratischen Historiker und Schlosser-Schüler Karl Hagen repräsentiert. Schließlich ist noch die sogenannte ältere historische Schule der deutschen Nationalökonomie – vertreten durch Wilhelm Roscher, Bruno Hildebrand sowie Karl Knies – in diesem Zusammenhang zu nennen.

Trotz der durchaus unterschiedlichen Stoßrichtungen ihres Werkes, die wir hier nicht im einzelnen verfolgen können, läßt sich ein gemeinsames Merkmal ihrer Historiographie ausmachen: Sie alle sahen ihre Gegenwart und die sie kennzeichnenden Krisenphänomene und Probleme nicht mehr im wesentlichen durch politisches Handeln dominiert, also etwa durch die Auseinandersetzung zwischen konkurrierenden Gruppen im Innern politischer Systeme oder durch die internationalen Konflikte zwischen den einzelnen Mächten des europäischen Staatensystems. Stattdessen gelangten sie zu der Einsicht, daß die Konfliktlagen ihrer Gegenwart in den sozial und ökonomisch determinierten Problemen der modernen Industriegesellschaft angelegt waren. Die eigentliche Schrittmacherrolle der geschichtlichen Entwicklung hatte für diese Strömungen des Historismus der soziale Antagonismus zwischen den verschiedenen gesellschaftlichen Klassen übernommen; von diesem sozioökonomischen Grundwiderspruch der modernen Gesellschaft seien alle übrigen Konfliktpotentiale der Zeit abzuleiten: »Das nun ist der eigentliche Charakter, die geistige Stufe unserer Zeit, daß sie zum Bewußtsein des Daseins einer gesellschaftlichen Ordnung gekommen ist und die Herrschaft dieser Ordnung über Staat und Recht zu begreifen anfängt. Dieses Bewußtsein beginnt, die Bewegungen der Völker zu durchdringen, und dadurch fangen diese Bewegungen an, die Staatsgewalt als Mittel für gesellschaftliche Förderung, als Waffe in den gesellschaftlichen Kämpfen, als Bedingung gesellschaftlicher Freiheit zu betrachten. Der Kampf der einen Klasse gegen die andere geht deshalb dahin, für sich die verfassungsmäßige Staatsgewalt zu gewinnen und die andere davon auszuschließen. Das Ziel dieses Kampfes ist der Gedanke, die durch denselben gewonnene Staatsgewalt so zu ordnen und zu leiten, daß sie den sozialen Zwecken der sie besitzenden gesellschaftlichen Klasse diene. Diesem Gesetze kann sich keine politische Bewegung entziehen.«[43]

Der weiterhin am ›Primat des Politischen‹ orientierte Historismus reagierte auf dieses neue historiographisch artikulierte Problembewußtsein von der geschichtlichen Bedeutung sozialer Faktoren als den eigentlichen Triebkräften des historischen Prozesses mit dem Vorwurf einer »Überschätzung der materiellen Lebenszwecke«, aufgrund deren »die geistigen oder idealen Güter beinahe verschwinden«.[44] Dabei wurde jedoch übersehen, daß diese Positionen des Historismus in der Lage waren, Schwächen des politischen und kulturgeschichtlichen Historismus im Hinblick auf eine angemessene Interpretation der Strukturen und Antriebskräfte der modernen Gesellschaft zu überwinden.

Die Entstehung dieser ›sozialgeschichtlichen‹ Variante des deutschen Historismus in der zweiten Hälfte des 19. Jahrhunderts liegt unseres Erachtens vor allem in zwei irritierenden Gegenwartserfahrungen begründet:

Zum einen war man mit dem Scheitern der eigenen historischen Fortschrittskonzeption konfrontiert. Aus den geschichtlichen Zeitverläufen jener Zeit hatte sich für den Historismus der ersten Hälfte des 19. Jahrhunderts die Tendenz einer zunehmenden Freiheit des Menschen im Rahmen des bürgerlichen Nationalstaates auf dem Boden liberaler Rechts- und Verfassungsprinzipien herauslesen lassen. Diese Konvergenz von geschichtlicher Entwicklung und politischer Freiheit wurde in der zweiten Hälfte des 19. Jahrhunderts von den Vertretern des kleindeutschen Historismus auch weiterhin behauptet. Für die Vertreter des ›sozialen‹ Historismus begann jedoch die historische Erfahrung seit der Jahrhundertmitte dieser Sinnvermutung deutlich zu widersprechen. Die Entstehung der bürgerlichen Gesellschaft, die sich damals in allen europäischen Ländern abzeichnete, garantierte aus ihrer Sicht keineswegs den historisch erhofften Fortschritt der menschlichen Freiheit, sondern verursachte ein bisher nicht gekanntes Maß an Unterdrückung und sozialem Elend. Die bürgerliche Gesellschaft emanzipierte sich zwar aus traditionellen, ständisch-korporativen Bindungen, setzte jedoch gleichzeitig mit ihrem Prinzip der formalen Rechtsgleichheit die Individuen in ihre natürliche Ungleichheit frei. Ihre Entstehung führte offensichtlich aus dem Regen politisch-rechtlicher Unterprivilegierung in die Traufe sozialer Verelendung und einer weiterhin ungleichen Verteilung von Besitz und materiellen Lebenschancen: »Eben darin bestand das Unglück, daß dies (der Erwerb von Besitz, die Verf.) einer ganzen Klasse von Menschen, den sogenannten Proletariern, gar nicht mehr möglich war, daß diese dazu verdammt schienen, gleich den Heloten der Spartaner einen erblichen Stand auszumachen, der theoretisch zwar frei, aber praktisch gänzlich unfrei war.«[45]

Der Einbruch der sozialen Frage drohte für die Vertreter des ›sozialen‹ Historismus in die Auswegslosigkeit einer Systemkrise zu münden, die das Steuerungspotential der bürgerlichen Gesellschaft sprengte und nicht mehr zu bewältigen war.

Zum anderen wurde der Historismus mit der Entstehung des Sozialismus (im Sinne einer theoretischen und praktischen Bewegung) konfrontiert, die den geschichtlichen Wandel, der zur bürgerlichen Gesellschaft der Gegenwart geführt hatte, als einen sich steigernden Unterdrückungszusammenhang interpretierte, aus dem sich nur im Zuge einer sozialen Revolution ausbrechen ließe, die das bürgerliche System im ganzen überwinden würde.

Der ›soziale‹ Historismus war der Versuch, in dieser prekären historischen Konstellation ein historisches Orientierungswissen bereitzustellen, um einerseits gegenüber der Entstehung der sozialen Frage der zeitgenössischen Gegenwart noch handlungs- und deutungsfähig zu bleiben und um andererseits gegenüber der sozialistischen Gefahr eines revolutionären Kontinuitätsbruchs die Notwendigkeit und Möglichkeit einer politischen, sozialen und kulturellen Kontinuität zu erweisen. Dieses Orientierungswissen zielte darauf ab, der bürgerlichen Gesellschaft im Angesicht ihrer gleichzeitig sozialen und sozialistischen Bedrohung Handlungs- und Deutungsfähigkeit zu garantieren.

1. Zu diesem Zweck mußte die Gegenwart einerseits als eine historische Situation ausgewiesen werden können, die sich den Steuerungsmechanismen der bürgerlichen Gesellschaft nicht grundsätzlich entzog. Die »soziale Frage« mußte sich als eine Krise deuten lassen, die die Handlungskompetenz der Gegenwart nicht prinzipiell überforderte. In diesem Sinne betonten diese Vertreter des Historismus den Primat der Kultur gegenüber den sozioökonomischen Faktoren der Gesellschaft. Sie deklarierten die wirtschaftlichen System- und Strukturzwänge ihrer Zeit zu Bedingungen des Fortschritts der modernen Kultur. In diesem Sinne betonte Hildebrand, »daß das wirtschaftliche Leben der Völker einer gesetzlichen Entwicklung zu immer höherer Kultur unterworfen ist«.[46] Gegenüber diesem gesetzmäßigen Kulturfortschritt nahm die soziale Problematik jener Zeit für den Historismus – anders als beispielsweise für Marx, der sie in den Strukturprinzipien der bürgerlich-kapitalistischen Produktionsweise begründet sah – den, wenn auch schmerzlichen, Übergangsstatus eines »momentanen Leidens« an; es handelte sich lediglich um »die Geburtsschmerzen jener neuen Epoche«, die als das wahrhaft bürgerliche Zeitalter der Zukunft erhofft und erwartet werden konnte.[47]

Indem der ›soziale‹ Historismus auch die historische Realität sozialer und ökonomischer Prozesse im wesentlichen als Resultat des menschlichen Geistes und seines Wirkens in der Geschichte interpretierte, blieb er grundsätzlich auf dem Boden des historistischen Denkens. Methodologisch äußert sich dies in seiner deutlichen Differenz gegenüber der materialistischen, beim ›wirklichen‹, arbeitenden und besitzenden Menschen ansetzenden Wissenschaft der politischen Ökonomie sowohl in ihrer bürgerlichen Variante bei Adam Smith als auch in ihrer sozialistischen Variante bei Marx und Engels. Die Vertreter des ›sozialen‹ Historismus betonten die Notwendigkeit eines hermeneutischen Zugriffs auf die sozio-ökonomische Welt und betrieben »die politische Ökonomie vom Standpunkte der geschichtlichen Methode«.[48] Sie verstanden den Gegenstand ihrer Wissenschaft – Wirtschaft und Gesellschaft – nicht als einen Strukturzusammenhang, der den historischen Prozeß weitgehend unabhängig von Absichten, Denken und Handeln der Menschen vorantreibt und ihn als ein ›objektiver‹ Bedingungszusammenhang determiniert, der allein mit dem analytischen Instrumentarium der politischen Ökonomie erschlossen werden muß. Vielmehr interpretierten sie die historischen Phänomene im Kontext von Wirtschaft und Gesellschaft selber als Produkte des menschlichen Handelns und eines Fortschritts der Kultur, die in ihrer geschichtlichen Qualität »verstanden«, d. h. mit den Mitteln der hermeneutischen Methode erschlossen werden können und müssen. Aufgrund seiner Vorstellung vom ›sinnhaften‹ Aufbau der sozialen und ökonomischen Welt verstand sich der ›soziale‹ Historismus als eine »ethische Wissenschaft«.[49]

Die ethische Struktur der historistischen Analyse von Wirtschaft und Gesellschaft ergibt sich daraus, daß Wirtschaft und Gesellschaft selbst immer schon »ethisch« konstituiert sind; sie unterstehen den Gesetzen, die sich ein sittliches Ganzes (ein Volk, ein Staat, eine Gesellschaft, eine Kultur) jeweils historisch gegeben hat und gibt. Gleichzeitig ist mit der Erhebung des Historismus in den Rang einer ethischen Wissenschaft die Aufgabe jeder Analyse von Wirtschaft und Gesellschaft umrissen: Sie dient der Aufklärung über die sozialen und ökonomischen Bedingungen, die zum Erhalt der modernen Kultur und zur Entschärfung ihres Krisenpotentials notwendig sind; es handelt sich bei ihr um eine Stabilisationswissenschaft der bürgerlichen Gesellschaft.

2. Damit kommen wir zum zweiten Strukturmerkmal des ›sozialen‹ Historismus: Gegenüber der sozialistischen These einer zukünftigen revolutionären Aufhebung des Widerspruchs der bürgerlich-kapitalistischen Gesellschaft versuchte er die Krise der Gegenwart als eine auf evolutionärem Wege und unter Vermeidung eines jeglichen revolutionären Kontinuitätsbruchs lösbare zu erweisen. Zwischen den Polen einer sozialistischen Revolution einerseits und einer auf Gewalt und Verelendung des Proletariats basierenden – und deshalb unweigerlich labilen – bürgerlichen Klassengesellschaft andererseits favorisierte der ›soziale‹ Historismus den Weg einer sozialstaatlichen Integration der

Unterschichten in das System der bürgerlichen Gesellschaft als den Königsweg in die Zukunft der modernen Kultur.

Die Vorstellungen von den institutionellen Strukturen, die diese Entwicklungschance der bürgerlichen Gesellschaft garantieren sollten, konnten dabei sehr unterschiedliche sein. Lorenz von Steins Empfehlung besagte, der Staat solle durch ein sozialtechnisch motiviertes Verwaltungshandeln seiner Institutionen die politischen Bestrebungen der Unterschichten durch deren materielle Befriedigung unterhalb der Schwelle ihrer Politisierung halten. Und während die ältere historische Schule der deutschen Nationalökonomie eine krisenvorsorgende Wirtschaftspolitik als das probate Mittel ansah, einen angeblich ›organischen‹ Gleichgewichtszustand des politischen und sozialen Systems zu stabilisieren, befürwortete einzig Karl Hagen einen zukunftsgerichteten und konsequent demokratischen Weg aus der sozialen Krise seiner Zeit. Eine wirkliche Versöhnung der Widersprüche und eine echte Integration der Unterschichten in die bürgerliche Gesellschaft war für ihn allein auf dem politischen Boden einer demokratisch organisierten »sozialen Republik« möglich.

Normative Grundlage blieb in jedem Falle das Ideal des autonomen bürgerlichen Subjekts, das in der sittlichen Ordnung der bürgerlichen Gesellschaft und des bürgerlichen Staates geschichtliche Wirklichkeit wird. Der proletarische »Naturmensch« sollte durch sittliche »Veredelung«, »Hebung«, »Bildung« aus dem Stand seines rohen, kreatürlichen, triebhaften Daseins entlassen und dadurch zu einem vollwertigen Mitglied des bürgerlich-sittlichen Ganzen werden.

3. Die Außenseiter in der Epoche der Ranke-Renaissance

Auch in der durch die Neo-Rankeaner dominierten Periode verfügte der deutsche Historismus über ein breiteres Spektrum an Positionen, als es die Rede von einer einseitig an politischen Phänomenen bzw. am ›Primat der Außenpolitik‹ orientierten Geschichtskonzeption nahelegt. Auch hier handelt es sich um historiographische Strömungen, die sich durch eine alternative Interpretation politischer Entwicklungen auszeichneten, die ein ideen- und kulturhistorisches Interesse geltend machten oder die sich auf die Analyse sozioökonomischer Faktoren des geschichtlichen Wandels konzentrierten.

Allgemein ist die Stellung dieser vielfach randständigen Gruppierungen innerhalb des deutschen Historismus durch eine immer rigider werdende Ausgrenzung aus der ›community of investigators‹ gekennzeichnet. Die Unterdrückungsmechanismen reichten hierbei von politischer Denunziation (wie im Falle Veit Valentins), systematischer Karriereverhinderung (wie im Falle Eckart Kehrs und Gustav Mayers) bis zu erzwungener Emigration. Nach 1933 befanden sich fast alle Außenseiter des Historismus im politischen Exil, zumeist in den USA.

In unserem Zusammenhang kann nur an einige der wichtigsten erinnert werden:

1. Zum einen handelt es sich um Historiker, die die deutsche Geschichte des späten 19. und des 20. Jahrhunderts als einen zunehmend verhängnisvollen Sonderweg interpretierten und dessen Nachteile betonten. Ein Beispiel dafür ist Veit Valentin mit seiner zweibändigen »Geschichte der deutschen Revolution von 1848/49« (Berlin 1930/31), die an den Liberalismus von 1848 als mögliche Alternative zum Bismarckschen Machtstaat erinnerte. Gustav Mayers Arbeiten zum politischen Innovationspotential des bürgerlichen Radikalismus und der frühen deutschen Arbeiterbewegung versuchten ebenfalls demokratische bzw. sozialdemokratische Traditionen in der Zeit eines zunehmenden Antidemokratismus, Antikommunismus und Totalitarismus als Bestandteil und Korrektiv der deutschen Geschichte ins Gedächtnis zu rufen.[50] Schließlich lassen sich die Schriften der Historiker Erich Eyck, Franz Schnabel und Johannes Ziekursch als weitere Beispiele eines Historismus mit einem unübersehbar kritischen Akzent gegenüber dem deutschen Weg in die Moderne anführen.[51]

2. Eine weitere in diesen Zusammenhang gehörende Strömung des Historismus entwickelte das von Friedrich Meinecke entworfene Konzept einer politischen Ideengeschichte in produktiver Weise weiter. Meinecke, in der Weimarer Republik als Ordinarius in Berlin und Herausgeber der »Historischen Zeitschrift« der führende deutsche Historiker, reagierte auf die politischen Erfahrungen des ›massendemokratischen‹ Zeitalters mit der Abwendung von einem rein politischen Historismus zugunsten einer Geschichte der Ideen. Die allgemeine Entwicklungstendenz der Geschichte ließ sich für Meinecke nicht mehr aus den Prozessen des politischen Handelns erkennen, sondern eher in Form einer »Höhenwanderung«, einer geistesgeschichtlichen Rekonstruktion der Gedanken und Ideen schöpferischer, geistig-potenter Individuen als den eigentlichen Triebkräften der Geschichte begreifen. Die Dynamik und Entwicklungsrichtung des geschichtlichen Wandels war für Meinecke geprägt durch die Weichenstellungen, mit denen die großen Individuen geistig in die Geschichte eingreifen; mit ihnen »beginnen, wie die historische Erfahrung lehrt, alle großen Massenbewegungen; von den Wenigen sickert es zu den Vielen hinunter«.[52]

Meinecke favorisierte eine ideengeschichtlich sublimierte Variante des historistischen Prinzips »große Männer machen Geschichte«; seine

Ideengeschichte »stellt dar, was der denkende Mensch aus dem, was er geschichtlich erlebte, gemacht hat, wie er es geistig bewältigt, welche ideellen Konsequenzen er daraus gezogen hat, gewissermaßen also die Spiegelung der Essenz des Geschehens in den Geistern, die auf das Essentielle des Lebens gerichtet sind«.[53]

Dieses ideengeschichtliche Konzept Meineckes besaß gegenüber dem dominierenden, an dem Primat des Politischen orientierten Historismus durchaus oppositionelle Züge, die sich in einem teilweise gespannten Verhältnis Meineckes zu anderen Vertretern der Zunft äußerten. Das eigentlich innovatorische Potential der Ideengeschichte kam jedoch erst zum Vorschein, als einige Schüler Meineckes (z. B. Hans Baron, Dietrich Gerhard, Felix Gilbert, Hajo Holborn, Gerhard Masur, Hans Rosenberg) in der Emigration mit einer amerikanischen Tradition geistesgeschichtlicher Forschungsweisen konfrontiert wurden und unter ihrem Eindruck den bildungsaristokratischen Charakter von Ideengeschichte in der Tradition Meineckes zugunsten einer Öffnung zu sozial- und mentalitätsgeschichtlichen Forschungsansätzen ablegten.

In Amerika existierte bereits eine intakte, von Vertretern der »New History« vorangetriebene, weitgehend politik- und sozialgeschichtlich angelegte Ideen- und Ideologieforschung, die die Rolle und Bedeutung kollektiver Mentalitäten und Einstellungsmuster im Modernisierungsprozeß der europäischen und nordamerikanischen Gesellschaft akzentuierte. Diese Bemühungen schlugen sich 1940 in der Gründung eines eigenen Organs, der Zeitschrift »Journal for the History of Ideas« nieder, bereits unter Beteiligung deutscher Emigranten. Durch diese gelungene Integration historistischer und sozialgeschichtlicher Forschungsansätze kristallisierte sich allmählich das Konzept einer »intellectual history«, einer »social history of ideas« heraus, der es um eine Analyse des Zusammenhangs zwischen kulturellen Ideen und sozioökonomischen Faktoren des gesellschaftlichen Wandels ging.[54]

3. Angesichts der heute weitverbreiteten Vorstellung vom Historismus als einer am Primat des Politischen orientierten Geschichtskonzeption überrascht es, in welchem Ausmaß am Ende des 19. und im ersten Drittel des 20. Jahrhunderts sozialgeschichtliche Forschungen betrieben worden sind.[55]

Am wichtigsten und bekanntesten ist in diesem Zusammenhang Gustav Schmoller (1838-1917), das Haupt der jüngeren historischen Schule der deutschen Nationalökonomie. Ähnlich wie der sozialgeschichtliche Historismus der Jahrhundertmitte setzte auch der Kathedersozialist Schmoller bei der sozialen Frage an, mit der Absicht, der Gefahr eines revolutionären Kontinuitätsbruchs der bürgerlichen Gesellschaft auf dem Boden ihrer historisch erkannten sozialen und öko-

3. Epoche der Ranke-Renaissance

nomischen Entwicklungsprozesse zu begegnen. Diesem sozialtherapeutischen Ziel diente der 1872 unter Beteiligung Schmollers gegründete »Verein für Sozialpolitik«, der eine sozialstaatliche Kanalisierung und Domestizierung des sich verschärfenden Klassenkonflikts als Zukunftsperspektive der bürgerlichen Gesellschaft nahelegte.

Eine neue Qualität erlangte die sozialhistorische Forschung innerhalb des deutschen Historismus bei dem Schmoller- und Droysen-Schüler Otto Hintze (1861-1940), der sich den theoretischen und methodologischen Problemen der Sozialgeschiche zuwandte. Er erkannte deutlich, daß die Interpretation sozialer und ökonomischer Problemzusammenhänge nicht nur eine thematische Erweiterung der historistischen Geschichtswissenschaft bedeutete, sondern gleichzeitig eine Ergänzung und Innovation ihres im wesentlichen hermeneutisch geprägten Methodenkonzepts erforderlich machte. Hintze erstrebte eine Synthese der verstehenden und erklärenden Methoden der historischen Forschung. Die Erkenntnis »kollektiver« Phänomene und struktureller »Zweckzusammenhänge«, die sich nicht als Ergebnisse menschlicher Intentionen und Handlungen deuten lassen, sondern als »objektive Verhältnisse« geradezu menschliches Handeln determinieren, machte für Hintze neben dem »forschenden Verstehen« analytisch-erklärende Interpretationsverfahren notwendig: »Es bedarf eben verschiedener, nach den Objekten wechselnder, aber zugleich doch auch von dem betrachtenden Subjekt und seiner Denkrichtung bestimmter Schemata, um den ungeheuer vielgestaltigen und komplizierten Inhalt des Weltgeschehens in eine für unser Denkvermögen faßbare Form zu bringen.«[56]

Der Historismus konnte für Hintze nur unter der Voraussetzung ein tragfähiges Paradigma der historischen Forschung bleiben, daß er sich in undogmatischer Weise dem Methoden- und Theoriearsenal der soziologischen Wissenschaften systematisch öffnete und die interpretatorischen Engpässe eines rein »politischen« Historismus zugunsten einer »allgemeinen Staats- und Gesellschaftslehre« mithilfe einer Synthese hermeneutischer und analytischer Methoden überwand.[57]

Während es Hintze jedoch noch bei seiner theoretischen und methodologischen Öffnung gegenüber der Soziologie (vor allem gegenüber dem Werk Max Webers) darum ging, die Analysefähigkeit des Historismus hinsichtlich der Probleme moderner Gesellschaften zu erhalten, betonte Eckart Kehr (1902-1933) die Notwendigkeit einer vollständigen Transformation des Historismus hin zu einer Geschichtswissenschaft als sozialwissenschaftlicher Disziplin – Kehr beabsichtigte, »neue Historie« auf einer neuen methodologischen und theoretischen Basis zu betreiben.[58] Ihn interessierte die überragende Bedeutung materieller Interessen und sozio-ökonomischer Bedingungen für die modernen Staaten und Gesellschaften seit der Entstehung des Kapitalismus. Durch sie als die dominanten Faktoren des geschichtlichen Wandlungsprozesses und nicht etwa durch politische Entscheidungen im historistischen Sinne oder gar durch die ›Ideen‹ großer Männer erlangte die Geschichte für Kehr ihre Dynamik, – ein geschichtstheoretisches Axiom, das seine Dissertation über die deutsche Flottenpolitik im Zeitalter des Imperialismus empirisch bestätigen sollte.[59]

Die These, daß die eigentlichen Bewegungsmächte der modernen Welt in sozialen Antagonismen und ökonomischen Strukturzusammenhängen verankert seien, versuchte Kehr in den folgenden Jahren auch am Beispiel der preußischen Reformen des Freiherrn vom Stein – einem Aushängeschild der historistischen Forschungskompetenz – weiter zu erhärten; dort wollte er auf der Grundlage umfangreicher Quellenstudien zeigen, »daß in der Reformzeit nicht Ethik und bürgerliche Phraseologie des 19. Jahrhunderts ihren Grund haben, daß damals auch so etwas wie ein verflucht unethischer und unidealistischer Kapitalismus sich entfaltet hat, der auf die Firma Schleiermacher, Fichte etc. ... G.m. beschränktem Horizont pfiff«.[60]

Während sich Kehr ähnlich wie Hintze bei seinem Versuch einer Überwindung des Historismus am Werk und an der Methode Max Webers orientierte, zog Arthur Rosenberg (1889-1943), der schließlich noch als dritter Vertreter einer sozialhistorischen Überwindung des Historismus genannt werden soll, wichtige Anregungen aus dem Historischen Materialismus. Eine werkgeschichtliche Interpretation Rosenbergs verdeutlicht, daß sich insgesamt drei scharf voneinander unterscheidbare Schaffensperioden Rosenbergs ausmachen lassen.[61] Rosenberg begann als konzeptionell noch voll in das historistische Denken integrierter Althistoriker.[62] Einen radikalen Kurswechsel vollzog er unter dem Eindruck der Revolution von 1918, nach deren Beginn seine wissenschaftliche Betätigung vollständig hinter seinem politisch-publizistischen Engagement als marxistisch inspirierter Intellektueller zurücktrat. Seit 1924 vertrat er die KPD als Abgeordneter im Reichstag. Den Beginn der dritten Schaffensperiode kennzeichnet sein 1927 vollzogener Rückzug aus der Kommunistischen Partei Deutschlands und aus dem politischen Leben insgesamt. Hier begann erst die historiographiegeschichtlich interessante Phase seines Denkens: Sie ist durch den Versuch einer Vermittlung seiner politischen Interessen als unorthodoxer Marxist mit seinen wissenschaftlichen Arbeiten gekennzeichnet. Produkt dieser Phase waren seine reifen Werke zur Geschichte des Deutschen Kaiserreiches und der Weimarer Republik.[63] Sie basieren theoretisch und methodisch auf einer undogmatischen Interpretation des Historischen Materialismus, die sich von den Orthodoxien Kautskys und Stalins vorteilhaft abhebt. Insbesondere sind sie durch die vollständige Ablehnung eines Basis-Überbau-Dogmatismus und aller »nomologischen« Elemente des Marxismus geprägt, die in den Entwicklungsprozeß der modernen Gesellschaft eine Gesetzmäßigkeit hineinzuinterpretieren suchten. An die Stelle einer solchen Gesetzmäßigkeitsdoktrin setzte Rosenberg ein offenes gesellschaftstheoretisches und -historisches Analysemodell, das die geschichtliche Entwicklung als ein flexibles Interdependenzverhältnis ökonomischer, politischer, sozialer und kultureller Teilprozesse zu rekonstruieren gestattet.

Man könnte vielleicht sagen, daß es Rosenbergs historistisches Erbe war, das ihn vor einer Dogmatisierung des Historischen Materialismus bewahrt hat. Dies zeigt sich vor allem an seiner Betonung der Bedeutung des menschlichen Handelns und der Kultur innerhalb des historischen Prozesses. Für Rosenberg blieb der Mensch jenseits seiner nicht zu leugnenden Determinierung durch sozial-strukturelle Faktoren das Handlungssubjekt des geschichtlichen Wandels und als solches auch das Referenzsubjekt der historischen Erkenntnis. Gegenüber einem marxistischen Objektivismus, der die Geschichte zu einem System struktureller Zwänge und gesetzmäßig ablaufender Prozesse dehumanisiert, beharrte Rosenberg auf der Überzeugung, daß die Geschichte als Resultat eines nicht vollständig determinierten, sondern immer auch kulturell (›geistig‹) definierten Handelns von Individuen und sozialen Gruppen gedeutet werden kann.

Hinter der Behauptung der ›Kultur‹ (eines Handlungsfeldes also, das ein orthodoxer Marxismus nur dem Phänomenbestand der Ideologien – dem ›Überbau‹ – zuzurechnen vermag) als eines gegenüber Ökonomie, Politik und Gesellschaft prinzipiell gleichrangigen Faktors des geschichtlichen Wandels und der historischen Erfahrung steht der Versuch Rosenbergs, wesentliche Elemente des Marxismus und des Historismus zum Nutzen beider zu verbinden; die Umrisse eines »marxistischen Historismus« sind im Werk Rosenbergs insofern angelegt.

Die Frage, die sich im Anschluß an diesen Versuch einer Ausdifferenzierung des Historismus zu einer Vielzahl konkurrierender Strömungen stellt, ist die nach seinen Grenzen. Diese Frage ist bisher unbeantwortet geblieben.

Hintze, Kehr und Rosenberg haben die Grenzen des Historismus heuristisch, methodisch und theoretisch markiert, ja ihr Werk hat diese Grenzen bereits particll transzendiert.[64] Die Frage nach den Grenzen und nach der Überwindung des Historismus durch andere Theoriekonzepte der historischen Forschung wird uns abschließend beschäftigen. Zu diesem Zweck soll zunächst der Lamprecht-Streit untersucht werden, die erste große Grundlagenkrise der deutschen Geschichtswissenschaft, in deren Verlauf der Historismus erstmals frontal und umfassend infragegestellt worden ist.

Es folgt eine Untersuchung der geschichtstheoretischen Neuanfänge Wilhelm Diltheys, Heinrich Rickerts und Max Webers, in denen sich auch die Frage nach der Erneuerungsfähigkeit des Historismus im Zeichen seiner Krise stellte.

Abschließend werden wir systematisch diejenigen Theorietraditionen untersuchen, die mit dem Anspruch auf eine Überwindung des Historismus aufgetreten sind. Im einzelnen handelt es sich dabei um den Marxismus, die Schule der Annales und um die Gesellschaftsgeschichte. Das Buch endet mit der Frage, was vom Historismus im Lichte seiner Kritik heute noch geblieben ist.

VII.
Der Historismus in der Krise: Lamprecht-Streit und theoretische Neuansätze zu Beginn des 20. Jahrhunderts

1. Der Lamprecht-Streit

Seine erste große Grundlagenkrise erlebte der Historismus in den neunziger Jahren des 19. Jahrhunderts. Sie vollzog sich im Rahmen einer Auseinandersetzung zwischen dem Historiker Karl Lamprecht (1856-1915) auf der einen Seite und den bedeutendsten Historikern des wilhelminischen Kaiserreiches (unter ihnen Georg von Below, Max Delbrück, Otto Hintze, Max Lenz, Friedrich Meinecke, Hermann Oncken, Felix Rachfahl) auf der anderen. Entzündet hatte sie sich an Lamprechts großangelegtem historiographischen und geschichtstheoretischen Versuch, den Historismus durch das Wissenschaftskonzept der ›Kulturgeschichte‹ abzulösen. Inhaltlich bedeutete die kulturgeschichtliche Wendung Lamprechts eine Umstrukturierung des Objektbereichs der historischen Forschung von politischen und ideengeschichtlichen Phänomenen hin zu einer stärkeren Berücksichtigung der »sozialen und materiellen Kollektivkräfte« des geschichtlichen Entwicklungsprozesses.

Der Begriff der ›Kulturgeschichte‹ ist in diesem Zusammenhang mißverständlich, da es eher sozialhistorische Probleme und Fragestellungen waren, die Lamprecht in den Mittelpunkt seines geschichtswissenschaftlichen Forschungsinteresses rückte. Gegenüber dem verengten Blick eines einseitig an den politischen ›Haupt- und Staatsaktionen‹ orientierten Historismus mit seiner »archäologischen Kleinkrämerei und Sammelwut« berücksichtigte Lamprecht stärker die Bedeutung sozialer und ökonomischer Prozesse; von ihnen her wollte Lamprecht den geschichtlichen Wandel der modernen Gesellschaft erklären. Zu diesem Zweck ersetzte er die individualisierende Methode des Historismus durch eine am Vorbild der nomologischen Naturwissenschaften orientierte und auf die Erkenntnis allgemeiner historischer Gesetzmäßigkeiten abzielende »kausalgenetische« Betrachtungsweise. Lamprecht betrachtete es nicht mehr als die Aufgabe der historischen Erkenntnis, die unverwechselbare Individualität historischer Erscheinungsformen herauszuarbeiten, vielmehr versuchte er sie in allgemeine und gesetzmäßige Zusammenhänge einzugliedern. Das historische Ereignis wurde so zum Beispiel für die vom privilegierten Standort des positivistischen Gesetzeswissens eindeutig prognostizierbare Entwicklungstendenz der Geschichte. Das in ihm verkörperte Individuelle sollte nur erkannt werden, um das Allgemeine abzuleiten, auf das es als ein konkreter Fall verweist, denn allein dieses ›Allgemeine‹ war für Lamprecht erkenntnistheoretisch das Wissenschaftliche und gegenstandstheoretisch das Wesentliche.

Zunächst jedoch zum Verlauf des Lamprecht-Streits: Vorausgegangen war ihm in den späten achtziger Jahren die Auseinandersetzung zwischen Dietrich Schäfer (1845-1929) und Eberhard Gothein (1853-1923) um die Frage, ob die Kulturgeschichte oder eine am Primat des Politischen orientierte Forschungskonzeption den besseren heuristischen und methodischen Zugang zur geschichtlichen Wirklichkeit eröffne. Schäfer interpretierte den damals bereits weit verbreiteten »Schrei nach Kulturgeschichte« und nach einer Rekonstruktion des Lebens auch der »breiten Massen« als eine Entartungserscheinung der historischen Forschung. Demgegenüber leitete er den Anspruch des politischen Historismus auf die beste aller möglichen Erkenntnis der historischen Realität von der Überzeugung her, daß »Staat und Kirche ... die einzigen Mächte (seien), die auf den Grund des menschlichen Daseins reichen«.[1]

Eben diese Bedeutung des Staates als eines integrativen Zentrums der historischen Entwicklung und damit auch als des wichtigsten Arbeitsfeldes der historischen Forschung stellte Gothein, der Schüler Burckhardts und Diltheys, infrage. Für ihn stellten Staat und Politik lediglich Teile eines umfassenderen Ganzen – der »Kultur« – dar. Daher konnte für ihn auch die politische Geschichtsschreibung nur Teildisziplin einer in ihrem Erkenntnisanspruch weitergehenden Kulturgeschichte sein.

Der durch große Polemik und zahlreiche Ausfälligkeiten geprägte Lamprecht-Streit selbst nahm seinen Ausgang von den ersten Bänden der seit 1891 erscheinenden »Deutschen Geschichte« Lamprechts, der seine dort praktizierte ›kulturgeschichtliche‹ Methode in einer Reihe von Aufsätzen gegenüber den sogleich einsetzenden Angriffen zahlreicher Fachkollegen zu verteidigen und zu präzisieren suchte.[2] Die Kritik der Historiker entzündete sich zunächst vor allem an der offensichtlich unsauberen Arbeitsweise Lamprechts, die verantwortlich war für eine Vielzahl von Fehlern und empirischen Fehlschlüssen in seinen Schriften. Gegenüber diesem »detailkritischen Gekläff«, wie er die Kritik der Zunft abfällig nannte, versuchte Lamprecht immer wieder, die Diskussion auf die methodologischen und theoretischen Aspekte seiner Kulturgeschichte zu lenken. Abrupt beendet wurde die Auseinandersetzung schließlich durch die im Ton wie in der Sache unversöhnliche Polemik zwischen G. von Below und Lamprecht im Jahre 1898/9.[3]

Worum ging es inhaltlich? Es ist äußerst schwierig, die Argumentation Lamprechts nachzuvollziehen und die einzelnen theoretischen und methodischen Implikationen seines Denkens herauszuarbeiten, weil es ihm selbst kaum jemals gelungen ist, seine Position in begrifflicher Schärfe und in einem konsistenten Zusammenhang zu begründen und zu formulieren. Auf diese Unschärfe seiner Argumentation spielte Max Weber an, als er Lamprecht einen »Schwindler und Scharlatan schlimmster Sorte« nannte.[4] Überdies hat Lamprecht seinen Standpunkt im Verlauf des Methodenstreits und auch noch nach seinem Abschluß mehrmals umformuliert und gewechselt, ohne dies immer zu erklären oder auch nur einzugestehen.

Folgende Elemente seines Denkens halten wir jedoch für zentral: Der Geschichtstheorie und Historiographie Lamprechts liegt der Versuch zugrunde, dem Materialismus und dem Positivismus als den zu jener Zeit innovativsten Strömungen des wissenschaftlichen Denkens, die in den Naturwissenschaften große Erkenntnisfortschritte möglich werden ließen, Eingang in die Geschichtswissenschaft zu verschaffen und damit zugleich den Historismus als vorherrschendes Paradigma des historischen Denkens abzulösen. In der Frühphase der Auseinandersetzung betonte Lamprecht seinen materialistischen Ansatzpunkt. Von ihm aus wollte er die Determinationskraft sozialer und ökonomischer Faktoren innerhalb des historischen Entwicklungsprozesses herausarbeiten. Seine Position gewann er durch die Kritik der historistischen Ideenlehre in der Tradition Rankes.[5] Dem Glauben an die Wirksamkeit historischer Ideen, der für ihn lediglich Ausdruck einer historischen Metaphysik, einer Mystifizierung des geschichtlichen Geschehens war und eine reine »Welt des Scheins« produzierte, stellte Lamprecht das Wissen um die »ojektiv gegebenen Möglichkeiten« entgegen und verwies auf die Notwendigkeit eines materialistischen Realismus, der die geschichtsbestimmende Kraft ökonomischer Verhältnisse betonte.

Die Frontlinien ergaben sich in der Frühphase des Lamprecht-Streits zwingend aus dieser Wendung Lamprechts zum »objektiven Materialismus«: Während der sozialistische Geschichtstheoretiker Franz Mehring Lamprechts »Deutsche Geschichte« enthusiastisch begrüßte, verurteilten die historischen Fachkollegen sie als »Einbruch des Materialismus in die historischen Wissenschaften«.[6] G. von Below nannte das »Verfahren der materialistischen Geschichtsschreibung, alles aus wirtschaftlichen Ursachen zu erklären« einen »Fetischglauben im fürchterlichsten Sinn des Wortes«.[7]

Der Neuansatz Lamprechts implizierte darüber hinaus einen Wechsel der Erkenntnisperspektive: Den individualisierenden Zugriff des Historismus auf die historische Vergangenheit, sein Interesse am Einmaligen, Individuellen ersetzte er durch ein Erkenntnisinteresse an den »sozialen Kollektivphänomenen«. Der Streit gewann somit zunehmend den Charakter einer Auseinandersetzung zwischen »individualistischer und kollektivistischer Geschichtsauffassung«[8] und drehte sich um die Frage, ob die Individuen mit ihren Handlungsabsichten oder ob die ›kollektiven‹ Phänomene, Strukturen oder ›Zustände‹ die eigentlich bestimmenden und dynamischen Faktoren des geschichtlichen Wandels seien.

Dabei war Lamprechts Geschichtsauffassung keineswegs marxistisch inspiriert oder auch nur in irgendeiner Form durch die Axiomatik des Historischen Materialismus beeinflußt. Lamprechts Arbeit an einer materialistisch-kollektivistischen Grundlage des historischen Denkens unter dezidierter Abwendung von der historistischen Tradition war der Versuch, die Geschichtswissenschaft ganz im Sinne des zeitgenössischen Positivismus zu einer exakten Gesetzeswissenschaft zu transformieren. Seit Mitte der neunziger Jahre trat jedoch das materialistische Moment in Lamprechts Argumentation, sein Bezug auf sozio-ökonomische Faktoren als Erklärungsinstanz historischer Abläufe zurück zugunsten einer stärkeren Betonung sozialpsychologischer Kategorien und kollektiver Aspekte des menschlichen »Seelenlebens«.

Dies erforderte die strikte Trennung von Weltanschauung und methodisch-empirischer Forschung, eine Trennung, die nicht nur das »Verstehen«, sondern eine vollständig objektive »Erklärung« geistiger Faktoren geschichtlicher Prozesse garantieren sollte. Lamprecht beanspruchte für sich, ein durch keinerlei Weltanschauung getrübtes, sondern durch den methodischen Bezug auf die ›positiven‹, rein empirisch-erfahrbaren Tatsachen der menschlichen Seelenkräfte ein objektives Wissen über die historische Vergangenheit zu produzieren. Lamprechts Abwendung von einer materialistischen Position bei seinem gleichzeitigen Beharren auf dem positivistischen Anspruch, gesetzesförmiges Wissen zu produzieren, machte es erforderlich, im Bereich des menschlichen Seelenlebens als einer geistigen Triebkraft des geschichtlichen Wandels psychologische bzw. sozialpsychologische Gesetzmäßigkeiten am Werke zu sehen. Die Psychologie im Sinne einer »Naturwissenschaft des Seelenlebens« wurde für Lamprecht die eigentliche Basis der historischen Forschung. Insbesondere die psychologischen Theorien Wilhelm Wundts schienen ihm geeignet, auch im Bereich der menschlichen Intentionalität und des menschlichen Geistes das Kausalitätsprinzip uneingeschränkt zur Geltung zu bringen.

Während der Historismus die Offenheit des historischen Prozesses – und damit zugleich die prinzipielle Freiheit des Menschen – in der Undeterminiertheit des Geistes und des menschlichen Willens, im

Prinzip des »individuum est ineffabile«, begründet gesehen hatte,[9] reduzierte Lamprecht auch diesen Bereich der menschlichen Freiheit und Subjektivität durch die Unterstellung dort wirksamer psychologischer Gesetzmäßigkeiten zu einem Reich der Notwendigkeit. ›Freiheit‹ degenerierte bei ihm zu einer Abwesenheit von Kausalität – und damit zu schierem Irrationalismus. Im Rahmen seiner Theorie der »Kulturzeitalter« baute er seine Vorstellung von einer durch die Herrschaft äußerer Faktoren (›Natur‹) sowie durch die Gesetzmäßigkeit sozialpsychologischer Kausalzusammenhänge des menschlichen ›Seelenlebens‹ determinierten historischen Entwicklung aus zur Theorie einer gesetzmäßigen und prognostizierbaren Aufeinanderfolge typischer, durch die einzelnen Nationen repräsentierter Entwicklungsstufen. Historische Entwicklungen waren für Lamprecht wie naturhafte Prozesse gesetzesförmig strukturiert. In expliziter Anknüpfung an Darwin radikalisierte Lamprecht schließlich sein historisches Kausalitätsdenken durch eine Biologisierung des geschichtlichen Geschehens; seine Kulturgeschichte orientierte sich an »biogenetischen Grundgesetzen« als den Determinanten historischer Prozesse. Lamprecht vertrat die Ansicht, daß sich das historisch-soziale Geschehen der menschlichen Welt umstandslos parallelisieren lasse mit biologischen Prozessen der natürlichen Welt und daß in der Aufeinanderfolge der einzelnen Kulturzeitalter »allgemeine, kausal sich entwickelnde Motive mit der selben Sicherheit zu Grunde liegen müssen, wie solche Motive für die Wachstumsphasen der Pflanzen und für die Entwicklung und Involution der thierischen Organismen gegeben sind. Das Ergebnis aber der aufeinander folgenden Kulturzeitalter zunächst innerhalb einer bestimmten nationalen Entwicklung ist ähnlich dem Ergebnis der naturwissenschaftlichen Fortentwicklung in der organischen Welt. Nur daß es nicht auf physiologischem, sondern an erster Stelle auf psychischem Gebiete liegt: es tritt von Zeitalter zu Zeitalter eine qualitative, eine artliche Abwandlung des nationalen Seelenlebens ein, immer feiner und intensiver wirksame Bildungen wachsen mit steigender Kultur empor.«[10]

Vieles spricht dafür, daß Lamprecht die Hybris und Uneinlösbarkeit seines Anspruchs, die Geschichtswissenschaft analog zu den Naturwissenschaften in Richtung auf die Erkenntnis allgemeiner Gesetzmäßigkeiten weiterzutreiben, zunehmend klar wurde: »Freilich geraten wir dabei an die höchsten, nur stückwerkweise lösbaren Aufgaben der geschichtlichen Wissenschaft, und wir müssen uns bescheiden, von ihnen aus in den allgemeinsten Gang der Dinge mehr hineinzusehen als ihn zu durchdringen.«[11]

Gegenüber den exakten Naturwissenschaften produziert die Geschichtswissenschaft ein deutlich ›schlechteres‹ Gesetzeswissen. Diese

Einsicht Lamprechts mündete schließlich in das stillschweigende Eingeständnis, daß die universalhistorische Erkenntnis der menschlichen Geschichte mit den methodischen Mitteln der Wissenschaft allein nicht zu leisten sei und letztlich Gegenstand einer »nicht mehr bloß wissenschaftlichen sondern zugleich schon religiösen Empfindung von der Unendlichkeit der Bewegung auch des menschlichen Geschehens« sei.[12]

Nennenswerte Breitenwirkung innerhalb der Zunft hatten die Ideen Lamprechts nicht entfacht. Sein ›kulturgeschichtlicher‹ Angriff auf den institutionell, methodisch und wissenschaftspolitisch fest verankerten Historismus hat in Deutschland niemals wirklich wichtige Parteigänger gefunden. Einzig in Frankreich und in den Vereinigten Staaten von Amerika sind die von ihm ausgehenden Impulse in breiterem Rahmen wirksam geworden.[13] In Deutschland dagegen war die sozialgeschichtliche Forschung aufgrund ihrer unseligen Verbindung mit dem Anspruch auf die Produktion gesetzesförmigen Wissens bei Lamprecht nachhaltig diskreditiert. Auf lange Sicht ist die Etablierung eines ›posthistoristischen‹ Paradigmas in Deutschland durch den Lamprecht-Streit eher behindert als gefördert worden.

2. Die Suche nach einer neuen Historik

Der Angriff des positivistischen und materialistischen Denkens auf den Historismus im späten 19. Jahrhundert, zu dessen Illustration Lamprechts »Kulturgeschichte« nur als ein bekanntes Beispiel herangezogen worden ist, machte eine geschichtstheoretische und methodologische Neubegründung des historischen Denkens notwendig. In diesen Kontext gehören die geschichtstheoretischen Schriften Wilhelm Diltheys, Heinrich Rickerts und Max Webers.

Die großen philosophischen Systeme des deutschen Idealismus waren in der zweiten Hälfte des 19. Jahrhunderts infolge des Aufstiegs der positivistischen Natur- und Erfahrungswissenschaften und durch die den Erfahrungshorizont der Zeitgenossen nachhaltig prägende Macht der materiellen Bedingungsfaktoren der menschlichen Lebensführung endgültig zusammengebrochen. Der Siegeszug von Positivismus und Naturalismus beinhaltete die Zuversicht, die Geheimnisse der geschichtlichen Welt auf dem festen Boden positiven Wissens und exakter wissenschaftlicher Methoden kausalanalytisch erklären zu können. Mit einer gewissen Zwangsläufigkeit mußte dieser Prozeß in eine tiefe Krise des hermeneutischen Theorie- und Methodenkonzepts des Historismus münden.

2. Die Suche nach einer neuen Historik

Der Historismus hatte seine Vorstellung der geschichtlichen Totalität am Leitbegriff des »Geistes« oder der »Idee« theoretisch expliziert. Indem er Geschichte im ganzen zum Ausdruck und Ergebnis eines ideengeleiteten menschlichen Handelns erklärte, das in seiner intentionalen Grundstruktur hermeneutisch ›verstanden‹ werden könne, hatte der Begriff des »Geistes« nicht nur dazu gedient, die einzelnen geschichtlichen Abläufe in ihrem individuellen Prozeßcharakter zu umschreiben, sondern er konnte zugleich in den Rang eines metaphysischen Totalitätsprinzips erhoben werden, das der Geschichte von Welt und Mensch insgesamt zugrundeliege. Dies läßt auch deutlich werden, warum der Streit um die ›historische Methode‹ den Historismus frontal infragestellen mußte: Auf dem Spiel stand der vom Historismus theoretisch erhobene Anspruch, die geschichtliche Wirklichkeit hermeneutisch vollständig verstehen und damit zugleich hinreichend, d. h. in ihrer Totalität erklären zu können.

Mit der positivistischen und materialistischen Kritik an dem Geistbegriff und der Ideenlehre des Historismus entfiel das wichtigste gedankliche Prinzip, über das dieser sein epistemisches Selbstverständnis gewonnen und seinen Erkenntnisanspruch theoretisch und methodisch begründet hatte. Für Hegel, Humboldt, Ranke und Droysen gleichermaßen hatte sich noch aus der Individualität der historischen Erscheinungsformen das Allgemeine, das Geheimnis des Weltganges, dechiffrieren lassen. Für sie ließen sich noch in der unbedeutendsten Aktennotiz der Sinn des Weltganzen, die Ideen als die wahren Triebkräfte der Universalgeschichte, der Fortschritt der menschlichen Freiheit, ja die »Gedanken Gottes« erahnen und sogar objektiv erkennen. Aus diesem privilegierten Zugriff auf den sinnhaften Gang des Weltgeschehens im ganzen – und eben nicht primär aus seiner Fähigkeit zur methodisch disziplinierten Produktion empirischer Richtigkeiten – hatte der klassische Historismus seinen Anspruch auf Objektivität, Relevanz, Orientierungsstärke und Kompetenz zur kollektiven Identitätsbildung abgeleitet.

An der Jahrhundertwende war dieses ›ideelle‹ Moment des Historismus grundsätzlich infragegestellt: Die historistische Ideenlehre, das Wissen darum, daß das Weltgeschehen durch geistige Mächte vorangetrieben werde, denen sich der Historiker nur erkennend anschließen müsse, um Objektivität und Wahrheit für seine Historiographie beanspruchen zu dürfen, hatte den Zusammenbruch des Idealismus nicht überdauert. Die ›Wahrheit‹ des historischen Denkens, begriffen als Identität von Gedanke und wirklichem Sein, mußte fortan neu begründet werden, wenn man die Wahrheitskriterien des Positivismus nicht einfach übernehmen, sondern den von ihm usurpierten Wahrheitsanspruch auch weiterhin geisteswissenschaftlich einschränken wollte. Bereits Droysen hatte die Richtung angedeutet, in die diese Begründungsarbeit am Problem der Wahrheit historischen Wissens gehen müßte, ohne ihn selbst bereits konsequent einzuschlagen: Die Wahrheit der historischen Erkenntnis konnte nach dem Wegfall der metaphysischen Grundlagen des Historismus und seines Ideenbegriffs nur noch erkenntnis- und wissenschaftstheoretisch begründet werden.

a) Wilhelm Diltheys hermeneutische Begründung der Geisteswissenschaften

Der erste, der den systematischen Versuch unternommen hat, dem Historismus auf erkenntnistheoretischem Weg ein neues Fundament zu geben, ist Wilhelm Dilthey (1833-1911) gewesen. Seine theoretische Reflexion des historischen Denkens versteht sich nicht mehr als Logik der Geschichte, sondern als Logik der Forschung. Aufgrund der Tatsache, daß die »Zeit der metaphysischen Begründung der historischen Geisteswissenschaften ganz vorüber ist«, verfolgte er das durch erneuten Rückgriff auf Kant inspirierte Ziel einer ›Kritik der historischen Vernunft‹.[14] Dilthey verstand dieses Programm als eine notwendige Legitimation des »Faktums der Geisteswissenschaften«. Ihr Anspruch auf objektive Erkenntnis der gesellschaftlichen und historischen Realität sollte erkenntnistheoretisch fundiert werden. Ausgangspunkt Diltheys war die Überlegung, daß die ›objektive‹ Realität der Welt für den Menschen immer nur gegeben ist in und durch »Tatsachen des Bewußtseins«. Von ihnen als Erfahrungsgrundlage und Rohmaterial aller Erkenntnis nehmen die Geisteswissenschaften ihren Ausgang, und gleichzeitig läßt sich von ihnen her die Struktur und innere Logik des geisteswissenschaftlichen Denkens begründen. Der Gegenstand der Geisteswissenschaften ist keine objektiv existierende Realität, sondern eine solche, die immer schon durch das Nadelöhr des Bewußtseins hindurchgegangen ist, eine Einsicht, die für Dilthey der historistischen Theoriereflexion verborgen geblieben war: »Ihrem Studium fehlte der Zusammenhang mit der Analysis der Tatsachen des Bewußtseins, sonach Begründung auf das einzige in letzter Instanz sichere Wissen, kurz eine philosophische Grundlegung.«[15]

Aufgabe der Geschichtswissenschaft kann für Dilthey daher nicht mehr die historiographische Mimesis der durch die Objektivität der Ideen konstituierten ›wahren‹ Realität hinter den Erscheinungen im Sinne der »Abschrift einer außer ihnen befindlichen Wirklichkeit« sein, sondern ein möglichst objektives Verständnis der immer schon durch Bewußtseinsleistungen bzw. »Erlebnisse« gefilterten historischen Wirklichkeit. Obwohl in Diltheys erkenntniskritischer Wendung Anklänge an die Vernunftkritiken Kants unübersehbar sind, stellt seine

»Kritik der historischen Vernunft« keine bloße Übertragung der Erkenntnistheorie Kants auf das Gebiet des historischen Denkens dar, sondern sie beinhaltet geradezu eine weitere kopernikanische Wende der Erkenntnistheorie. Nicht mehr das transzendentale Subjekt der »reinen« Vernunft im Sinne Kants ist das Erkenntnissubjekt der Philosophie Diltheys, sondern das sich unter konkreten kulturellen und historischen Bedingungen vergesellschaftende Subjekt einer jeweils »historischen« Vernunft: »In den Adern des erkennenden Subjekts, das Locke, Hume und Kant konstruierten, rinnt nicht wirkliches Blut, sondern der verdünnte Saft von Vernunft als bloßer Denktätigkeit. Mich führte aber historische wie psychologische Beschäftigung mit dem ganzen Menschen dahin, diesen, in der Mannigfaltigkeit seiner Kräfte, dies wollend fühlend vorstellende Wesen auch der Erklärung der Erkenntnis und ihrer Begriffe zugrunde zu legen.«[16]

Die Basis der Erkenntnistheorie und Wissenschaftslehre Diltheys ist ein konsequent historisierter und historistisch-aufgeklärter Vernunftbegriff: »Das a-priori Kants ist starr und tot; aber die wirklichen Bedingungen des Bewußtseins und seine Voraussetzungen, wie ich sie begreife, sind lebendiger geschichtlicher Prozeß, sind Entwicklung, sie haben ihre Geschichte ... Das Leben der Geschichte ergreift auch die scheinbar starren und toten Bedingungen, unter welchen wir denken.«[17]

Der Ansatzpunkt Diltheys beim »wollend vorstellenden« Wesen Mensch und seinen Erlebnisinhalten impliziert einen philosophischen Paradigmawechsel.[18] Nicht mehr der »Geist« oder die »Idee«, sondern das »Leben« in seiner geschichtlichen Wirklichkeit und Bedeutungsfülle ist für Dilthey der philosophische Fundamentalbegriff, mit dem sich noch die Welt als Totalität fassen läßt und der mit rein erkenntnistheoretischen Mitteln, ohne Exkurse ins Reich der Metaphysik, begründungsfähig zu sein scheint. Diltheys Philosophie ist in diesem Sinne auch »Lebensphilosophie«. Die Totalität des Lebens ist dem Menschen als einem Erkenntnissubjekt allein in Erlebnissen, d. h. in den Tatsachen des Bewußtseins zugänglich; insofern bilden sie die einzig noch mögliche Erfahrungsbasis der Geisteswissenschaften. Nur in ihnen erfährt »Leben« seinen Ausdruck, und daher eignet sich Leben/Erleben für Dilthey als ein philosophischer Begriff von Totalität. In ihm sind die Objektivität der Welt als einer ontologischen Realität und die Subjektivität des Menschen als einer erkenntnisfähigen Bewußtseinsleistung immer schon vermittelt; hier ist die Einheit von Außenwelt und Innenwelt, von Wirklichkeit und Bewußtsein von ihr immer schon existent.

Damit reduziert sich das Objektivitätsproblem der Erfahrungswissenschaften zu der erkenntnis- und wissenschaftstheoretischen Aufgabe, die Möglichkeit eines objektiven und allgemeingültigen Verständnisses dieser Erlebnisinhalte zu begründen. Aufgabe der Geschichtswissenschaft ist nicht mehr die historiographische Abschrift einer ontologisch objektivierbaren Realität, sondern die Darstellung der in Erlebnissen immer schon gegebenen und für ihre Erkenntnis zubereiteten Wirklichkeit im Medium ihres hermeneutischen Verstehens. »Verstehen« ist für Dilthey die Erkenntnis eines uns im Erlebnis zugänglichen Lebens und damit ein Vorgang, »durch den Leben über sich selbst in seinen Tiefen aufgeklärt wird«.[19] Im Kontext dieses hermeneutischen Aufklärungsprozesses des Lebens über sich selbst entsteht für Dilthey »Geist« im Sinne eines selbstreflektierten Lebens. Deshalb nennt Dilthey auch die Erfahrungswissenschaften, die sich im Spannungsfeld von Leben, seinem Ausdruck und seinem Verstehen konstituieren: »Geisteswissenschaften«. Bei ihnen handelt es sich um Formen eines wissenschaftlichen Selbstbewußtseins von Leben.[20]

Die Bedingung der Möglichkeit, auf dem epistemischen Boden des hermeneutischen Verstehens zu objektivem Wissen zu gelangen, liegt für Dilthey begründet in der Einheit und der Existenz eines, das Erkenntnissubjekt und das Erkenntnisobjekt gleichermaßen umspannenden geschichtlichen Wirkungszusammenhangs, innerhalb dessen sich ein und dasselbe menschliche Leben geschichtlich entäußert und manifestiert. Weil der Mensch als Erkenntnissubjekt selbst ein notwendiger Akteur dieses geschichtlichen Werdezusammenhangs des »Lebens« ist, kann er die Geschichte auch »objektiv verstehen«: »Wir müssen aus der reinen und feinen Luft der Kantschen Vernunftkritik heraustreten, um der ganz anderen Natur der historischen Gegenstände genug zu tun. Hier treten nun folgende Fragen auf: ich erlebe meine Zustände selber, ich bin in die Wechselwirkungen der Gesellschaft verwebt als ein Kreuzungspunkt der verschiedenen Systeme derselben. Diese Systeme sind eben aus derselben Menschennatur hervorgegangen, die ich in mir erlebe, an anderen verstehe. Die Sprache, in der ich denke, ist in der Zeit entstanden, meine Begriffe sind in ihr herangewachsen. Ich bin so bis in nicht mehr erforschbare Tiefen meines Selbst ein historisches Wesen. So tritt nun das erste bedeutsame Moment für die Lösung des Erkenntnisproblems der Geschichte auf: die erste Bedingung für die Möglichkeit der Geschichtswissenschaft liegt darin, daß ich selbst ein geschichtliches Wesen bin, daß der, welcher die Geschichte erforscht, derselbe ist, der die Geschichte macht. Die allgemeingültigen synthetischen Urteile der Geschichte sind möglich.«[21]

Letztlich ließen sich jedoch die Zweifel an der Wissenschaftlichkeit und am Objektivitätsanspruch der Geschichtswissenschaft, die die Krise des Historismus am Ende des 19. Jahrhunderts hervorriefen, durch Diltheys Argumentation nicht völlig ausräumen. Insbesondere das lebensphilosophische Fundament seiner ›Kritik der historischen Vernunft‹, die den Versuch darstellte, die Eigenart der geisteswissenschaftlichen Erkenntnis und die Berechtigung ihres Wahrheitsanspruchs gegenüber dem der Naturwissenschaften zu begründen, ließ ihn vor der Aufgabe scheitern, sowohl den Metaphysikverdacht als auch den Relativismusvorwurf überzeugend zu entkräften. Einerseits lebt eine lebensphilosophische Begründung der Geisteswissenschaften, die Vorstellung also, daß »Leben« ein die Objektivität der Welt und die Subjektivität des Menschen umklammerndes und zugleich ein die Einheit von Welt und Geschichte konstituierendes Prinzip sei, sicherlich selbst von einer eminent metaphysischen Voraussetzung. Überdies ist »Leben« als philosophischer Fundamentalbegriff noch mit dem Nachteil behaftet, gegenüber dem historistischen Geistes- oder Ideenbegriff nicht oder nur schwer historisierbar zu sein. »Leben« ist im Grunde keine Kategorie, mit der derjenige spezifisch ›geschichtliche‹ Charakter der Geschichte zum Ausdruck und zur Erkenntnis gebracht werden könnte, der sie überhaupt erst als Prozeß, Entwicklung, Fortschritt und Wandel denken läßt. Als »Leben« kann sich eigentlich nur eine im wesentlichen gleichbleibende, eben nicht historisch wandelbare Substanz artikulieren; es besitzt zwar biologische, jedoch keine dezidiert geschichtlichen Entwicklungsmöglichkeiten, die sich als zeitlich gerichteter Prozeß deuten ließen. Damit stellt sich das Relativismusproblem für die Geschichtswissenschaft neu und sogar in verschärfter Form: Das historische Denken muß sich darauf beschränken, nachträglich jeweils das zu ratifizieren, was sich fortlaufend als »Leben« verobjektiviert, ohne es in die Kontinuitätsvorstellung eines gerichteten und geistig regulierten Kulturprozesses integrieren zu können und von daher auch die Kriterien für eine Beurteilung dieses Lebens zu gewinnen.

b) Das neukantianische Konzept der »Kulturwissenschaft«

Alternativ zu Dilthey gingen seit den 90er Jahren des 19. Jahrhunderts und ebenfalls als Reaktion auf die Krise des Historismus vom süddeutschen Neukantianismus wichtige geschichtstheoretische Versuche zu einer Neubegründung des historischen Denkens aus. Zwar beriefen sich Wilhelm Windelband (1848-1915) und Heinrich Rickert (1863-1936) als seine beiden wichtigsten Vertreter wie Dilthey auf Kant, vermieden jedoch weitgehend die lebensphilosophischen Prämissen Diltheys. Stattdessen versuchten sie, den Geschichts- und Kulturwissenschaften auf der Basis formal-logischer Überlegungen ein sicheres theoretisches Fundament und deutliche Abgrenzungskriterien gegenüber den Naturwissenschaften zu verschaffen.

Wir haben bereits darauf hingewiesen, daß die theoretische Selbstreflexion des historischen Denkens seit dem Ende des 19. Jahrhunderts zunehmend ihre Fachspezifik verlor und stattdessen weitgehend in das Arbeitsgebiet der Philosophie ausgelagert wurde.[22] Während innerhalb der Forschungstätigkeit der praktisch arbeitenden Historiker ein ausdifferenziertes und hochspezialisiertes Forschungssystem entstand, das dazu beitrug, daß ein Großteil der Historiker immer mehr über immer weniger wußte, wurde die theoretische Begründungsarbeit der Geschichtswissenschaft, die damit ihre wissenschaftstheoretische Eigenständigkeit verlor und zu einer Teildisziplin der Kulturwissenschaften herabsank, von Philosophen übernommen, die nicht mehr fachspezifisch argumentierten, sondern das Selbstverständnis und den Status der Geistes- und Kulturwissenschaften insgesamt reflektierten. Der Neukantianismus gehört in diesen theoriegeschichtlichen Zusammenhang. Er bestimmte das Selbstverständnis des Historismus an der Jahrhundertwende maßgeblich; G. von Below etwa argumentierte in seiner Polemik gegenüber Lamprecht fast ausschließlich vom Boden der Geschichtsphilosophie Rickerts.

Windelband hatte in seiner Rektoratsrede von 1894 »Geschichte und Naturwissenschaft« den Dualismus von nomothetischen und idiographischen Wissenschaften eingeführt und erkenntnislogisch begründet.[23] Kriterium seiner Unterscheidung von Wissenschaftstypen war für Windelband dabei der rein formale Charakter der jeweiligen Erkenntnisziele und -methoden: auf der Seite der nomothetischen Naturwissenschaft die Herausarbeitung bzw. Anwendung eines allgemeingültigen Gesetzeswissens, auf der Seite der idiographisch arbeitenden Geschichtswissenschaft der Rekurs auf konkrete und individuelle Tatsachen und Ereignisse. Gegenstand nomothetischer Wissenschaften sind Gesetzeszusammenhänge, die immer gelten, Gegenstände idiographischer Wissenschaften sind Ereignisse, die sich einmal zugetragen haben. Beide Wissenschaftssysteme repräsentieren für Windelband, auch wenn sie realiter niemals in reiner Form auftreten, zwei gänzlich unterschiedliche, selbständige und voneinander unabhängige Wirklichkeitsauffassungen.

Rickert, ein Schüler Windelbands, hat die These seines akademischen Lehrers vom Dualismus nomothetischer und idiographischer Wissenschaften in Form einer Differenzierung zwischen generalisierenden und individualisierenden Verfahrensweisen der Erfahrungswissenschaften aufgegriffen, dabei jedoch betont, daß diese Unterscheidungen keine Wissenschafts-, sondern Verfahrens- und Methodentypologien betreffen. Um zu erkennen, was die Eigenart der Geschichtswissenschaft überhaupt ausmacht, muß man begreifen, wie man wissenschaftstheoretisch und methodologisch verfährt und denkt, wenn man ›historisch‹ arbeitet. Dies erfordert eine präzise erkenntnislogische Bestimmung des Wissenschaftlichkeitsideals, der heuristischen Erkenntnisziele und der Methoden der historischen Forschung. Rickerts Ziel war es daher, »den Begriff zu entwickeln, der die gemeinsamen Interessen, Aufgaben und Methoden der nichtnaturwissenschaftlichen Disziplinen zu bestimmen und gegen die der Naturforscher abzugrenzen vermag. Ich glaube, daß das Wort Kulturwissenschaft diesen Begriff am besten bezeichnet, und wir wollen uns daher die Frage vorlegen: was ist Kulturwissenschaft, und in welchem Verhältnis steht sie zur Naturforschung?«[24]

Ausgangspunkt der Argumentation Rickerts ist die zweifelsfreie Existenz von Wissenschaften, die nicht Naturwissenschaften sind. Diesen Formen von Wissenschaft ihren Wissenschaftsanspruch zu bestreiten, wäre angesichts des offensichtlichen Wertes und Prestiges ihrer Forschungsergebnisse reiner Dogmatismus. Von dieser Tatsache der Nicht-Naturwissenschaften ausgehend, fragt Rickert nach den Bedingungen ihrer Möglichkeit: Durch welche Ziele, Aufgaben, Interessen, Methoden sind sie konstituiert, und welchen Erkenntnischarakter dürfen ihre Ergebnisse beanspruchen? Gegenüber den generalisierenden Verfahren der nomothetischen Wissenschaften, die die Vielfalt der Dinge gerade auf das ihnen Gemeinsame zurückzuführen versuchen (z. B. in Form einer Suche nach der »Weltformel« in der Physik), aktualisiert die Geschichtswissenschaft als Unterdisziplin der Kulturwissenschaft ganz offensichtlich ein individualisierendes Interesse. Ihr Ziel ist gerade nicht die Erkenntnis allgemeiner Gesetzmäßigkeiten, sondern ihre kulturelle Aufgabe besteht darin, einen historischen Gegenstand »in seiner Einmaligkeit und nie wiederkehrenden Individualität zu erfassen«.[25]

Für Rickert läßt sich der logische und erkenntnistheoretische Charakter der Geschichtswissenschaft aus ihrer Aufgabe erkennen, aus der Unendlichkeit des Weltgeschehens empirisch konkretisierbare »historische Individuen« herauszukristallisieren. Rickert sah die individualisierenden Verfahrensweisen und Erkenntnismethoden des historischen Denkens erkenntnistheoretisch fundiert in dem Bezug der Geschichtswissenschaft auf den menschlichen Willen. Historische Erkenntnis ist apriori von bestimmten Interessen des Menschen an bestimmten Phänomenen der Vergangenheit abhängig, die durch diesen Interessen- oder Wertbezug auch erst ihre eigentliche ›historische‹ Qualität erlangen: »Nur die Objekte werden historisch wesentlich, die mit Rücksicht auf gesellschaftliche und soziale Interessen Bedeutung besitzen, oder deren Sinngebilde, für welche sie die Träger abgeben, sich als durch soziale Werte konstituiert begreifen lassen.«[26]

Die Gegenstände des historisch-individualisierenden Denkens sind für Rickert dadurch konstituiert, daß sie mit bestimmten »Werten« verknüpft sind, auf »Kulturwerte« bezogen sind und erst dadurch ihren Sinn und ihre Bedeutung erlangen: »Sinn und Bedeutung bekommt die Individualität eines Objektes in der Geschichte dadurch, daß sie zu einem allgemeinen Wert in Beziehung steht, für dessen Verwirklichung sie durch ihre individuelle Gestaltung etwas leistet.«[27]

Daher bestimmte Rickert eine individualisierende Wissenschaft auch als eine wertverbindende Auffassungsweise der Objektwelt, die generalisierenden Naturwissenschaften dagegen als eine wert-, sinn- und bedeutungsfreie Form der Wirklichkeitsinterpretation. Das Universum der wertkonstituierten Objekte der menschlichen Erkenntnisarbeit nennt Rickert »Kultur«, die durch ihr Behaftetsein mit Werten für den Menschen Sinn und Bedeutung erlangt. Die Wissenschaften, die sich auf diese wertkonstituierten Erkenntnisbereiche individualisierend einlassen, sind daher »Kulturwissenschaften«. In ihnen reflektiert der Mensch die Hintergründe und Probleme seiner durch die Existenz von Kulturwerten überhaupt erst definierten Lebensführung.

Das Problem, das sich dabei einstellt, ist das Problem der Objektivität historischen Wissens. Bedeutet nicht die grundsätzliche Bezogenheit der historischen Wissenschaften auf Werte aufgrund eines offensichtlich existierenden gesellschaftlichen Wertepluralismus, ja sogar einer schrankenlosen Anarchie der Werte im gesellschaftlichen Interessenkampf einen vollständigen Verlust an Objektivität im Sinne eines intersubjektiv und allgemeingültigen Wissens? Rickert hat derartige Zweifel am Objektivitätsanspruch der Kulturwissenschaften aus zwei Erwägungen heraus für unbegründet gehalten: Zum einen beharrte er auf dem strikten Unterschied zwischen praktischen Wertungen und theoretischen Wertbeziehungen in der Wissenschaft. Die Kulturwissenschaften werten selbst nicht, sondern beziehen nur die für einen bestimmten Kulturkreis geltenden und verbindlichen Werte auf die durch sie erst konstituierte historische Objektwelt: »Noch einmal sei deshalb mit allem Nachdruck hervorgehoben: die Objektivität einer historischen Spezialuntersuchung wird durch den Kulturwert als den leitenden Gesichtspunkt für die Auswahl des Wesentlichen in keiner Weise bedroht, denn der Historiker kann sich auf die allgemeine Anerkennung des Wertes als auf ein Faktum berufen, und er erreicht dadurch das höchste Maß empirischer Objektivität, das einer empirischen Wissenschaft zu erreichen möglich ist.«[28]

Andererseits ist Rickert davon ausgegangen, daß ein System universell gültiger Werte existiert, das die Geschichtswissenschaft benötigt, um zu allgemein gültigen Resultaten zu kommen. In dem Maße, in dem sich ein Kanon zunehmend allgemein und intersubjektiv gelten-

2. Die Suche nach einer neuen Historik

der Wertsysteme geschichtlich herauskristallisiert, gerät die Geschichtswissenschaft, die von diesen Wertsystemen ausgehend den Bereich der historischen Erfahrung erschließt, in den Sog eines kumulativen Objektivitätsfortschritts: »Ein prinzipieller Fortschritt in den Kulturwissenschaften mit Rücksicht auf ihre Objektivität, ihre Universalität und ihren systematischen Zusammenhang ist wirklich von dem Fortschritt in der Herausbildung eines objektiven und systematisch gegliederten Begriffes der Kultur, und das heißt von der Annäherung an ein System gültiger Werte, abhängig. Kurz, die Einheit und Objektivität der Kulturwissenschaften ist bedingt von der Einheit und Objektivität unseres Kulturbegriffs und diese wiederum von der Einheit und Objektivität der Werte, die wir werten«.[29]

Das Argument, mit dem Rickert die Möglichkeit und die Existenz eines solchen Systems objektiver Kulturwerte und damit einer wahrhaft ›objektiven‹ Geschichtsdeutung begründet, erneuert in gewisser Weise zentrale gedankliche Grundlagen des historistischen Denkens. Der Historismus hatte gegenüber dem vernunftrechtlichen Rationalismus der Aufklärung auf dem Standpunkt beharrt, daß die Normen und Gesichtspunkte der menschlichen Welt- und Geschichtsinterpretation nicht ›apart‹ von der Geschichte als Erfahrungsraum konstruiert und eingenommen werden dürfen, sondern quasi aus ihr selbst herausgelesen und begründet werden müssen (und auch können).[30] Was diese Anschauung vor einem unbeschränkten Wertrelativismus bewahrte, war einzig und allein die geschichtsphilosophische Voraussetzung, daß Geschichte als Realzusammenhang durch die Macht des Geistes und der Ideen geleitet und als eine metaphysische Totalität zusammengehalten werde.

Hierdurch wurde die Interpretation der Geschichte als Sinnzusammenhang und als Fortschrittsprozeß in Richtung auf menschliche Freiheit möglich. Angesichts eines unumkehrbaren Endes der Metaphysik ließ sich an dieser Vorstellung von einem in sich sinnvollen Weltganzen und von einer sich historisch vervollkommnenden menschlichen Welt nur noch dadurch festhalten, daß man das dazu notwendige Vernunft- und Rationalisierungspotential in den Menschen hineinverlagerte. In der Tat hat Rickert am Postulat des Historismus, daß die Vernunft immer nur historisch zu begreifen sei, festgehalten und gleichzeitig den kulturellen Prozeß, innerhalb dessen sich der Mensch auf der Grundlage wechselnder Wertgesichtspunkte vergesellschaftet und sich so in ein jeweils individuelles Verhältnis zur geschichtlichen Welt bringt, für zunehmend rationalisierungsfähig gehalten. Für ihn war es zumindest nicht ausgeschlossen, daß sich der Mensch durch die geschichtliche Vielfalt divergierender kultureller Wertgesichtspunkte hindurch in Form einer Rationalisierung der Wertwahl selbst in die

Dynamik eines kulturellen Fortschrittsprozesses zu bringen vermochte: »Freilich ist keine Philosophie imstande, ein solches System (objektiver Kulturwerte, die Verf.) aus bloßen Begriffen zu konstruieren. Sie bedarf vielmehr für seine inhaltliche Bestimmung der engsten Fühlung mit den geschichtlichen Kulturwissenschaften selbst, und sie darf nur hoffen, sich im Historischen dem Überhistorischen anzunähern, d. h. ein System der Kulturwerte, das auf Geltung Anspruch erhebt, kann nur an dem geschichtlichen Leben gefunden und aus ihm allmählich herausgearbeitet werden, indem man die Frage stellt, welche allgemeinen und formalen Werte der inhaltlichen und fortwährend wechselnden Mannigfaltigkeit des historischen Kulturlebens zugrundeliegen, und worin also die Voraussetzungen der Kultur überhaupt bestehen, die zu erhalten und zu fördern wir alle bemüht sind.«[31]

c) Max Webers Transformation der historischen Ideen zu Idealtypen der Forschung

Zu denen, die den Kulturwissenschaften im Zeichen ihrer Krise ein neues theoretisches und methodologisches Fundament zu geben versuchten, gehört auch Max Weber (1864-1920). Es mag zunächst überraschend sein, ausgerechnet ihn, der im Kontext der Auseinandersetzungen um Gesellschaftsgeschichte und Historische Sozialwissenschaft als Gewährsmann eines überwundenen Historismus galt,[32] hier in einen theoriegeschichtlichen Kontext zu stellen, der als Phase einer theoretischen Neubegründung des Historismus gelten kann. Es ist zu fragen, inwieweit Weber mit seinem Konzept der »Kulturwissenschaft« theoretisch und methodologisch noch in die Geschichte des Historismus hineingehört und in welchem Sinne er sie beendet.[33]

Webers wissenschaftstheoretisches Werk ist Ausdruck seiner Gegnerschaft gegenüber den Versuchen der positivistischen Wissenschaftstheorie im Stil Lamprechts, die Kulturwissenschaften und mit ihnen auch die historischen Wissenschaften nach dem Vorbild der strengen Naturwissenschaften zu Gesetzeswissenschaften umzugestalten. Es war die »glaubensfrohe Stimmung des naturalistischen Monismus«, die darauf baute, auch in den Geistes- und Kulturwissenschaften das Kausalprinzip durchsetzen und somit die Geschichte als einen gesetzesförmig ablaufenden Prozeß interpretieren zu können, von der Weber sich kritisch absetzte. Dies machte es notwendig, sich zur Tradition des Historismus und der historischen Schule des 19. Jahrhunderts (die ja auch zu Webers eigener Wissenschaftstradition gehörte) ins Verhältnis zu setzen. Nicht zufällig beginnt Webers wissenschaftstheoretische Begründungsarbeit mit einer breitangelegten Auseinandersetzung mit der älteren Schule der historischen Nationalökonomie.³⁴ Seine eigene Position gewann Weber jedoch erst in dem berühmten Aufsatz von 1904 »Die ›Objektivität‹ sozialwissenschaftlicher und sozialpolitischer Erkenntnis«, dessen Ausgangsfrage lautete, »in welchem Sinne gibt es ›objektiv gültige Wahrheiten‹ auf dem Boden der Wissenschaften vom Kulturleben überhaupt?«³⁵ Es war der Stachel der Wahrheitsfrage, der Weber zur Methoden- und Wissenschaftslehre, sowie zur Klärung des fragwürdig gewordenen Standortes und Anspruchs der Kulturwissenschaften trieb.

Weber verbleibt mit seinem Konzept der Kulturwissenschaften zunächst innerhalb des vom Neukantianismus abgesteckten Argumentationsrahmens. Für ihn sind wie für Rickert die Gegenstände der kulturwissenschaftlichen Erkenntnis konstituiert durch die jeweiligen Kultur- und Orientierungsprobleme einer Zeit und durch den Zusammenhang, in dem bestimmte Phänomene der geschichtlichen Wirklichkeit mit bestimmten Kulturwerten stehen, durch die sie erst Sinn und Bedeutung und damit ihre historische Qualität erlangen: »Kultur ist ein vom Standpunkt des Menschen aus mit Sinn und Bedeutung bedachter endlicher Ausschnitt aus der sinnlosen Unendlichkeit des Weltgeschehens. Transzendentale Voraussetzung jeder Kulturwissenschaft ist ..., daß wir Kulturmenschen sind, begabt mit der Fähigkeit und dem Willen, bewußt zur Welt Stellung zu nehmen und ihr einen Sinn zu verleihen ... Welches immer der Inhalt dieser Stellungnahme sei, diese Erscheinungen haben für uns Kulturbedeutung, auf dieser Bedeutung beruht allein ihr wissenschaftliches Interesse ... Alle Erkenntnis der Kulturwirklichkeit ist, wie sich daraus ergibt, stets eine Erkenntnis unter spezifisch gesonderten Gesichtspunkten. Wenn wir von dem Historiker und Sozialforscher als elementare Voraussetzung verlangen, daß er Wichtiges von Unwichtigem unterscheiden könne, und daß er für diese Unterscheidung die erforderlichen ›Gesichtspunkte‹ habe, so heißt das lediglich, daß er verstehen müsse, die Vorgänge der Wirklichkeit – bewußt oder unbewußt – auf universelle ›Kulturwerte‹ zu beziehen und danach die Zusammenhänge herauszuheben, welche für uns bedeutsam sind.«³⁶

Anders als Rickert versuchte Weber jedoch angesichts der damit einhergehenden Subjektivierung der kulturwissenschaftlichen Erkenntnis die Möglichkeit von Objektivität nicht durch den Versuch einer Systematisierung ›objektiver‹ und intersubjektiv gültiger Werte zu retten. Ganz im Gegenteil radikalisierte er seine Position noch durch die Unterstellung eines Dezisionismus und unentscheidbaren Antagonismus der Werte und verneinte damit letztlich die Wahrheitsfähigkeit praktischer Fragen und Wertentscheidungen. Der Polytheismus der Werte als Kampf der alten, entmythologisierten Götter in der menschlichen Brust wurde für ihn zur unhintergehbaren Realität des modernen Menschen: »Die alten vielen Götter, entzaubert und daher in Gestalt unpersönlicher Mächte, entsteigen ihren Gräbern, streben nach Gewalt über unser Leben und beginnen untereinander wieder ihren ewigen Kampf.«[37]

Mit dieser Argumentation scheint die Frage nach der möglichen Objektivität und Wahrheitsfähigkeit kulturwissenschaftlicher Erkenntnis endgültig negativ beantwortet zu sein. Dabei muß allerdings berücksichtigt werden, daß Weber es nicht für entscheidend gehalten hat, daß die Kulturwissenschaften notwendigerweise von ›subjektiven‹ Voraussetzungen und Motiven ausgehen und im weiteren ›konstruktivistisch‹ verfahren, sondern wie sie dies methodisch und begrifflich realisieren: »Nach diesen langwierigen Auseinandersetzungen können wir uns endlich der Frage zuwenden, die uns bei der Betrachtung der ›Objektivität‹ der Kulturerkenntnis methodisch interessiert: welches ist die logische Funktion und Struktur der Begriffe, mit der unsere, wie jede, Wissenschaft arbeitet, oder spezieller mit Rücksicht auf das entscheidende Problem gewendet: welches ist die Bedeutung der Theorie und der theoretischen Begriffsbildung für die Erkenntnis der Kulturwirklichkeit?«[38]

Insgesamt gesehen war die »Objektivität« kulturwissenschaftlicher Erkenntnis für Weber an zwei Voraussetzungen gekettet: zunächst an die Bedingung der Wertfreiheit der Wissenschaft. Anspruch und Aufgabe der Kulturwissenschaft kann es nicht sein, normativ relevante Fragen zu entscheiden oder eine Wahl zwischen konkurrierenden Normen und Werten zu treffen; Weber hat dies stets für unerträgliche Katheder- und Professorenprophetie gehalten. Die Wissenschaft muß sich darauf beschränken, den Menschen aufzuklären über den Sinn und die letzten Möglichkeiten und Hintergründe, über Voraussetzungen, Mittel, Folgen und Grenzen seines eigenen Tuns: »Eine empirische Wissenschaft vermag niemanden zu lehren, was er soll, sondern nur, was er kann und – unter Umständen – was er will.«[39] Für den Menschen seiner Gegenwart bedeutete dies für Weber, daß Wissenschaft ihn nur in die Lage versetzen könne und dürfe, sein Leben in Übereinstimmung mit den Zwängen, Bedingungen und Handlungsmöglichkeiten einer irreversibel entzauberten und rationalisierten Welt zu organisieren. Mit anderen Worten: Der Kulturwissenschaft der Gegenwart steht es für Weber nicht zu, wertend für oder gegen die lebensweltlichen Strukturen der geschichtlichen Wirklichkeit Stellung zu nehmen, andererseits wachsen ihr von diesem lebensweltlichen Zusammenhang die Gesichtspunkte hermeneutisch zu, unter denen bestimmte Ausschnitte des unendlichen Weltgeschehens Kulturbedeutung erlangen und erst damit die Gestalt historischer Individuen annehmen.

Zweitens interpretierte Weber das Objektivitätsproblem der Kulturwissenschaft als ein Problem des Verhältnisses zwischen Begriff und Wirklichkeit. Er befreite die historische Ideenlehre von ihrer metaphysischen Unterstellung, daß die Objektivität der historischen Erkenntnis aus der Identität der historischen Ideen als den Triebkräften der geschichtlichen Entwicklung mit den Gesichtspunkten und Deutungsprinzipien – also den »Theorien« – des historisch Forschenden resultiere. (In einem solchen Sinne hatte Ranke etwa von den historischen Ideen als einem »Realgeistigen« gesprochen.) An die Stelle der historistischen Überzeugung von einer Identität zwischen Wirklichkeit und Deutung, die mit dem Begriff der historischen Idee zum Ausdruck gebracht worden ist, setzt Weber die Vorstellung von den Idealtypen als konstruierten Begriffssystemen und »reinen Gedankenbildern« bzw. »Utopien«, die von der Realität selbst streng zu trennen seien. Mit dem Begriff des Idealtyps hat Weber den Weg für ein neues Verständnis der Theorieproblematik geebnet, das sich von der Ideenlehre des klassischen Historismus sehr deutlich abhebt.

Die Frage nach der Objektivität historischer Erkenntnis ist seit Weber zu einem Theorie- und Methodenproblem geworden. Sie entscheidet sich daran, ob es den jeweils existierenden Begriffs- und Kategoriensystemen gelingt, das Verhältnis der relevanten Kulturprobleme, Wertgesichtspunkte und historisch-empirischen Ausschnitte aus der Unendlichkeit des Weltgeschehens zueinander als ein in sich konsistentes und widerspruchsfreies zu organisieren. Weber definierte die Idealtypen konsequent als Konstruktionsleistungen ohne jeglichen Realitätscharakter. Sie »sind« nicht die Wirklichkeit, sondern »deuten« und »ordnen« sie im Sinne von Kategorien und Begriffssystemen, in die die Gesichtspunkte, unter denen ein bestimmter Kulturkreis einen bestimmten, eben »historisch-individuellen« Ausschnitt des Weltgeschehens betrachtet, immer schon eingeflossen sind. Es handelt sich bei ihnen um nichts anderes als um den »Versuch, auf Grund des jeweiligen Standes unseres Wissens und der uns jeweils zur Verfügung stehenden begrifflichen Gebilde, Ordnung in das Chaos derjenigen Tatsachen zu bringen, welche wir in den Kreis unseres Interesses jeweils einbezogen haben«.[40]

In diesem Sinne sind die Idealtypen Webers nicht wie die historischen Ideen des klassischen Historismus die zeitlosen Grundlagen und Triebkräfte des zeitlichen Wandels, sondern selbst hineingestellt in den geschichtlichen Wandel der menschlichen Kulturprobleme. Gerade darin hat Weber die »ewige Jugendlichkeit« aller historischen Disziplinen gesehen; sie wird möglich durch das flexible Anknüpfen der Fragestellungen, Begriffe und Gesichtspunkte der Kulturwissenschaft an den Gang der menschlichen Kultur selbst. Der Fortschritt der kulturwissenschaftlichen Arbeit resultierte für Weber aus dem steten »Umbildungsprozeß jener Begriffe, in denen wir die Wirklichkeit zu erfassen suchen. Die Geschichte der Wissenschaften vom sozialen Leben ist und bleibt daher ein steter Wechsel zwischen dem Versuch, durch Begriffsbildung Tatsachen gedanklich zu ordnen – der Auflösung der so gewonnenen Gedankenbilder durch Erweiterung und Verschiebung des wissenschaftlichen Horizontes, und der Neubildung von Begriffen auf der so veränderten Grundlage. Nicht etwa das Fehlerhafte des Versuchs, Begriffssysteme überhaupt zu bilden, spricht sich darin aus..., sondern der Umstand kommt darin zum Ausdruck, daß in den Wissenschaften von der menschlichen Kultur die Bildung der Begriffe von der Stellung der Probleme abhängt, und daß diese letztere wandelbar ist mit dem Inhalt der Kultur selbst. Das Verhältnis von Begriff und Begriffenem in den Kulturwissenschaften bringt die Vergänglichkeit jeder solchen Synthese mit sich: Große begriffliche Konstruktionsversuche haben auf dem Gebiet unserer Wissenschaft ihren Wert regelmäßig gerade darin gehabt, daß sie die Schranken der Bedeutung desjenigen Gesichtspunktes, der ihnen zugrunde lag, enthüllten. Die weittragendsten Fortschritte auf dem Gebiet der Sozialwissenschaften knüpfen sich sachlich an die Verschiebung der praktischen Kulturprobleme und kleiden sich in die Form einer Kritik der Begriffsbildung.«[41]

Die Diskussion des Weberschen Theorieverständnisses und seines Konzepts der Kulturwissenschaften hat uns an einen Diskussionspunkt geführt, wo sich die Frage nach der Erneuerungsfähigkeit und nach den Grenzen des Historismus stellt und auch in den letzten Jahren gestellt hat. Kann man die Position Webers als eine produktive Weiterentwicklung und Erneuerung, ja als Weitertreiben des Historismus selbst (d. h. als Neohistorismus) interpretieren (wie Tenbruck dies tut), oder aber bricht das theoretische und empirische Werk Max Webers mit der Geschichte des Historismus? Wenn ja, welches sind dann genau die ›posthistoristischen‹ Elemente dieses neuen historischen Denkens?

Welche Wege im Anschluß an Max Weber die Auseinandersetzungen über Historismus und Posthistorismus genommen haben und in welcher Form die Diskussion in der Gegenwart geführt wird, ist das abschließende Thema dieses Buches.

VIII.
Überwindungen des Historismus

Die Krise, in die der Historismus um die Jahrhundertwende geriet, hat nicht zu einem neuen Wissenschaftsparadigma geführt, das eine vergleichbare Einheit von durchgängiger Grundstruktur und unterschiedlichen Ausprägungen gehabt hätte. Man kann noch nicht einmal sagen, daß der Historismus inzwischen in jeder Hinsicht überwunden worden wäre. Er hat nicht nur als prägende Wissenschaftstradition in einigen Ländern (vor allem in Deutschland) noch lange Zeit gewirkt, ja ist heute noch wirksam, vielmehr wird auch dort, wo Wissenschaftskonzeptionen mit dem Anspruch vertreten werden, über den Historismus hinaus gelangt zu sein, nicht selten zugleich betont, daß wesentliche Elemente von ihm übernommen und fortgeführt werden. Wir sprechen daher bewußt von »Überwindung« und nicht vom Ende des Historismus, um diese Dauer wenigstens einiger seiner Elemente in den späteren Wissenschaftskonzeptionen der Geschichtswissenschaft zu betonen. Wir benutzen den Plural »Überwindungen«, um anzudeuten, daß die Entwicklung der Geschichtswissenschaft über den Historismus hinaus in recht verschiedener Weise erfolgt ist, es also keinen einheitlichen Entwicklungsprozeß vom Historismus in eine nachhistoristische Wissenschaftskonzeption der Geschichtswissenschaft gibt.

Die Bandbreite neuer, gegenüber dem Historismus kritischer Formen der Geschichtswissenschaft ist groß. Sie läßt sich nach Gesichtspunkten der innerfachlichen Entwicklung, der philosophischen Begründung und der politisch-praktischen Ausrichtung der Geschichtswissenschaft ordnen. Innerfachlich bedeutet der Schritt über den Historismus hinaus, daß sich die Geschichtswissenschaft in sehr viel höherem Maße als zuvor dem Einfluß anderer Wissenschaften vom Menschen und seiner Welt öffnet. Erst lange nach der Etablierung des historistischen Wissenschaftsparadigmas entwickelten sich die Sozialwissenschaften Soziologie und Politologie als eigene Fächer, und die Ökonomie, die zunächst den Denkformen des Historismus gefolgt war, stieß seit dem Ende des 19. Jahrhunderts zunehmend diese Denkformen ab und enthistorisierte sich zu einer Wissenschaft von den Gesetzen des menschlichen Wirtschaftens. Diese Wissenschaften wirkten mit ihren Denkformen, Einsichten und methodischen Verfahren, die die allgemeinen Grundlagen der menschlichen Lebenspraxis (Vergesellschaftung, Herrschaft, Arbeit) betreffen, immer stärker auf die historische Analyse zeitlicher Veränderungen der menschlichen Welt ein.

Die Geschichtswissenschaft verwendet seitdem die von den systematischen Sozialwissenschaften erarbeiteten Wissensbestände, um neue Bereiche der historischen Erfahrung zu erschließen und zu deuten. Es geht ihr nicht mehr vornehmlich darum, Geschichte als Zeitverlauf im Interaktionsgeflecht absichtsbestimmter Handlungen aus den Quellen zu rekonstruieren und mit Hilfe des Selbstverständnisses der Akteure verstehend zu deuten. Sie rekonstruiert nun auch die Voraussetzungen, Umstände und Bedingungen, die solches Handeln überhaupt erst möglich machen. Sie sieht in der zeitlichen Veränderung solcher Bedingungen, die den handelnd bewirkten Veränderungen voraus- und zugrundeliegen, eine ganz neue Dimension der geschichtlichen Wirklichkeit. Diese Dimension kann nicht mehr hermeneutisch im Lichte des Selbstverständnisses der Akteure und Betroffenen erschlossen, sondern muß ihrerseits als wesentlicher Bestimmungsfaktor dieser Deutungen historisch begriffen werden.

Die historische Forschung verändert sich mit diesen neuen Ausgriffen auf die historische Erfahrung sowohl in ihrer formalen Regelung wie in ihrer inhaltlichen Ausrichtung. Formal wird der Historismus dadurch überwunden, daß die historische Forschung mit Theorien oder theorieförmigem Wissen arbeitet. Zwar kannte schon der Historismus typisierende Verfahren der historischen Interpretation (so z. B. bei Jacob Burckhardt, der in seinen »Weltgeschichtlichen Betrachtungen« das »Konstante« und »Typische« als das historisch Wesentliche hervorgehoben hatte),[1] aber dies hatte noch nicht zur Ausarbeitung historischer Theorien geführt, mit denen als methodischem Instrumentarium Erscheinungen des »Typischen«, allgemeine Charakteristika vergangener Zeiten, aus den Quellen herausgearbeitet wurden.

Inhaltlich verlagert sich der Schwerpunkt des historischen Interesses von den (zumeist politischen) Handlungen einzelner Menschen auf die Bedingungen und Umstände ihres Tuns. Ökonomische und soziale Faktoren der menschlichen Lebenswelt, die im historistischen Blick auf die menschliche Vergangenheit eher als Randerscheinungen des historischen Geschehens auftraten oder gar wie a-historische Naturfaktoren angesehen wurden, gelten jetzt als wesentliche Bereiche der historischen Erkenntnis. Im Marxismus gelten sie sogar als »letzte Instanz«, von der her die zeitlichen Veränderungen des Menschen und seiner Welt in der Vergangenheit erklärt werden müssen. Nicht mehr kurzfristige Ereignisse und ihr schneller Wechsel machen den geschichtlichen Wandel aus, sondern langfristige prozeßhafte Veränderungen von Strukturen.

Philosophisch wird der Historismus überwunden, wenn dessen Behauptung von der methodischen Eigenständigkeit der historischen Wissenschaften und ihr grundsätzlicher Unterschied zu den Naturwissenschaften bestritten und stattdessen für alle Wissenschaften eine methodische Rationalität als verbindlich angesehen und dargelegt wird, für die die Gesetzeserkenntnis der Naturwissenschaften maßgebend ist. Die traditionelle, den Historismus philosophisch legitimierende erkenntnistheoretische Unterscheidung zwischen Geistes- oder Kulturwissenschaften auf der einen und Naturwissenschaften auf der anderen Seite wird preisgegeben. Stattdessen wird ein für alle Wissenschaften grundsätzlich geltendes Verfahren rationaler Erklärung von Sachverhalten mit Hilfe gesetzesförmigen Wissens herausgearbeitet und nachgewiesen, daß dieses Verfahren auch in der historischen Erkenntnis verwendet wird.[2] Diese anti-historistische Wendung wurde vor allem vom Positivismus als einer der einflußreichsten Strömungen westlichen philosophischen Denkens vollzogen. Er lehnte die These vom hermeneutischen Sonderstatus der historischen Wissenschaften ab und richtete das historische Denken am Methodenideal der Naturwissenschaften aus. Daneben versuchte auf seine Weise auch der Marxismus, die traditionelle Entgegensetzung von Verstehen als historischer und Erklären als naturwissenschaftlicher Denkweise prinzipiell zu überwinden. Er ging von allgemeinen historischen Gesetzmäßigkeiten aus und verwendet diese Gesetzmäßigkeiten im Umgang mit konkreten historischen Sachverhalten erklärend.

Auch in politisch-praktischer Hinsicht läßt sich eine allgemeine Tendenz zur Überwindung des Historismus ausmachen: Immer dann nämlich, wenn historische Erkenntnis dazu verwendet wird, die im 19. Jahrhundert dominierenden bürgerlichen Lebensformen und die in ihnen maßgebliche Form nationaler historischer Identität zu kritisieren und andere Lebensformen und gemeinschaftsbildende Identifikationen plausibel zu machen, verändert das historische Denken als Faktor der politischen Kultur sein historistisches Profil. Diese Veränderung kann in ganz verschiedene Richtungen gehen, etwa in diejenige, Klassenzugehörigkeit als maßgebliches Kriterium der Identitätsbildung historisch zu erweisen, oder in die andere, krisenhafte Erschütterungen der vom Historismus gestützten Ausprägungen politischer Identität ästhetisch zu kompensieren. Gemeinsam ist diesen höchst unterschiedlichen politisch-praktischen Strategien der historischen Identitätsbildung, daß neue Schichten der menschlichen Subjektivität als Ebenen historischer Identität erschlossen werden: nämlich genau die Tiefenschicht des menschlichen Selbstverständnisses, die mit der historischen Rekonstruktion allgemeiner (›struktureller‹) Bedingungen und Umstände individuellen Handelns erschlossen wird. Man könnte in äußerster Vereinfachung sagen, daß der Historismus im Schritt von der kulturell-politischen zu einer ihr zugrundeliegenden sozialen Identität (oder zu noch tieferen wie derjenigen der geschlechtlichen oder andere

Dimensionen der menschlichen Naturnähe betreffenden Selbstverständigung) überwunden wird.

All diese Entwicklungen, die über den Historismus als Wissenschaftskonzeption hinausführen, nehmen aber wesentliche Errungenschaften des Historismus mit in die jeweils neuen Wissenschaftskonzeptionen als bestimmende Faktoren hinein. Dies betrifft vor allem das dynamische Geschichtsverständnis, das der Historismus von der Spätaufklärung schon übernommen und dann mit seiner Kategorie der Entwicklung weiter ausgeprägt hatte, und es betrifft ebenso den Wissenschaftlichkeitsanspruch des historischen Denkens. Überwindung des Historismus heißt im Hinblick auf diese beiden für ihn wesentlichen Eigenschaften des historischen Denkens: Sie werden über das Maß ihrer Verwirklichung im Historismus hinaus gesteigert. Die Dynamik zeitlicher Veränderungen wird in verschiedenen Schritten über den Historismus hinaus in die Tiefe struktureller Bedingungen der menschlichen Lebenspraxis hineinverlegt. Sie wird in Bereichen der menschlichen Lebenspraxis und ihrer zeitlichen Veränderung zur Geltung gebracht, die der Historismus nur begrenzt oder gar nicht erschlossen hatte. Das gleiche gilt für den Anspruch der historischen Erkenntnis auf wissenschaftliche Rationalität: Der Versuch, den erkenntnistheoretischen und methodischen Sonderstatus der Geschichtswissenschaft im Verhältnis zu den Naturwissenschaften zu überwinden, führt über den Historismus mit der Absicht hinaus, die Wissenschaftlichkeit der historischen Erkenntnis, ihr rationales Erklärungspotential zu erweitern und zu steigern, und zwar um genau diejenigen Elemente theorieförmigen Wissens und der Erkenntnis von Gesetzmäßigkeiten, die im Historismus der Geschichtswissenschaft abgesprochen worden waren. Damit geht die Hermeneutik als methodisches Verfahren der historischen Forschung im nachhistorischen Selbstverständnis der Geschichtswissenschaft als Wissenschaft nicht einfach verloren. Wenn sie auch nicht mehr als einzige oder dominierende Methodenkonzeption der Geschichtswissenschaft gilt, so wird ihre Notwendigkeit als Verfahren der Interpretation nicht völlig bestritten. Insofern bleibt der Historismus auch mit seinem methodischen Herzstück der historischen Interpretation, dem Verstehen, in den Entwicklungen lebendig, die über ihn hinausführen.

1. Der Marxismus

Der Marxismus hält – formal gesehen – am dynamischen Geschichtskonzept fest, das in der Spätaufklärung und im Historismus entwickelt wurde. Der Historismus hatte versucht, kritisch gegenüber der Fortschrittskategorie der Aufklärung, mit seiner Entwicklungskategorie die Vorstellung eines zielgerichteten Geschichtsverlaufs zu relativieren und ihr gegenüber die kulturelle Besonderheit vergangener Lebensverhältnisse aufzuwerten. Demgegenüber kehrt der Marxismus zum Fortschrittsbegriff der Spätaufklärung zurück. Er faßt die moderne Vorstellung von der Dynamik geschichtlicher Veränderungen, von der Überbietung der Vergangenheit durch die Zukunft, in einen allgemeinen Begriff des historischen Fortschritts. Maßgebend für die Erfahrungsqualität dieses Begriffs ist die auch vom Historismus nicht bestrittene Fortschrittserfahrung angesichts der Entwicklung von Naturwissenschaft, Technik und industrieller Produktion seit dem Ende des 18. Jahrhunderts. Ideengeschichtlich knüpft der Marxismus viel entschiedener an die geschichtstheoretische Vorarbeit der schottischen Aufklärung an als der Historismus. Dieser hatte von den dort entwickelten Möglichkeiten, die geschichtliche Dimension der menschlichen Lebenspraxis in grundlegenden Veränderungen des Wirtschaftens und der Eigentumsverhältnisse zu sehen, nur sehr begrenzt Gebrauch gemacht, da es ihm vor allem um Politik und Kultur ging. Demgegenüber verlagert der Marxismus die Dynamik der Geschichte als Fortschritt inhaltlich in einen anderen Bereich der geschichtlichen Erfahrung: in denjenigen der materiellen Lebensverhältnisse. Für ihn ist dieser historische Blick deshalb notwendig, weil mit ihm allein der Gegenwartserfahrung tiefgreifender sozialer Konflikte entsprochen werden kann, die dem bürgerlichen Selbstverständnis widerspricht, für alle sozialen Schichten politisch und kulturell repräsentativ zu sein.

Der Marxismus tritt zunächst nicht als Wissenschaftskonzept der Geschichtswissenschaft auf. Er kritisiert vielmehr in einer ganz anderen, viel grundsätzlicheren Wendung die in der bürgerlichen Kultur des 19. Jahrhunderts vorherrschenden Vorstellungen vom Menschen, seiner Geschichte und seiner sozialen Welt. Marx und Engels haben kein Problem darin gesehen, die Resultate der geschichtswissenschaftlichen Forschung ihrer Zeit aufzugreifen und in ihren eigenen historischen Analysen zu verwenden. Ihnen ging es um eine grundsätzlich andere Art des historischen Denkens, also um einen Geschichtsbegriff, in dem die historischen Tatsachen einen anderen Sinn bekommen als in den Deutungen der historistischen Geschichtswissenschaft und Geschichtsschreibung.

Die Kritik, die mit diesem neuen Geschichtsbegriff an der bisherigen Art des historischen Denkens, der ›bürgerlichen‹, geübt wurde, betraf nicht dessen fachwissenschaftliche Struktur, sondern die für das fachwissenschaftliche historische Denken maßgeblichen Gesichtspunkte der Deutung und Interpretation. Der Marxismus konstituierte sich als eine den Menschen, seine Geschichte und sein gesellschaftliches

Leben betreffende Denkweise durch eine grundsätzliche Kritik am ›ideologischen‹ Charakter bürgerlichen Denkens. Die bürgerliche Kultur ist für Marx und Engels dort, wo sie die Lebensverhältnisse des Menschen begreifen und durch dieses Begreifen auch bestimmen will, ideologisch, d. h. sie verstellt den Blick auf die soziale Realität, um dadurch die Herrschaftsverhältnisse dieser Realität in den Köpfen der Betroffenen festzuschreiben und zugleich zu verbergen. Marx wirft dem bürgerlichen historischen Denken seiner Zeit vor, ›ideologisches‹ Mittel zur Legitimation bürgerlicher Herrschaft – und das heißt für ihn immer: Ausbeutung und Unterdrückung des Proletariats – zu sein. Der ideologische Charakter des bürgerlichen Denkens besteht für ihn darin, daß es den Blick auf die wirklichen Lebensverhältnisse verstellt, indem es sie im Lichte der Deutungen erscheinen läßt, die ihre Nutznießer von ihnen haben.

Damit wendet sich der Marxismus kritisch gegen den Anspruch des Historismus, durch seine historischen Erkenntnisleistungen politisches Handeln konsensfähig zu orientieren: Er bestreitet seine Konsensfähigkeit, und zwar nicht so sehr, indem abweichende politische Interessen aufgegriffen werden (das hätte ja höchstens eine Verschiebung des politischen Spektrums der historischen Orientierung im Rahmen des historistischen Wissenschaftskonzepts zur Folge, nicht aber seine grundsätzliche Verkehrung), sondern grundsätzlich: Die für den Historismus maßgebende Art bürgerlichen Denkens insgesamt verfehle aus prinzipiellen, aus methodischen Gründen die Erfahrung, die es gerade beanspruche, und zwar deshalb, weil es hermeneutisch ausgelegt sei, also soziale Realität nur im Lichte von Deutungen historisch erscheinen lasse. Damit greift der Marxismus auch den Anspruch des Historismus an, die Triebkräfte der Geschichte als ideelle Bestimmungsgrößen des menschlichen Handelns auszumachen und ihre Wirkung als entscheidende Richtung geschichtlicher Veränderungen in der Vergangenheit erkennen zu können. Der Marxismus bestreitet diesen Anspruch mit der These, daß das menschliche Bewußtsein, das durch Absichten, Deutungen und Sinnbestimmungen das menschliche Handeln leitet und dadurch Geschichte konstituiert, nicht das wirkliche Leben der Menschen bestimme, sondern selber bestimmt sei, und zwar durch die äußeren Faktoren der materiellen Lebensführung, die in Wirklichkeit über die zeitlichen Veränderungen des Menschen und seiner Welt entscheiden.

Im ersten Kapitel ihrer (um 1845 geschriebenen, vollständig erst 1932 veröffentlichten) »Deutschen Ideologie« haben Marx und Engels diese Kritik und zugleich damit die wichtigsten Gesichtspunkte ihres alternativen Geschichtskonzepts – die Grundlagen des historischen Materialismus – formuliert: »Wir müssen ... damit anfangen, ... daß die

Menschen imstande sein müssen zu leben, um ›Geschichte machen‹ zu können. Zum Leben aber gehört vor allem Essen und Trinken, Wohnung, Kleidung und noch einiges andere. Die erste geschichtliche Tat ist also die Erzeugung der Mittel zur Befriedigung dieser Bedürfnisse, die Produktion des materiellen Lebens selbst, und zwar ist dies eine geschichtliche Tat, eine Grundbedingung aller Geschichte ...«[3]

Dieser Zugang zur historischen Erfahrung schließt den hermeneutischen aus, oder genauer: setzt ihn zu einem bloß sekundären Zugang herab, der nicht mehr den Kern der menschlichen Lebenspraxis in ihrer zeitlichen Bewegung trifft: »Es wird nicht ausgegangen von dem, was die Menschen sagen, sich einbilden, sich vorstellen, auch nicht von den gesagten, gedachten, eingebildeten, vorgestellten Menschen, um davon aus bei den leibhaftigen Menschen anzukommen; es wird von den wirklich tätigen Menschen ausgegangen und aus ihrem wirklichen Lebensprozeß auch die Entwicklung der ideologischen Reflexe und Echos dieses Lebensprozesses dargestellt. Die Moral, Religion, Metaphysik und sonstige Ideologie und die ihnen entsprechenden Bewußtseinsformen behalten hiermit nicht länger den Schein der Selbständigkeit. Sie haben keine Geschichte, sie haben keine Entwicklung, sondern die ihre materielle Produktion und ihren materiellen Verkehr entwickelnden Menschen ändern mit dieser ihrer Wirklichkeit auch ihr Denken und die Produkte ihres Denkens. Nicht das Bewußtsein bestimmt das Leben, sondern das Leben bestimmt das Bewußtsein.«[4]

Mit dieser Formulierung ist die antihistoristische Wendung des Marxismus zum anti-hermeneutischen Materialismus ausgesprochen. An die Stelle der Hermeneutik tritt die Ideologiekritik, die die Selbstdeutung der Akteure und Betroffenen des zeitlichen Wandels in der Vergangenheit hinterfragt auf die in ihnen wirksamen Interessen herrschender Klassen und sie nur als Reflexe realer Lebensverhältnisse gelten läßt. An die Stelle des hermeneutischen Geschichtskonzepts des Historismus, in dem geistige Triebkräfte letztlich den Ausschlag für den »Geschichte« genannten inneren Zusammenhang der zeitlichen Veränderungen des Menschen und seiner Welt geben, tritt ein historischer Materialismus. Für ihn machen die Produktionsverhältnisse, die gesellschaftlichen Formen und technischen Mittel, in und mit denen die Natur zur physischen Lebenserhaltung angeeignet wird, diejenige Dimension der menschlichen Lebenspraxis aus, in der Geschichte als Fortschrittsprozeß menschlicher Naturaneignung und Selbstregulierung sozialer Verhältnisse konstituiert wird.

Mit dieser materialistischen Wendung verbindet sich ein Wissenschaftsanspruch, der qualitativ über das historische Wissenschaftsverständnis hinausgeht: Geschichte wird als zweite Natur des Menschen im produktiven Umgang mit der ersten (der Natur als Objekt von Arbeit) erkennbar, und die Erkenntnis dieser zweiten Natur wird analog zur naturwissenschaftlichen Erkenntnis und technischen Beherrschung der ersten ebenfalls als gesetzesförmig und damit auch als Chance praktischer (politischer) Beherrschung konzipiert. Vor allem Friedrich Engels hat diese theoretische Qualität des historischen Materialismus als Wissen um die gesetzmäßigen Zusammenhänge geschichtlicher Entwicklungen betont: »Wie Darwin das Gesetz der Entwicklung der organischen Natur, so entdeckte Marx das Entwicklungsgesetz der menschlichen Geschichte.«[5]

Diese Gesetzmäßigkeit betrifft die synchrone und die diachrone Dimension der historischen Erfahrung. In synchroner Hinsicht formuliert das »Basis-Überbau-Theorem« ein Kriterium, mit dem die unterschiedlichen Faktoren der menschlichen Lebenspraxis (wirtschaftliche, gesellschaftliche, politische, rechtliche, kulturelle usw.) gewichtet und aufeinander bezogen werden. Es legt in der Form einer allgemeinen Gesetzmäßigkeit die Priorität der sozio-ökonomischen Faktoren fest und gibt damit zugleich Gesichtspunkte zur Erklärung geschichtlicher Phänomene vor: Die für den Historismus zentralen historischen Phänomene politischer Verfassungen und kultureller Schöpfungen werden in einen theoriegeleiteten Erklärungszusammenhang mit ökonomischen und sozialen Bedingungen politischen Handelns und kultureller Produktivität gebracht. In diachroner Hinsicht wird die geschichtliche Erfahrung durch eine Theorie erschlossen und geordnet, die die entscheidenden Gründe für die Veränderung der menschlichen Lebensverhältnisse in der fortschreitenden Entwicklung von Produktivkräften und in deren widersprüchlicher Relation zu den Produktionsverhältnissen sieht. »Auf einer gewissen Stufe ihrer Entwicklung geraten die materiellen Produktivkräfte der Gesellschaft in Widerspruch mit den vorhandenen Produktionsverhältnissen, oder, was nur ein juristischer Ausdruck dafür ist, mit den Eigentumsverhältnissen, innerhalb deren sie sich bisher bewegt hatten. Aus Entwicklungsformen der Produktivkräfte schlagen diese Verhältnisse in Fesseln derselben um. Es tritt dann eine Epoche sozialer Revolution ein. Mit der Veränderung der ökonomischen Grundsätze wälzt sich der ganze ungeheure Überbau langsamer oder rascher um.«[6]

Diese Gesetzmäßigkeiten im synchronen und diachronen Zusammenhang der wesentlichen Triebkräfte der menschlichen Lebenspraxis bilden die Grundlage des Historischen Materialismus. Sie beruhen auf einer kritischen Auseinandersetzung mit der klassischen bürgerlichen Ökonomie (Adam Smith, David Ricardo). Im Rahmen seiner »Kritik der politischen Ökonomie« hatte Marx die innere geschichtliche Dynamik des Kapitalismus als derjenigen Wirtschaftsform, in der sich die

Modernisierung der europäischen Gesellschaften vollzogen hatte und zu seiner Zeit weiter vollzog, in der Form einer historischen Theorie aufgeschlüsselt und expliziert. Von dieser Theorie her konnte die Zukunftsperspektive einer (revolutionären) Humanisierung der sozialen Verhältnisse (Kommunismus) eröffnet und zugleich die Vergangenheit als Prozeß fortschreitender Entwicklung der dafür notwendigen Bedingungen rekonstruiert werden.

Marx ersetzte das politische Herzstück des Historismus, seine Vorstellung vom Nationalstaat als Verwirklichung bürgerlicher Lebensformen mit kultureller Selbstbestimmung und politischer Partizipation, durch eine ökonomische Theorie der bürgerlichen Gesellschaft. Sie wird zwar als Vollendung aller bisherigen Geschichte, als höchste Stufe menschlicher Naturbeherrschung und ökonomischer Produktivität begriffen, zugleich aber betont Marx ihren inneren Widerspruch als inhumaner Klassengesellschaft und ihren transitorischen Charakter: Sie ist aufgrund ihrer eigenen ökonomischen Gesetzmäßigkeit auf einen Übergang in eine andere Gesellschaftsform angelegt, in der die Klassengegensätze aufgehoben sind und der produzierte Reichtum in freier Vergesellschaftung angeeignet wird.

Formal teilt der Marxismus also mit dem Historismus die Vorstellung einer inneren Geschichtlichkeit der bürgerlichen Gesellschaft. Nur wendet er sie inhaltlich um von einem Gebilde der politischen Kultur, in dem sich menschliche Selbstbestimmung erfüllen kann, zu einem Gebilde sozioökonomischer Widersprüche, in dem menschliche Selbstbestimmung systematisch verhindert wird. Auch für den Historismus vollziehen sich spezifisch geschichtliche Entwicklungen in der zeitlichen Veränderung des Menschen und seiner Welt durch Gegensätze und Widersprüche hindurch. Er sah sie aber im wesentlichen im politischen Bereich: innenpolitisch als Kampf zwischen dem Selbstbehauptungswillen der etablierten Herrschaft und dem Freiheitswillen der Beherrschten, außenpolitisch als Machtkampf zwischen den Nationen. Beides produziert für den Historismus eine historische Entwicklung, in der sich ein Pluralismus nationaler Selbstbestimmung nach innen und nach außen ausprägt und die europäische Lebensform als Zivilisierungschance für alle Völker erscheint. Aus dem politischen Antagonismus, in dem sich die bürgerliche Emanzipation vollzieht und aus dem Anspruch des Bürgertums auf kulturelle Repräsentanz für die Nation generiert der Historismus als Leitgedanken der historischen Erkenntnis die Vorstellung von Freiheit als politischer Partizipation des Volkes an Herrschaft nach Maßgabe der kulturellen Kompetenz der Individuen zur Selbstbestimmung.

Der Marxismus radikalisiert die Geschichtlichkeit der bürgerlichen Gesellschaft, indem er ihre sozio-ökonomische Struktur als maßgebende Bedingung politischer Vorgänge ansieht und zugleich als in sich widersprüchlich darlegt. Im Antagonismus der Klassen vollzieht sich eine historische Entwicklung, in der soziale Widersprüche durch revolutionäre Aneignung des produzierten ökonomischen Reichtums in eine freie Vergesellschaftung zur Befriedigung individuierter Bedürfnisse umschlagen. Aus dem Antagonismus der bürgerlichen Klassengesellschaft, die im Imperialismus ihre inneren Widersprüche zu planetarischen Strukturen erweitert und vertieft, entwickelt der Marxismus als Leitgedanken der historischen Erkenntnis die Vorstellung von Freiheit als Überwindung von Klassenstrukturen in eine Gesellschaftsform, in der der technisch-industriell erzeugte Reichtum kollektiv nach Maßgabe freier Bedürfnisentfaltung angeeignet wird.

Nicht nur mit diesen inhaltlichen Bestimmungen weicht der Marxismus vom Historismus ab. Zugleich geht er auch formal, in der Art, wie historisches Denken methodisch organisiert wird, über ihn hinaus. Schon die schottische Aufklärung hatte die Vorstellung von der menschlichen Vergesellschaftung in der Form einer Theorie (»theoretical history«) ausgearbeitet. Diese Theorieform wird vom Historischen Materialismus weiterentwickelt und noch entschiedener historisiert: Marx analysierte die politische Ökonomie der bürgerlichen Gesellschaft und legte sie als Theorie ihrer gesetzmäßigen Entwicklung dar. Im Lichte dieser Theorie erscheint die bürgerliche Gesellschaft als »die entwickeltste und mannigfaltigste historische Organisation der Produktion«.[7] Die theoretische Durchdringung ihres inneren geschichtlichen Charakters, ihrer alle menschlichen Lebensverhältnisse ergreifenden und umgestaltenden Dynamik entfesselter Produktivkräfte und Produktionsverhältnisse führt zur »Einsicht in die Gliederung und die Produktionsverhältnisse aller der untergegangenen Gesellschaftsformen, auf deren Trümmern und Elementen sie sich aufbaut ...«[8]

Der Historische Materialismus expliziert diese vergangenen Gesellschaftsformen ebenfalls in Theorieform. Er legt die für sie maßgebliche Ausgestaltung der Faktoren des menschlichen Lebens als Grundstruktur einer Epoche dar, und zugleich gibt er die Widersprüche in dieser Grundstruktur an, die für ihre Veränderung, für den Schritt von einer Epoche in die andere, wesentlich sind. Beides zusammengenommen ergibt ein komplexes System von Gesetzmäßigkeiten in der Ausbildung und Veränderung menschlicher Lebensformen, und mit dieser Gesetzmäßigkeit werden die jeweils aus den Quellen zu erhebenden besonderen Gegebenheiten einer Zeit theoretisch erklärt.

Der Gedanke einer solchen Gesetzmäßigkeit war dem Historismus nicht grundsätzlich fremd. Gervinus z. B. operierte in seiner Interpretation des 19. Jahrhunderts mit der Vorstellung einer das geschichtliche

Leben bestimmenden inneren Gesetzmäßigkeit, in deren Licht das 19. Jahrhundert als weltgeschichtlicher Prozeß der politischen Emanzipation, als Schritt zur Etablierung bürgerlicher Freiheiten, erschien. Selbst Ranke, der sich scharf gegen den Versuch der Geschichtsphilosophie seiner Zeit (vor allem der Hegelschen) wandte, den inneren Zusammenhang der zeitlichen Veränderungen der menschlichen Welt begrifflich-kategorial zu entfalten, ging nichtsdestoweniger davon aus, daß dieser innere Zusammenhang tatsächlich besteht, und daß er auch als »Gesetzmäßigkeit« zu denken sei.[9] Allerdings dachte er sie sich nicht in der Form einer ausdifferenzierten Theorie historischer Strukturen und Prozesse, die sich zu den konkreten Quellenbefunden wie das Allgemeine zum Besonderen verhält, sondern als einen Sachverhalt, der sich nur aus der Quellenforschung selber entwickeln lasse. Die Ideen machen im Geschichtsdenken des Historismus diesen inneren Zusammenhang der zeitlichen Veränderungen des Menschen und seiner Welt aus. Sie erschließen sich in ihrer die Besonderheit einer Zeit und ihren Übergang in eine andere Zeit prägenden Kraft nur durch eine Analyse einzelner Begebenheiten; sie lassen sich ihnen (hermeneutisch) als deren innere historische Signatur ablesen. Struktur und Prozeß einer Zeit werden gleichsam an der Oberfläche ihrer Erscheinungen abgelesen, nicht jedoch zur Angelegenheit einer eigenen historischen Wissensform, die das ›Wesen‹ einer Zeit und ihren wesentlichen Zusammenhang mit anderen Zeiten und schließlich auch den Gesamtzusammenhang aller (bisherigen) Zeiten theoretisch zum Ausdruck bringt.

Eben dies beansprucht der Historische Materialismus, und damit führt er in die Geschichtswissenschaft ein neues Element methodischen Arbeitens ein: theorieförmiges Wissen um epochale Eigentümlichkeiten und prozeßhafte Entwicklungen. Indem er das, was theorieförmig den historischen Erkenntnisprozeß bereichern soll, »historische Gesetzmäßigkeit« nannte, steigerte er den Wissenschaftlichkeitsanspruch der Geschichtswissenschaft gegenüber dem Historismus erheblich: Mit dem Anspruch, historische Gesetzmäßigkeiten erkennen und mit ihnen empirische Befunde erklären zu können, verliert die Geschichtswissenschaft ihre defensive Haltung gegenüber den Naturwissenschaften und den systematischen Sozialwissenschaften; sie braucht ihren disziplinären Status im Verhältnis zu anderen Wissenschaften nicht mehr damit zu behaupten, daß ihr Erkenntnisbereich, die Geschichte, so etwas wie gesetzesförmiges Wissen nicht zulasse. Sie beansprucht nunmehr für sich das Prestige und die praktische Relevanz, die all den Wissenschaften zukommen, die praktisch verwertbares gesetzesförmiges Wissen über ihren Erkenntnisbereich produzieren.

Bis heute allerdings ist dieser Anspruch umstritten: Was eigentlich genau eine historische Gesetzmäßigkeit ist und worin sie sich von den

Gesetzmäßigkeiten anderer Wissenschaften (etwa der Naturwissenschaften) unterscheidet, und ob die Geschichtswissenschaft wirklich in der Lage ist, durch die Aufarbeitung von Quellenbefunden zu einem Wissen über gesetzmäßige Zusammenhänge zu gelangen und damit praktisch brauchbares – im Falle von Gesetzmäßigkeiten heißt das: prognosefähiges und technisch verwendbares – Wissen hervorzubringen, alle diese Fragen sind vom Historischen Materialismus noch nicht so beantwortet worden, daß sein Anspruch, theoretische Grundlage der geschichtswissenschaftlichen Erkenntnis zu sein, zum festen Bestandteil von deren fachlichem Selbstverständnis gehörte. Im Gegenteil: Nach dem Zusammenbruch der sozialistischen Herrschaftssysteme ist das Gesetzmäßigkeitstheorem, das zu ihrem ideologischen Kern gehört, schwer diskreditiert.

Marxismus und Historismus treten bis heute als Gegensätze in der Geschichtswissenschaft auf. Sie entzünden sich nicht nur an den geschichtstheoretischen und methodologischen Fragen, welche Möglichkeiten die Geschichtswissenschaft hat, mit theorieförmigem Wissen um gesetzmäßige historische Zusammenhänge konkrete Sachverhalte der menschlichen Vergangenheit erklärend zu interpretieren. Überdies bleiben sie als politische Gegensätze dort wirksam, wo die fachwissenschaftliche Erkenntnisarbeit eng mit der Praxis zusammenhängt. Der Marxismus kritisiert die ›bürgerliche‹ Geschichtswissenschaft, die seinen Theorieanspruch an die Geschichtswissenschaft ablehnt und dabei (implizit oder explizit) die historistische Tradition des disziplinären Selbstverständnisses der Geschichtswissenschaft fortführt, als tendenziell irrationalistisch: Durch ihre Theorielosigkeit werde die Geschichtswissenschaft anfällig für reaktionäre, fortschrittsfeindliche Ideologien. Sie beraube das historische Denken eines entscheidenden Kritik- und Vernunftpotentials, mit dem die Gegenwart über die historische Richtung ihrer Zukunft aufgeklärt werden könne. Umgekehrt betont die nicht-marxistische Geschichtswissenschaft am Historischen Materialismus eine Dogmatisierungsgefahr, die die Geschichtswissenschaft zur Erfüllungsgehilfin von Legitimationswünschen etablierter Herrschaftssysteme degradiere, zumindest aber den Blick auf die historische Erfahrung einenge.

Aus diesen Gegensätzen stellt sich für die Arbeit der Historiker die Parteilichkeitsfrage. Der Historismus hatte zwischen der Subjektivität des Historikers und der Objektivität der fachlichen Erkenntnis keinen Widerspruch gesehen, sondern in unterschiedlichen Ansätzen einerseits den Standpunkt des Historikers im gesellschaftlichen und politischen Leben seiner Zeit als Erkenntnischance und zugleich die fachwissenschaftlich organisierte historische Erkenntnis als Orientierungschance der politischen Praxis gesehen. Der Historiker sollte »Parteimann« sein – d. h. sich auf die polarisierenden Machtkämpfe seiner Zeit einlassen, aber nicht Parteimann einer Gruppe gegen die anderen, sondern (wie Gervinus es einmal emphatisch formuliert hatte) »Parteimann des Schicksals« sein.[10] Er sollte in diesen Machtkämpfen die alle Parteien umgreifende Tendenz erkennen und als erkannte auch politisch einbringen.

Im Auseinandertreten und im Meinungsstreit zwischen Marxismus und Historismus wird dieser Versuch, Subjektivität und Objektivität der historischen Erkenntnis in ihrer fachlichen Struktur schlüssig miteinander zu vermitteln, unterschiedlich fortgeführt. Die Gegensätze zwischen Historismus und Marxismus lassen sich zugespitzt als jeweilige Vereinseitigung herausarbeiten: Der Marxismus betont mit seiner Vorstellung von Parteilichkeit die Notwendigkeit, daß der Historiker einen bestimmten Standpunkt einnehmen müsse, nämlich den der fortgeschrittensten Klasse, um zur Erkenntnis der wesentlichen Faktoren des historischen Prozesses fähig zu sein. Der richtige Klassenstandpunkt öffne ihm die Augen für das Wesen des historischen Prozesses. Diese Konzeption von Parteilichkeit wirkt polarisierend; denn sie spricht den Historikern, die andere Standpunkte einnehmen, im günstigsten Fall nur ein minderes Ausmaß an Sachhaltigkeit ihrer Einsichten zu, oder aber gar die Unfähigkeit zur Wahrnehmung dessen, worauf es in der historischen Erkenntnis ankomme. Dagegen kehrt die nichtmarxistische Geschichtswissenschaft den Aspekt der historistischen Objektivitätsvorstellung heraus, den Gervinus mit dem Wort »Schicksal« gemeint hatte: Wie immer der Standpunkt des Historikers aussehe, entscheidend sei die Ausrichtung seines Interesses auf historische Zusammenhänge, die von unterschiedlichen Standpunkten aus gemeinsam als die entscheidenden eingesehen werden können. Weniger der Standpunkt, als vielmehr das methodische Verfahren der historischen Erkenntnis verbürge eine solche Einsicht.

2. Die Annales-Schule

Der Marxismus ist noch ein später Zeitgenosse des Historismus. Marx und Engels haben ihre grundsätzlichen Argumente gegen das ›bürgerliche‹ historische Denken und die maßgebenden Gesichtspunkte ihrer eigenen Geschichtsauffassung zu einer Zeit entwickelt, als der Historismus selber noch dabei war, sich gesamteuropäisch als Wissenschaftskonzeption zu etablieren und zu entfalten. Sie kritisierten ihn von außen, als Außenseiter, die gar nicht umhin konnten, den Forschungsertrag des fachlich institutionalisierten Historismus zu rezipieren, d. h. die fachwissenschaftlich gewonnenen Kenntnisse über die menschliche Vergangenheit aufzunehmen und im Sinne ihrer materialistischen Geschichtsauffassung neu zu interpretieren. So fußt z. B. Friedrich Engels' Schrift über den deutschen Bauernkrieg[11] mit ihrer bis heute umstrittenen These von einer »frühbürgerlichen Revolution« auf den Forschungen von Wilhelm Zimmermann, dessen Werk durchaus in die Tradition des Historismus einzuordnen ist, wenn auch als eine bemerkenswerte Erscheinung im linken politischen Spektrum.[12]

Es ist eine andere wissenschaftsgeschichtliche Konstellation, wenn der Historismus in seiner etablierten Fachlichkeit, und dann von Fachleuten selber, von professionalisierten Historikern kritisiert und wenn ein alternatives Geschichtswissenschaftskonzept zu seiner Überwindung ausgearbeitet wird. Das Scheitern Karl Lamprechts hat die historistische Wissenschaftstradition in Deutschland verfestigt und überwindungsresistent gemacht. Ganz anders ist die Entwicklung in Frankreich verlaufen. Dort gab es zeitgleich mit Lamprechts Bestrebungen ebenfalls Versuche, den Forschungsbereich und die Forschungsart der Geschichtswissenschaft qualitativ zu verändern. Seit 1900 erschien eine von dem Philosophen Henri Berr (1862-1954) herausgegebene Zeitschrift, deren Titel programmatisch eine neue Konzeption des historischen Denkens zum Ausdruck bringt: »Revue de synthèse historique«. Diese Zeitschrift widmete sich dem Versuch, die inzwischen neben der Geschichtswissenschaft etablierten Wissenschaften vom Menschen und seiner Welt mit der Geschichtswissenschaft zu re-integrieren und dabei den Gegenstandsbereich der Geschichtsschreibung zu erweitern und die methodischen Zugriffe der historischen Forschung zu verändern. Henri Berr forderte in seinem einleitenden Aufsatz eine Berücksichtigung der Soziologie, die in Frankreich unter dem Einfluß von Emile Durkheim in der Tradition des Positivismus als neue Wissenschaft entwickelt worden war. Neben der Soziologie sollte – ähnlich wie bei Lamprecht – die Psychologie mit ihrer Ausrichtung auf kollektive psychische Sachverhalte eine wichtige Rolle in der historischen Interpretation spielen. Berr plädierte kritisch gegen die etablierte historistische Wissenschaftskonzeption, die individuelle Akteure und (zumeist politische) Ereignisse als Forschungsgegenstände favorisierte, für vergleichende Untersuchungen und für die Berücksichtigung des Allgemeinen in der Vielfalt des Besonderen. »Decouvrir le général«, – diese Worte Berrs zeigen die Richtung an, die die Wissenschaftsentwicklung über den Historismus hinaus einzuschlagen beginnt. Es ist die gleiche Richtung, die auch Lamprecht der Geschichtswissenschaft als ihre Zukunftschance weisen wollte. Es ist symptomatisch, daß er im ersten Heft von Berrs Zeitschrift seine Auffassung von einer neuen Methodenkonzeption der Geschichtswissenschaft darlegen konnte.[13]

2. Die Annales-Schule

Erst 1929 institutionalisierte sich in Frankreich diese anti-historistische Wende der Kulturwissenschaft innerhalb der Geschichtswissenschaft selbst, als Lucien Febvre und Marc Bloch die Zeitschrift »Annales d'histoire économique et sociale« begründeten. Sie trat dezidiert als ein oppositionelles Organ gegen die historistische Wissenschaftskonzeption auf und etablierte sich als Forum einer Diskussion und einer Forschungsrichtung, die neue Bereiche der historischen Erfahrung erschloß, eine neue Interdisziplinarität der Wissenschaften vom Menschen etablierte und ein neues Wissenschaftsverständnis vertrat.

Man spricht inzwischen von der »Schule« der Annales-Historiker in Frankreich, um eine Richtung in der Geschichtswissenschaft zu bezeichnen, die ein nachhistoristisches Wissenschaftskonzept der Geschichtswissenschaft gefordert, begründet und durch ausgreifende und intensive Forschungsarbeiten und bedeutende historiographische Leistungen auch praktisch dargestellt und durchgesetzt hat. Der Ausdruck »Schule« ist allerdings mißverständlich, da er eine Einheitlichkeit der Wissensauffassung und Forschungsweise suggeriert, die es schon angesichts der Unterschiede des historischen Fragens und Forschens bei Lucien Febvre und Marc Bloch selbst, und erst recht angesichts der mehr als fünfzigjährigen Entwicklungsgeschichte dieser Wissenschaftsrichtung nie gegeben hat. Allerdings verkörpert die Zeitschrift, die seit 1946 den Titel »Annales – Economies, Sociétés, Civilisation« trägt, eine Wissenschaftsentwicklung, die in mehrfacher Hinsicht als Überwindung des Historismus charakterisiert werden kann: Zunächst einmal gewann sie ihr Wissenschaftsprofil aus ihrer ausdrücklichen Opposition gegen den fachlich etablierten Historismus. Sie wandte sich gegen die Dominanz der politischen Geschichte, gegen das Schwergewicht der historischen Forschung auf der zeitlichen Verknüpfung von Ereignissen, gegen einen mehr oder weniger bewußten und politisch verstandenen Gegenwartsbezug der Geschichtsschreibung und gegen eine historiographische Präsentation des historischen Wissens als Orientierungsgröße im politischen Prozeß nationaler Identitätsbildung. Aus dieser Opposition gegen das Wissenschaftsverständnis des Historismus wurde dann nach dem Zweiten Weltkrieg eine in Frankreich vorherrschende und international deutlich an Einfluß gewinnende Wissenschaftskonzeption der Geschichtswissenschaft, der gegenüber der Historismus zunehmend als obsolet erschien. Die Dominanz dieser neuen Art des historischen Denkens schlug sich in Frankreich in einer der einflußreichsten und wissenschaftspolitisch mächtigsten Forschungsinstitutionen nieder: der »Sixième Section« (für Wirtschafts- und Sozialgeschichte) der »Ecole Pratique des Hautes Etudes«, die seit 1975 als selbständige Institution, als »Ecole des Hautes Etudes en Sciences Sociales«, geführt wird.

Mit dieser Organisationsform werden die institutionellen Grenzen, in denen der Historismus wissenschaftliche Forschung ermöglichte, überschritten: Nicht mehr die kleine Lehr- und Forschungseinheit des universitären Lehrstuhls und Instituts und daneben die außeruniversitären Einrichtungen der wissenschaftlichen Akademien mit ihren umfangreichen Quellensammlungen bestimmen die Eigenart des historischen Forschungsbetriebes, sondern eine Institution, die interdisziplinär arbeitet und große Forschungsunternehmen arbeitsteilig und langfristig betreibt. Die Interdisziplinarität, die die »Annales« in eigenen Rubriken für Kontroversen und Diskussionen pflegt, öffnet die Geschichte als Fachdisziplin den Erkenntnismöglichkeiten und Erkenntnisfortschritten der inzwischen entwickelten anderen Disziplinen, die sich ebenfalls mit dem Menschen und seiner Welt befassen, allerdings auf andere Weise als im Wissenschaftskonzept des Historismus vorgesehen. Es sind diejenigen Wissenschaften, denen es gar nicht primär um geschichtliche Entwicklungen, sondern um systematische Zusammenhänge menschlicher Lebensverhältnisse geht. Typisch für diese neue, dem Historismus fremde Art wissenschaftlichen Denkens sind die Linguistik (in ihrer modernen, synchronistischen Ausrichtung), die Anthropologie, Ethnographie, Geographie und natürlich die mathematisierende, nach Gesetzmäßigkeiten oder Regularitäten fragende Ökonomie.

Die Geschichtswissenschaft wird organisatorisch (und natürlich zugleich in ihrer inneren methodischen Ausrichtung auf die Erfahrung der Vergangenheit) dazu befähigt, die in diesen Wissenschaften gewonnenen Erkenntnisse aufzugreifen und zu einem umfassenden historischen Wissen über den Menschen zu integrieren. Als »Wissenschaft vom Menschen«[14] behauptet die Geschichtswissenschaft der Annales ihre vom Historismus gewonnene zentrale Bedeutung für die Erkenntnis der dem Menschen als Menschen wesentlichen Fähigkeiten und Eigenschaften, und zugleich steigert sie diese Bedeutung, indem sie auf die systematischen Humanwissenschaften ausgreift und mit deren Wissensformen und -beständen den Horizont des historischen Denkens erheblich erweitert. In der Form einer integrativen »Histoire totale« repräsentiert sie die Einheit der Menschennatur im weiten Raum der historischen Erfahrung. Sie füllt diesen Raum nicht mehr nur mit der Kunde zeitlich bewegter Ereignisse, weil sie in ihnen nur die Oberfläche einer viel wichtigeren Erfahrungsdimension von Tiefenkräften des menschlichen Lebens sieht. Einer der Wortführer der Annales-Schule, Fernand Braudel, dessen Buch »La Mediterranée et le Monde Mediterranéen a l'Epoque de Philippe II« (zuerst Paris 1949) lange Zeit als repräsentativ für die neue französische Geschichtsforschung und -schreibung galt, hat dieser anti-historistischen

Abwendung von der Ereignisgeschichte in seinem »Selbstzeugnis« folgendermaßen Ausdruck gegeben: »Nieder mit den Ereignissen, vor allem mit den quälenden und beunruhigenden. Ich mußte daran glauben, daß das Schicksal, daß die Geschichte sich auf einer viel tieferen Ebene schriebe. Eine Langzeit-Skala der Beobachtung zu wählen hieß, die Position Gottvaters selbst als Zufluchtsstätte zu wählen. Fern von uns und unserem täglichen Elend wird die Geschichte gemacht, eine Geschichte, die sich nur langsam vorwärts bewegt, solange wie das uralte Leben des Mittelmeers, dessen Dauerhaftigkeit und majestätische Unbeweglichkeit mich so oft ergriffen hatten.«[15]

An die Stelle der Ereignisse tritt die Struktur, »ein Zusammenspiel, ein Gefüge, aber mehr noch eine Realität, die von der Zeit wenig abgenutzt und sehr lange fortbewegt wird«.[16] Der historische Blick wendet sich auf Regelhaftes, sich Wiederholendes im zeitlichen Wandel, auf Rahmenbedingungen des menschlichen Lebens von langer zeitlicher Dauer und im Verhältnis zu den Wandlungsprozessen moderner Gesellschaften von geringer Veränderungskapazität. In ihnen wird eine feste Basis, eine umgreifende Determination der ereignishaften Veränderungen in der Vergangenheit gesehen: »Alle Etagen der Geschichte, alle ihre tausend Etagen, all die tausend Explosionen der Zeit der Geschichte lassen sich aus ihrer Tiefe, aus dieser halben Unbeweglichkeit verstehen, alles kreist um sie.«[17] In Analogie zu allgemeinen Grundgesetzen der Natur, wie sie von der theoretischen Physik formuliert werden, spricht Braudel von einer »Mathematik des Sozialen«, die die zeitlich-geschichtliche Erstreckung der menschlichen Lebenspraxis bestimmt. Inhaltlich werden solche Strukturen bestimmt als soziales Klima, als umgreifende Gesellschaftsform, als tiefsitzende Mentalität, als ökonomische Gesetzmäßigkeit von Konjunkturschwankungen, als klimatische Rahmenbedingungen der menschlichen Naturaneignung, als Trends der Bevölkerungsentwicklung, als Alphabetisierungsraten, als Zyklen der agrarischen Produktion, als langfristige Veränderungen komplexer Besitzverhältnisse, als Einstellungen zu Sexualität und Tod, als Lebensformen der Kindheit und vieles andere mehr.

Zusammenfassend läßt sich die Geschichtskonzeption der Annales-Schule im Vergleich mit derjenigen des Historismus so charakterisieren: Betonte der Historismus die Dynamik zeitlicher Veränderungen und gab er ihr sprachlich mit Metaphern des Wachstums Ausdruck, so sucht die Annales-Schule das Wesen der Geschichte in einer fast statischen Tiefe der Zeit, in der Dauer und Langsamkeit von Wandel, in zyklischen Bewegungen, und sie gibt diesem Wesen sprachlich Ausdruck mit Metaphern des Meeres und seiner bewegten Ruhe.

Methodologisch entspricht dieser Differenz eine Entgegensetzung von Verstehen und Erklären, von Individualisieren und Vergleichen. Ging es im Historismus darum, die zeitliche Einzigartigkeit menschlicher Handlungen und Handlungszusammenhänge herauszuarbeiten, Zeit also historisch zu individualisieren, so geht es der Annales-Schule um Generalisierung, um vergleichende Verfahren, die sich durchhaltenden Verhältnissen in historischen Veränderungen widmen. Die quantifizierende Methode spielt dabei naturgemäß eine besondere Rolle. Das Ereignis wird durch die Reihe ersetzt. Die Geschichtswissenschaft »ersetzt den nicht klar faßbaren Begriff ›Ereignis‹ ... durch die regelmäßige Wiederholung von Daten, die aufgrund ihrer Vergleichbarkeit ausgewählt und zusammengesetzt worden sind«.[18] Entsprechend ändert sich das Wissenschaftsverständnis der Geschichtswissenschaft grundlegend. Die neuen Methoden werden als »Vorteil an Wissenschaftlichkeit« angesehen.[19] Die Geschichtswissenschaft befreit sich mit ihrem neuen Blick auf die strukturellen Rahmenbedingungen menschlichen Lebens von den parteilichen Verstrickungen in politische Handlungszusammenhänge. Der Historismus hatte grundsätzlich eine Standpunktabhängigkeit der historischen Erkenntnis als Erschließung historischer Erfahrung anerkannt. Wenn es ihm um die zeitliche Eigenart der Vergangenheit ging, dann behielt er dabei immer die Lebenssituation der Gegenwart im Auge, um sie mit dem Anderssein der Vergangenheit in einen inneren dynamischen zeitlichen Zusammenhang bringen zu können. Er sah zwischen diesem Gegenwartsbezug und der in ihm liegenden Parteilichkeit kein grundsätzliches Problem für den Wissenschaftlichkeitsanspruch der Geschichtswissenschaft, sondern hielt sie für vermittelbar mit dem methodischen Objektivitätsanspruch der historischen Forschung. Demgegenüber gibt die Annales-Schule jeden expliziten Gegenwartsbezug als Faktor der historischen Perspektivierung bewußt preis. Ihr neuer historischer Blick und ihre neuen historischen Methoden führen zur Rekonstruktion einer Vergangenheit, die in keinem handlungsleitenden Sinn- und Bedeutungszusammenhang mehr mit der Gegenwart steht. Sie verbindet ihre Vorstellung eines Zuwachses an Wissenschaftlichkeit gegenüber der historistischen Wissenschaftstradition mit dem Anspruch standpunktüberhobener Objektivität: »Es mag verschiedene Geschichten geben, aber es gibt nur eine einzige wissenschaftliche Geschichte.«[20] Mit diesem Wissenschaftsverständnis schlägt sich die Annales-Schule auf die Seite der positivistischen oder rationalistischen Gegenbewegung gegen den Historismus; sie reklamiert für die Geschichtswissenschaften das Wissenschaftsideal der Naturwissenschaften.

Die Geschichtswissenschaftskonzeption der Annales-Schule bedeutet gegenüber dem Historismus zweifellos eine Vertiefung und Erweiterung des Raums der historischen Erfahrung. Er gewinnt neue Zeitdimensionen; bisher für geschichtslos-naturhaft gehaltene Faktoren des menschlichen Lebens (z. B. Sexualität, Klima) werden historisiert. So gewinnt beispielsweise die kulturelle Dimension der historischen Erfahrung, die der Historismus mit seinem dynamisierten Geistbegriff (Ideen als Triebkräfte der geschichtlichen Veränderung) grundsätzlich erschlossen hatte, durch den Mentalitätsbegriff der Annales-Schule eine neue historische Dimension: Mentalität liegt den vom Historismus als Manifestation ideeller Triebkräfte in den Vordergrund des historischen Interesses gerückten handlungsleitenden Absichten als Bestimmungsgröße noch voraus und zugrunde. Mit diesem Begriff gewinnt der zeitbewegende Geist des Menschen eine neue soziale Tiefendimension. In dieser Tiefendimension, die für das Verhältnis des Menschen zur Natur ebenso wie für die Formen seiner Vergesellschaftung ausgemacht wird, gewinnt die historische Zeit eine neue Qualität. Sie ist »nicht länger der periodische und mysteriöse Schub eines Ereignisses..., sondern Rhythmus einer Evolution, die nunmehr meßbar, vergleichbar und doppel-differenzierbar« ist.[21] Mit den entsprechenden Forschungsmethoden des Vergleichs, der Quantifizierung, Serialisierung und tiefenhermeneutischen Rekonstruktion mentaler Lebensformen gewinnt die historische Forschung neue Standards methodischer Rationalität und Interdisziplinarität.

Als Überwindung des Historismus verhält sich die Annales-Schule geradezu komplementär zum Marxismus. Die Überzeugungskraft beider Geschichtskonzeptionen gegenüber dem Historismus beruht darauf, daß mit dessen Mitteln die historischen Erfahrungen des 20. Jahrhunderts, insbesondere die großen Modernisierungskrisen, nicht mehr hinreichend verarbeitet werden konnten. Die Ohnmacht absichtsvollen menschlichen Handelns gegenüber den im Modernisierungsprozeß freigesetzten Kräften der Veränderung auf allen Lebensgebieten und ihre geradezu zwanghafte Durchsetzung in krisenhaften und konfliktreichen Veränderungen aller menschlichen Lebensverhältnisse verlangt andere Deutungsmuster des historischen Wandels. Der Marxismus entwickelte diese Deutungsmuster, indem er die historistische Vorstellung von der zeitlichen Dynamik historischer Prozesse überbot durch ein Fortschrittskonzept, in dem die ökonomischen und sozialen Faktoren der menschlichen Lebenspraxis gegenüber der politischen und kulturellen Steuerung menschlichen Handelns den Ausschlag gaben. Die Annales-Schule wendet den historischen Blick ganz ab von der zeitgeschichtlichen Dynamik des Modernisierungsprozesses und präsentiert als historische Erfahrung die alternativen Tiefenstrukturen vormoderner Gesellschaften. Er hat mit dem Marxismus den Blick auf strukturelle Bedingungsfaktoren der menschlichen

Lebenspraxis gemeinsam, unterscheidet sich aber von ihm dadurch, daß er diese Faktoren in vormodernen Wirkungszusammenhängen aufweist und die Frage nach den historischen Prozessen, die in die gegenwärtigen Lebensverhältnisse münden, nicht aufwirft. Demgegenüber rückt der Marxismus die vormoderne Welt so in den historischen Blick, daß sie als Vorgeschichte der Moderne erscheint, also die Züge verliert, die sie als Alternative der Gegenwart erscheinen läßt.

Mit dem Historismus vergegenwärtigt sich die bürgerliche Gesellschaft ihren Modernisierungsprozeß als einen kulturell gesteuerten politischen Prozeß menschlicher Selbstbefreiung. Der Marxismus kritisiert die historistische Vorstellung von Geschichte als Werden der Freiheit mit der Erfahrung sozialer Ungleichheit und Unterdrückung als Triebkraft historischer Veränderungen – jedoch in der Absicht, die im bürgerlichen Geschichtsdenken des Historismus seiner Meinung nach nur ideologisch, also nur scheinbar herausgearbeitete Freiheitsgeschichte als Geschichte wirklicher Freiheit erkennbar zu machen. Insofern überbietet er den Historismus in dem Versuch, den historischen Prozeß, in dem moderne Gesellschaften entstehen, zu begreifen. Demgegenüber müßte die Annales-Schule als Unterbietung charakterisiert werden: Sie rekonstruiert die durch die Modernisierung verlorene Welt in ihrer vor-modernen Eigenart, und zwar auf der Ebene struktureller menschlicher Handlungsbedingungen, wo der Historismus den Prozeß der Modernisierung noch gar nicht wahrgenommen, sondern eine sich gleichbleibende Basis menschlicher Lebensformen angenommen hatte. Insofern verschärft die Annales-Schule den historischen Blick auf die Vormoderne, indem sie sie als ruhiges Gegenbild zur Beunruhigung der tiefgreifenden, das menschliche Leben in allen seinen Dimensionen betreffenden Veränderungen des Modernisierungsprozesses vergegenwärtigt. Francois Furet, einer der führenden Repräsentanten der Annales-Schule in den 70er und 80er Jahren, hat diesen anti-historischen Bruch zwischen Gegenwart und Vergangenheit offen ausgesprochen und mit einer historischen Identitätskrise der französischen Intelligenz erklärend in Verbindung gebracht: »Dieses Frankreich, aus der Geschichte vertrieben, ist umso mehr bereit, die Geschichte auszutreiben. Es vermag die Welt nun mit einem Blick zu betrachten, der nicht mehr verhängt ist durch sein eigenes Exempel und seine zivilisatorische Obsession: ein fast räumlicher Blick, von jetzt an skeptisch gegenüber den Lehren und dem Sinn der Geschichte.«[22]

3. Gesellschaftsgeschichte, Historische Sozialwissenschaft

Das Geschichtswissenschaftskonzept der Gesellschaftsgeschichte oder der Historischen Sozialwissenschaft wurde in Westdeutschland in den späten 60er und in den 70er Jahren als Alternative zum erneuerten Historismus der 50er und 60er Jahre entwickelt. Nach 1945 wurde in Westdeutschland das Geschichts- und Methodenkonzept des klassischen Historismus bewußt aufgegriffen, um die bedrohte historische Identität der kulturell führenden Schichten zu stabilisieren. Zwar war der Historismus auch in der nationalsozialistischen Herrschaft in Kraft, jedoch in einer Version, in der er sich teilweise an die neuen politischen Gegebenheiten anpaßte und zugleich ihnen gegenüber ein gewisses Ausmaß fachlicher Selbständigkeit behauptete (ohne eine ernsthafte Opposition darzustellen). Nach dem Ende des Nationalsozialismus wurde der Historismus in einer neuen Version fortgesetzt: Der idealistische Geschichtsbegriff wurde von denjenigen ideologischen Elementen befreit, die den Geschichte konstituierenden Geist an irrationale Naturkräfte völkischer Art gebunden hatten. Er wurde in einer stärker kultur-zentrierten Form neu ins Spiel gebracht und gezielt als kritische Alternative zur Barbarei des Faschismus verwendet. Mit ihm konnten identitätsbildende Vorstellungen historischer Kontinuität der deutschen Kultur entwickelt werden, die durch den Nationalsozialismus nur unterbrochen wurden (allerdings im Widerstand gegen ihn fortlebten) und nun als fortsetzungsfähig erschienen. Prototyp für diesen kritisch erneuerbaren Historismus war Jacob Burckhardt mit seiner kulturkritischen Wendung gegen den aggressiven Nationalismus und die modernen Massenbewegungen der zweiten Hälfte des 19. Jahrhunderts. Der Nationalsozialismus, der einen Teil seines kulturellen Potentials aus dem Antimodernismus der europäischen Kultur- und Zivilisationskritik geschöpft hatte, wurde mit den Mitteln eben dieser Kulturkritik historisch interpretiert und aus der eigentlichen deutschen und europäischen Geschichte als quasi-naturhafte oder dämonisch-gegengeschichtliche Bewegung und Entwicklung ausgeschlossen.

Eine intensive und systematische Begründung dieses Geschichtskonzepts fand nicht statt. Erst in den späten 50er und frühen 60er Jahren setzte eine stärkere Reflexion auf die Leistung dieser Geschichtskonzeption ein. Diese Reflexion betraf aber nicht so sehr das Wissenschaftskonzept der Geschichtswissenschaft, sondern ihren Bildungsanspruch, ihr Verhältnis zur Öffentlichkeit, also ihre Funktion im kulturellen Leben ihrer Gegenwart.[23] Die Diskussion entzündete sich an der Frage, welche Bedeutung das von der Geschichtswissenschaft produzierte Wissen eigentlich für die Orientierung der gesellschaftlichen Praxis habe. Diese Erörterung signalisierte eine wachsende Entfremdung zwischen gesellschaftlichen Orientierungsbedürfnissen auf der einen Seite und dem von der Geschichtswissenschaft produzierten historischen Wissen auf der anderen. Diese Diskrepanz-Erfahrung des erneuerten Historismus zwischen seinem Bildungsanspruch und seiner öffentlichen Resonanz führte nicht zu Revisionsbestrebungen gegenüber der historistischen Wissenschaftskonzeption. Weder die Annales-Schule noch der Marxismus wurden in nennenswertem Umfang rezipiert.

Ende der 60er und Mitte der 70er Jahre kam es dann zu einer Grundlagenkrise der Geschichtswissenschaft in Westdeutschland, in der die Grenzen des Historismus als Wissenschaftskonzept kritisch aufgewiesen wurden und in der zugleich versucht wurde, die Geschichtswissenschaft »jenseits des Historismus« zu etablieren.[24] Diese Versuche wurden nicht nur auf der Ebene der praktischen Forschungsarbeit und der Historiographie vollzogen, sondern auch auf derjenigen einer vertieften und erweiterten Grundlagenreflexion in der Geschichtswissenschaft selber. Meta-theoretische und methodologische Argumentationen wurden zum integralen Bestandteil des Diskurses der Fachhistoriker.

Als Resultat dieses Versuches, den Historismus zu überwinden, hat sich das Geschichtswissenschaftskonzept der Gesellschaftsgeschichte oder der Historischen Sozialwissenschaft herausgebildet. Es tritt mit dem Selbstverständnis und dem Selbstbewußtsein auf, die historistische Wissenschaftstradition der Geschichtswissenschaft endgültig in ein modernes, den Zeiterfahrungen des 20. Jahrhunderts im allgemeinen und der deutschen zeitgeschichtlichen Selbsterfahrung im besonderen entsprechendes Geschichtskonzept transformiert, das methodische Arsenal der historischen Forschung um die Erkenntnismöglichkeiten der systematischen Sozialwissenschaften erweitert und schließlich auch moderne Darstellungsformen entwickelt zu haben, die einem gestiegenen Wissenschaftlichkeitsverständnis und reflektierten Gegenwartsbezug entsprechen.

In Analogie zum Wissenschaftsparadigma des Historismus läßt sich auch die Wissenschaftskonzeption der Gesellschaftsgeschichte oder historischen Sozialwissenschaft als spezifische Ausprägung einer disziplinären Matrix zusammenfassend charakterisieren:

Das Erkenntnisinteresse geht auf eine kritisch rationale Rekonstruktion der Vergangenheit, in der historische Entwicklungen als Zukunftschancen einer am Leitziel der menschlichen Emanzipation orientierten Modernisierung erscheinen. Mit den Worten Hans-Ulrich Wehlers stellt sich die Gesellschaftsgeschichte die Aufgabe, »ideologiekritisch den Nebel mitgeschleppter Legenden durchzustoßen und stereotype Mißverständnisse aufzulösen, die Folgen von getroffenen oder die sozialen Kosten von unterlassenen Entscheidungen scharf herauszuarbeiten und somit für unsere Lebenspraxis die Chancen rationaler Orientierung zu vermehren, sie in einen Horizont sorgfältig überprüfter historischer Erfahrungen einzubetten«.[25]

Die Gesellschaftsgeschichte bleibt der historistischen Einsicht in ein inneres Wechselverhältnis zwischen Standpunktabhängigkeit und Objektivitätsanspruch der Geschichtswissenschaft verpflichtet; gegenüber dem objektivistischen Wissenschaftsideal der Annales-Schule betont sie den Gegenwartsbezug der historischen Erkenntnis als konstitutiven Faktor historischer Perspektivierung, und gegenüber dem Marxismus vertritt sie einen entschiedenen Pluralismus verschiedener Standpunkte, der allererst einen auf Erkenntnisfortschritt angelegten Diskurs über unterschiedliche historische Perspektiven ermöglicht. Sie sieht in der Tradition des Historismus und seiner Ausrichtung des historischen Denkens am Gesichtspunkt (national-)staatlicher Kontinuität und Identität und in seinem während des 19. Jahrhunderts wachsenden Konservativismus wirksame Faktoren derjenigen politischen Kultur, die zu den Modernisierungsdefiziten der deutschen Geschichte gehören und daher zugunsten einer neuen politischen Orientierung am universalistischen Wertesystem westlicher Demokratietraditionen überwunden werden müssen.

Diesem Erkenntnisinteresse dienen leitende Hinsichten auf die menschliche Vergangenheit, die durch die Bezeichnung »Gesellschaftsgeschichte«, »Sozialgeschichte« oder »Historische Sozialwissenschaft« für die neue Wissenschaftskonzeption angedeutet werden. Geschichte wird wie in der Annales-Schule und im Marxismus nicht mehr vornehmlich auf der Ebene intentional gesteuerter Interaktionen angesiedelt, sondern auf der tieferen Ebene struktureller Handlungsbedingungen und -voraussetzungen. Aktionen und Akteure erscheinen nun vor dem analytisch ausgeleuchteten Hintergrund von Lebensumständen, die ihr Handeln bestimmend umgreifen und anders determinieren, als ihre Absichten und ihr Selbstverständnis bekunden. »Gesellschaft« wird als Inbegriff dieser Tatbestände bezeichnet, in denen Geschichte empirisch aufgesucht wird. Die Akteure und ihre absichtsvollen Interaktionen sinken zum Moment eines umgreifenden Ganzen menschlicher Lebensverhältnisse herab, dessen historische Substanz nicht mehr in der kulturellen Ausrichtung handlungsleitender Intentionen und Deutungen besteht, sondern im zeitspezifischen Zusammenhang handlungsbedingender innerer und äußerer Faktoren. Programmatisch wird dies so formuliert: »Das zentrale Thema ist die Erforschung und Darstellung von Prozessen und Strukturen gesellschaftlichen Wandels. Dabei wird die Analyse sozialer Schichtungen, politischer Herrschaftsformen, ökonomischer Entwicklungen und soziokultureller Phänomene im Vordergrund stehen; Veränderung und Dauer sollen gleichermaßen im Auge behalten werden.«[26]

Diese Geschichtskonzeption rückt die historische Forschung in die Nähe der Sozialwissenschaft, ja sie läßt sich selbst als Sozialwissenschaft mit der spezifischen Ausrichtung auf die historische Dimension menschlicher Vergesellschaftung verstehen. Im Unterschied zur Tradition des Historismus und zur Praxis der Annales-Schule und in formaler Ähnlichkeit mit dem Marxismus wird diese Geschichtskonzeption selber theorieförmig entwickelt und begründet und in Theorieform auch als Instrument der empirischen historischen Forschung verwendet. Die Gesellschaftsgeschichte arbeitet mit expliziten theorieförmigen Bezugsrahmen der historischen Forschung, die sich inhaltlich im Umkreis einer allgemeinen Modernisierungstheorie ansiedeln lassen. Sie verlangt von der Arbeit des Historikers »explizite und konsistente Begriffs- und Kategoriensysteme, die der Erschließung und Erklärung von bestimmten historischen Phänomenen und Quellen dienen, aber nicht hinreichend aus den Quellen abgeleitet werden können«.[27]

Damit ist bereits die methodologische Seite der neuen Wissenschaftskonzeption angedeutet. Die historische Methode verliert ihren traditionell hermeneutischen Charakter und wird stärker analytisch gefaßt. Der methodische Gebrauch historischer Theorien oder theorieförmigen (idealtypischen) Wissens wird zum Kennzeichen neuer Forschungsstrategien. Quantifizierende Verfahren verlieren das Odium ahistorischen Denkens und werden selbstverständlich. Die Geschichtswissenschaft erschließt mit ihrem neuen Potential an Forschungsverfahren neue Erfahrungsbereiche, vor allem auf der Ebene sozio-ökonomischer und sozio-politischer Prozesse. Allerdings wird im Unterschied zum Historismus, der einen klaren Begriff von der Einheit und inneren Konsistenz der historischen Methode entwickelt hatte, die Vielheit der Forschungsverfahren in keinen vergleichbaren Methodenbegriff mehr integriert (das gleiche gilt für die Annales-Schule).

Mit den explizit theoretischen Zugriffen auf die historische Erfahrung und den neuen methodischen Möglichkeiten ihrer Erschließung ändert sich auch der Modus der historischen Darstellung: Man spricht vom »Ende des historischen Erzählens« und meint damit die Abkehr von Formen der Geschichtsschreibung, in denen Geschichte als zeitlicher Fluß historischer Ereignisse mimetisch abgebildet wird, Geschichte also als sinnlich-plastisches Bild von Zeitverläufen auf der Ebene verstehbarer Handlungen erscheint. An die Stelle eines historiographischen Erzählens, das den Leser an der dargestellten Geschichte ästhetisch teilhaben läßt, tritt nun eine Argumentation, die ihn zur kritischen Urteilsbildung und Distanznahme gegenüber der Vergangenheit befähigen soll. Die narrative Mimesis wird durch eine argumentative Rekonstruktion ersetzt; die interpretative Spur des Historikers verliert sich nicht in der Präsentation seiner Forschungsergebnisse, sondern bleibt als deutlicher Hinweis an den Leser erhalten. Der Autor gibt über seine Erkenntnisstrategien Rechenschaft und tritt nicht mehr im historiographischen Gestus des allwissenden Historikers auf, der (um die bekannten Worte Rankes zu verwenden) sein »Selbst gleichsam auslöscht«, um »nur die Dinge reden, die mächtigen Kräfte erscheinen zu lassen«;[28] stattdessen bezeichnet er reflektierend seine Perspektive und schärft damit den historischen Blick der Rezipienten.

Im Rahmen dieses Zuwachses an Argumentationspotential der Geschichtsschreibung gewinnt auch eine Reflexion auf die praktische Verwendung des wissenschaftlich produzierten historischen Wissens eine neue Bedeutung. Hatte der Historismus im Laufe seiner Entwicklung die geschichtsdidaktische Dimension des historischen Wissens, die seinen praktischen Gebrauch im Leben der Gegenwart betrifft, zunehmend aus dem Selbstverständnis und dem Bewußtsein der fachlichen Professionalität der Geschichtswissenschaft verdrängt, so daß Fragen der praktischen Verwendung historischen Wissens als fachextern angesehen wurden, so wird nun das Verhältnis von fachwissenschaftlicher Wissensproduktion und praktischer (politischer und pädagogischer) Verwendung des produzierten Wissens komplexer gesehen. Funktionale Zuordnungen des historischen Wissens zu Faktoren der politischen Kultur, insbesondere zur Bildung historischer Identität, werden als Faktoren der Bildung von Geschichtsbewußtsein angesehen und thematisiert, die die Erkenntnisarbeit der Geschichtswissenschaft intern betreffen und die Basis der disziplinären Matrix der Fachwissenschaft selber berühren. Damit werden die Verengungen im fachlichen Selbstverständnis der Geschichtswissenschaft rückgängig gemacht, die im Laufe des 19. Jahrhunderts dazu geführt hatten, daß nur noch die Forschungstechniken der historischen Methode als entscheidende Faktoren der disziplinären Matrix angesehen wurden.

4. Der Historismus im Meinungsstreit

Ist der Historismus zu Ende? Die drei im vorigen Abschnitt vorgestellten Alternativen zu ihm könnten den Eindruck erwecken, er habe sich inzwischen als historische Denkweise und als Wissenschaftskonzeption der Geschichtswissenschaft überlebt. Dieser Eindruck trügt jedoch; immer wieder ist es im Laufe der Wissenschaftsentwicklung zu

Erneuerungsformen des Historismus gekommen, die signalisieren, daß er nicht bruchlos in die nach-historistischen Formen der Geschichtswissenschaft aufgegangen ist. Es ging bei diesen Erneuerungen weniger darum, die kritisch gegen den Historismus entwickelten neuen Geschichtsauffassungen und Forschungsstrategien rückgängig zu machen, sondern darum, auf Defizite aufmerksam zu machen, die sich aus der Abkehr vom Historismus ergeben. In summarischer Vereinfachung lassen sich diese Defizite im Hinblick auf die drei erwähnten Alternativen zum Historismus folgendermaßen auflisten:

Gegen den Marxismus läßt sich von der Tradition des Historismus her eine Verengung des Gegenwartsbezuges, ein problematischer Gesetzmäßigkeitsbegriff und eine Depotenzierung von Kultur und Politik im Faktorenbündel historischer Veränderungen einwenden. Im Unterschied zum Marxismus, der die Einnahme eines bestimmten Klassenstandpunktes zur notwendigen Bedingung historischer Wahrheit macht, hat der Historismus in seiner Version des Verhältnisses zwischen Standpunktabhängigkeit und methodischer Objektivität einen größeren Spielraum unterschiedlicher Standpunkte und eine offenere Konzeption historischer Objektivität entwickelt – ›offener‹ in dem Sinne, daß der Objektivitätsgrad einer historischen Perspektive sich darin bemißt, daß und wie sie mehrere unterschiedliche Standpunkte im Leben der Gegenwart umgreift. Gegen eine Vorstellung von historischer Gesetzmäßigkeit, wie sie der Marxismus vertritt, hatte schon Droysen in seiner Kritik an Buckle[29] argumentiert, daß historische Verläufe nicht in der Form einer Gesetzmäßigkeit gedacht werden können, wie sie in den Naturwissenschaften üblich ist. Der Marxismus betont zwar, daß historische Gesetzmäßigkeiten anders strukturiert sind als naturwissenschaftliche, hält aber grundsätzlich an dem Gedanken einer Vergangenheit, Gegenwart und Zukunft umgreifenden durchgängigen Gesetzmäßigkeit der historischen Entwicklung fest, ohne jedoch die damit verbundenen Probleme der Prognosefähigkeit historischen Wissens zu diskutieren. Das vom Historismus geschärfte Bewußtsein von der logischen und methodischen Eigentümlichkeit historischer Erkenntnisprozesse ist immer dann als Stachel des Historismus im Marxismus, der ihn überwunden zu haben beansprucht, zu spüren, wenn die historische Erkenntnis mit einem Gesetzmäßigkeitsanspruch auftritt, der ihre Unterschiede zum nomologischen Wissen der Naturwissenschaften verwischt und das Problem ihrer Prognosefähigkeit überspielt.

Schließlich bleibt vom Historismus als unüberwundener Rest, der sich kritisch gegen den Marxismus wenden läßt, die Einsicht in eine nicht ableitbare Ursprünglichkeit kultureller und politischer Faktoren der geschichtlichen Entwicklung. Insofern das Basis-Überbau-Theorem diese Einheit abschneidet (und damit zugleich Raum für die Vorstellung einer quasi-naturhaften Gesetzmäßigkeit der Geschichte öffnet), ist in der Tradition des Historismus das Potential einer historischen Erkenntnis vorhanden, die die menschliche Freiheit in den realen Triebkräften geschichtlicher Entwicklungen verankert.

Gegenüber der Annales-Schule lehrt ein Blick auf den Historismus, daß das Ideal der »Histoire totale« nicht erreicht ist, solange die Ereignisgeschichte nicht als unverzichtbarer Bestandteil der historischen Erfahrung anerkannt und solange sie nicht mit der Strukturgeschichte zu einer untrennbaren Einheit der historischen Erfahrung und Deutung vermittelt ist. Hinzu kommt, daß die Ausblendung der Gegenwartsgenese aus der historischen Rekonstruktion der Vergangenheit zu einem unvollständigen Geschichtsbild führt. Hatte der Historismus aus dieser Genese die Überzeugungskraft seiner dynamischen Zeit- und Geschichtsvorstellung gezogen, so erscheint demgegenüber die Ansiedlung der historischen Erfahrung »fern von uns und unserem täglichen Elend« als problematische Tendenz einer historischen Betrachtung, in der der ruhige Zeitfluß der Jahrhunderte wie ein fast mythisches Gegenbild zur realen Zeiterfahrung der Gegenwart anmutet. Aus der Tradition des Historismus heraus ist kritisch gegenüber der Annales-Schule darauf zu bestehen, daß historisches Denken zwischen eigener und anderer Zeit vermitteln muß, wenn es nicht zur Fluchtburg einer ästhetischen Kompensation von Gegenwartserfahrungen werden will. Schließlich ist nicht einzusehen, warum dieser Abspaltung der Gegenwartsgenese aus dem Bereich der historischen Forschung auch die Politik als eigene Dimension der historischen Erfahrung zum Opfer fallen soll und mit ihr die Einsicht in die Perspektivik und Standpunktabhängigkeit der historischen Erkenntnis.

Auch die Wissenschaftskonzeption der Gesellschaftsgeschichte sieht sich gegenwärtig mit einer Wissenschaftsentwicklung konfrontiert, die sich als Wiederkehr eines von der Gesellschaftsgeschichte nicht überwundenen Historismus deuten lassen (und die auch im Meinungsstreit um ihre Berechtigung als ›neo-historistisch‹ abschätzig qualifiziert wird). Gegen die historismus-kritische Vorstellung eines noch unausgeschöpften Modernisierungspotentials der hochentwickelten Industriegesellschaften und gegen den entsprechenden Versuch, durch eine kritische Rekonstruktion des neuzeitlichen Modernisierungsprozesses Zukunftschancen der menschlichen Emanzipation historisch zu eröffnen, stellt sich nun die Erfahrung einer tiefgreifenden Modernisierungskrise und ein aus ihr folgendes neues Bedürfnis nach historischen Sinnzusammenhängen, die den historischen Blick von der Übermacht objektiver und anonymer handlungsbestimmender Strukturen auf die Subjektivität der Betroffenen richten läßt. Unter dem Namen »Alltagsgeschichte« und »Historische Anthropologie« wird die kulturelle Dimension der historischen Erfahrung neu ins Spiel gebracht, die der Historismus als Ort eines inneren Sinnzusammenhanges des geschichtlichen Wandels ausgemacht und als identitätsbildenden Faktor der politischen Kultur zur Geltung gebracht hatte.

Allerdings wird mit den neuen Fragen nach kulturellen Faktoren der geschichtlichen Entwicklung nicht einfach die alte historistische Vorstellung wieder erneuert, derzufolge im Wechselspiel menschlicher Interaktionen die kulturellen Triebkräfte der Ideen den Lauf der Geschichte bestimmen. Vielmehr richtet sich diese Frage an die von der Gesellschaftsgeschichte kritisch gegenüber dem Historismus eröffnete Tiefendimension der historischen Erfahrung. In dieser Tiefendimension wird nun Kultur forschend ausgemacht und als Umsetzung objektiver Bedingungen und Umstände menschlichen Handelns und Leidens in innere Deutungen und Erfahrungen beschrieben. Damit gewinnt zugleich die Hermeneutik als methodische Ausrichtung der historischen Forschung eine neue Bedeutung, ja eine Dominanz über die analytische Verfahrensart. ›Verstehen‹ als methodischer Zugang zur historischen Erfahrung bezieht sich allerdings nicht mehr überwiegend auf die Erklärung einzelner Handlungen oder Interaktionen durch handlungsbestimmende Absichten, sondern auf kollektiv prägende Deutungsmuster menschlicher Selbst- und Welterfahrung, die integrale Bestandteile der das einzelne Handeln von Menschen bedingenden Strukturen darstellen. Der Historismus kehrt in der Frage nach Kultur und mit der Methode des Verstehens auf der Tiefenebene der historischen Betrachtung wieder, die erst durch seine Überwindung freigelegt werden konnte.

Ähnliches gilt für das historistische Selbstverständnis der Geschichtswissenschaft, in dem sie sich von anderen Wissenschaftsgruppen prinzipiell abgrenzte und eine eigene Logik der Forschung reklamierte. Die Überwindung des Historismus ging einher mit der Relativierung dieses Gegensatzes. Die Arbeit mit theorieförmigen Bezugsrahmen der historischen Interpretation und die damit verbundene Übernahme von Wissensbeständen, Theoriekonzepten und methodischen Verfahren anderer Wissenschaften bedeutete einen Zuwachs an methodischer Rationalität, der den klassischen Gegensatz des Historismus zwischen Verstehen und Erklären höchst problematisch machte. Mit diesem Rationalitätszuwachs freilich wurde der disziplinäre Status der Geschichtswissenschaft zunehmend unklarer. Erst die Entdeckung der narrativen Struktur historischen Wissens[30] und die daran sich anschließende Analyse der Bewußtseinsoperation des historischen Erzählens[31] führte zu neuen Einsichten in die spezifische Natur des Geschichtsbewußtseins, des historischen Denkens und der Geschichtswissenschaft. Diese Einsichten stellen eine neue Antwort auf die alte historistische Frage nach der Besonderheit der historisch verfahrenden Wissenschaften und ihren spezifischen Unterschieden zu den nomologisch verfahrenden Wissenschaften dar. Auch hier kehren nicht einfach die erkenntnistheoretischen und methodologischen Argumente des klassischen Historismus wieder, sondern es wird lediglich der disziplinäre Sonderstatus der Geschichtswissenschaft wieder argumentativ in den Blick gebracht, den der Historismus im Kampf mit dem Positivismus behauptet und verteidigt hatte.

Diese neueste Entwicklung der Historik, die den Unterschied des historischen Denkens zu anderen Wissenschaftsformen und seine Eigentümlichkeit betont, kann jedoch nur teilweise als Erneuerung einer historistischen Fragestellung verstanden werden. Denn der Historismus hatte die Eigenständigkeit und die Eigenart des historischen Denkens stets mit seinem Wissenschaftsanspruch verbunden und keinen Zweifel an der Wissenschaftlichkeit der historischen Erkenntnis gehabt. Dies hat sich in der jüngsten Debatte über das historische Erzählen als eigentümlichen Akt menschlicher Sinnbildung über Zeiterfahrung geändert. Schon der Historismus hatte Schwierigkeiten, sein Verstehensprinzip so zu explizieren, daß mit ihm auch die Wissenschaftlichkeit der Geschichtswissenschaft begründet werden konnte, aber immerhin ist es ihm gelungen, historische Methode als einen in sich geschlossenen Set von Forschungsoperationen zu definieren und zu explizieren, die den fachwissenschaftlichen Charakter der Geschichtswissenschaft ausmachen.[32] Die gegenwärtige Geschichtstheorie operiert mit dem Erzählprinzip ähnlich wie der Historismus mit dem Verstehensprinzip. Es geht um die Eigenständigkeit und Besonderheit des Historischen im Unterschied zu anderen Formen der menschlichen Erkenntnis. Erzählen ist aber ein mentaler Vorgang, der gar nicht exklusiv auf wissenschaftliche Rationalität bezogen ist. Er liegt zumindest auch, wenn nicht gar überwiegend im Bereich poetischer Sinnbildung.[33] Damit stellt sich die Frage nach der Wissenschaftlichkeit und methodischen Rationalität des historischen Denkens neu und radikaler, als es in der Wissenschaftstradition des Historismus der Fall war.

Bevor sich in der Spätaufklärung und dann im Historismus die fachwissenschaftliche Form des historischen Denkens und mit ihr die Prozeduren methodisch geregelter historischer Forschung und die Formen forschungsbezogener Geschichtsschreibung herausbildeten, galt Historiographie als eine literarische Veranstaltung, und das heißt: als nicht wissenschaftsfähig. Spätaufklärung und Historismus haben dem historischen Denken seine spezifisch moderne Form gegeben; sie haben es nach den Prinzipien methodischer Rationalität organisiert, die in der neuzeitlichen Kultur notwendige Bedingungen wahrheitsfähiger Erkenntnis sind. Nichtsdestoweniger ist die Geschichtsschreibung stets eine literarische Veranstaltung geblieben und ist die Deutung der menschlichen Vergangenheit in der Arbeit des Historikers auf Sinnkriterien angewiesen, die die methodische Rationalität der Forschung nicht liefert, sondern ihr als Gesichtspunkte menschlicher Lebensorientierung noch voraus und zugrundeliegen. Diese Sinnkriterien stellen ein Problem dar, das den Wissenschaftlichkeitsanspruch der Geschichtswissenschaft, die Wahrheitsfähigkeit der historischen Erkenntnis betrifft.

In der Frühphase des Historismus, als sich der fachwissenschaftliche Charakter des historischen Denkens erst herauszubilden begann und der Institutionalisierungs- und Methodisierungsgrad der historischen Forschung noch relativ niedrig war, konnten die Historiker noch von der Prämisse ausgehen, daß die Ideen, deren Wirkung als Triebkräfte der geschichtlichen Entwicklung sie aus den Quellen forschend erkannten, zugleich in ihrer historischen Erkenntnisarbeit als leitende Gesichtspunkte der historischen Interpretation wirksam waren. Historisches Denken und historische Erfahrung wurden von den gleichen kulturschöpferischen Triebkräften des menschlichen Geistes bewegt. Im Laufe der Wissenschaftsentwicklung und mit zunehmender Verfachlichung ging das Bewußtsein dieser Einheit von wirklichkeitsmächtigen Triebkräften der geschichtlichen Entwicklung und erkenntnismächtigen Triebkräften der historischen Erinnerung verloren. Historische Erfahrung und fachwissenschaftliche Rationalität, Objekt und Subjekt der historischen Erkenntnis, die bei Humboldt noch von einer »vorhergängigen, ursprünglichen Übereinstimmung« gekennzeichnet waren,[34] treten nun auseinander: Der Geist der Erkenntnis wird zur Technologie der Forschung, und der Geist der geschichtlichen Erfahrung wird zu letztlich irrationalen Triebkräften zeitlicher Veränderungen des Menschen und seiner Welt. In beiden Hinsichten handelt es sich um einen zunehmenden Irrationalismus in der sich verfachlichenden und rationalisierenden Geschichtswissenschaft: Der Bereich der historischen Erfahrung nimmt hinsichtlich der Möglichkeit, in ihm selber objektive Sinnzusammenhänge erkennen zu können, irrationale Züge an: Die Fülle der forschend erschlossenen historischen Tatsachen wird zur erdrückenden Masse empirischen Wissens, dessen innerer Sinn immer zweifelhafter wird. Und auf der anderen Seite führt die immer ausgefeiltere Forschungstechnologie der Geschichtswissenschaft als zunehmende methodische Rationalität der historischen Erkenntnis in die Irrationalität von leitenden Gesichtspunkten, von denen her erst die Fülle des forschend gewonnenen empirischen Wissens den Sinn einer für die Gegenwart und ihre Orientierungsprobleme bedeutungsvollen Geschichte bekommt. M. Weber hat diese doppelte Irrationalität der verfachlichten Kulturwissenschaften eindrucksvoll formuliert. Eines inneren, objektiv vorgegebenen metaphysischen Sinnzusammenhangs durch eine immer stärkere empirische Ausrichtung des historischen Blicks entledigt, wird die menschliche Geschichte zu einem »ungeheuren Strom von Geschehnissen, der sich durch die Zeit dahinwälzt«.[35] Und die Kraft der historischen Erkenntnis zur Ermittlung sinn- und bedeutungsvoller Zusammenhänge in den zeitlichen Veränderungen des Menschen und seiner Welt gründet sich letztlich nur noch auf den Dezisionismus und Irrationalismus eines bloßen »Glaubens an die überempirische Geltung letzter und höchster Wertideen, an denen wir den Sinn unseres Daseins verankern«.[36]

Ist dieser Irrationalismus unvermeidlich? Ist der von Aufklärung und Historismus eingeleitete Entwicklungsprozeß des historischen Denkens hin zur Wissenschaftlichkeit der Erkenntnis ein Irrweg? Bleibt uns nur der Ausweg, historisches Denken als sinnstiftende Poesie zu begreifen, der die Forschung nur die nackten (rein für sich sinnlosen) Fakten liefert?

Die Krisen, in die der Historismus geführt hat, und die Versuche, diese Krisen zu überwinden und weiterführende Konzeptionen des historischen Denkens zu entwickeln, haben den Wissenschaftlichkeitsanspruch der Geschichtswissenschaft bislang nicht erschüttert. Dem Historismus wurde nicht seine Rationalisierung des historischen Denkens, sondern höchstens ein Mangel an solcher Rationalisierung vorgeworfen. Allerdings haben die historismuskritischen Anstrengungen zu einer weiterführenden Rationalität des historischen Denkens immer wieder Einwände hervorgerufen, die die vom Historismus nachdrücklich vertretene Eigenart und Eigenständigkeit der historischen Erkenntnis betreffen.

In der gegenwärtigen Diskussion um den narrativen Charakter der historischen Erkenntnis und um historisches Erzählen als konstitutive Operation des Geschichtsbewußtseins geht es um eben diese Eigenart und Selbständigkeit, und zugleich damit stellt sich das Problem der Wissenschafts- und Wahrheitsfähigkeit der historischen Erkenntnis radikal neu. Ist die Irrationalität objektiver historischer Zusammenhänge und subjektiver Sinnkriterien der historischen Interpretation nicht ein unfreiwilliges Eingeständnis des späten Historismus, daß die entscheidenden Gesichtspunkte des historischen Denkens eben nicht wissenschaftsspezifisch sind? Kann die historische Erkenntnis überhaupt dort, wo es um das Wesentliche, um den Sinn der jeweils forschend aus den Quellen erarbeiteten Geschichte geht, Wahrheitsansprüche stellen? In dem Maße, in dem in der gegenwärtigen geschichtstheoretischen Diskussion zwischen historischer Sinnbildung und dafür maßgeblichen Gesichtspunkten auf der einen Seite und methodischer Rationalität der historischen Forschung auf der anderen Seite streng unterschieden wird, wiederholt sich eine Krisenerscheinung des späten Historismus.

Die Geschichtswissenschaft hat die Krise des Historismus zu einer Weiterentwicklung ihres Wissenschaftskonzepts verarbeitet. Damit hat sie die Entwicklung fortgesetzt, die mit Aufklärung und Historismus begonnen hatte: Verwissenschaftlichung und Rationalisierung des historischen Denkens. Eine Preisgabe dieser Tendenz würde unser Geschichtsbewußtsein und damit auch den Teil unserer politischen Kultur, in dem Geschichte ein wesentlicher Faktor der Orientierung der menschlichen Lebenspraxis ist, radikal verändern: Geschichte wäre dann kein zeitlicher Verlauf mehr, den wir erkennend aus den Erfahrungen der Vergangenheit so deuten können, daß wir unsere eigene Lebenspraxis handlungsermöglichend zeitlich ordnen und orientieren können. Sie würde stattdessen zum Mythos, zu einem Produkt poetischer Sinnbildung, die das Herz erfreuen kann, aber den Verstand kaltläßt. Die Ohnmacht des Historismus vor der Barbarei des Nationalsozialismus lag in seiner reduzierten Form wissenschaftlicher Rationalität begründet, in einem Zuwenig und nicht in einem Zuviel an Wissenschaftlichkeit. Und dort, wo aus der Tradition des Historismus kritische Einwände gegen nachhistoristische Konzeptionen von Geschichtswissenschaft erhoben werden können, dort sprechen diese Einwände ja nicht gegen die methodische Rationalität der Geschichtswissenschaft, sondern gegen die Art und Weise, wie sie konzipiert wird. Als wissenschaftsgeschichtliche Erfahrung kann der Historismus dazu dienen, eine Rationalitätsschwäche der Geschichtswissenschaft zu kritisieren und zur Vertiefung und Erweiterung ihres Wissenschaftlichkeitsanspruchs herauszufordern.

Anhang

Anmerkungen

I. Einführung

1 F. Meinecke: Die Entstehung des Historismus, hg. v. C. Hinrichs, Werke Bd. 3, München 1965, 2. Aufl., S. 1. – Im folgenden geben wir die bibliographischen Nachweise bei der ersten Erwähnung eines Titels vollständig, bei Wiederholungen in gekürzter Form. Wiederholt zitierte Titel sind in das Literaturverzeichnis aufgenommen worden, können also dort jederzeit verifiziert werden.
2 Vgl. zur Begriffsgeschichte des Wortes »Historismus«: G. Scholtz: Historismus, in: J. Ritter (Hg.): Historisches Wörterbuch der Philosophie, Bd. 3, Basel 1974, S. 1141-1147.
3 E. Troeltsch: Der Historismus und seine Probleme, Gesammelte Schriften, Bd. 3, Tübingen 1922, S. 102.
4 Vgl. hierzu vor allem Troeltsch: Der Historismus und seine Probleme; Meinecke: Die Entstehung des Historismus; K. Heussi: Die Krisis des Historismus, Tübingen 1932; K. Mannheim: Historismus, in: Archiv für Sozialwissenschaft und Sozialpolitik 52 (1924), S. 160.
5 K.R. Popper: Das Elend des Historizismus, Tübingen 1962.
6 G.G. Iggers: Deutsche Geschichtswissenschaft. Eine Kritik der traditionellen Geschichtsauffassung von Herder bis zur Gegenwart, München 1972, 2. Aufl.
7 H. Schnädelbach: Über historistische Aufklärung, in: Allgemeine Zeitschrift für Philosophie 2 (1979), S. 17-36.

II. Die Grundlagen: Historisches Denken im Zeitalter der Aufklärung

1 F. Meinecke: Die Entstehung des Historismus; vgl. zu Meinecke im einzelnen S. 103-105, 135f.
2 Dies ist die These von H. Medick: Naturzustand und Naturgeschichte der bürgerlichen Gesellschaft. Die Ursprünge der bürgerlichen Sozialtheorie als Geschichtsphilosophie und Sozialwissenschaft bei Samuel Pufendorf, John Locke und Adam Smith, Göttingen 1973.
3 Vgl. hierzu P.H. Reill: The German Enlightenment and the Rise of Historicism, Berkeley 1975; J. Rüsen: Von der Aufklärung zum Historismus. Idealtypische Perspektiven eines Strukturwandels, in: H.W. Blanke/J. Rüsen (Hg.): Von der Aufklärung zum Historismus. Zum Strukturwandel des historischen Denkens, Paderborn 1984, S. 15-57.
4 R. Koselleck: Historia magistra vitae. Über die Auflösung des Topos im Horizont neuzeitlich bewegter Geschichte, in: ders.: Vergangene Zukunft. Zur Semantik geschichtlicher Zeiten, Frankfurt a.M. 1976, S. 38-66.

5 Vgl. hierzu J. Rüsen: Die vier Typen des historischen Erzählens, in: R. Koselleck/H. Lutz/J. Rüsen (Hg.): Formen der Geschichtsschreibung (Beiträge zur Historik, Bd. 4), München 1982, S. 514-605 (auch in: ders.: Zeit und Sinn. Strategien historischen Denkens, Frankfurt a. M. 1990, S. 153-230).
6 Vgl. hierzu den Artikel »Geschichte« von R. Koselleck u. a. in: Geschichtliche Grundbegriffe. Historisches Lexikon zur politisch-sozialen Sprache in Deutschland, Bd. 2, Stuttgart 1975, S. 593-717.
7 Vgl. hierzu H. W. Blanke/D. Fleischer (Hg.): Theoretiker der deutschen Aufklärungshistorie, 2 Bde. (Fundamenta Historica, Bd. 1). Stuttgart/Bad Cannstatt 1990, Einleitung.
8 Voltaire: Essai sur les moeurs et l'esprit des nations (1756) mit der Einleitung »La philosophie de l'histoire«; vgl. auch: I. Iselin: Über die Geschichte der Menschheit. Philosophische Muthmassungen (1764); H.M. Köster: Über die Philosophie der Historie, Gießen 1775.
9 So hielt z.B. Gatterer in den 1760er Jahren mehrmals Vorlesungen unter dem Titel »Historische Enzyklopädie«.
10 J.M. Chladenius: Allgemeine Geschichtswissenschaft, wo rinnen der Grund zu einer neuen Einsicht in allen Arten der Gelahrtheit geleget wird, Leipzig 1752, S. 150 (Neudruck 1985).
11 Ebd., S. 100.
12 J. Chr. Gatterer: Vom historischen Plan und der darauf sich gründenden Zusammenfügung der Erzählungen, in: Allgemeine Historische Bibliothek von Mitgliedern des Königlichen Instituts der Historischen Wissenschaften zu Göttingen 1 (1767), S. 22. (Neudruck in: H. W. Blanke/D. Fleischer (Hg.): Theoretiker der deutschen Aufklärungshistorie, S. 621-661).
13 A.L. Schlözer: Vorstellung der Universal-Historie, Göttingen 1775, 2. Aufl., S. 257. (Neudruck hg. von H. W. Blanke. Hagen 1990).
14 J. Chr. Gatterer: Vom historischen Plan und der darauf sich gründenden Zusammenfügung der Erzählungen, S. 85.
15 J. Chr. Gatterer: Rezension: Nouveau Traité de Diplomatique, in: Allgemeine Historische Bibliothek, 1 (1767), S. 177.

III. Die Entstehung des Historismus

1 G.W.F. Hegel: Vorlesungen über die Philosophie der Geschichte, Werke, Bd. 12, Frankfurt a. M. 1986, S. 529.
2 Ders.: Die absolute Freiheit und der Schrecken, in: Phänomenologie des Geistes, Frankfurt a. M. 1973, S. 436.
3 Vgl. hierzu J. Rüsen: Begriffene Geschichte. Genesis und Begründung der Geschichtstheorie J. G. Droysens, Paderborn 1969. Das Zitat bei J. G. Droysen: Historik. Vorlesungen über Enzyklopädie und Methodologie der Geschichte, hg. von R. Hübner, Darmstadt 1960, 4. Aufl., S. 385.
4 J. Burckhardt: Griechische Kulturgeschichte, Bd. 1, hg. von F. Stähelin (Gesamtausgabe Bd. VIII), Berlin 1930, S. 3.
5 Vgl. hierzu J. Habermas: Strukturwandel der Öffentlichkeit, Darmstadt/Neuwied 1982, 12. Aufl.

6 J.G. Herder: Auch eine Philosophie der Geschichte zur Bildung der Menschheit, Frankfurt a. M. 1967, S. 44. (Neudruck der Ausgabe von 1774).
7 L. von Ranke: Idee der Universalhistorie, in: Vorlesungseinleitungen, hg. von V. Dotterweich/ W.P.Fuchs, Aus Werk und Nachlaß, Bd. 4, München 1975, S. 77.
8 F. Meinecke: Allgemeines über Historismus und Aufklärungshistorie, in: Zur Theorie und Philosophie der Geschichte, hg. von E. Kessel, Werke Bd. 4, Stuttgart 1959, S. 229.
9 J.G. Droysen: Historik, hg. von P. Leyh, Stuttgart/Bad Cannstatt 1977, S. 10.
10 In: Blüthenstaub, Fragment Nr. 115., in: Novalis. Schriften, 2. Bd.: Das Philosophische Werk I, hg. von R. Samuel, Stuttgart 1960, S. 464.
11 Aus dem Einleitungsaufsatz »Über den Zweck dieser Zeitschrift« des 1815 erschienenen ersten Bandes der von Savigny mitgegründeten und -herausgegebenen »Zeitschrift für geschichtliche Rechtswissenschaft«, hier zitiert nach dem auszugsweisen Wiederabdruck in: Deutsches Rechtsdenken, hg. von E. Wolf, Heft 8: Friedrich Karl von Savigny: Grundgedanken der historischen Rechtsschule 1814/40, Frankfurt a. M. 1965, S. 17.
12 F.C. Dahlmann: Die Politik auf den Grund und das Maß der gegebenen Zustände zurückgeführt, hg. von O. Westphal, Berlin 1924, S. 53.
13 Ebd., S. 56.
14 G.W.F. Hegel: Grundlinien der Philosophie des Rechts oder Naturrecht und Staatswissenschaft im Grundrisse, Werke, Bd. 7, Frankfurt a.M. 1970, S. 26.
15 G.W.F. Hegel: Grundlinien der Philosophie des Rechts, S. 233. Siehe hierzu auch J. Habermas: Der philosophische Diskurs der Moderne, Frankfurt a. M. 1985, S. 27 ff.
16 G.F.W. Hegel: Die Vernunft in der Geschichte. Vorlesungen über die Philosophie der Weltgeschichte, 1. Bd., hg. von J. Hoffmeister, Hamburg 1955, S. 55.
17 Ebd., S. 57.
18 Ebd., S. 36.
19 Ebd., S. 28.
20 Ebd., S. 63.
21 Ebd., S. 55.
22 Ebd., S. 31.
23 Ebd., S. 34.
24 J.G. Droysen: Historik, hg. von P. Leyh, S. 27.
25 L. von Ranke: Vorlesungseinleitungen, S. 76.
26 G.W.F. Hegel: Die Vernunft in der Geschichte, S. 42.
27 Ebd., S. 15.
28 L. von Ranke: Vorlesungseinleitungen, S. 75.
29 Ebd., S. 81.
30 Ebd., S. 78.
31 L. von Ranke: Die großen Mächte, hg. von Th. Schieder, Göttingen 1963, S. 41.
32 Ders. in einem Brief an seinen Bruder Heinrich Ranke vom 30.11.1832, in: L. von Ranke: Das Briefwerk, hg. und eingel. von W.P. Fuchs, Hamburg 1949, S. 252 f.
33 G.W.F. Hegel: Grundlinien der Philosophie des Rechts, S. 24 f.
34 L. von Ranke: Vorlesungseinleitungen, S. 88.

35 Ebd., S. 260.
36 G.W.F. Hegel: Die Vernunft in der Geschichte, S. 100.
37 L. von Ranke: Die großen Mächte, S. 3.
38 W. von Humboldt: Über die Aufgabe des Geschichtsschreibers, in: Werke in fünf Bänden, Bd. I: Schriften zur Anthropologie und Geschichte, hg. von A. Flitner/K. Giel, Berlin 1960, S. 589.
39 Ebd., S. 587.
40 Ebd., S. 595.
41 Ebd., S. 596 f.
42 Ebd., S. 505.

IV. Der Historismus als Wissenschaftsparadigma

1 Vgl. zum Paradigmenbegriff in den Wissenschaften Th.S. Kuhn: Die Struktur wissenschaftlicher Revolutionen, Frankfurt a. M. 1967.
2 Vgl. hierzu und zum folgenden J. Rüsen: Historische Vernunft. Grundzüge einer Historik I: Die Grundlagen der Geschichtswissenschaft, Göttingen 1983, bes. S. 24 ff.
3 J. Burckhardt: Historische Fragmente aus dem Nachlaß, hg. von A. Oeri/E. Dürr (Gesamtausgabe Bd. VII), Berlin 1929, S. 225.
4 J.G. Droysen: Historik, hg. von R. Hübner, S. 32.
5 Vorrede zu Rankes erstem historiographischen Werk: Geschichten der romanischen und germanischen Völker von 1494-1514, Sämtliche Werke Bd. 33, Leipzig 1855, S. VIII.
6 L.von Ranke: Englische Geschichte vornehmlich im 17. Jahrhundert Bd. 2, SW 15, Leipzig 1877, S. 103.
7 J.G. Droysen: Historik, hg. von P. Leyh, S. 236.
8 L.von Ranke: Über die Verwandtschaft und den Unterschied der Historie und der Politik (Berliner Antrittsrede von 1836), SW 24, Leipzig 1872, S. 280-293, hier: S. 288 f.
9 H.von Sybel: Über den Stand der neueren deutschen Geschichtsschreibung, (Marburg 1856), Kleine historische Schriften, Bd. 1, München 1863, S. 349.
10 Siehe dazu oben S. 38-40.
11 Siehe dazu unten S. 125-130.
12 J.G. Droysen: Historik, hg. von P. Leyh, S. 221.
13 Vgl. dazu J. Rüsen: Rhetorics and Aesthetics of History: Leopold von Ranke, in: History and Theory 29 (1990), S. 190-204.
14 F.C. Dahlmann: Die Politik auf den Grund und das Maß der gegebenen Zustände zurückgeführt, erstmals: Göttingen 1835.
15 Vgl. R. Koselleck: Liberales Geschichtsdenken, in: Liberalismus – nach wie vor. Grundgedanken und Zukunftsfragen. Fs. aus Anlaß des zweihundertjährigen Bestehens der Neuen Züricher Zeitung, Zürich 1979, S. 29-51.
16 L. von Ranke: Über die Epochen der neueren Geschichte. Historisch-Kritische Ausgabe, hg. von Th. Schieder/H. Berding, Aus Werk und Nachlaß, Bd. 2, München 1971, S. 80.

zu: IV. Der Historismus als Wissenschaftsparadigma

17 J.G. Droysen: Historik, hg. von P. Leyh, S. 3.
18 J. Burckhardt: Über das Studium der Geschichte. Der Text der »Weltgeschichtlichen Betrachtungen« auf Grund der Vorarbeiten von Ernst Ziegler nach den Handschriften herausgegeben v. Peter Ganz, München 1982. Zu Burckhardt siehe unten S. 125-130.
19 Vgl. dazu J. Rüsen: Von der Aufklärung zum Historismus. Idealtypische Perspektiven eines Strukturwandels.
20 G.G. Gervinus: Schriften zur Literatur, hg. von G. Erler, Berlin (DDR) 1962, S. 49.
21 F. Rühs: Entwurf einer Propädeutik des historischen Studiums, Berlin 1811, 2.Aufl., S. 1.
22 Vgl. dazu oben S. 34-40.
23 J.G. Droysen: Historik, hg. von P. Leyh, S. 22.
24 Positivismus heißt, daß die Denkweise der exakten Naturwissenschaften mit ihrem gesetzesförmigen Wissen und ihren empirisch-experimentellen Methoden als Norm und Vorbild für alle Wissenschaften, ja für alle wahrheitsfähige Erkenntnis gilt.
25 Siehe dazu oben S. 5-8.
26 Das Folgende ausführlicher unten S. 151-156.
27 E. Bernheim: Lehrbuch der historischen Methode und der Geschichtsphilosophie, Leipzig 1908, 5./6. Aufl.
28 Zwischen Bury und Trevelyan, dokumentiert in F. Stern (Hg.): Geschichte und Geschichtsschreibung. Möglichkeiten, Aufgaben, Methoden. Texte von Voltaire bis zur Gegenwart, München 1966, S. 214-252.
29 J.G. Droysen: Historik, hg. von P. Leyh, S. 249 ff.
30 H.-J. Pandel: Historiker als Didaktiker – Geschichtsdidaktisches Denken in der deutschen Geschichtswissenschaft vom ausgehenden 18. bis zum Ende des 19. Jahrhunderts, in: K. Bergmann/G. Schneider (Hg.): Gesellschaft – Staat – Geschichtsunterricht. Beiträge zu einer Geschichte der Geschichtsdidaktik und des Geschichtsunterrichts von 1500-1980, Düsseldorf 1982, S. 104-131.
31 W. von Humboldt: Über die innere und äußere Organisation der höheren wissenschaftlichen Lehranstalten in Berlin, in: Werke in 5 Bänden, Bd. IV: Schriften zur Politik und zum Bildungswesen, hg. von A. Flitner/K. Giel, Darmstadt 1964, S. 255-266, hier: S. 255 f. Eine zusammenfassende Geschichte des historischen Seminars fehlt bisher. Als Gesamtüberblicke zu den institutionengeschichtlichen Aspekten des Historismus vgl. H. Heimpel: Über Organisationsformen historischer Forschung in Deutschland, in: Historische Zeitschrift 189 (1959), S. 139-222; J. Engel: Die deutschen Universitäten und die Geschichtswissenschaft, in: Historische Zeitschrift 189 (1959), S. 223-378. Als Detailstudie vgl. P.E. Hübinger: Das historische Seminar der Rheinischen Friedrich-Wilhelms-Universität zu Bonn. Vorläufer – Gründung – Entwicklung. Ein Wegstück deutscher Universitätsgeschichte, Bonn 1963; zu Berlin vgl. M. Lenz: Geschichte der Königlichen Friedrich-Wilhelms-Universität zu Berlin, Bd. III, Halle 1910, S. 247-263.
32 M. Lenz: ebd., S. 248.
33 In Königsberg ist es 1832 zur ersten Seminargründung gekommen, gefolgt von Breslau 1843, München 1857, Würzburg 1859, Bonn 1861, Greifswald 1862,

Marburg und Rostock 1865, Freiburg 1870, Erlangen, Halle und Kiel 1872, Tübingen 1875, Gießen 1876, Göttingen und Leipzig 1877, Berlin 1882, Heidelberg 1890. Früher als bei den Seminaren erfolgte allerdings der zahlenmäßige Anstieg der Ordinariate; hier kam es zu den höchsten Steigerungsraten in den ersten drei Jahrzehnten des 19. Jahrhunderts.
34 P. E. Hübinger: Das historische Seminar der Rheinischen Friedrich-Wilhelms-Universität zu Bonn, S. 282, 284; vgl. hierzu auch H.-J. Pandel: Historiker als Didaktiker.
35 Zitiert nach H. Heimpel: Über Organisationsformen historischer Forschung in Deutschland, S. 155.
36 Vgl. hierzu F. Schnabel: Die Idee und die Erscheinung, in: Die Historische Kommission bei der Bayerischen Akademie der Wissenschaften 1858-1958, Göttingen 1958, S. 7-69, hier: S. 7. Ihre wichtigsten Projekte wurden die Herausgabe Deutscher Reichsakten, Städtechroniken, Handelsakten, Geschichtsquellen des 19. und 20. Jahrhunderts, der Jahrbücher der Deutschen Geschichte, der Allgemeinen und der Neuen Deutschen Biographie, u.v.m.
37 Zur Geschichte der MGH vgl. im einzelnen: H. Bresslau: Geschichte der Monumenta Germaniae Historica, Hannover 1921.
38 Zur Entwicklung des historischen Zeitschriftenwesens im deutschsprachigen Raum zwischen 1710 und 1870 vgl. J. Kirchner: Bibliographie der Zeitschriften des Deutschen Sprachgebietes, 2 Bde., Stuttgart 1969/1977 (Bd.I: S. 52-87, 362-363, Bd.II: S. 41-64).
39 Vgl. hierzu H. Heimpel: Über Organisationsformen historischer Forschung in Deutschland, S. 145.
40 Man denke nur an die intensiven Auseinandersetzungen um Karl Lamprechts Konzept der Kulturgeschichte auf dem 4. Historikertag 1896 in Innsbruck.
41 K. Heussi: Die Krisis des Historismus, S. 6.
42 Vgl. zu den institutionellen Innovationen im einzelnen demnächst: H.W. Blanke/J. Rüsen (Hg.): Transformation des Historismus. Wissenschaftsorganisation, Bildungspolitik und Paradigmawechsel vor dem Ersten Weltkrieg. Interpretationen und Dokumente.

V. Positionen und Entwicklungstrends

1 Ein typisches Werk dieser Epoche stammt von G.G. Gervinus: Geschichte der poetischen National-Literatur der Deutschen, 5 Bde., Leipzig 1835-1842.
2 G. Lukács: Die klassische Form des historischen Romans, in: Werke Bd. 6: Probleme des Realismus III, Neuwied 1965, S. 23-105.
3 Th.B. Macaulay: The History of England from the Accession of James II, Kap. 1, vol. 1, London 1906, S. 9.
4 Ebd., S. 10.
5 Ebd.
6 »Ich glaube folgendes versichern zu können: Falls eine andere Geschichte in Europa mir größer, aufschlußreicher und geeigneter dafür erschienen wäre, den Gang der Zivilisation darzustellen, als die Geschichte Frankreichs, hätte ich sie

gewählt.« F.G. Guizot: Histoire de la civilisation en France, t.I., Paris 1829, zugleich Bd. I des Cours d'histoire moderne, S. 6.
7 K. Metz: Die Resurrektion der Geschichte. Ein Beitrag zum historischen Denken Jules Michelets und zur Entstehung des Nationalismus im 19. Jahrhundert, in: Archiv für Kulturgeschichte 65 (1983), S. 451-478.
8 Karl Brandi: Zur Geschichte der historischen Hilfswissenschaften, in: Archiv für Urkundenforschung 17 (1942), S. 319-328, hier S. 324.
9 G.H. Sabine: A History of Political Theory, rev. by Th.L. Thorson, Hinsdale 1973, 4.Aufl., S. 6.
10 H.von Sybel: Vorwort zum ersten Band der Historischen Zeitschrift 1 (1859), S. III.
11 B. G. Niebuhr: Römische Geschichte, Bd. I, II, Berlin 1811/12, Bd. III, Berlin 1832 (posthum).
12 L.von Ranke: SW 33/34, Leipzig 1874, 2.Aufl.; vgl. hierzu auch E. Schulin: Rankes Erstlingswerk oder der Beginn der kritischen Geschichtsschreibung über die Neuzeit, in: ders.: Traditionskritik und Rekonstruktionsversuch. Studien zur Entwicklung von Geschichtswissenschaft und historischem Denken, Göttingen 1979, S. 44-64.
13 L.von Ranke: SW 33/34 (Vorrede zur ersten Ausgabe. Oktober 1824), S. VII.
14 Ebd., Bd. 34, S. 1-174.
15 L.von Ranke: Englische Geschichte vornehmlich im siebzehnten Jahrhundert, 2. Bd., SW 15, Leipzig 1870, S. 103.
16 Vgl. R. Vierhaus: Rankes Begriff der historischen Objektivität, in: R. Koselleck/W.J. Mommsen/J.Rüsen (Hg.): Objektivität und Parteilichkeit in der Geschichtswissenschaft (Beiträge zur Historik, Bd. 1), München 1977, S. 68.
17 W. Dilthey: Erinnerungen an deutsche Geschichtsschreiber, in: Gesammelte Schriften XI: Vom Aufgang des Geschichtlichen Bewußtseins. Jugendaufsätze und Erinnerungen, Stuttgart 1960, 3. Aufl., S. 217.
18 L.von Ranke: Analecten der englischen Geschichte, in: SW 21, Leipzig 1872, S. 114.
19 Vgl. R.Vierhaus: Ranke und die soziale Welt, Münster 1957, S. 22 ff.
20 In nahezu klassischer Form findet sich diese Vorstellung in Rankes »Die großen Mächte«, hg. von Th. Schieder, Göttingen 1963, S. 14 ff.; auch in: SW 24, Leipzig 1872, S. 1-40.
21 L.von Ranke: Über die Epochen der neueren Geschichte. Historisch-kritische Ausgabe, hg. von Th. Schieder/H.Berding: Aus Werk und Nachlaß Bd. 2, München 1971, S. 80.
22 L.von Ranke: Aufsätze zur eignen Lebensbeschreibung: Dictat vom December 1875, SW 53/54, Leipzig 1890, S. 50.
23 Ebd., S. 51.
24 C. Hinrichs: Ranke und die Geschichtstheologie der Goethezeit, Göttingen 1954.
25 In einem Brief an Friedrich von Preen, Basel, Sylvester 1872, in: Briefe. Vollständige und kritische Ausgabe, bearb. von M. Burckhardt, Bd. V, Basel 1963, S. 184; vgl. aus der Forschungsliteratur E. Fehrenbach: Die Reichsgründung in der kleindeutschen Geschichtsschreibung, in Th. Schieder/E. Deuerlein (Hg.): Reichsgründung 1870/71, Stuttgart 1970, S. 259-290.

26 Zitiert nach A. Wucher: Theodor Mommsen. Geschichtsschreibung und Politik, Göttingen 1956, S. 65.
27 J.G. Droysen: Geschichte der preußischen Politik, 14 Bde., Leipzig 1855-1886.
28 Vgl. den sehr einflußreichen Aufsatz H. Baumgartens: Der deutsche Liberalismus. Eine Selbstkritik, in: Preußische Jahrbücher 18 (1866), S. 455-515, der die dominierende Zeitströmung mit ihrer Abwendung von liberalen Grundsätzen deutlich macht.
29 H. von Sybel: Über den Stand der neueren deutschen Geschichtsschreibung (1856), in: Kleine historische Schriften Bd. I, München 1863, S. 349.
30 J.G. Droysen: Historik, hg. von P. Leyh, S. 236.
31 H.v. Sybel: Über die Gesetze des historischen Wissens, in: Vorträge und Aufsätze, Berlin 1874, S. 11.
32 J.G. Droysen: Historik, hg. von P. Leyh, S. 60.
33 Ebd., S. 28.
34 Vgl. hierzu einzelne Befunde in J. Rüsen: Der Historiker als »Parteimann des Schicksals«. G.G. Gervinus und das Konzept der objektiven Parteilichkeit im deutschen Historismus, in: R. Koselleck u.a. (Hg.): Objektivität und Parteilichkeit, S. 77 ff.; siehe auch: W.J. Mommsen: Objektivität und Parteilichkeit im historiographischen Werk Sybels und Treitschkes, ebd., S. 134 ff.
35 J.G. Droysen: Historik, hg. von P. Leyh, S. 238.
36 G.G. Gervinus: Historik (1837), in: Schriften zur Literatur, hg. von G. Erler, Berlin (DDR) 1962, S. 102 f.
37 In F. Schneider (Hg.): Universalstaat oder Nationalstaat. Macht und Ende des Ersten deutschen Reiches. Die Streitschriften von Heinrich von Sybel und Julius Ficker zur deutschen Kaiserpolitik des Mittelalters, Innsbruck 1941, S. 268.
38 Ebd., S. 138.
39 Vgl. als zeitgeschichtliches Dokument dieser Wendung des deutschen Bürgertums A.L. von Rochau: Grundsätze der Realpolitik, Stuttgart 1853. Aus der Literatur vgl. die ideologiekritischen Analysen der kleindeutschen Schule von G.G. Iggers: Deutsche Geschichtswissenschaft. Eine Kritik der traditionellen Geschichtsauffassung von Herder bis zur Gegenwart; H. Schleier: Die kleindeutsche Schule (Droysen, Sybel, Treitschke), in: Studien über die deutsche Geschichtswissenschaft Bd. I: Die deutsche Geschichtswissenschaft vom Beginn des 19. Jahrhunderts bis zur Reichseinigung von oben, hg. von J. Streisand, Berlin (DDR) 1963, S. 271 ff.
40 Vgl. W. Boehlich (Hg.): Der Berliner Antisemitismusstreit, Frankf. a. M. 1965.
41 H. von Treitschke: Briefe, Bd. 3, Leipzig 1920, S. 361.
42 Brief an H. Baumgarten, Bonn, 27. Januar 1871, in: Julius Heyderhoff (Hg.): Deutscher Liberalismus im Zeitalter Bismarcks. Eine politische Briefsammlung, Bd. I, Bonn 1925, (Neudruck 1970), S. 494.
43 Vgl. als wichtigste Literatur H.-H. Krill: Die Ranke-Renaissance. Max Lenz und Erich Marcks, Berlin 1962; H. Schleier: Die Ranke-Renaissance, in: Studien über die deutsche Geschichtswissenschaft, Bd. II: Die bürgerliche deutsche Geschichtsschreibung von der Reichseinigung von oben bis zur Befreiung Deutschlands vom Faschismus, hg. von J. Streisand, Berlin (DDR) 1965, S. 99-135; E. Fehrenbach: Rankerenaissance und Imperialismus in der wilhelminschen Zeit, in: B. Faulenbach (Hg.): Geschichtswissenschaft in Deutschland,

München 1974, S. 54-65; B. Faulenbach: Deutsche Geschichtswissenschaft zwischen Kaiserreich und NS-Diktatur, ebd., S. 66-85; H. Schleier: Die bürgerliche deutsche Geschichtsschreibung der Weimarer Republik, 2 Bde., Berlin (DDR)/Köln 1975.

44 M. Lenz: Die großen Mächte. Ein Rückblick auf unser Jahrhundert, Berlin 1900, S. 26.
45 Ders.: Wille, Macht und Schicksal – Kleine historische Schriften Bd. III, München 1922, 2. Aufl., S. 131.
46 F. Meinecke: Ranke und Burckhardt (1948), in: Werke, Bd. 7: Zur Geschichte der Geschichtsschreibung, hg. und eingel. von E. Kessel, München 1968, S. 93.
47 Zu ihnen gehörten Friedrich Meinecke, Hermann Oncken, Felix Rachfahl, Moriz Ritter, Max Lehmann, Walter Goetz, Hans Delbrück, Georg von Below.
48 Z.B. die bereits genannten Max Lenz, Erich Marcks, Georg von Below, Felix Rachfahl, aber auch: Dietrich Schäfer, Johannes Haller, Adalbert Wahl, Martin Spahn, Justus Hashagen, Otto Hoetzsch u.a. Vgl. hierzu auch B. Faulenbach: Ideologie des deutschen Weges. Die deutsche Geschichte in der Historiographie zwischen Kaiserreich und Nationalsozialismus, München 1980, S. 313 f., 442 f.; ders.: Deutsche Geschichtswissenschaft zwischen Kaiserreich und NS-Diktatur, S. 68 f.; H. Schleier: Die Ranke-Renaissance, S. 103 ff.
49 Z.B. Friedrich Meinecke, Hans Delbrück, Hermann Oncken, Max Lehmann, Walter Goetz, Otto Hintze, Wilhelm Mommsen, Willy Andreas, Hajo Holborn, Arthur Rosenberg, Felix Gilbert u.a. Eine Mittelstellung nahm eine Gruppe jüngerer Historiker ein wie z.B. Hans Rothfels, Heinrich Herzfeld, Gerhard Ritter.
50 B. Faulenbach: Ideologie des deutschen Weges. Die deutsche Geschichte in der Historiographie zwischen Kaiserreich und Nationalsozialismus.
51 Vgl. etwa D. Rüschemeyer: Partielle Modernisierung, in: W. Zapf (Hg.): Theorien des sozialen Wandels, Köln 1970, 2.Aufl., S. 382-396; H.-U. Wehler: Das deutsche Kaiserreich 1871-1918, Göttingen 1973; ders.: Modernisierungstheorie und Geschichte, Göttingen 1975.
52 J. Hashagen: Historikerpflichten im neuen Deutschland, in: Eiserne Blätter 1 (1920), S. 708 f., zitiert nach B. Faulenbach: Ideologie des deutschen Weges, S. 437 f.
53 R. Vierhaus: Walter Frank und die Geschichtswissenschaft, in: Historische Zeitschrift 207 (1968), S. 617-627, hier S. 619.
54 Brief an Siegfried A. Kaehler vom 4.7.1940, in: Friedrich Meinecke. Ausgewählter Briefwechsel, hg. von L. Dehio/P. Classen, Werke Bd. 6, Stuttgart 1962, S.363.
55 O. Hintze: Gesammelte Abhandlungen, Bd. II: Soziologie und Geschichte, hg. und eingel. von G. Oestreich, Göttingen 1964, 2.Aufl., S. 46-65.
56 Ebd., S. 48.
57 Ebd., S. 65.
58 Stellvertretend für eine Gesamtdarstellung der Geschichtswissenschaft unter dem Nationalsozialismus vgl. K.F. Werner: Das NS-Geschichtsbild und die deutsche Geschichtswissenschaft, Stuttgart 1967; ders.: Die deutsche Historiographie unter Hitler, in: B. Faulenbach (Hg.): Geschichtswissenschaft in Deutschland, S. 86-96.

59 Vgl. hierzu H. Heiber: Walter Frank und sein Reichsinstitut für Geschichte des Neuen Deutschlands, Stuttgart 1966; sowie H. Schulze: Walter Frank, in H.-U. Wehler (Hg.): Deutsche Historiker, Bd. VII, Göttingen 1980, S. 59-81.
60 Werner geht in Anlehnung an eine Untersuchung H. Mayers davon aus, daß im Hochschulbereich innerhalb von fünf Jahren nach der Machtergreifung 45% aller beamteten wissenschaftlichen Stellen neu besetzt worden sind, in: Das NS-Geschichtsbild und die deutsche Geschichtswissenschaft, S. 43.
61 So H. Rothfels: Die Geschichtswissenschaft in den 30er Jahren, in: Deutsches Geistesleben und Nationalsozialismus. Eine Vortragsreihe der Universität Tübingen, hg. von A. Flitner, Tübingen 1965, S. 92.
62 Außer Franks ›Reichsinstitut‹ wären hier noch vor allem das Amt Rosenberg, das Ministerium für Wissenschaft, Erziehung und Volksbildung unter B. Rust, sowie die SS zu nennen.
63 Stellvertretend für vieles: A. Rosenberg: Der Mythus des 20. Jahrhunderts. Eine Wertung der seelisch-geistigen Gestaltungskräfte unserer Zeit, München 1935; E. Krieck: Germanische Grundzüge im deutschen Geschichtsbild, in: Historische Zeitschrift 159 (1939), S. 524-537.
64 G. Lukacs: Die Zerstörung der Vernunft, Werke Bd. 9, Neuwied 1974, hier S. 10.
65 F. Ringer: Die Gelehrten. Der Niedergang der deutschen Mandarine 1890-1933, Stuttgart 1983, S. 392 ff.
66 Vgl. hierzu vor allem die bereits genannte Untersuchung Faulenbachs: Ideologie des deutschen Weges. Die deutsche Geschichte in der deutschen Historiographie zwischen Kaiserreich und Nationalsozialismus.
67 A. Schopenhauer: Die Welt als Wille und Vorstellung, Bd. II, Kap. 38 (Über Geschichte), in: Sämtliche Werke, hg. von A. Hübscher, Leipzig 1938, S. 507 f.
68 F. Nietzsche: Unzeitgemäße Betrachtungen. Zweites Stück: Vom Nutzen und Nachtheil der Historie für das Leben (1874), in: Nietzsche. Werke. Kritische Gesamtausgabe, hg. von G. Colli/M. Montinari, 3. Abt., 1. Bd., Berlin 1972, S. 239-330, hier S. 246.
69 O. Spengler: Der Untergang des Abendlandes. Umrisse einer Morphologie der Weltgeschichte, Bd. II: Welthistorische Perspektiven, München 1922, 16.-30. Aufl.(!), S. 634 f.
70 O. Hintze: Rasse und Nationalität und ihre Bedeutung für die Geschichte, S. 60.
71 Hg. und eingel. von W. Hofer, Werke Bd. 1, Stuttgart 1963.
72 Ebd., S. 13.
73 Ebd., S. 13.
74 C. Schmitt: Zu Friedrich Meineckes »Idee der Staatsräson«, in: Archiv für Sozialwissenschaft und Sozialpolitik 56 (1926), S. 225-234, hier S. 231 f.
75 Vgl hierzu unten S. 146-148.
76 Zu Burckhardt vgl. S. 125-130.
77 Eine endlose Flut kulturkritischer Literatur bringt dies zum Ausdruck; vgl. etwa Th. Lessing: Die verfluchte Kultur. Gedanken über den Gegensatz von Leben und Geist, München 1921; ders.: Europa und Asien (Untergang der Erde am Geist), o.O. 1930, 5. Aufl.; L. Klages: Der Geist als Widersacher der Seele, 3 Bde., Leipzig 1929-1932; Chr. Steding: Das Reich und die Krankheit der europäischen Kultur, Berlin 1935. Zum Phänomen der radikalen Kulturkritik in

der ersten Hälfte des 20. Jahrhunderts vgl. aus der Forschungsliteratur: F. Stern: Kulturpessimismus als politische Gefahr. Eine Analyse nationaler Ideologie in Deutschland, Bern 1963; K. Sontheimer: Antidemokratisches Denken in der Weimarer Republik, München 1962, 3. Aufl.

78 O. Spengler: Der Mensch und die Technik. Beitrag zu einer Philosophie des Lebens, München 1931, S. 56.

79 Ebd., S. 35.

80 E. Jünger (Hg.): Der Kampf um das Reich, o.O., o.J., Vorwort S. 9.

81 Ein besonders abstoßendes Beispiel bietet Spengler, der sich jedoch gerade damit die Bücherschränke der Zeit eroberte: »Sie (die Seele des Ur- und Naturmenschen, die Verf.) kennt den Rausch des Gefühls, wenn das Messer in den feindlichen Leib schneidet, wenn Blutgeruch und Stöhnen zu den triumphierenden Sinnen dringen. Jeder wirkliche ›Mann‹ noch in den Stätten später Kulturen fühlt zuweilen die schlafende Glut dieses Urseelentums in sich.« (O. Spengler: Der Mensch und die Technik, S. 34).

82 Chr. Steding: Das Reich und die Krankheit der europäischen Kultur, S. 574.

83 M. Lenz: Deutschland im Kreis der Großmächte 1871-1914, Berlin 1925, S. 90.

84 F. Goya: Capricho »El sueno de la razon produze monstruos«. Vgl. J. Rüsen: Historische Aufklärung im Angesicht der Post-Moderne: Geschichte im Zeitalter der »neuen Unübersichtlichkeit«, in: ders.: Zeit und Sinn. Strategien historischen Denkens, Frankfurt a. M. 1990, S.231-251, bes. S. 239 f.

85 F. Meinecke: Rezension von Walter Franks »Kämpfende Wissenschaft«, in: Historische Zeitschrift 152 (1935), S.101-103, hier S. 102.

86 Vgl. dazu unten S. 148-160.

87 W. Frank: Wir Barbaren, in: ders.: Geist und Macht. Historisch-Politische Aufsätze, Hamburg 1938, S. 151-155, hier S. 155.

88 Für Nietzsche fiel der Objektivitätsanspruch der Historie mit ihrer lebensfeindlichen Tendenz zusammen. Er erhebt aus diesem Grunde bereits den Objektivitätsverzicht zum Prinzip: »Es wäre eine Geschichtsschreibung zu denken, die keinen Tropfen der gemeinen empirischen Wahrheit in sich hat und doch im höchsten Grade auf das Prädicat der Objektivität Anspruch machen dürfte.« (F. Nietzsche: Vom Nutzen und Nachtheil der Historie für das Leben, S. 286). Als Kriterium der ›Objektivität‹ gilt für Nietzsche freilich nicht das Prinzip methodischer Rationalität, sondern der Grad der ›Lebensdienlichkeit‹ des historischen Wissens. Der Beitrag, den die Historie für die ›Gesundheit des Lebens‹ leistet, entscheidet über ihren Wert. Der Primat des Lebens als einer ›plastischen Kraft‹ ist gegenüber den methodischen Wahrheitsansprüchen der Wissenschaft bei Nietzsche fest verankert: »Nur soweit die Historie dem Leben dient, wollen wir ihr dienen.« (Ebd., S. 241).

89 W. Frank: Die deutschen Geisteswissenschaften im Kriege, in: Historische Zeitschrift 163 (1941), S. 3-19, hier S. 14. In ähnlichem Sinne vgl. von demselben: Zunft und Nation, in: Historische Zeitschrift 153 (1936), S. 6-23; ders.: Kämpfende Wissenschaft, Hamburg 1934; G. Schröder: Geschichtsschreibung als politische Erziehungsmacht, Berlin 1939.

90 F. Meinecke: Ranke und Burckhardt (1948), in: Zur Geschichte der Geschichtsschreibung, hg. und eingel. von E. Kessel, Werke Bd. 7, München 1968, S. 94.

VI. Historiographische Hegemonie und subversiver Diskurs:
Die Außenseiter des Historismus

1 W.J. Mommsen: Die Geschichtswissenschaft jenseits des Historismus, Düsseldorf 1972, 2. Aufl.
2 H.-U. Wehler (Hg.): Deutsche Historiker, 9 Bände, Göttingen 1971-1982.
3 Ebd., Bd. 1, S. 3. Eine zusammenhängende Untersuchung dieser vielfältigen Außenseiterpositionen des Historismus wäre eine lohnende Aufgabe der gegenwärtigen historiographiegeschichtlichen Forschung.
4 So G.G. Iggers: Deutsche Geschichtswissenschaft. Eine Kritik der traditionellen Geschichtsauffassung von Herder bis zur Gegenwart.
5 Ihre wichtigsten historischen Schriften: K. von Rotteck: Allgemeine Geschichte vom Anfang der historischen Kenntnis bis auf unsere Zeiten. Für denkende Geschichtsfreunde bearbeitet von Karl von Rotteck, 9 Bde., Freiburg 1833, 9. Aufl. (Erste Auflage 1812-1827, bis 1866/67 erfuhr das Werk 25! Auflagen); F.Ch. Schlosser: Weltgeschichte für das deutsche Volk, 19 Bde., Frankfurt a. M. 1844-1857 (bis 1901-1904: 5 Auflagen); ders.: Geschichte des 18. Jahrhunderts, 2 Bde., Heidelberg 1823 (neubearb. unter dem Titel: Geschichte des 18. und 19. Jahrhunderts bis zum Sturz des französischen Kaiserreichs. Mit besonderer Rücksicht auf den Gang der Literatur, 8 Bde., Heidelberg 1864-1865, 5. Aufl.).
6 Karl von Rotteck: Sammlung kleinerer Schriften meist historischen oder politischen Inhalts, Bd. 1, Stuttgart 1829, S. 49.
7 Vgl. hierzu M. Riedel: Geschichtsphilosophie als kritische Geschichtsdeutung. Kants Theorie der historischen Erkenntnis, in: ders.: Verstehen oder Erklären. Zur Theorie und Geschichte der hermeneutischen Wissenschaften, Stuttgart 1978, S. 216.
8 Zitiert bei O. Lorenz: Die Geschichtswissenschaft in Hauptrichtungen und Aufgaben, Berlin 1886, S. 70.
9 G.G. Gervinus: Friedrich Christoph Schlosser. Ein Nekrolog, Leipzig 1861, S. 57.
10 I. Kant: Beantwortung der Frage: Was ist Aufklärung?, Werkausgabe Bd. XI: Schriften zur Anthropologie, Geschichtsphilosophie, Politik und Pädagogik, hg. von W. Weischedel, Frankfurt a. M., S. 53.
11 Als Einstiegsliteratur in diese äußerst kontroverse Diskussion vgl. G.G. Iggers: Deutsche Geschichtswissenschaft; H. Lübbe: Fortschritt als Orientierungsproblem. Aufklärung in der Gegenwart, Freiburg 1975; Th. Nipperdey: Geschichte als Aufklärung, in: M. Zöller (Hg.): Aufklärung heute. Bedingungen unserer Freiheit, Zürich 1980, S. 50-62; J. Rüsen: Geschichte als Aufklärung? Oder: Das Dilemma des historischen Denkens zwischen Herrschaft und Emanzipation, in: Geschichte und Gesellschaft 7 (1981), S. 189-218; ders.: Von der Aufklärung zum Historismus. Idealtypische Perspektiven eines Strukturwandels; H. Schnädelbach: Über historistische Aufklärung, in: Allgemeine Zeitschrift für Philosophie 2 (1979), S. 17-36.
12 I. Kant: Idee zu einer allgemeinen Geschichte in weltbürgerlicher Absicht, Werkausgabe Bd. XI, S. 33; vgl. auch die den handschriftlichen Nachlaß miteinbeziehende Untersuchung M. Riedels: Geschichtsphilosophie als kritische Geschichtsdeutung. Kants Theorie der historischen Erkenntnis.

13 I. Kant: Idee zu einer allgemeinen Geschichte in weltbürgerlicher Absicht, S. 34.
14 In seiner bekanntesten Version besagt dieser: »Handle nur nach derjenigen Maxime, durch die du zugleich wollen kannst, daß sie ein allgemeines Gesetz werde.« In: Grundlegung zur Metaphysik der Sitten, Werkausgabe Bd. VII, S. 51.
15 I. Kant: Idee zu einer allgemeinen Geschichte in weltbürgerlicher Absicht, S. 35.
16 Ebd., S. 48.
17 Ebd., S. 38 f.
18 Dieser Zusammenhang erklärt auch, warum Kant die Geschichtsphilosophie als empirischen Teil der Moralphilosophie angesehen hat. Vgl. hierzu M. Riedel: Geschichtsphilosophie als kritische Geschichtsdeutung, S. 204.
19 I. Kant: Idee zu einer allgemeinen Geschichte in weltbürgerlicher Absicht, S. 47 f.
20 Ebd., S. 47.
21 Vgl. hierzu H. Schnädelbach: Über historistische Aufklärung, S. 29 ff.
22 Zu Gervinus vgl. vor allem G. Hübinger: Georg Gottfried Gervinus. Historisches Urteil und politische Kritik, Göttingen 1984; ferner L. Gall: Georg Gottfried Gervinus, in: H.-U. Wehler (Hg.): Deutsche Historiker, Bd. V, Göttingen 1972, S. 7-26; J. Rüsen: Gervinus' Kritik an der Reichsgründung. Eine Fallstudie zur Logik des historischen Urteils, in: H. Berding, u.a. (Hg.): Vom Staat des Ancien Regime zum modernen Parteienstaat. Festschrift für Th. Schieder, München 1978, S. 313-329.
23 G.G. Gervinus: Gesammelte kleine politische Schriften, Karlsruhe 1838, Historische Schriften, Bd. 7, S. 600.
24 Gervinus war in der Paulskirche Mitglied der rechtsliberalen Casino-Fraktion und kämpfte als leitender Redakteur der ›Deutschen Zeitung‹ publizistisch für einen streng legalistischen Kurs, mit eindeutiger Stoßrichtung gegen die Linke.
25 G.G. Gervinus: Einleitung in die Geschichte des neunzehnten Jahrhunderts, hg. von W. Boehlich, Frankfurt a. M. 1967, S. 13.
26 G.G. Gervinus: Geschichte der Deutschen Dichtung, Vorwort zum 1. Band der 5. Auflage, Leipzig 1871, S. VII.
27 Vgl. die Dokumentation des Prozesses bei W. Boehlich (Hg.): Der Hochverratsprozeß gegen Gervinus, Frankfurt a. M. 1967.
28 G.G. Gervinus: Einleitung, S. 179. Die achtbändige »Geschichte des neunzehnten Jahrhunderts seit den Wiener Verträgen« (Leipzig 1855-1866) selbst diente der Erstellung einer empirischen Basis, die genau diese Perspektive verifizieren sollte.
29 Wichtig aus dem umfangreichen Gesamtwerk Burckhardts vor allem: Weltgeschichtliche Betrachtungen und Historische Fragmente aus dem Nachlaß, hg. von A. Oeri/E. Dürr (Gesamtausgabe Band VII), Berlin 1929; aus der ebenfalls umfangreichen Literatur zu Burckhardt vgl. W. Hardtwig: Geschichtsschreibung zwischen Alteuropa und moderner Welt. Jacob Burckhardt in seiner Zeit, Göttingen 1974; J. Rüsen: Jacob Burckhardt, in: H.-U. Wehler (Hg.): Deutsche Historiker, Bd. III, Göttingen 1972, S. 5-28; Th. Schieder: Die historischen Krisen im Geschichtsdenken Jacob Burckhardts, in: ders.: Begegnungen mit der Geschichte, Göttingen 1962, S. 129-162.
30 GA VII, S. 426 f.
31 Ebd., S. 44 f.

32 Ebd., S. 225.
33 Ebd., S. 43.
34 Ebd., S. 60.
35 Brief an Friedrich von Preen vom 21. Februar 1878, in: Briefe Bd. VI, S. 230.
36 Vgl. hierzu J. Rüsen: Jacob Burckhardt: Political Standpoint and Historical Insight on the Border of Post-Modernism, in: History and Theory 24 (1985), S. 235-246.
37 Brief an Gottfried Kinkel vom 13. Juni 1842, in: Briefe Bd. I, S. 201.
38 GA VII, S. 283.
39 Ebd., S. 3.
40 Ebd., S. 426.
41 Um nur die wichtigsten zu nennen: Der Cicerone. Eine Anleitung zum Genuß der Kunstwerke Italiens, GA III/IV; Die Kultur der Renaissance in Italien. Ein Versuch, GA V; Griechische Kulturgeschichte, GA VIII-XI.
42 GA VII, S. 206.
43 L. von Stein: Geschichte der sozialen Bewegung in Frankreich von 1789 bis auf unsere Tage, Bd. 1, Darmstadt 1959, S. 3 (zuerst 1850); zu Stein vgl. D. Blasius: Lorenz von Stein, in: H.-U. Wehler (Hg.), Deutsche Historiker, Bd. I, Göttingen 1971, S. 25-38; E. Pankoke: Sociale Bewegung – Sociale Frage – Sociale Politik, Stuttgart 1970; zur Nationalökonomie: G. Eisermann: Die Grundlagen des Historismus in der deutschen Nationalökonomie, Stuttgart 1956; zu Hagen gibt es noch keine monographische Untersuchung.
44 M. Ritter: Die Entwicklung der Geschichtswissenschaft an den führenden Werken betrachtet, München 1919, S. 361 bzw. 359.
45 K. Hagen: Geschichte der neuesten Zeit vom Sturze Napoleons bis auf unsere Tage, Bd. 2, Braunschweig 1851, S. 767 f.
46 B. Hildebrand: Natural-, Geld- und Kreditwirtschaft, in: ders.: Die Nationalökonomie der Gegenwart und Zukunft und andere gesammelte Schriften, hg. und eingel. von H. Gehrig, Bd. 1, Jena 1922, S. 357.
47 Ders.: Die Nationalökonomie der Gegenwart und Zukunft (1848), ebd., S. 187.
48 K. Knies: Die politische Ökonomie vom Standpunkte der geschichtlichen Methode, Braunschweig 1853.
49 Ebd., S. 318.
50 G. Mayer: Radikalismus, Sozialismus, bürgerliche Demokratie, hg. von H.-U. Wehler, Frankfurt a. M. 1969; sowie: Friedrich Engels. Eine Biographie, 2 Bde., Frankfurt a. M. 1975 (Erstauflage des ersten Bandes: 1919; beide Bde.: 1932).
51 Siehe vor allem E. Eyck: Bismarck. Leben und Werk, 3 Bde., Erlenbach 1941-44; ders.: Geschichte der Weimarer Republik, 2 Bde., Erlenbach 1954-56; F. Schnabel: Deutsche Geschichte im 19. Jahrhundert, 4 Bde., Freiburg 1929-37; J. Ziekursch: Politische Geschichte des Neuen Deutschen Kaiserreiches, 3 Bde., 1925-30.
52 F. Meinecke: Zur Geschichte des älteren deutschen Parteiwesens, in: Historische Zeitschrift 118 (1917), S. 49.
53 F. Meinecke: Die Idee der Staatsräson in der neueren Geschichte, hg. von W. Hofer, Werke Bd. 1, S. 24. Siehe hierzu E. Schulin: Friedrich Meinecke und seine Stellung in der deutschen Geschichtswissenschaft, in: M. Erbe (Hg.): Friedrich Meinecke heute, Berlin 1981, S. 25-49.

54 Vgl. hierzu E. Schulin: Geistesgeschichte, Intellectual History und Histoire des Mentalites seit der Jahrhundertwende, in: ders.: Traditionskritik und Rekonstruktionsversuch: Studien zur Entwicklung von Geschichtswissenschaft und historischem Denken, Göttingen 1979, S. 144-162.
55 Vgl. hierzu G. Oestreich: Die Fachhistorie und die Anfänge der sozialgeschichtlichen Forschung in Deutschland, in: Historische Zeitschrift 208 (1969), S. 320-363. Oestreich hat durch eine systematische Auswertung von Vorlesungsverzeichnissen erstmalig eine quantitative Einschätzung sozialhistorischer Forschungen im deutschen Historismus ermöglicht; daraus ergab sich für ihn ein »Bild sozialhistorischer Aufgeschlossenheit, das noch heute jeder bedeutenden Universität zur Ehre gereichen kann.« (Ebd., S. 334).
56 O. Hintze: Gesammelte Abhandlungen, Bd. 2: Soziologie und Geschichte, hg. und eingel. von G. Oestreich, Göttingen 1964, 2.Aufl., S. 355; siehe auch J. Kocka: Otto Hintze, in: Deutsche Historiker, hg. von H.-U. Wehler, Bd. III, Göttingen 1972, S. 41-64.
57 G. Oestreich: Otto Hintzes Stellung zur Politikwissenschaft und Soziologie, Einleitung zu O. Hintze: Gesammelte Abhandlungen, Bd. 2, S. 30.
58 E. Kehr an Felix Gilbert, 12. April 1931, zitiert in: E. Kehr: Der Primat der Innenpolitik. Gesammelte Aufsätze zur preußisch-deutschen Sozialgeschichte im 19. und 20. Jahrhundert, hg. u. eingel. von H.-U. Wehler, Berlin 1965, hier: Einleitung, S. 11.
59 E. Kehr: Schlachtflottenbau und Parteipolitik 1894 bis 1901. Versuch eines Querschnitts durch die innenpolitischen, sozialen und ideologischen Voraussetzungen des deutschen Imperialismus, Berlin 1930.
60 E. Kehr an George Hallgarten, 8. Dezember 1931, zitiert nach: E. Kehr: Der Primat der Innenpolitik, Einleitung des Herausgebers, S. 14.
61 H. Berding: Arthur Rosenberg, in: H.-U. Wehler (Hg.): Deutsche Historiker, Bd. IV, Göttingen 1972, S. 81-96, hier: S. 81.
62 Das Thema seiner Habilitationsschrift lautete: »Der Staat der alten Italiker. Verfassung der Latiner, Osker, Etrusker« (1913).
63 Die Entstehung der Deutschen Republik 1871-1918, Berlin 1928; Geschichte der Deutschen Republik, Karlsbad 1935; zusammen erschienen unter dem Titel: Entstehung und Geschichte der Weimarer Republik, Frankfurt a. M. 1955, (bis 1961: 11 Auflagen).
64 Aus diesem Grunde dienten ihre Schriften auch der entstehenden Historischen Sozialwissenschaft und Gesellschaftsgeschichte seit den 60er Jahren dazu, eine Position »jenseits des Historismus« (W.J. Mommsen) zu besetzen und heuristisch, methodisch und theoretisch zu begründen.

VII. Der Historismus in der Krise:
Lamprecht-Streit und theoretische Neuansätze zu Beginn des 20. Jahrhunderts

1 D. Schäfer: Geschichte und Kulturgeschichte, Jena 1891, S. 68. Ausgelöst worden ist der Streit zwischen Schäfer und Gothein durch Schäfers Tübinger Antrittsrede: Das eigentliche Arbeitsgebiet der Geschichte, Jena 1888; auf diese

reagierte Gothein mit seiner Schrift: Die Aufgaben der Kulturgeschichte, Leipzig 1889. Vgl. hierzu G. Oestreich: Die Fachhistorie und die Anfänge der sozialgeschichtlichen Forschung in Deutschland, Historische Zeitschrift 108 (1969), S. 320-363.

2 K. Lamprecht: Deutsche Geschichte, 16 Bde., Ergänzungsbände I u. II (1+2), Freiburg i. Br. 1891-1909. Die wichtigsten Schriften und Aufsätze Lamprechts: Alte und neue Richtungen in der Geschichtswissenschaft, Berlin 1896; Was ist Kulturgeschichte?, in: Deutsche Zeitschrift für Geschichtswissenschaft, N.F., 1 (1896/7), S. 75 ff.; Der Ausgang des geschichtswissenschaftlichen Kampfes, in: Die Zukunft 20 (1897), S. 195 ff.; Die historische Methode des Herrn von Below, Berlin 1899. Vgl. auch folgende Sammelausgaben: K. Lamprecht: Ausgewählte Schriften, hg. von M. Schönebaum, Aalen 1974; Karl Lamprecht: Alternative zu Ranke. Schriften zur Geschichtstheorie, hg. von H. Schleier, Leipzig 1988.

3 G. von Below: Die neue historische Methode, in: Historische Zeitschrift 81 (1898), S. 193 ff.; Lamprechts Antwort: Die historische Methode des Herrn von Below. Zum Ablauf des Streits siehe im einzelnen F. Seifert: Der Streit um Karl Lamprechts Geschichtsphilosophie, Augsburg 1925; dort befindet sich auch eine Bibliographie aller wesentlichen Beiträge Lamprechts und seiner Gegner. Vgl. auch H. Schleier: Der Kulturhistoriker Karl Lamprecht, der »Methodenstreit« und die Folgen, in: Karl Lamprecht: Alternative zu Ranke, S. 7-45.

4 Nachweis in W.J. Mommsen: Max Weber. Gesellschaft, Politik und Geschichte, Frankfurt a. M. 1974, S. 252.

5 Diese Kritik der historistischen Ideenlehre leistete er vor allem in seiner Schrift: Alte und neue Richtungen in der Geschichtswissenschaft, Berlin 1896.

6 So der Titel einer Rezension von F. Alv, in: Preußische Jahrbücher 81 (1895), S. 199 ff.

7 G. von Below: Rezension des Aufsatzes von Lamprecht »Die Herrlichkeit Erpel«, in: Historische Zeitschrift 76 (1896), S. 478 f.

8 So bei O. Hintze: Über individualistische und kollektivistische Geschichtsauffassung, Historische Zeitschrift 78 (1897), S. 60 ff.

9 Vgl. hierzu S. 25-28.

10 K. Lamprecht: Der Ausgang des geschichtswissenschaftlichen Kampfes, in: Die Zukunft 20 (1897), S. 206.

11 K. Lamprecht: Über den Begriff der Geschichte und über historische und psychologische Gesetze, in: Annalen der Naturphilosophie 2 (1903), S. 262.

12 Ebd.

13 Vgl. hierzu L. Schorn-Schütte: Karl Lamprecht und die internationale Geschichtswissenschaft an der Jahrhundertwende, in: Archiv für Kulturgeschichte 67 (1985), S. 417-467.

14 W. Dilthey: Gesammelte Schriften, Bd. I: Einleitung in die Geisteswissenschaften. Versuch einer Grundlegung für das Studium der Gesellschaft und der Geschichte, Erster Band, Stuttgart 1965, S. XIX. Diltheys ›Kritik der historischen Vernunft‹ ist ein Torso geblieben. Obwohl er immer neue Anläufe nahm, das Werk, das er mit der »Einleitung in die Geisteswissenschaften« in Angriff genommen hatte, zu vollenden, gelang ihm dies letztlich nicht. Seine weitere Arbeit an diesem Thema dokumentieren jedoch: Der Aufbau der geschichtli-

chen Welt in den Geisteswissenschaften, GS VII, hg. von B. Groethusen, Stuttgart 1961; sowie zwei vor einigen Jahren herausgegebene Bände der Gesammelten Schriften: GS XVIII: Die Wissenschaften von Menschen, der Gesellschaft und der Geschichte. Vorarbeiten zur Einleitung in die Geisteswissenschaften (1865-1880), hg. von H. Johach und F. Rodi, Göttingen 1977; GS XIX: Grundlegung der Wissenschaften vom Menschen, der Gesellschaft und der Geschichte. Ausarbeitungen und Entwürfe zum zweiten Band der Einleitung in die Geisteswissenschaften (ca. 1870-1895), hg. von H. Johach und F. Rodi, Göttingen 1982.
15 W. Dilthey: GS I, S. XVI.
16 Ebd., S. XVIII.
17 Ders.: Voraussetzungen oder Bedingungen des Bewußtseins oder der wissenschaftlichen Erkenntnis, GS XIX, S. 44.
18 Vgl. hierzu H. Schnädelbach: Geschichtsphilosophie nach Hegel. Die Probleme des Historismus, S. 113 ff.
19 W. Dilthey: GS VII, S. 87.
20 Siehe hierzu auch H. Schnädelbach: Geschichtsphilosophie nach Hegel. Die Probleme des Historismus, S. 128.
21 W. Dilthey: GS VII, S. 278. Die vielfältigen Probleme einer hermeneutischen Begründung der Geisteswissenschaften können hier nicht weiterverfolgt werden. Sie werden diskutiert von J.Habermas: Erkenntnis und Interesse, Frankfurt a. M. 1979. 5. Aufl., S. 178-203.
22 Siehe hierzu S. 63-66.
23 In: Präludien. Aufsätze und Reden zur Philosophie und ihrer Geschichte, Bd.2, Tübingen 1924, 9. Aufl., S. 136-160.
24 H. Rickert: Kulturwissenschaft und Naturwissenschaft, Tübingen 1910, 2. Aufl., S. 1.
25 Ders.: Die Probleme der Geschichtsphilosophie. Eine Einführung, Heidelberg 1924, 3. Aufl., S. 38.
26 Ebd., S. 79.
27 Ebd., S. 69.
28 H. Rickert: Kulturwissenschaft und Naturwissenschaft, S. 145.
29 Ebd., S. 144.
30 Vgl. oben S. 25-30, 114-121.
31 Ebd., S. 150.
32 Vgl. vor allem J. Kocka: Sozialgeschichte. Begriff – Entwicklung – Probleme, Göttingen 1977; W.J. Mommsen: Max Weber. Gesellschaft, Politik und Geschichte, Frankfurt a. M. 1974.
33 F.H. Tenbruck hat die Wissenschaftslehre Max Webers als den Versuch interpretiert, angesichts einer durch Positivismus und Naturalismus heraufbeschworenen Krise des historistischen Denkens die erkenntnistheoretischen und methodologischen Grundlagen eines erneuerten Historismus herauszuarbeiten. Tenbruck stellt das wissenschaftstheoretische Werk Webers in den zeitgenössischen Konflikt zwischen der theoretischen und der historischen Schule in der deutschen Nationalökonomie. Vgl. F.H. Tenbruck: Die Genesis der Methodologie Max Webers, in: Kölner Zeitschrift für Soziologie und Sozialpsychologie 11 (1959), S. 573-630. Zu Tenbrucks These von Webers Neohistorismus vgl. vor allem S. 595 f.

34 Vgl. Webers Beitrag »Roscher und Knies und die logischen Probleme der historischen Nationalökonomie«, in: Gesammelte Aufsätze zur Wissenschaftslehre, hg. von J. Winckelmann, Tübingen 1985, 6. Aufl., S. 1-145.
35 Ebd., S. 146-214, hier S. 147.
36 Ebd., S. 180 f.
37 M. Weber: Wissenschaft als Beruf, in: Gesammelte Aufsätze zur Wissenschaftslehre, S. 582-613, hier S. 605.
38 Ebd., S. 185.
39 Ebd., S. 151. Hintergrund dieser intellektuellen Selbstbeschränkung der Wissenschaft und der Klärung ihrer Möglichkeiten und Funktionsweisen war für Weber der große zeitgenössische Bedarf an neuen Prophetien, Heilsbringern und Sinnstiftern nach dem Verlust des religiösen Deutungsmonopols gegenüber dem »wahren Sein«. Auf diesen zeitgeschichtlichen Kontext des Wertfreiheitspostulats bei Weber macht aufmerksam: W. Schluchter: Wertfreiheit und Verantwortungsethik. Zum Verhältnis von Wissenschaft und Politik bei Max Weber, Tübingen 1971, S. 12.
40 W. Weber: Gesammelte Aufsätze zur Wissenschaftslehre, S. 207.
41 Ebd., S. 207 f.

VIII. Überwindungen des Historismus

1 Siehe oben S. 58, 125-130.
2 C.G. Hempel: Grundzüge der Begriffsbildung in der empirischen Wissenschaft, Düsseldorf 1974.
3 K. Marx/ F. Engels: Deutsche Ideologie, in: dies.: Werke (MEW) Bd. 3, Berlin (DDR) 1969, S. 28.
4 Ebd., S. 26.
5 F. Engels am Grabe von K. Marx, Zitat nach F. Mehring: Über den Historischen Materialismus, Berlin (DDR) 1952, S. 41.
6 K. Marx: Vorwort zur Kritik der politischen Ökonomie (1859), in: MEW Bd. 13, Berlin (DDR) 1974, S. 9.
7 K. Marx: Grundrisse der Kritik der politischen Ökonomie (Rohentwurf) 1857-1858, Berlin (DDR) 1953, S. 25.
8 Ebd., S. 26.
9 So sprach er beispielsweise in seinem Frühwerk über die »Serbische Revolution« (1. Aufl. 1829) von einer »der allgemeinen Entwicklung des menschlichen Geschlechts entsprechenden, gesetzmäßigen Ordnung der Dinge«, SW 43/44, Leipzig 1879, S. 13.
10 G.G. Gervinus: Historik (1837), in: Schriften zur Literatur, S. 102.
11 F. Engels: Der deutsche Bauernkrieg, in: MEW Bd. 7, Berlin (DDR) 1973, S. 327-413.
12 W. Zimmermann: Allgemeine Geschichte des großen Bauernkrieges, 3 Bde. Stuttgart 1841-1843.
13 K. Lamprecht: La Méthode Historique en Allemagne, in: Revue de Syntèse Historique 1 (1900), S. 21-27.

14 Annales 1 (1929), S. 1 f.
15 Zitiert bei C. Honegger (Hg.): Schrift und Materie der Geschichte. Vorschläge zur systematischen Aneignung historischer Prozesse, Frankfurt a. M. 1977, S. 24.
16 Ebd., S. 55.
17 Ebd., S. 58 f.
18 F. Furet, Die quantitative Geschichte und die Konstruktion der historischen Tatsache, in: H. M. Baumgartner/J. Rüsen (Hg.): Seminar: Geschichte und Theorie, Frankfurt a. M. 1982, 2. Aufl., S. 100.
19 Ebd.
20 Zitiert bei C. Honegger (Hg.): Schrift und Materie der Geschichte, S. 26.
21 F. Furet: Die quantitative Geschichte, S. 109.
22 Zitiert bei C. Honegger (Hg.): Schrift und Materie der Geschichte, S. 24.
23 Vgl. dazu: H. Heimpel: Kapitulation vor der Geschichte? Gedanken zur Zeit, Göttingen 1956; R. Wittram: Das Interesse an der Geschichte. 12 Vorlesungen über Fragen des zeitgenössischen Geschichtsverständnisses, Göttingen 1958; A. Heuss: Verlust der Geschichte, Göttingen 1959.
24 W.J. Mommsen: Die Geschichtswissenschaft jenseits des Historismus, Düsseldorf 1971.
25 H.-U. Wehler: Das deutsche Kaiserreich 1871-1918, Göttingen 1977, 3. Aufl., S. 12.
26 Geschichte und Gesellschaft 1 (1975), S. 5.
27 J. Kocka: Theorien in der Sozial- und Gesellschaftsgeschichte. Vorschläge zur historischen Schichtungsanalyse, in: Geschichte und Gesellschaft 1 (1975), S. 9-42, hier S. 9.
28 L. von Ranke: Englische Geschichte vornehmlich im 17. Jahrhundert, SW 15, Leipzig 1877, S. 103.
29 Siehe oben, S. 61-63.
30 Vgl. hierzu grundlegend A. Danto: Analytische Philosopohie der Geschichte, Frankfurt a. M. 1972.
31 Vgl. hierzu H. White: Metahistory. The historical imagination in nineteenth-century Europe, Baltimore 1973; K. Röttgers: Kommunikativer Text und Zeitstruktur von Geschichten, Freiburg 1982; J. Rüsen: Die vier Typen des historischen Erzählens, in: R. Koselleck u.a. (Hg.): Formen der Geschichtsschreibung, S. 514-605; (auch in: J. Rüsen: Zeit und Sinn. Strategien historischen Denkens. Frankfurt 1990).
32 Vgl. etwa E. Bernheim: Lehrbuch der Historischen Methode und der Geschichtsphilosophie, Leipzig 1908, 5./6. Aufl.
33 H. White: Metahistory. The historical imagination in nineteenth-century Europe, S. 313.
34 W. von Humboldt: Über die Aufgabe des Geschichtsschreibers, S. 596 f.
35 M. Weber: Gesammelte Aufsätze zur Wissenschaftslehre, S. 214.
36 Ebd., S. 213.

Literaturverzeichnis

1. Primärliteratur

Georg von Below: Die neue historische Methode, in: Historische Zeitschrift, 81 (1898), S. 193-273.

Ernst Bernheim: Lehrbuch der Historischen Methode und der Geschichtsphilosophie. Mit Nachweis der wichtigsten Quellen und Hülfsmittel zum Studium der Geschichte, 5./6. Aufl. Leipzig 1908 (Leipzig 1889 unter dem Titel: Lehrbuch der Historischen Methode, Neudr. New York 1960).

Henri Berr: Sur Notre Programme, in: Revue de synthèse historique 1 (1900), S. 1-11.

Henri Berr: La Synthèse en Histoire: son Rapport avec la Synthèse Générale, Paris 1911, nouv. éd. Paris 1953.

Horst Walter Blanke/Dirk Fleischer (Hg.): Theoretiker der deutschen Aufklärungshistorie, 2 Bde., Stuttgart/Bad Cannstatt 1990.

Marc Bloch: Apologie der Geschichte oder Der Beruf des Historikers, hg. von Lucien Febvre, München 1985 (dt. Übersetzung der frz. Originalausgabe: Apologie pour l'Histoire ou Metier d'Historien).

Fernand Braudel: Ecrits sur l'Histoire, Paris 1969.

Fernand Braudel: Das Mittelmeer und die mediterrane Welt in der Epoche Phillips II., 3 Bde., Frankfurt a. M. 1990 (dt. Übersetzung der frz. Originalausgabe: La Méditerranée et le Monde Méditerranéen à l'Epoque de Philippe II., Paris 1949).

Fernand Braudel: Personal Testimony, in: Journal of Modern History, 44 (1972), S. 448-467.

Fernand Braudel: Sozialgeschichte des 15. - 18. Jahrhunderts, 3 Bde., München 1985/86, Bd. 1: Der Alltag (1985); Bd.2: Der Handel (1986); Bd.3: Aufbruch zur Weltwirtschaft (1986), (dt. Übersetzung der frz. Originalausgabe: Civilisation Matérielle, Economie et Capitalisme).

Kurt Breysig: Über Entwicklungsgeschichte, in: Deutsche Zeitschrift für Geschichtswissenschaft, N.F., 1 (1896), Monatsblätter, S. 161-174 u. S. 193-211.

Kurt Breysig: Kulturgeschichte der Neuzeit. Vergleichende Entwicklungsgeschichte der führenden Völker Europas und ihres sozialen und geistigen Lebens, Bd.1: Aufgaben und Maßstäbe einer allgemeinen Geschichtsschreibung. Ziele der Forschung, Umrisse einer historischen Staats- und Gesellschafts-, Kunst- und Wissenschaftslehre, Berlin 1900.

Kurt Breysig: Geschichtslehre, in: Grundrisse und Bausteine zur Staats- und Geschichtslehre (Festschrift für Gustav Schmoller), hg. von Kurt Breysig/Fritz Wolters/B. Vallentin/Friedrich Andreae, Berlin 1908, S. 1-40.

Jacob Burckhardt: Griechische Kulturgeschichte, 4 Bde. (Gesamtausgabe Bd. VIII-XI), hg. von Felix Stähelin und Samuel Merian, Berlin/Leipzig 1930/31.

Jacob Burckhardt: Weltgeschichtliche Betrachtungen. Historische Fragmente aus dem Nachlaß (Gesamtausgabe Bd. VII), hg. von Albert Oeri und Emil Dürr, Stuttgart 1929.

Jacob Burckhardt: Über das Studium der Geschichte. Der Text der »Weltgeschichtlichen Betrachtungen« auf Grund der Vorarbeiten von Ernst Ziegler nach den Handschriften hg. von Peter Ganz, München 1982.

Johann Martin Chladenius: Allgemeine Geschichtswissenschaft, worinnen der Grund zu einer neuen Einsicht in allen Arten der Gelahrtheit geleget wird, Leipzig 1752 (Neudr. Wien/Köln/Graz 1985).

Benedetto Croce: Zur Theorie und Geschichte der Historiographie, Tübingen 1915.

Friedrich Christoph Dahlmann: Die Politik, auf den Grund und das Maß der gegebenen Zustände zurückgeführt (Göttingen 1835), hg. von Otto Westphal, Berlin 1924.

Wilhelm Dilthey: Der Aufbau der geschichtlichen Welt in den Geisteswissenschaften, (Gesammelte Schriften, Bd. VII), hg. von Bernhard Groethuysen, Stuttgart/Göttingen 1973, 6. Aufl.; (Neuausgabe mit einer Einleitung von Manfred Riedel, Frankfurt a. M. 1981).

Wilhelm Dilthey: Die Wissenschaften vom Menschen, der Gesellschaft und der Geschichte. Vorarbeiten zur Einleitung in die Geisteswissenschaften 1865-1880 (Gesammelte Schriften, Bd. XVIII), hg. von Helmut Johach und Frithjof Rodi, Göttingen 1977.

Wilhelm Dilthey: Grundlegung der Wissenschaften vom Menschen, der Gesellschaft und der Geschichte. Ausarbeitungen und Entwürfe zum 2. Bd. der Einleitung in die Geisteswissenschaften ca. 1870-1895 (Gesammelte Schriften, Bd. XIX), hg. von Helmut Johach und Frithjof Rodi, Göttingen 1982.

Wilhelm Dilthey: Einleitung in die Geisteswissenschaften. Versuch einer Grundlegung für das Studium der Gesellschaft und der Geschichte, Bd. 1, Leipzig 1883; (Neudr.: Gesammelte Schriften, Bd. I, hg. von Bernhard Groethuysen, Leipzig/Berlin 1922, Göttingen/Zürich 1979).

Wilhelm Dilthey: Erinnerungen an deutsche Geschichtsschreiber, in: Vom Aufgang des geschichtlichen Bewußtseins. Jugendaufsätze und Erinnerungen (Gesammelte Schriften, Bd. XI), Stuttgart 1972, 4. Aufl., S. 215-231.

Johann Gustav Droysen: Historik. Historisch-kritische Ausgabe, hg. von Peter Leyh, Bd. 1: Rekonstruktion der ersten vollständigen Fassung der Vorlesungen (1857). Grundriß der Historik in der ersten handschriftlichen (1857/1858) und in der letzten gedruckten Fassung (1882), Stuttgart/Bad Cannstatt 1977.

Johann Gustav Droysen: Historik. Vorlesungen über Enzyklopädie und Methodologie der Geschichte, hg. von Rudolf Hübner, 7. Aufl., München 1974.

Johann Gustav Droysen: Die Erhebung der Geschichte zum Rang einer Wissenschaft, in: Historische Zeitschrift 9 (1863), S.1-22.

Erich Eyck: Bismarck. Leben und Werk, 3 Bde., Erlenbach 1941-44.

Erich Eyck: Geschichte der Weimarer Republik, 2 Bde., Erlenbach/Zürich, Bd. 1: 4. Aufl. 1962; Bd. 2: 3. Aufl. 1962.

Friedrich Engels: Der deutsche Bauernkrieg, in: Karl Marx/Friedrich Engels: Werke, Bd. 7, Berlin (DDR) 1973, S. 327-413.

Lucien Febvre: Das Gewissen des Historikers, hg. von Ulrich Raulff, Berlin 1988.

Adam Ferguson: Versuch über die Geschichte der bürgerlichen Gesellschaft, hg. von Zwi Batscha und Hans Medick, Frankfurt a.M. 1986 (dt. Übers. der engl. Originalausgabe: An Essay on the History of Civil Society, Edinburgh 1767).

Walter Frank: Kämpfende Wissenschaft, Hamburg 1934.

Walter Frank: Zunft und Nation, in: Historische Zeitschrift 153 (1936), S.6-23.
Walter Frank: Wir Barbaren, in: ders.: Geist und Macht. Historisch-politische Aufsätze, Hamburg 1938, S.151-155.
Walter Frank: Die deutschen Geisteswissenschaften im Kriege, in: Historische Zeitschrift 163 (1941), S.3-19.
Johann Christoph Gatterer: Vom historischen Plan, und der darauf sich gründenden Zusammenfügung der Erzählungen, in: Allgemeine Historische Bibliothek 1 (1767), S.15-89 (Neudr. in: Horst Walter Blanke/Dirk Fleischer (Hg.): Theoretiker der deutschen Aufklärungshistorie, Bd.2, Stuttgart/Bad Cannstatt 1990, S.621-661).
Johann Christoph Gatterer: Abhandlung vom Standort und Gesichtspunct des Geschichtschreibers oder der teutsche Livius, in: Allgemeine Historische Bibliothek 5 (1768), S.3-29.
Georg Gottfried Gervinus: Schriften zur Literatur, hg. von Gotthard Erler, Berlin (DDR) 1962.
Georg Gottfried Gervinus: Geschichte der poetischen National-Literatur der Deutschen, 5 Bde., Leipzig 1835-1842.
Georg Gottfried Gervinus: Gesammelte kleine politische Schriften (Historische Schriften, Bd.7), Karlsruhe 1838.
Georg Gottfried Gervinus: Einleitung in die Geschichte des neunzehnten Jahrhunderts, Leipzig 1853 (Neudr., hg. von Walter Boehlich, Frankfurt a.M. 1967).
Georg Gottfried Gervinus: Grundzüge der Historik (Leipzig 1837), in: ders.: Schriften zur Literatur, hg. von Gotthard Erler, Berlin (DDR) 1962, S.49-103.
Eberhard Gothein: Die Aufgaben der Kulturgeschichte, Jena 1891.
Francois Pierre Guillaume Guizot: Histoire de la Civilisation en France, Bd.1, Paris 1829.
Karl Hagen: Geschichte der neuesten Zeit vom Sturze Napoleons bis auf unsere Tage, 2 Bde., Braunschweig 1851.
Justus Hashagen: Historikerpflichten im neuen Deutschland, in: Eiserne Blätter 1 (1920), S.708f.
Georg Wilhelm Friedrich Hegel: Grundlinien der Philosophie des Rechts oder Naturrecht und Staatswissenschaft im Grundrisse (Werke, Bd.7), Frankfurt a.M.1970.
Georg Wilhelm Friedrich Hegel: Die Vernunft in der Geschichte, in: ders.: Vorlesungen über die Philosophie der Weltgeschichte, Bd. 1, hg. von Johannes Hoffmeister, Hamburg 1980.
Georg Friedrich Wilhelm Hegel: Die germanische Welt, in: ders.: Vorlesungen über die Philosophie der Weltgeschichte, 4. Teil, aufgrund der Handschriften hg. von Georg Lasson, Hamburg 1968, S.757-951.
Georg Wilhelm Friedrich Hegel: Phänomenologie des Geistes, Frankfurt a.M. 1973, neu hg. von Hans-Friedrich Wessels und Heinrich Clairmont, Hamburg 1988.
Johann Gottfried Herder: Auch eine Philosophie der Geschichte zur Bildung der Menschheit (1774), mit einem Nachwort von Hans-Georg Gadamer, Frankfurt a.M. 1967 (Neuausgabe, hg. von Hans-Dietrich Irmscher, Stuttgart 1990).
Julius Heyderhoff (Hg.): Deutscher Liberalismus im Zeitalter Bismarcks. Eine politische Briefsammlung, Bd.1, Bonn/Leipzig 1925 (Neudr. Die Sturmjahre der preußisch-deutschen Einigung 1859-1870. Politische Briefe aus dem Nachlaß liberaler Parteiführer (Deutsche Geschichtsquellen des 19. Jahrhunderts, Bd.18), Osnabrück 1967).

Bruno Hildebrand: Natural-, Geld- und Kreditwirtschaft, in: ders.: Die Nationalökonomie der Gegenwart und Zukunft und andere gesammelte Schriften, hg. und eingel. von Hans Gehrig, Bd. 1, Jena 1922.
Otto Hintze: Soziologie und Geschichte. Gesammelte Abhandlungen zur Soziologie, Politik und Theorie der Geschichte (Gesammelte Abhandlungen, Bd. 2), hg. und eingel. von Gerhard Oestreich, Göttingen 1964.
Otto Hintze: Über individualistische und kollektivistische Geschichtsauffassung, in: Historische Zeitschrift 78 (1897), S. 60-67.
Wilhelm von Humboldt: Über die Aufgabe des Geschichtsschreibers (1821), in: ders.: Werke in fünf Bänden, Bd. 1: Schriften zur Anthropologie und Geschichte, hg. von Andreas Flitner und Klaus Giel, 2. Aufl. Darmstadt 1969, S. 585-606.
David Hume: Philosophical Essays Concerning Human Understanding, London 1748 (Neudr. Hildesheim/Zürich/New York 1986).
Isaak Iselin: Über die Geschichte der Menschheit. Philosophische Muthmassungen (1764), verb. Aufl. Zürich 1768.
Ernst Jünger (Hg.): Der Kampf um das Reich, Essen 1929.
Immanuel Kant: Schriften zur Geschichtsphilosophie, hg. von Manfred Riedel, Stuttgart 1980.
Immanuel Kant: Grundlegung zur Metaphysik der Sitten (Werke, Akademie-Textausgabe, Bd. 4), Berlin 1968.
Immanuel Kant: Idee zu einer allgemeinen Geschichte in weltbürgerlicher Absicht (1784), in: ders.: Werke in 10 Bänden, Bd. 9, hg. von Wilhelm Weischedel, Darmstadt 1975, S. 33-50.
Immanuel Kant: Beantwortung der Frage: Was ist Aufklärung?, in: ders.: Werke in 10 Bänden, Bd. 9, hg. von Wilhelm Weischedel, Darmstadt 1983, S. 53-61.
Eckart Kehr: Der Primat der Innenpolitik. Gesammelte Aufsätze zur preußisch-deutschen Sozialgeschichte im 19. und 20. Jahrhundert, hg. und eingel. von Hans-Ulrich Wehler, Berlin 1965.
Eckart Kehr: Schlachtflottenbau und Parteipolitik 1894 bis 1901. Versuch eines Querschnittes durch die innenpolitischen, sozialen und ideologischen Voraussetzungen des deutschen Imperialismus, Berlin 1930 (Neudr. Vaduz 1965).
Johann Christian Kestner: Untersuchung der Frage: Ob sich der Nutzen der neuern Geschichte auch auf Privatpersonen erstrecke?, in: Allgemeine historische Bibliothek 4 (1767), S. 214-226.
Ludwig Klages: Der Geist als Widersacher der Seele, 3 Bde., Leipzig 1929-1932.
Karl Knies: Die politische Ökonomie vom Standpunkte der geschichtlichen Methode, Braunschweig 1853 (Neuausg. unter dem Titel: Die politische Ökonomie vom geschichtlichen Standpunkte, Osnabrück 1964).
Heinrich Martin Gottfried Köster: Über die Philosophie der Historie, Gießen 1775.
Ernst Krieck: Germanische Grundzüge im deutschen Geschichtsbild, in: Historische Zeitschrift 159 (1939), S. 524-537.
Karl Lamprecht: Ausgewählte Schriften zur Wirtschafts- und Kulturgeschichte und zur Theorie der Geschichtswissenschaft, hg. von Herbert Schönebaum, Aalen 1974.
Karl Lamprecht: Alternative zu Ranke. Schriften zur Geschichtstheorie, hg. von Hans Schleier, Leipzig 1988.
Karl Lamprecht: Deutsche Geschichte, 16 Bde und 2 Erg. Bde, Freiburg i. Br. 1891-1909.

Karl Lamprecht: Alte und neue Richtungen in der Geschichtswissenschaft. Über geschichtliche Auffassung und geschichtliche Methode. Rankes Ideenlehre und die Jungrankianer, Berlin 1896 (Neudr.in: Lamprecht: Ausgewählte Schriften, S. 174-255).

Karl Lamprecht: Was ist Kulturgeschichte? Beitrag zu einer empirischen Historik, in: Deutsche Zeitschrift für Geschichtswissenschaft 7 (1897), S. 75-150 (Neudr. in: Lamprecht: Ausgewählte Schriften, S. 257-327).

Karl Lamprecht: Der Ausgang des geschichtswissenschaftlichen Kampfes, in: Die Zukunft 20 (1897), S. 195-208 (Neudr. in: Lamprecht: Alternative zu Ranke, S. 288-306).

Karl Lamprecht: Die historische Methode des Herrn von Below, Berlin 1899.

Karl Lamprecht: La Méthode Historique en Allemagne, in: Révue de Synthèse Historique 1 (1900), S. 21-27.

Jürgen Kocka: Sozialgeschichte. Begriff – Entwicklung – Probleme, 2. erweit. Aufl. Göttingen 1986.

Max Lenz: Die großen Mächte. Ein Rückblick auf unser Jahrhundert, Berlin 1900.

Max Lenz: Wille, Macht und Schicksal (Kleine historische Schriften, Bd. 3), München/Berlin 1922.

Max Lenz: Deutschland im Kreis der Großmächte: 1871-1914, Berlin 1925.

Emmanuel Le Roy Ladurie: Die Bauern des Languedoc, Stuttgart 1983 (dt. Übersetzung der frz. Originalausgabe: Les Paysans de Languedoc).

Emmanuel Le Roy Ladurie: Le Territoire de l'Historien, Paris 1973.

Emmanuel Le Roy Ladurie: Karneval in Romans. Eine Revolte und ihr blutiges Ende 1579-1580, München 1989 (dt. Übersetzung der frz. Originalausgabe: Le Carneval de Romans: de la Chandeleur au Mercredi des Cendres 1579-1580, Paris 1979).

Theodor Lessing: Die verfluchte Kultur. Gedanken über den Gegensatz von Kultur und Leben, München 1921.

Theodor Lessing: Untergang der Erde am Geist: Europa und Asien, 3. Aufl. Hannover 1924.

John Locke: Über den menschlichen Verstand: in vier Büchern, unveränderter Nachdr. in einem Band, Hamburg 1976 (dt. Übers. der engl. Originalausgabe: An Essay Concerning Human Understanding, 1689).

Lord Thomas Babington Macaulay: The History of England from the Accession of James the Second, 10 Bde., London 1848ff. (Neudr. in 4 Bänden, London 1966-1969), dt. Ausgabe: Die Geschichte Englands seit dem Regierungsantritte Jakobs II., 11 Bde., Leipzig 1850-1861.

Karl Marx/Friedrich Engels: Die deutsche Ideologie (Karl Marx/Friedrich Engels: Werke, Bd.3), Berlin (DDR) 1969.

Karl Marx: Zur Kritik der Politischen Ökonomie, sowie Vorwort dazu (1859), in: Karl Marx/Friedrich Engels: Werke, Bd. 13, Berlin 1971, S. 7-160.

Gustav Mayer: Friedrich Engels. Eine Biographie, Berlin 1919: Bd.1; Berlin 1932: 2 Bde.

Franz Mehring: Über den historischen Materialismus, Berlin (DDR) 1952.

Friedrich Meinecke: Zur Geschichte des älteren deutschen Parteiwesens, in: Historische Zeitschrift 118 (1917), S. 46-62.

Friedrich Meinecke: Die Idee der Staatsräson in der neueren Geschichte (Werke, Bd.1), hg. und eingel. von Walther Hofer, 4. Aufl. München 1976.

Friedrich Meinecke: Allgemeines über Historismus und Aufklärungshistorie (1942), in: ders.: Zur Theorie und Philosophie der Geschichte (Werke, Bd. 4), hg. von Eberhard Kessel, 2. Aufl. Stuttgart 1965, S. 215-243.

Jules Michelet: Histoire de France, 17 Bde., 1833-1867, nouv. éd., 19 Bde., Paris 1876-1878.

Jules Michelet: Histoire de la Revolution Francaise (1847), éd. par Gerard Walter, 2 Bde., Paris 1970/71 (dt. Ausgabe: Geschichte der französischen Revolution, hg. von Friedrich M. Kircheisen, 10 Bde., Wien/Hamburg/Zürich 1929/30).

John Millar: Vom Ursprung des Unterschieds in den Rangordnungen und Ständen der Gesellschaft, Frankfurt a. M. 1967 (dt. Übers. der engl. Originalausgabe: Observations Concerning the Distinction of Rank in Society – 1771 –, endgültige Fassung 3. Aufl. 1779).

Theodor Mommsen: Römische Geschichte, 5 Bde., Berlin 1868 ff.

Barthold Georg Niebuhr: Römische Geschichte, 2 Bde., Berlin 1811/12; Bd. 3: Berlin 1832.

Friedrich Nietzsche: Unzeitgemäße Betrachtungen. Zweites Stück: Vom Nutzen und Nachtheil der Historie für das Leben (1874), in: ders.: Werke. Kritische Gesamtausgabe, hg. von Giorgio Colli und Mazzino Montinari, Bd. 3(1), Berlin/New York 1972, S. 239-330.

Leopold von Ranke: Idee der Universalhistorie (1831/32), in: Leopold von Ranke: Vorlesungseinleitungen (Aus Werk und Nachlaß, Bd. 4, hg. von Volker Dotterweich und Walther Peter Fuchs), München/Wien 1975, S. 72-89.

Leopold von Ranke: Deutsche Geschichte im Zeitalter der Reformation, 6 Bde., Berlin 1839-1842, 7. Aufl. in 6 Bänden, Leipzig 1894.

Leopold von Ranke: Die großen Mächte (Fragment historischer Ansichten), in: Historisch-politische Zeitschrift 2 (1833), S. 1-51.

Leopold von Ranke: Politisches Gespräch, in: Historisch-politische Zeitschrift 2 (1836), S. 775-807.

Leopold von Ranke: Die großen Mächte. Politisches Gespräch (mit einem Nachwort von Theodor Schieder), Göttingen 1963.

Leopold von Ranke: Über die Verwandtschaft und den Unterschied der Historie und der Politik (Berliner Antrittsrede von 1836), in: Sämtliche Werke, Bd. 24, Leipzig 1872, S. 200-293.

Leopold von Ranke: Englische Geschichte vornehmlich im 17. Jahrhundert (Sämtliche Werke, Bde. 14-22), Leipzig 1877-1879.

Leopold von Ranke: Über die Epochen der neueren Geschichte, in: Leopold von Ranke: Aus Werk und Nachlaß, Bd. 2, hg. von Theodor Schieder und Helmut Berding, München 1971.

Leopold von Ranke: Vorlesungseinleitungen, (Aus Werk und Nachlaß, Bd. 4), hg. von Volker Dotterweich und Walther Peter Fuchs, München 1975.

Heinrich Rickert: Kulturwissenschaft und Naturwissenschaft: ein Vortrag, Freiburg 1899 (6. erg. Aufl. Tübingen 1926).

Heinrich Rickert: Die Probleme der Geschichtsphilosophie: Eine Einführung, 3. Aufl. Heidelberg 1924.

August Ludwig von Rochau: Grundsätze der Realpolitik: Angewendet auf die staatlichen Zustände Deutschlands, Stuttgart 1853.

Arthur Rosenberg: Die Entstehung der Deutschen Republik 1871-1918, Berlin 1928;

Geschichte der Deutschen Republik, Karlsbad 1935; gemeinsam als: Entstehung und Geschichte der Weimarer Republik, Frankfurt a.M. 1955 (11. Aufl. 1961).
Arthur Rosenberg: Der Mythus des 20. Jahrhunderts. Eine Wertung der seelisch-geistigen Grundlagen unserer Zeit, München 1930.
Karl von Rotteck: Allgemeine Geschichte vom Anfang der historischen Kenntnis bis auf unsere Zeiten. Für denkende Geschichtsfreunde bearbeitet von Karl von Rotteck, 9 Bde. (1812-1827), 9. Aufl. Freiburg 1833 (bis 1866/67: 25 Auflagen).
Karl von Rotteck: Sammlung kleinerer Schriften meist historischen oder politischen Inhalts, Bd. 1, Stuttgart 1829.
Karl von Rotteck: Betrachtungen über den Gang, Charakter und heutigen Zustand der historischen Studien in Teutschland, in: ders.: Gesammelte und nachgelassene Schriften, hg. von Hermann von Rotteck, Bd. 1, Pforzheim 1841, S. 366-412.
Friedrich Rühs: Entwurf einer Propädeutik des historischen Studiums, 2. Aufl. Berlin 1911.
Dietrich Schäfer: Das eigentliche Arbeitsgebiet der Geschichte, Jena 1888.
Dietrich Schäfer: Geschichte und Kulturgeschichte, Jena 1891.
Friedrich Schiller: Was heißt und zu welchem Ende studiert man Universalgeschichte?, Jena 1789.
August Ludwig Schlözer: Vorstellung seiner Universal-Historie, 2 Bde., Göttingen/Gotha 1772 und 1773 (neu hg. von Horst Walter Blanke, Hagen 1990).
August Ludwig Schlözer: Über die Geschichtsverfassung, in: Gabriel Bonnot de Mably: Von der Art die Geschichte zu schreiben, oder Über die historische Kunst, übers. von Friedrich Rudolph Salzmann, Straßburg 1784, S. 1-24.
Friedrich Christoph Schlosser: Geschichte des 18. Jahrhunderts, 2 Bde., Heidelberg 1823, neubearb. unter dem Titel: Geschichte des 18. und des 19. Jahrhunderts bis zum Sturz des französischen Kaiserreichs. Mit besonderer Rücksicht auf den Gang der Literatur, 8 Bde., 5. Aufl. Heidelberg 1864-1865.
Friedrich Christoph Schlosser: Weltgeschichte für das deutsche Volk, 19 Bde., Frankfurt a. M. 1844-1857.
Franz Schnabel: Deutsche Geschichte im 19. Jahrhundert, 4 Bde., Freiburg 1929-37 (8 Bde., Freiburg 1964).
Franz Schnabel: Die Idee und die Erscheinung, in: Die Historische Kommission bei der Bayerischen Akademie der Wissenschaften 1858-1958, hg. von der Bayerischen Akademie der Wissenschaften, Göttingen 1958, S. 7-69.
Friedrich Schneider (Hg.): Universalstaat oder Nationalstaat. Macht und Ende des Ersten Deutschen Reiches. Die Streitschriften von Heinrich von Sybel und Julius Ficker zur deutschen Kaiserpolitik des Mittelalters, Innsbruck 1941.
Arthur Schopenhauer: Die Welt als Wille und Vorstellung, Bd. 2, Kap. 38: Über Geschichte, in: Sämtliche Werke, Bd. 3, hg. von Arthur Hübscher, Leipzig 1938, 2. Aufl. Wiesbaden 1949, S. 501-510.
Oswald Spengler: Der Untergang des Abendlandes. Umrisse einer Morphologie der Weltgeschichte, 2 Bde., München 1920-1922 (Neuausgabe München 1972).
Oswald Spengler: Der Mensch und die Technik. Beitrag zu einer Philosophie des Lebens, München 1931.
Christoph Steding: Das Reich und die Krankheit der europäischen Kultur (1938), 3. Aufl. Hamburg 1942.

Lorenz von Stein: Geschichte der sozialen Bewegung in Frankreich von 1789 bis auf unsere Tage (1850), 3 Bde., Darmstadt 1959.
Dugald Steward: Elements of the Philosophy of the Human Mind, London 1792 (Neudr. New York 1971).
Heinrich von Sybel: Über die Gesetze des historischen Wissens, in: ders.: Vorträge und Aufsätze (1874), 3. Aufl. Berlin 1885, S. 1-20.
Heinrich von Sybel: Über den Stand der neueren deutschen Geschichtsschreibung (1856), in: ders.: Kleine historische Schriften, Bd. 1, Stuttgart 1880, S. 350-364.
Heinrich Ritter von Srbik: Gesamtdeutsche Geschichtsauffassung, in: Deutsche Vierteljahrsschrift für Literaturwissenschaft und Geistesgeschichte 8 (1930), S. 1-12.
Heinrich von Treitschke: Deutsche Geschichte im Neunzehnten Jahrhundert, 5 Bde., Leipzig 1894-1899 (Neuausgabe der Ausgabe Leipzig 1912-1914: Königstein-Ts./Düsseldorf 1981).
Heinrich von Treitschke: Politik. Vorlesungen, gehalten an der Universität zu Berlin, hg. von Max Cornicelius, 2 Bde., Leipzig 1897/98.
Francois Marie Arouet de Voltaire: Essai sur les Moeurs et l'Esprit des Nations (1756), mit der Einl.: La Philosophie de l'Histoire (Oeuvres Complètes, Bd. 11-13), Nendeln 1967 (Reprint der Ausgabe Paris 1875-1885).
Max Weber: Gesammelte Aufsätze zur Religionssoziologie, 3 Bde., Tübingen 1978 (photomechanisch nachgedr. Aufl.: Bd.1: 8. Aufl. 1986; Bd.2: 6. Aufl. 1978; Bd. 3: 7. Aufl. 1983).
Max Weber: Gesammelte Aufsätze zur Wissenschaftslehre, hg. von Johannes Winckelmann, 5. Aufl. Tübingen 1982.
Max Weber: Die »Objektivität« sozialwissenschaftlicher und sozialpolitischer Erkenntnis, in: ders.: Gesammelte Aufsätze zur Wissenschaftslehre, hg. von Johannes Winckelmann, 5. Aufl. Tübingen 1982, S. 146-214.
Max Weber Wissenschaft als Beruf, in: ders.: Gesammelte Aufsätze zur Wissenschaftslehre, hg. von Johannes Winckelmann, 5. Aufl. Tübingen 1982, S. 582 ff.
Hans-Ulrich Wehler (Hg.): Gustav Mayer: Radikalismus, Sozialismus und bürgerliche Demokratie, Frankfurt a. M. 1969.
Hans-Ulrich Wehler: Das Deutsche Kaiserreich: 1871-1918 (Deutsche Geschichte, Bd. 9, hg. von Joachim Leuschner), 6. Aufl. Göttingen 1988.
Wilhelm Windelband: Geschichte und Naturwissenschaft (Rektoratsrede von 1894), in: ders.: Präludien. Aufsätze und Reden zur Philosophie und ihrer Geschichte, Bd. 2, 9. Aufl. Tübingen 1924, S. 136-160.
Johannes Ziekursch: Politische Geschichte des Neuen Deutschen Kaiserreiches, 3 Bde., Frankfurt a. M. 1925-1930.
Wilhelm Zimmermann: Allgemeine Geschichte des großen Bauernkrieges, 3 Bde., Stuttgart 1841-1843.

2. Sekundärliteratur

Michael Ansel: G.G. Gervinus' Geschichte der poetischen National-Literatur der Deutschen. Nationbildung auf literaturgeschichtlicher Grundlage, Frankfurt a. M. 1990.
Karl Otmar Freiherr von Aretin/Gerhard A. Ritter (Hg.): Historismus und moderne Geschichtswissenschaft, Stuttgart 1987.

Manfred Asendorf (Hg.): Aus der Aufklärung in die permanente Restauration. Geschichtswissenschaft in Deutschland, Hamburg 1974.
Maurice Aymard: The Annales and French Historiography (1929-1971), in: Journal of European Economic History 1 (1972), S. 491-511.
Hans-Michael Baumgartner/Jörn Rüsen (Hg.): Seminar: Geschichte und Theorie. Umrisse einer Historik, Frankfurt a. M. 1976.
Timo Bautz: Hegels Lehre von der Weltgeschichte. Zur logischen und systematischen Grundlegung der Hegelschen Geschichtsphilosophie, München 1988.
Ursula A.J. Becher: Geschichtsinteresse und historischer Diskurs. Ein Beitrag zur Geschichte der französischen Geschichtswissenschaft im 19. Jahrhundert, Stuttgart 1986.
Georg von Below: Die deutsche Geschichtsschreibung von den Befreiungskriegen bis zu unseren Tagen. Geschichtschreibung und Geschichtsauffassung, 2. Aufl. Leipzig 1924.
Gunther Berg: Leopold von Ranke als akademischer Lehrer. Studien zu seinen Vorlesungen und zu seinem Geschichtsdenken, Göttingen 1968.
Günter Birtsch: Die Nation als sittliche Idee. Der Nationalstaatsbegriff in Geschichtsschreibung und politischer Gedankenwelt Johann Gustav Droysens, Köln 1964.
Horst Walter Blanke/Dirk Fleischer/Jörn Rüsen: Historik als akademische Praxis. Eine Dokumentation der geschichtstheoretischen Vorlesungen an deutschsprachigen Universitäten von 1750 bis 1900, in: Dilthey-Jahrbuch für Philosophie und Geschichte der Geisteswissenschaften 1 (1983), S. 182-255.
Horst Walter Blanke/Jörn Rüsen (Hg.): Von der Aufklärung zum Historismus. Zum Strukturwandel des historischen Denkens, Paderborn/München/Wien/Zürich 1984.
Horst Walter Blanke/Dirk Fleischer: Allgemeine und historische Wahrheiten. Chladenius und der Verwissenschaftlichungsprozeß der Historie, in: Dilthey-Jahrbuch für Philosophie und Geschichte der Geisteswissenschaften 5 (1988), S. 258-270.
Horst Walter Blanke: Historiker als Beruf. Die Herausbildung des Karrieremusters ›Geschichtswissenschaftler‹ von der Aufklärung bis zum klassischen Historismus, in: Karl Ernst Jeismann (Hg.): Bildung, Staat, Gesellschaft im 19. Jahrhundert. Mobilisierung und Disziplinierung, Stuttgart 1989, S. 243-260.
Horst Walter Blanke: Die Wiederentdeckung der deutschen Aufklärungshistorie und die Begründung der Historischen Sozialwissenschaft, in: Wolfgang Prinz/Peter Weingart (Hg.): Die sog. Geisteswissenschaften: Innenansichten, Frankfurt a. M. 1990, S. 105-133.
Horst Walter Blanke: Historiographiegeschichte als Historik, Stuttgart/Bad Cannstatt 1991.
Horst Walter Blanke/Jörn Rüsen (Hg.): Transformation des Historismus. Wissenschaftsorganisation, Bildungspolitik und Paradigmawechsel vor dem Ersten Weltkrieg, Interpretationen und Dokumente (in Vorbereitung, erscheint voraussichtlich 1992).
Dirk Blasius/Eckart Pankoke: Lorenz von Stein. Geschichts- und gesellschaftswissenschaftliche Perspektiven, Darmstadt 1971.
Hans Erich Bödeker/Georg G. Iggers/Jonathan B. Knudsen/Peter H. Reill (Hg.):

Aufklärung und Geschichte. Studien zur deutschen Geschichtswissenschaft im 18. Jahrhundert, Göttingen 1986.

Walter Boehlich (Hg.): Der Berliner Antisemitismusstreit, Frankfurt a. M. 1965.

Walter Boehlich (Hg.): Der Hochverratsprozeß gegen Gervinus, Frankfurt a.M. 1967.

Karl Brandi: Zur Geschichte der historischen Hilfswissenschaften, in: Archiv für Urkundenforschung 17 (1942), S. 319-328.

Fernand Braudel: Geschichte und Sozialwissenschaften. Die longue durée, in: Claudia Honegger (Hg.): Schrift und Materie der Geschichte. Vorschläge zur systematischen Aneignung historischer Prozesse, Frankfurt a. M. 1977, S. 47-85 (zuerst in: Geschichte und Soziologie, hg. von Hans-Ulrich Wehler, Köln 1972).

Harry Breßlau: Geschichte der Monumenta Germaniae Historica, Hannover 1921 (unveränd. Nachdr. Hannover 1976).

Michael Brix/Monika Steinhauser (Hg.): Geschichte allein ist zeitgemäß. Historismus in Deutschland, Gießen 1978.

Rüdiger vom Bruch/Friedrich Wilhelm Graf/Gangolf Hübinger (Hg.): Kultur und Kulturwissenschaft um 1900, Wiesbaden 1989.

Bernhard vom Brocke: Kurt Breysig: Geschichtswissenschaft zwischen Historismus und Soziologie, Lübeck/Hamburg 1971.

Otto Büsch/Michael Erbe (Hg.): Otto Hintze und die moderne Geschichtswissenschaft. Ein Tagungsbericht, Berlin 1983.

Karl Christ: Von Gibbon zu Rostovtzeff. Leben und Werk führender Althistoriker der Neuzeit, Darmstadt 1972.

Arthur Coleman Danto: Analythische Philosophie der Geschichte, Frankfurt a. M. 1974 (dt. Übersetzung der engl. Originalausgabe: Analytical Philosophy of History, Cambridge 1965).

Ludwig Dehio: Ranke und der deutsche Imperialismus, in: Historische Zeitschrift 170 (1950), S. 307-328.

Alexander Deisenroth: Deutsches Mittelalter und deutsche Geschichtswissenschaft im 19. Jahrhundert. Irrationalität und politisches Interesse in der deutschen Mediävistik zwischen aufgeklärtem Absolutismus und erstem Weltkrieg, Rheinfelden 1983, 2. Aufl. 1985.

Harald Dickerhof: Land, Reich, Kirche im historischen Lehrbetrieb an der Universität Ingolstadt (Ignaz Schwarz 1690-1763), Berlin 1971.

Hedwig Dickerhoff-Fröhlich: Das historische Studium an der Universität München im 19. Jahrhundert. Vom Bildungsfach zum Berufsstudium, München 1979.

Volker Dotterweich: Heinrich von Sybel. Geschichtswissenschaft in politischer Absicht (1817-1861), Göttingen 1978.

Horst Dreitzel: Die Entwicklung der Historie zur Wissenschaft, in: Zeitschrift für historische Forschung 8 (1981), S. 257-284.

Michael Earmarth: Wilhelm Dilthey: The Critique of Historical Reason, Chicago 1978.

Gottfried Eisermann: Die Grundlagen des Historismus in der deutschen Nationalökonomie, Stuttgart 1956.

Josef Engel: Die deutschen Universitäten und die Geschichtswissenschaft, in: Historische Zeitschrift 189 (1959), S. 223-378.

Michael Erbe: Zur neueren französischen Sozialgeschichtsforschung. Die Gruppe um die ›Annales‹, Darmstadt 1979.

Michael Erbe (Hg.): Friedrich Meinecke heute. Bericht über ein Gedenk-Colloquium zu seinem 25. Todestag am 5. und 6. April 1979, Berlin 1981.
Karl-Dietrich Erdmann: Die Ökumene der Historiker. Geschichte der Internationalen Historikerkongresse und des Comité Internationale des Sciences Historiques, Göttingen 1987.
Essays on Historicism. Essays Presented at a Conference on Historicism Held at the Warburg Institute London, June 11-13 (1974), History and Theory, Beiheft 14, Middletown/Conn. 1975.
Karl-Georg Faber: Ausprägungen des Historismus, in: Historische Zeitschrift 228 (1979), S. 1-22.
Bernd Faulenbach: Ideologie des deutschen Weges. Die deutsche Geschichte in der Historiographie zwischen Kaiserreich und Nationalsozialismus, München 1980.
Bernd Faulenbach (Hg.): Geschichtswissenschaft in Deutschland. Traditionelle Positionen und gegenwärtige Aufgaben, München 1974.
Bernd Faulenbach: Deutsche Geschichtswissenschaft zwischen Kaiserreich und NS-Diktatur, in: ders. (Hg): Geschichtswissenschaft in Deutschland. Traditionelle Positionen und gegenwärtige Aufgaben, München 1974, S. 66-85.
Elisabeth Fehrenbach: Die Reichsgründung in der kleindeutschen Geschichtsschreibung, in: Theodor Schieder/Ernst Deuerlin (Hg.): Reichsgründung 1870/71. Tatsachen, Kontroversen, Interpretationen, Stuttgart 1970, S. 259-290.
Elisabeth Fehrenbach: Rankerenaissance und Imperialismus in der wilhelminischen Zeit, in: Bernd Faulenbach (Hg.): Geschichtswissenschaft in Deutschland. Traditionelle Positionen und gegenwärtige Aufgaben, München 1974, S. 54-65.
Egon Flaig: Angeschaute Geschichte. Zu Jacob Burckhardts »Griechische Kulturgeschichte«, Rheinfelden 1987.
Egon Flaig: Ästhetischer Historismus? Zur Ästhetisierung der Historie bei Humboldt und Burckhardt, in: Philosophisches Jahrbuch 94 (1987), S. 79-95.
Helmut Fleischer: Marxismus und Geschichte, Frankfurt a. M. 1969, 4. Aufl. 1972.
Eduard Fueter: Geschichte der neueren Historiographie, München/Berlin 1911 (Neudrucke: New York u.a. 1968; Zürich/Schwäbisch-Hall 1985).
Christoph Friederich: Sprache und Geschichte. Untersuchungen zur Hermeneutik von Johann Martin Chladenius, Meisenheim-Glan 1978.
Peter Fuchs: Palatinus Illustratus. Die historische Forschung an der kurpfälzischen Akademie der Wissenschaften, Mannheim 1963.
Francois Furet: Die quantitative Geschichte und die Konstruktion der historischen Tatsache, in: Claudia Honegger (Hg.): Schrift und Materie der Geschichte. Vorschläge zur systematischen Aneignung historischer Prozesse, Frankfurt a. M. 1977, S. 86-107.
Hans-Georg Gadamer: Hermeneutik und Historismus, in: Philosophische Rundschau 9 (1961), S. 241-276.
Imanuel Geiss: Studien über Geschichte und Geschichtswissenschaft, Frankfurt a. M. 1972.
Imanuel Geiss: Die Fischer-Kontroverse. Ein kritischer Beitrag zum Verhältnis zwischen Historiographie und Politik in der Bundesrepublik, in: ders.: Studien über Geschichte und Geschichtswissenschaft, Frankfurt a. M. 1972, S. 108-198.
Georg Gottfried Gervinus: Friedrich Christoph Schlosser. Ein Nekrolog, Leipzig 1861.

Felix Gilbert: History: Politics or Culture? Reflections on Ranke and Burckhardt, Princeton, N.J. 1990.
Wolfgang Götz: Historismus. Ein Versuch zur Definition des Begriffs, in: Zeitschrift des Deutschen Vereins für Kunstwissenschaft 25 (1971), S. 196-212.
Johann Goldfriedrich: Die historische Ideenlehre in Deutschland. Ein Beitrag zur Geschichte der Geisteswissenschaften, vornehmlich der Geschichtswissenschaft und ihrer Methoden im 18. und 19. Jahrhundert, Berlin 1902.
Michael Gottlob: Geschichtsschreibung zwischen Aufklärung und Historismus. Johannes v. Müller und Friedrich Christoph Schlosser, Bern 1989.
Dieter Groh: Kritische Geschichtswissenschaft in emanzipatorischer Absicht. Überlegungen zur Geschichtswissenschaft als Sozialwissenschaft, Stuttgart 1973.
John Grumley: History and Totality. Radical Historism from Hegel to Foucault, London 1989.
Jürgen Habermas: Erkenntnis und Interesse, (1968), 3. Aufl., Frankfurt a. M. 1975.
Jürgen Habermas: Theorie des kommunikativen Handelns, 2 Bde, Frankfurt a. M. 1981.
Jürgen Habermas: Der philosophische Diskurs der Moderne, Frankfurt a. M. 1985 (Neuausg. Frankfurt a. M. 1988).
Jürgen Habermas: Strukturwandel der Öffentlichkeit: Untersuchungen zu einer Kategorie der bürgerlichen Gesellschaft, 16. Aufl. Neuwied 1986 (Neuausg. Frankfurt a. M. 1990).
Karl Hammer/Jürgen Voß (Hg.): Historische Forschung im 18. Jahrhundert. Organisation – Zielsetzung – Ergebnisse, Bonn 1976.
Notker Hammerstein: Jus und Historie. Ein Beitrag zur Geschichte des historischen Denkens an deutschen Universitäten im späten 17. und im 18. Jahrhundert, Göttingen 1972.
Notker Hammerstein (Hg.): Deutsche Geschichtswissenschaft um 1900, Stuttgart 1988.
Wolfgang Hardtwig: Geschichtsschreibung zwischen Alteuropa und moderner Welt. Jacob Burckhardt in seiner Zeit, Göttingen 1974.
Wolfgang Hardtwig: Traditionsbruch und Erinnerung. Zur Entstehung des Historismusbegriffes, in: Michael Brix/ Monika Steinhauser (Hg.): Geschichte allein ist zeitgemäß. Historismus in Deutschland, Gießen 1978, S. 17-27.
Wolfgang Hardtwig: Kunst und Geschichte im Revolutionszeitalter. Historismus in der Kunst und der Historismusbegriff der Kunstwissenschaft, in: Archiv für Kulturgeschichte 1 (1979), S. 154-190.
Wolfgang Hardtwig: Geschichtskultur und Wissenschaft, München 1990.
Wolfgang Hardtwig: Geschichtsstudium, Geschichtswissenschaft und Geschichtstheorie in Deutschland von der Aufklärung bis zur Gegenwart, in: ders.: Geschichtskultur und Wissenschaft, München 1990, S. 13-57.
Wolfgang Hardtwig: Geschichtsreligion – Wissenschaft als Arbeit – Objektivität. Der Historismus in neuer Sicht, in: Historische Zeitschrift 252 (1991), S. 1-32.
Dietrich Harth: Biographie als Weltgeschichte. Die theoretische und ästhetische Konstruktion der historischen Handlung in Droysens ›Alexander‹ und Rankes ›Wallenstein‹, in: Deutsche Vierteljahresschrift für Literaturwissenschaft und Geistesgeschichte 54 (1980), S. 58-104.
Eckhard Heftrich: Hegel und Jacob Burckhardt. Zur Krisis des geschichtlichen Bewußtseins, Frankfurt a. M. 1967.

Helmut Heiber: Walter Frank und sein Reichsinstitut für Geschichte des neuen Deutschlands, Stuttgart 1966.
Hermann Heimpel: Kapitulation vor der Geschichte? Gedanken zur Zeit (1956), 3. Aufl. Göttingen 1960.
Hermann Heimpel: Über Organisationsformen historischer Forschung in Deutschland, in: Historische Zeitschrift 189 (1959), S. 139-222.
Guntolf Herzberg: Historismus: Wort, Begriff, Problem und die philosophische Begründung durch Wilhelm Dilthey, in: Jahrbuch für Geschichte 25 (1982), S. 259-304.
Alfred Heuss: Theodor Mommsen und das 19. Jahrhundert, Kiel 1956.
Alfred Heuss: Verlust der Geschichte, Göttingen 1959.
Karl Heussi: Die Krisis des Historismus, Tübingen 1932.
Carl Hinrichs: Ranke und die Geschichtstheologie der Goethezeit, Göttingen/Frankfurt a. M./Berlin 1954.
Otto Hintze: Johann Gustav Droysen, in: ders.: Gesammelte Abhandlungen, Bd. 2, Göttingen 1967, S. 453-499.
Otto Hintze: Troeltsch und die Probleme des Historismus. Kritische Studien, in: Historische Zeitschrift 135 (1927), S. 188-239.
Herbert Hömig: Zeitgeschichte als »kämpfende Wissenschaft«. Zur Problematik nationalsozialistischer Geschichtsschreibung, in: Historisches Jahrbuch 99 (1979), S. 355-374.
Claudia Honegger (Hg.): Schrift und Materie der Geschichte. Vorschläge zur systematischen Aneignung historischer Prozesse, Frankfurt a. M. 1977.
Claudia Honegger: Geschichte im Entstehen. Notizen zum Werdegang der Annales, in: dies.: Schrift und Materie der Geschichte. Vorschläge zur systematischen Aneignung historischer Prozesse, Frankfurt a. M. 1977, S. 7-44.
Gangolf Hübinger: Georg Gottfried Gervinus. Historisches Urteil und politische Kritik, Göttingen 1984.
Paul Egon Hübinger: Das Historische Seminar der Rheinischen Friedrich-Wilhelms-Universität zu Bonn. Vorläufer, Gründung, Entwicklung. Ein Wegstück deutscher Universitätsgeschichte, Bonn 1963.
Wilhelm von Humboldt: Über die innere und äußere Organisation der höheren wissenschaftlichen Lehranstalten in Berlin, in: Werke in 5 Bänden, Bd. 4: Schriften zur Politik und zum Bildungswesen, hg. von Andreas Flitner und Klaus Giel, Darmstadt 1964, S. 255-266.
Klemens Hying: Das Geschichtsdenken Otto Westphals und Christoph Stedings. Ein Beitrag zur Analyse der Nationalsozialistischen Geschichtsschreibung, Diss. FU Berlin 1964.
Georg G. Iggers/Konrad von Moltke (Hg.): The Theory and Practice of History. Leopold Ranke, Indianapolis/New York 1973.
Georg G. Iggers: Deutsche Geschichtswissenschaft. Eine Kritik der traditionellen Geschichtsauffassung von Herder bis zur Gegenwart, München 1971 (dt. Übersetzung der engl. Originalausgabe: The German Conception of History. The National Tradition of Historical Thought from Herder to the Present, Middletown, Conn. 1968).
Georg G. Iggers: Neue Geschichtswissenschaft. Vom Historismus zur Historischen Sozialwissenschaft. Ein internationaler Vergleich, München 1978 (rev. dt. Über-

setzung der engl. Originalausgabe: New Directions in European Historiography, Middletown/Conn. 1975).

Georg G. Iggers: The University of Göttingen 1760-1800 and the Transformation of Historical Scholarship, in: Storia della Storiografia H.2 (1982), S. 11-37.

Georg G. Iggers: Geschichtswissenschaft und Sozialgeschichtsschreibung 1890-1914. Ein internationaler Vergleich, in: Wolfgang Küttler (Hg.): Marxistische Typisierung und idealtypische Methode in der Geschichtswissenschaft, Berlin 1986, S. 234-244.

Georg G. Iggers/James M. Powell (Hg.): Leopold von Ranke and the Shaping of the Historical Discipline, Syracuse 1990.

Wolfgang Jäger: Historische Forschung und politische Kultur in Deutschland. Die Debatte 1914-1980 über den Ausbruch des Ersten Weltkrieges, Göttingen 1984.

Eckhard Keßler: Das rhetorische Modell der Historiographie, in: Reinhart Koselleck/Heinrich Lutz/Jörn Rüsen (Hg.): Formen der Geschichtsschreibung (Theorie der Geschichte. Beiträge zur Historik, Bd. 4), München 1982, S. 37-85.

Heinz-Dieter Kittsteiner: Naturabsicht und unsichtbare Hand. Zur Kritik des geschichtsphilosophischen Denkens, Frankfurt a. M. 1980.

Karl-Heinz Klingenberg (Hg.): Historismus – Aspekte zur Kunst im 19. Jahrhundert, Leipzig 1985.

Gerhard Kluchert: Geschichtsschreibung und Revolution. Die historischen Schriften von Karl Marx und Friedrich Engels 1846-1852, Stuttgart/Bad Cannstatt 1985.

Jürgen Kocka: Theorien in der Sozial- und Gesellschaftsgeschichte. Vorschläge zur historischen Schichtungsanalyse, in: Geschichte und Gesellschaft 1 (1975), S. 9-42.

Jürgen Kocka: Sozialgeschichte – Strukturgeschichte – Gesellschaftsgeschichte, in: Archiv für Sozialgeschichte 15 (1975), S. 1-42.

Jürgen Kocka: Sozialgeschichte. Begriff – Entwicklung – Probleme, Göttingen 1977.

Jürgen Kocka (Hg.): Max Weber, der Historiker, Göttingen 1986.

Jürgen Kocka: Geschichte und Aufklärung. Aufsätze, Göttingen 1989.

Irene Kohlstrunk: Logik und Historie in Droysens Geschichtstheorie. Eine Analyse von Genese und Konstitutionsprinzipien seiner ›Historik‹, Wiesbaden 1980.

Reinhart Koselleck: Vergangene Zukunft. Zur Semantik geschichtlicher Zeiten, Frankfurt a. M. 1979.

Reinhart Koselleck/Christian Meier/Odilo Engels/Horst Günther: Geschichte, Historie, in: Geschichtliche Grundbegriffe. Historisches Lexikon zur politisch-sozialen Sprache in Deutschland, hg. von Otto Brunner, Werner Conze und Reinhart Koselleck, Bd. 2, Stuttgart 1975, 2. Aufl. 1979, S. 593-717.

Reinhart Koselleck: Historia magistra vitae. Über die Auflösung des Topos im Horizont neuzeitlich bewegter Geschichte (1967), in: ders.: Vergangene Zukunft. Zur Semantik geschichtlicher Zeiten, Frankfurt a. M. 1979, S. 38-66.

Reinhart Koselleck: Liberales Geschichtsdenken, in: Liberalismus nach wie vor. Grundgedanken und Zukunftsfragen. Festschrift aus Anlaß des zweihundertjährigen Bestehens der Neuen Züricher Zeitung, Zürich 1979, S. 29-51.

Andreas Kraus: Die historische Forschung an der Churbayerischen Akademie der Wissenschaften 1759-1806, München 1959.

Andreas Kraus: Vernunft und Geschichte. Die Bedeutung der deutschen Akademien für die Entwicklung der Geschichtswissenschaft im späten 18. Jahrhundert, Freiburg/Basel/Wien 1963.

Leonhard Krieger: Ranke. The Meaning of History, Chicago/London 1977.
Hans-Heinz Krill: Die Ranke-Renaissance. Max Lenz und Erich Marcks. Ein Beitrag zum historisch-politischen Denken in Deutschland 1880-1935, Berlin 1962.
Wolfgang Küttler: Max Weber und die Geschichtswissenschaft. Möglichkeiten und Grenzen spätbürgerlicher Geschichtsperspektiven, Berlin (DDR) 1989.
Thomas Samuel Kuhn: Die Struktur wissenschaftlicher Revolutionen (1969), 4. Aufl. Frankfurt a. M. 1974 (dt. Übersetzung der engl. Originalausgabe: The Structure of Scientific Revolutions, Chicago 1964).
Max Lenz: Geschichte der Königlichen Friedrich-Wilhelms-Universität zu Berlin, 4 Bde., Halle 1910.
Marjorie Levinson: Rethinking Historicism: Critical Readings in Romantic History, Oxford 1989.
Karl Löwith: Meaning in History, Chicago/London 1949; dt. Übers.: Weltgeschichte und Heilsgeschehen. Die theologischen Voraussetzungen der Geschichtsphilosophie, Stuttgart 1953.
Ottokar Lorenz: Die Geschichtswissenschaft in Hauptrichtungen und Aufgaben kritisch erörtert, Bd. 1, Berlin 1886.
Volker Losemann: Nationalsozialismus und Antike. Studien zur Entwicklung des Faches Alte Geschichte 1933-1945, Hamburg 1977.
Hermann Lübbe: Fortschritt als Orientierungsproblem. Aufklärung in der Gegenwart, Freiburg 1975.
Alf Lüdtke (Hg.): Alltagsgeschichte. Zur Rekonstruktion historischer Erfahrungen und Lebensweisen, Frankfurt a. M./New York 1989.
Georg Lukacs: Die Zerstörung der Vernunft (Werke, Bd. 9), Neuwied 1962.
Georg Lukacs: Die klassische Form des historischen Romans, in: Werke, Bd. 6: Probleme des Realismus 3, Neuwied 1965, S. 23-105.
Karl Mannheim: Historismus, in: Archiv für Sozialwissenschaft und Sozialpolitik 52 (1924), S. 1-60.
Ralph Marks: Philosophie im Spannungsfeld zwischen Historiographie und Historismus: Studien zu Kant, Johannes von Müller und Dilthey, Frankfurt a. M. 1988.
Hans Medick: Naturzustand und Naturgeschichte der bürgerlichen Gesellschaft. Die Ursprünge der bürgerlichen Sozialtheorie als Geschichtsphilosophie und Sozialwissenschaft bei Samuel Pufendorf, John Locke und Adam Smith, Göttingen 1973.
Friedrich Meinecke: Zur Geschichte der Geschichtsschreibung (1959), Werke, Bd. 7, hg. u. eingel. von Eberhard Kessel, München 1968.
Friedrich Meinecke: Die Entstehung des Historismus, 2 Bde., München 1936 (Neudr. in: ders.: Werke, Bd. 3, hg. von Carl Hinrichs, 2. Aufl. München 1965).
Friedrich Meinecke: Ranke und Burckhardt (1948), in: ders.: Werke, Bd. 7: Zur Geschichte der Geschichtsschreibung, hg. von Eberhard Kessel, München 1968, S. 93-121.
Peter-Ulrich Merz: Max Weber und Heinrich Rickert. Die erkenntnistheoretischen Grundlagen der verstehenden Soziologie, Würzburg 1990.
Karl Heinz Metz: Grundformen historiographischen Denkens: Wissenschaftsgeschichte als Methodologie. Dargestellt an Ranke, Treitschke und Lamprecht. Mit einem Anhang über zeitgenössische Geschichtstheorie, München 1979.

Karl Heinz Metz: Die Resurrektion der Geschichte. Ein Beitrag zum historischen Denken Jules Michelets und zur Entstehung des Nationalismus im 19. Jahrhundert, in: Archiv für Kulturgeschichte 65 (1983), S. 451-478.
Horst Möller: Aufklärung in Preußen. Der Verleger, Publizist und Geschichtsschreiber Friedrich Nicolai, Berlin 1974.
Wolfgang J. Mommsen: Die Geschichtswissenschaft jenseits des Historismus (1971), 2. Aufl. Düsseldorf 1972.
Wolfgang J. Mommsen: Max Weber. Gesellschaft, Politik und Geschichte, Frankfurt a. M. 1974.
Wolfgang J. Mommsen: Objektivität und Parteilichkeit im historiographischen Werk Sybels und Treitschkes, in: Reinhart Koselleck/Wolfgang J. Mommsen/Jörn Rüsen (Hg.): Objektivität und Parteilichkeit in der Geschichtswissenschaft (Theorie der Geschichte. Beiträge zur Historik, Bd. 1), München 1977, S. 134-158.
Wolfgang J. Mommsen: Geschichte als Historische Sozialwissenschaft, in: Pietro Rossi (Hg.): Theorie der modernen Geschichtswissenschaft, Frankfurt a. M. 1987, S. 107-146.
Wolfgang J. Mommsen (Hg.): Leopold von Ranke und die moderne Geschichtswissenschaft, Stuttgart 1988.
Wolfgang J. Mommsen/Wolfgang Schwentker: Max Weber und seine Zeitgenossen, Göttingen/Zürich 1988.
Günter Mühlpfordt: Karl Hagen. Ein progressiver Historiker im Vormärz über die radikale Reformation, in: Jahrbuch für Geschichte 21 (1980), S. 63-101.
Günter Mühlpfordt: Völkergeschichte statt Fürstenhistorie. Schlözer als Begründer der kritisch-ethnischen Geschichtsforschung, in: Jahrbuch für Geschichte 25 (1982), S. 23-72.
Heinz-Joachim Müllenbrock: Der historische Roman des 19. Jahrhunderts, Heidelberg 1980.
Rudolf Wolfgang Müller/Gert Schäfer (Hg.): »Klassische« Antike und moderne Demokratie. Arthur Rosenberg zwischen Alter Geschichte und Zeitgeschichte, Politik und politischer Bildung, Göttingen/Zürich 1986.
Bernd Mütter: Die Geschichtswissenschaft in Münster zwischen Aufklärung und Historismus unter besonderer Berücksichtigung der historischen Disiplin an der Münsterschen Hochschule, Münster 1980.
Ulrich Muhlack: Geschichtswissenschaft im Humanismus und in der Aufklärung. Die Vorgeschichte des Historismus, München 1991.
Arie Nabrings: Historismus als Paralyse der Geschichte, in: Archiv für Kulturgeschichte 65 (1983), S. 157-212.
Thomas Nipperdey: Historismus und Historismuskritik heute, in: ders.: Gesellschaft, Theorie, Kultur, Göttingen 1976, S. 59-73.
Thomas Nipperdey: Geschichte als Aufklärung, in: Michael Zöller (Hg.): Aufklärung heute. Bedingungen unserer Freiheit, Zürich 1980, S. 50-62.
Carl von Noorden: Ranke und Macauly, in: Historische Zeitschrift 17 (1867), S. 87-138.
Werner Obermann: Der junge Johann Gustav Droysen. Ein Beitrag zur Entstehungsgeschichte des Historismus, Phil. Diss. Bonn 1977.
Gerhard Oestreich: Otto Hintzes Stellung zur Politikwissenschaft und Soziologie, in: Otto Hintze: Gesammelte Abhandlungen zur Soziologie, Politik und Theorie

der Geschichte, Bd. 2: Soziologie und Geschichte, 2. erw. Aufl. Göttingen 1964, Einl. S. 7-67.
Gerhard Oestreich: Die Fachhistorie und die Anfänge der sozialgeschichtlichen Forschung in Deutschland, in: Historische Zeitschrift 208 (1969), S. 320-363.
Otto Gerhard Oexle: Die Geschichtswissenschaft im Zeichen des Historismus. Bemerkungen zum Standort der Geschichtsforschung, in: Historische Zeitschrift 238 (1984), S. 17-55.
Otto Gerhard Oexle: »Historismus«. Überlegungen zur Geschichte des Phänomens und des Begriffs, in: Jahrbuch der Braunschweigischen Wissenschaftlichen Gesellschaft 1986, S. 119-155.
Hans-Jürgen Pandel: Historiker als Didaktiker – Geschichtsdidaktisches Denken in der deutschen Geschichtswissenschaft vom ausgehenden 18. bis zum Ende des 19. Jahrhunderts, in: Klaus Bergmann/Gerhard Schneider (Hg.): Gesellschaft – Staat – Geschichtsunterricht. Beiträge zu einer Geschichte der Geschichtsdidaktik und des Geschichtsunterrichts 1500-1980, Düsseldorf 1982, S. 104-131.
Hans-Jürgen Pandel: Historik und Didaktik. Das Problem der Distribution historiographisch erzeugten Wissens in der deutschen Geschichtswissenschaft von der Spätaufklärung zum Frühhistorismus, Stuttgart/Bad Cannstatt 1990.
Hans-Jürgen Pandel: Mimesis und Apodeixis. Mimetische und diskursive Erkenntnisse in den Theorien der deutschen Geschichtsschreibung im zweiten Drittel des 19. Jahrhunderts, Hagen 1991.
Eckart Pankoke: Sociale Bewegung – Sociale Frage – Sociale Politik: Grundfragen der deutschen »Socialwissenschaft« im 19. Jahrhundert, Stuttgart 1970.
Günther Pflug: Die Entwicklung der historischen Methode im 18. Jahrhundert, in: Deutsche Vierteljahrsschrift für Literaturwissenschaft und Geistesgeschichte 28 (1954), S. 447-471.
Karl Raimund Popper: Das Elend des Historizismus, Tübingen 1965 (dt. Übersetzung der engl. Originalausgabe: The Poverty of Historicism).
Lutz Raphael: Historikerkontroversen im Spannungsfeld zwischen Berufshabitus, Fächerkonkurrenz und sozialen Deutungsmustern. Lamprecht-Streit und französischer Methodenstreit der Jahrhundertwende in vergleichender Perspektive, in: Historische Zeitschrift 251 (1990), S. 325-363.
Peter Hanns Reill: The German Enlightenment and the Rise of Historicism, Berkeley/Los Angeles/London 1975.
Manfred Riedel: Geschichtsphilosophie als kritische Geschichtsdeutung. Kants Theorie der historischen Erkenntnis, in: ders.: Verstehen oder Erklären? Zur Theorie und Geschichte der hermeneutischen Wissenschaften, Stuttgart 1978.
Fritz Ringer: Die Gelehrten. Der Niedergang der deutschen Mandarine 1890-1933, Stuttgart 1983.
Gerhard Ritter: Geschichte als Bildungsmacht. Ein Beitrag zur historisch-politischen Neubesinnung, Stuttgart 1946.
Moriz Ritter: Die Entwicklung der Geschichtswissenschaft an den führenden Werken betrachtet, München/Berlin 1919.
Niklaus Röthlin: Burckhardts Stellung in der Kulturgeschichtsschreibung des 19. Jahrhunderts, in: Archiv für Kulturgeschichte 69 (1987), S. 389-406.
Kurt Röttgers: Der kommunikative Text und die Zeitstruktur von Geschichten, Freiburg 1982.

Johannes Rohbeck: Die Fortschrittstheorie der Aufklärung. Französische und englische Geschichtsphilosophie in der 2. Hälfte des 18. Jahrhunderts, Frankfurt a. M. 1987.
Pietro Rossi (Hg.): Theorie der modernen Geschichtsschreibung, Frankfurt a. M. 1987.
Erich Rothacker: Das Wort »Historismus«, in: Zeitschrift für deutsche Wortforschung 16 (1960), S. 3-6.
Hans Rothfels: Die Geschichtswissenschaft in den 30er Jahren, in: Deutsches Geistesleben und Nationalsozialismus. Eine Vortragsreihe der Universität Tübingen, hg. von Andreas Flitner, Tübingen 1965.
Reinhard Rürup (Hg.): Historische Sozialwissenschaft. Beiträge zur Einführung in die Forschungspraxis, Göttingen 1977.
Dietrich Rüschemeyer: Partielle Modernisierung, in: Wolfgang Zapf (Hg.): Theorien des sozialen Wandels, 4. Aufl. Königstein i. Ts., S. 382-396.
Jörn Rüsen: Begriffene Geschichte. Genesis und Begründung der Geschichtstheorie J.G. Droysens, Paderborn 1969.
Jörn Rüsen: Überwindung des Historismus?, in: Philosophische Rundschau 20 (1974), S. 269-286.
Jörn Rüsen: Für eine erneuerte Historik. Studien zur Theorie der Geschichtswissenschaft, Stuttgart/Bad-Cannstatt 1976.
Jörn Rüsen: Der Historiker als »Parteimann des Schicksals«. Georg Gottfried Gervinus und das Konzept der objektiven Parteilichkeit im deutschen Historismus, in: Reinhart Koselleck/Wolfgang J. Mommsen/Jörn Rüsen (Hg.): Objektivität und Parteilichkeit in der Geschichtswissenschaft (Theorie der Geschichte. Beiträge zur Historik, Bd. 1), München 1977, S. 77-124.
Jörn Rüsen: Die Uhr, der die Stunde schlägt. Geschichte als Prozeß der Kultur bei Jacob Burckhardt, in: Historische Prozesse (Theorie der Geschichte. Beiträge zur Historik, Bd. 2), hg. von Karl-Georg Faber und Christian Meier, München 1978, S. 186-217.
Jörn Rüsen: Historismus, in: Edmund Braun/Hans Radermacher (Hg.): Wissenschaftstheoretisches Lexikon, Graz/Wien/Köln 1978, S. 244-249.
Jörn Rüsen: Gervinus' Kritik an der Reichsgründung. Eine Fallstudie zur Logik des historischen Urteils, in: Helmut Berding u.a.(Hg.): Vom Staat des Ancien Regime zum modernen Parteienstaat. Festschrift für Theodor Schieder zu seinem 70. Geburtstag, München 1978, S. 313-329.
Jörn Rüsen: Theorien im Historismus, in: ders./Hans Süssmuth (Hg.): Theorien in der Geschichtswissenschaft, Düsseldorf 1980, S. 13-33.
Jörn Rüsen: Geschichte als Aufklärung? Oder: Das Dilemma des historischen Denkens zwischen Herrschaft und Emanzipation, in: Geschichte und Gesellschaft 7 (1981), S. 189-218.
Jörn Rüsen: Die vier Typen des historischen Erzählens, in: Reinhart Koselleck/ Heinrich Lutz/Jörn Rüsen (Hg.): Formen der Geschichtsschreibung (Theorie der Geschichte. Beiträge zur Historik, Bd. 4), München 1982, S. 514-604; auch in: ders.: Zeit und Sinn. Strategien historischen Denkens, Frankfurt a. M. 1990, S. 153-230.
Jörn Rüsen: Historische Vernunft. Grundzüge einer Historik I: Die Grundlagen der Geschichtswissenschaft, Göttingen 1983.

Jörn Rüsen: Von der Aufklärung zum Historismus. Idealtypische Perspektiven eines Strukturwandels, in: Horst Walter Blanke/Jörn Rüsen (Hg.): Von der Aufklärung zum Historismus. Zum Strukturwandel des historischen Denkens, Paderborn 1984, S. 15-57.

Jörn Rüsen: Jacob Burckhardt: Political Standpoint And Historical Insight on the Border of Post-Modernism, in: History and Theory 24 (1985), S. 235-246.

Jörn Rüsen: Grundlagenreflexion und Paradigmawechsel in der westdeutschen Geschichtswissenschaft, in: Geschichtsdidaktik 2 (1986), S. 36-73, auch in: ders.: Zeit und Sinn. Strategien historischen Denkens, Frankfurt a. M. 1990, S. 50-76.

Jörn Rüsen: Rekonstruktion der Vergangenheit. Grundzüge einer Historik II: Die Prinzipien der historischen Forschung, Göttingen 1986.

Jörn Rüsen: Lebendige Geschichte. Grundzüge einer Historik III: Formen und Funktionen des historischen Wissens, Göttingen 1989.

Jörn Rüsen: Zeit und Sinn. Strategien historischen Denkens, Frankfurt a. M. 1990.

Jörn Rüsen: Historische Aufklärung im Angesicht der Post-Moderne: Geschichte im Zeitalter der »neuen Unübersichtlichkeit«, in: ders.: Zeit und Sinn. Strategien historischen Denkens, Frankfurt a. M. 1990, S. 231-251.

Jörn Rüsen: Rhetorics and Aesthetics of History: Leopold von Ranke, in: History and Theory 29 (1990), S. 190-204.

Jörn Rüsen: Konfigurationen des Historismus. Studien zur deutschen Wissenschaftskultur, erscheint demnächst.

Seppo Rytkönen: Barthold Georg Niebuhr als Politiker und Historiker. Zeitgeschehen und Zeitgeist in den geschichtlichen Beurteilungen von B.G. Niebuhr, Helsinki 1968.

George Holland Sabine: A History of Political Theory, rev. by Thomas L. Thorson, 4. Aufl. Hinsdale 1973.

Friedrich Karl von Savigny: Grundgedanken der historischen Rechtsschule 1814/ 1840, 3. Aufl. Frankfurt a. M. 1965.

Lawrence A. Scaff: Fleeing the Iron Cage. Culture, Politics and Modernity in the Thought of Max Weber, Berkeley/Los Angeles/London 1989.

Theodor Schieder: Die deutsche Geschichtswissenschaft im Spiegel der Historischen Zeitschrift, in: Historische Zeitschrift 189 (1959), S. 1-104.

Theodor Schieder: Das historische Weltbild Rankes (1950), in: ders.: Begegnungen mit der Geschichte, Göttingen 1962, S. 105-128.

Theodor Schieder: Die historischen Krisen im Geschichtsdenken Jacob Burckhardts, in: ders.: Begegnungen mit der Geschichte, Göttingen 1962, S. 129-162.

Wolfgang Schieder/Volker Sellin: Sozialgeschichte in Deutschland. Entwicklungen und Perspektiven im internationalen Zusammenhang; Bd. 1: Die Sozialgeschichte innerhalb der Geschichtswissenschaft; Bd. 2: Handlungsräume des Menschen in der Geschichte; Bd.3: Soziales Verhalten und Soziale Aktionsformen in der Geschichte; Bd.4: Soziale Gruppen in der Geschichte, Göttingen 1986/87.

Gerhard Schilfert/Hans Schleier: Georg Gottfried Gervinus als Historiker, in: Joachim Streisand (Hg.): Studien über die deutsche Geschichtswissenschaft, Bd. 1: Die deutsche Geschichtswissenschaft vom Beginn des 19. Jahrhunderts bis zur Reichseinigung von oben, Berlin (DDR) 1963.

Hans Schleier: Die Ranke-Renaissance, in: Joachim Streisand (Hg.): Studien über die deutsche Geschichtswissenschaft, Bd. 2: Die bürgerliche deutsche Ge-

schichtsschreibung von der Reichseinigung von oben bis zur Befreiung Deutschlands vom Faschismus, Berlin (DDR) 1965, S. 99-135.
Hans Schleier: Die kleindeutsche Schule (Droysen, Sybel, Treitschke), in: Joachim Streisand (Hg.): Studien über die deutsche Geschichtswissenschaft, Bd. 1: Die deutsche Geschichtswissenschaft vom Beginn des 19. Jahrhunderts bis zur Reichseinigung von oben, Berlin (DDR) 1963, S. 271-310.
Hans Schleier: Die bürgerliche deutsche Geschichtsschreibung der Weimarer Republik, Bd. 1: Strömungen – Konzeptionen – Institutionen, Bd. 2: Die linksliberalen Historiker, Berlin (DDR)/Köln 1975.
Hans Schleier: Narrative und Strukturgeschichte im Historismus, in: Storia della Storiografia 10 (1986), S. 112-130.
Hans Schleier: Der Kulturhistoriker Karl Lamprecht, der »Methodenstreit« und die Folgen, in: Karl Lamprecht: Alternative zu Ranke. Schriften zur Geschichtstheorie, hg. von Hans Schleier, Leipzig 1988, S. 7-45.
Wolfgang Schluchter: Wertfreiheit und Verantwortungsethik. Zum Verhältnis von Wissenschaft und Politik bei Max Weber, Tübingen 1971.
Wolfgang Schluchter: Die Entwicklung des okzidentalen Rationalismus. Eine Analyse von Max Webers Gesellschaftsgeschichte, Tübingen 1979.
Wolfgang Schluchter: Rationalismus der Weltbeherrschung: Studien zu Max Weber, Frankfurt a. M. 1980.
Wolfgang Schluchter: Religion und Lebensführung, 2 Bde., Frankfurt a. M. 1988; Bd. 1: Studien zu Max Webers Kultur- und Werttheorie; Bd. 2: Studien zu Max Webers Religions- und Herrschaftssoziologie.
Gustav Schmidt/Jörn Rüsen (Hg.): Gelehrtenpolitik und politische Kultur in Deutschland 1830-1930, Bochum 1986.
Carl Schmitt: Zu Friedrich Meineckes »Idee der Staatsräson«, in: Archiv für Sozialwissenschaft und Sozialpolitik 56 (1926), S. 225-234.
Herbert Schnädelbach: Über historistische Aufklärung, in: Allgemeine Zeitschrift für Philosophie 2 (1979), S. 17-36.
Herbert Schnädelbach: Geschichtsphilosophie nach Hegel: Die Probleme des Historismus, Freiburg/München 1974.
Gunter Scholtz: Das Historismusproblem und die Geisteswissenschaften im 20. Jahrhundert, in: Archiv für Kulturgeschichte 71 (1989), S. 463-486.
Gunter Scholtz: Historismus, in: Joachim Ritter (Hg.): Historisches Wörterbuch der Philosophie, Bd. 3, Basel/Stuttgart 1974, Sp. 1141-1147.
Luise Schorn-Schütte: Karl Lamprecht. Kulturgeschichtsschreibung zwischen Wissenschaft und Politik, Göttingen 1984.
Luise Schorn-Schütte: Karl Lamprecht und die internationale Geschichtswissenschaft an der Jahrhundertwende, in: Archiv für Kulturgeschichte 67 (1985), S. 417-467.
Klaus Schreiner: Führertum, Rasse, Reich. Wissenschaft von der Geschichte nach der nationalsozialistischen Machtergreifung, in: Peter Lundgreen (Hg.): Wissenschaft im Dritten Reich, Frankfurt a. M. 1985, S. 163-252.
Friedrich Hermann Schubert: Franz Schnabel und die Geschichtswissenschaft des 20. Jahrhunderts, in: Historische Zeitschrift 205 (1967), S. 323-357.
Ernst Schulin: Das Problem der Individualität. Eine kritische Betrachtung des Historismus-Werkes von Friedrich Meinecke, in: Historische Zeitschrift 197 (1963), S. 102-133.

Ernst Schulin: Traditionskritik und Rekonstruktionsversuch. Studien zur Entwicklung von Geschichtswissenschaft und historischem Denken, Göttingen 1979.
Ernst Schulin: Geistesgeschichte, Intellectual History und Histoire des Mentalités seit der Jahrhundertwende, in: ders.: Traditionskritik und Rekonstruktionsversuch. Studien zur Entwicklung von Geschichtswissenschaft und historischem Denken, Göttingen 1979, S. 144-162.
Ernst Schulin: Rankes Erstlingswerk oder der Beginn der kritischen Geschichtsschreibung über die Neuzeit, in: ders.: Traditionskritik und Rekonstruktionsversuch. Studien zur Entwicklung von Geschichtswissenschaft und historischem Denken, Göttingen 1979, S. 44-64.
Ernst Schulin: Friedrich Meinecke und seine Stellung in der deutschen Geschichtswissenschaft, in: Michael Erbe (Hg.): Friedrich Meinecke heute. Bericht über ein Gedenk-Colloqium zu seinem 25. Todestag am 5. und 6. April 1979, Berlin 1981, S. 25-49.
Ernst Schulin: Zum Problem von Struktur und Narrativität in der Aufklärungshistorie, in: Storia della Storiografia 10 (1986), S. 107-111.
Ernst Schulin: Geschichtswissenschaft in unserem Jahrhundert. Probleme und Umrisse einer Geschichte der Historie, in: Historische Zeitschrift 245 (1987), S. 1-30.
Ernst Schulin: »Historiker, seid der Epoche würdig!« Zur Geschichtsschreibung im Zeitalter der Französischen Revolution – zwischen Aufklärung und Historismus, in: Tel Aviver Jahrbuch für deutsche Geschichte 18 (1989), S. 1-28.
Ernst Schulin: Vom Beruf des Jahrhunderts für die Geschichte: Das neunzehnte Jahrhundert als Epoche des Historismus, in: Arnold Esch/Jens Petersen (Hg.): Geschichte und Geschichtswissenschaft in der Kultur Italiens und Deutschlands, Tübingen 1989, S. 11-38.
Ernst Schulin (Hg.): Deutsche Geschichtswissenschaft nach dem Zweiten Weltkrieg (1945-1965), München 1989.
Winfried Schulze: Deutsche Geschichtswissenschaft nach 1945, München 1989.
Klaus Schwabe: Gerhard Ritter – Werk und Person, in: Gerhard Ritter. Ein politischer Historiker in seinen Briefen, hg. v. Klaus Schwabe und Rolf Reichardt, Boppard a. Rhein 1984, S. 1-170.
Friedrich Seifert: Der Streit um Karl Lamprechts Geschichtsphilosophie. Eine historisch-kritische Studie, Augsburg 1925.
Christian Simon: Staat und Geschichtswissenschaft in Deutschland und Frankreich 1871-1914. Situation und Werk von Geschichtsprofessoren an den Universitäten Berlin, München, Paris, 2 Bde., Bern 1988.
Kurt Sontheimer: Antidemokratisches Denken in der Weimarer Republik: Die politischen Ideen des deutschen Nationalismus zwischen 1918 und 1933, 3. Aufl. München 1962.
Peter Stadler: Geschichtsschreibung und historisches Denken in Frankreich 1789-1871, Zürich 1958.
Richard W. Sterling: Ethics in a World of Power. The Political Ideas of Friedrich Meinecke, Princeton, N.J. 1958.
Fritz Stern: Kulturpessimismus als politische Gefahr. Eine Analyse nationaler Ideologie in Deutschland, Bern/Stuttgart/Wien 1963.
Heinrich Ritter von Srbik: Geist und Geschichte vom deutschen Humanismus bis zur

Gegenwart, 2 Bde. (Bd. 2 hg. von Taras von Borodajkewycz), München/Salzburg 1950/51, 2. Aufl. 1964.
Fritz Stern (Hg.): Geschichte und Geschichtsschreibung. Möglichkeiten, Aufgaben, Methoden. Texte von Voltaire bis zur Gegenwart, München 1966.
Joachim Streisand (Hg.): Studien über die deutsche Geschichtswissenschaft, 2 Bde., Berlin (DDR) 1963 und 1965.
Theorie der Geschichte. Beiträge zur Historik, 6 Bde., München 1977 ff.; Bd. 1: Objektivität und Parteilichkeit in der Geschichtswissenschaft, hg. von Reinhart Koselleck, Wolfgang J. Mommsen und Jörn Rüsen (1977); Bd. 2: Historische Prozesse, hg. von Karl-Georg Faber und Christian Meier (1978); Bd. 3: Theorie und Erzählung in der Geschichte, hg. von Jürgen Kocka und Thomas Nipperdey (1979); Bd. 4: Formen der Geschichtsschreibung, hg. von Reinhart Koselleck, Heinrich Lutz und Jörn Rüsen (1982); Bd. 5: Historische Methode, hg. von Christian Meier und Jörn Rüsen (1988); Bd. 6: Teil und Ganzes, hg. von Karl Acham und Winfried Schulze (1990).
Friedrich Heinrich Tenbruck: Die Genesis der Methodologie Max Webers, in: Kölner Zeitschrift für Soziologie und Sozialpsychologie 11 (1959), S. 573-630.
Heiner Timmermann (Hg.): Geschichtsschreibung zwischen Wissenschaft und Politik. Deutschland – Frankreich – Polen im 19. und 20. Jahrhundert, Saarbrücken 1987.
Ernst Topitsch: Der Historismus und seine Überwindung, in: Wiener Zeitschrift für Philosophie 24 (1952), S. 96-119.
Ernst Troeltsch: Der Historismus und seine Probleme (Gesammelte Schriften, Bd. 3), Tübingen 1922.
Rudolf Vierhaus: Ranke und die soziale Welt, Münster 1957.
Rudolf Vierhaus: Walter Frank und die Geschichtswissenschaft, in: Historische Zeitschrift 207 (1968), S. 617-627.
Rudolf Vierhaus: Rankes Begriff der historischen Objektivität, in: Reinhart Koselleck/Wolfgang J. Mommsen/Jörn Rüsen (Hg.): Ojektivität und Parteilichkeit in der Geschichtswissenschaft (Theorie der Geschichte. Beiträge zur Historik, Bd. 1), München 1977, S. 63-76.
Matti Viikari: Die Krise der »historistischen« Geschichtsschreibung und die Geschichtsmethodologie Karl Lamprechts, Helsinki 1977.
Wolfgang Weber: Priester der Klio. Historisch-sozialwissenschaftliche Studien zur Herkunft und Karriere deutscher Historiker und zur Geschichte der Geschichtswissenschaft 1800-1970, 2. Aufl. Frankfurt a. M. 1987.
Franz Xaver von Wegele: Geschichte der Deutschen Historiographie seit dem Auftreten des Humanismus, München/Leipzig 1885 (Neudr.: New York 1965).
Hans-Ulrich Wehler (Hg.): Deutsche Historiker, 9 Bde., Göttingen 1971-1982.
Hans-Ulrich Wehler: Geschichte als Historische Sozialwissenschaft, Frankfurt a. M. 1973.
Hans-Ulrich Wehler: Modernisierungstheorie und Geschichte, Göttingen 1975.
Hans-Ulrich Wehler: Anwendung von Theorien in der Geschichtswissenschaft, in: Jürgen Kocka/Thomas Nipperdey (Hg.): Theorie und Erzählung in der Geschichte (Theorie der Geschichte. Beiträge zur Historik, Bd. 3), München 1979, S. 17-39.
Hans-Ulrich Wehler: Historische Sozialwissenschaft und Geschichtsschreibung. Stu-

dien zu Aufgaben und Traditionen deutscher Geschichtswissenschaft, Göttingen 1980.

Hans-Ulrich Wehler: Was ist Gesellschaftsgeschichte?, in: ders.: Aus der Geschichte lernen?, München 1988, S. 115-129.

Christoph Weisz: Geschichtsauffassung und politisches Denken. Münchener Historiker der Weimarer Zeit. Konrad Beyerle, Max Buchner, Michael Doeberl, Erich Marcks, Karl Alexander von Müller, Hermann Oncken, Berlin 1970.

Karl Ferdinand Werner: Die deutsche Historiographie unter Hitler, in: Bernd Faulenbach (Hg.): Geschichtswissenschaft in Deutschland. Traditionelle Positionen und gegenwärtige Aufgaben, München 1974, S. 86-96.

Karl Ferdinand Werner: Das NS-Geschichtsbild und die deutsche Geschichtswissenschaft, Stuttgart/Berlin/Köln/Mainz 1967.

Hermann Wesendonck: Die Begründung der neueren deutschen Geschichtsschreibung durch Gatterer und Schlözer, nebst Einleitung über Gang und Stand derselben vor diesen, Leipzig 1876.

Reinhard Wittram: Das Interesse an der Geschichte. 12 Vorlesungen über Fragen des zeitgenössischen Geschichtsverständnisses (1958), 3. Aufl. Göttingen 1968.

Hayden White: Metahistory. The Historical Imagination in Nineteenth-Century Europe, Baltimore 1973.

Hayden White: Die Bedeutung der Form. Erzählstrukturen in der Geschichtsschreibung, Frankfurt a. M. 1990 (dt. Übersetzung der engl. Originalausgabe: The Content of the Form. Narrative Discourse and Historical Representation, Baltimore 1987).

Hayden White: Droysens Historik. Geschichtsschreibung als bürgerliche Wissenschaft, in: ders.: Die Bedeutung der Form. Erzählstrukturen in der Geschichtsschreibung, Frankfurt a. M. 1990, S. 108-131.

Ulrich Wyss: Die wilde Philologie: Jacob Grimm und der Historismus, München 1979.

Barthold C. Witte: Der preußische Tacitus. Aufstieg, Ruhm und Ende des Historikers Barthold Georg Niebuhr 1776-1831, Düsseldorf 1979.

Albert Wucher: Theodor Mommsen. Geschichtsschreibung und Politik, Göttingen 1956.

Personenregister

Acton, J.D. 79
Adorno, Th.W. 127
Altenstein, K.von 82
Alv, F. 143, 210
Andreas, W. 203

Baron, H. 136
Baumgarten, H. 87, 92, 202
Below, G.von 141, 143, 152, 203
Bernheim, E. 65, 80
Berr, H. 174f.
Biedermann, K. 50
Bismarck, O.von 87, 93, 123
Bloch, M. 175
Boeckh, A. 69
Braudel, F. 177
Buckle, H.Th. 62, 186
Burckhardt, J. 24, 42f., 48, 50, 54, 58, 86, 105, 111f., 122, 125-129, 142, 162, 181
Burke, E. 21, 28f.

Chamberlain, H.St. 96f.
Chladenius, J.M. 17, 44, 59

Dahlmann, F.Chr. 29f., 51
Darwin, Ch. 145, 168
Delbrück, M. 141, 203
Dilthey, W. 64, 83f., 140, 142, 146, 148-151
Droysen, J.G. 24, 28, 34, 38, 44, 46, 49, 54, 59f., 62f., 66, 68, 74, 86-90, 137, 147f., 186
Duncker, M. 87
Durkheim, E. 174

Engels, F. 37, 133, 165-168, 174
Eyck, E. 135

Fabri, J.E. 56
Faulenbach, B. 93f.

Febvre, L. 175
Fehrenbach, E. 93
Ferguson, A. 12
Fichte, J.G. 138
Ficker, J. 90f.
Foucault, M. 127
Frank, W. 98, 109f.
Freeman, E.A. 80
Furet, F. 178-181

Gatterer, J.Chr. 15, 18f., 44, 196
Gerhard, D. 136
Gervinus, G.G. 56, 87, 90, 114f., 122-125, 171, 173, 200
Gilbert, F. 136, 203
Gobineau, J.A.von 96
Goethe, J.W.von 11
Goetz, W. 203
Gothein, E. 142
Grimm, J. 27
Grimm, W. 27
Guizot, F.G. 77

Hagen, K. 114, 122, 130f., 134
Haller, J. 203
Haller, K.L.von 85
Hardenberg, K.A. Fürst von 38
Hashagen, J. 95, 203
Häusser, L. 97, 114
Heeren, A.H.L. 15
Hegel, G.W.F. 22f., 30-38, 119f., 147, 171
Herder, J.G. 11, 21, 25f.
Herzfeld, H. 203
Heussi, K. 71
Hildebrand, B. 122, 130, 132
Hintze, O. 95-97, 103, 137-139, 141, 144, 203, 210
Hobbes, Th. 12
Hoetzsch, O. 203
Holborn, H. 136, 203

Personenregister

Horkheimer, M. 127
Humboldt, W. von 34, 38-40, 47, 67, 147, 190
Hume, D. 13, 149

Iggers, G. G. 10

Jünger, E. 106

Kaehler, S. 96
Kant, I. 115-119, 148-151
Kautsky, K. 138
Kehr, E. 135, 137-139
Klages, L. 204
Knies, K. 122, 130, 133
Kocka, J. 184

Lamprecht, K. 71, 94, 139, 141-146, 152, 156, 174f., 200
Langlois, Ch.-V. 80
Lehmann, M. 203
Lenz, M. 92-94, 107, 141, 203
Lessing, Th. 105, 108, 204
Locke, J. 12, 149
Lukács, G. 99f.

Macaulay, Th.B. 76f.
Marcks, E. 94, 203
Marx, K; Marxismus 37, 132f., 138, 144, 162f., 165-174, 179f., 183, 186f.
Masur, G. 136
Maximilian II. 69
Mayer, G. 135
Mehring, F. 143
Meinecke, F. 3, 11, 27, 96, 103-105, 108, 111f., 135f., 141, 203
Michelet, J. 78
Millar, J. 12
Möser, J. 11
Mommsen, Th. 50, 70, 74, 86-88
Mommsen, W. 203
Mommsen, W.J. 182
Monod, E. 79
Montesquieu, Ch. 11
Müller, K.A. von 98

Niebuhr, B.G. 21, 50, 81f.

Nietzsche, F. 5, 101f., 107, 109, 205
Novalis 28

Oncken, H. 141, 203

Pertz, H. 70
Popper, K.R. 8
Pufendorf, S. 12

Rachfahl, F. 141, 203
Ranke, L. von 21, 26, 34-39, 45-47, 52, 67-70, 73, 81-86, 91-94, 109, 111f., 114, 120, 143, 147, 159, 171, 185
Ricardo, D. 169
Rickert, H. 64, 140, 146, 151-157
Ringer, F. 100
Ritter, M. 131, 203, 208
Rochau, A.L. von 91, 202
Roscher, W. 122, 130
Rosenberg, A. 138f., 203
Rosenberg, H. 136
Rothfels, H. 203
Rotteck, K. von 114f.
Rühs, F. 57

Sabine, G.H. 80
Savigny, F.K. von 29, 36
Schäfer, D. 142, 203
Schleier, H. 93
Schleiermacher, F.D.E. 138
Schlözer, A.L. 15, 18
Schlosser, F.Chr. 114f., 120, 123
Schmitt, C. 105
Schmoller, G. 136f.
Schnabel, F. 135
Schnädelbach, H. 10
Schopenhauer, A. 101f.
Scott, W. 75
Seignobos, Ch. 80
Smith, A. 12, 14, 23, 133, 169
Spahn, M. 203
Spengler, O. 101, 103, 105f., 205
Spittler, T. 15
Stalin, J.W. 138
Steding, Chr. 107, 204
Stein, H.F.K. Frh. von 38, 70, 138
Stein, L. von 122, 130, 134

Stewart, D. 12
Sybel, H.von 47, 68, 74, 80, 86, 88-92

Tenbruck, F.H. 160, 211f.
Thibaut, A.F.J. 29
Thierry, A. 78
Treitschke, H.von 74, 86, 92, 109
Troeltsch, E. 7, 95

Valentin, V. 95, 135
Vierhaus, R. 95
Voltaire, F.M.A. 11, 17, 57

Vossius, G.H. 55

Wahl, A. 203
Waitz, G. 68, 91
Weber, M. 137f., 140, 143, 146, 156-160, 191
Wehler, H.-U. 113, 183
Windelband, W. 64, 151f.
Wundt, W. 144

Ziekursch, J. 135
Zimmermann, W. 174

C. H. Beck Studium

Hans Paul Bahrdt
Schlüsselbegriffe der Soziologie
Eine Einführung mit Lehrbeispielen
4. Auflage. 1991. 200 Seiten. Broschiert

Hartmut Boockmann
Einführung in die Geschichte des Mittelalters
4., durchgesehene Auflage. 1988. 165 Seiten,
25 Abbildungen auf 16 Tafeln. Broschiert

Gerhard Jäger
Einführung in die klassische Philologie
3., überarbeitete Auflage. 1990. 239 Seiten. Broschiert

John Lyons
Die Sprache
Aus dem Englischen übertragen und für den
deutschen Leser eingerichtet von Christoph Gutknecht
in Zusammenarbeit mit Heinz-Peter Menz,
unter Mitarbeit von Ingrid von Rosenberg.
3., durchgesehene Auflage. 1990. 318 Seiten,
3 Abbildungen, 4 Tabellen. Paperback

Alfred Söllner
Einführung in die römische Rechtsgeschichte
4., überarbeitete Auflage. 1990. 186 Seiten. Broschiert

David E. Wellbery (Hrsg.)
Positionen der Literaturwissenschaft
Acht Modellanalysen am Beispiel von Kleists
»Das Erdbeben von Chili«
2., durchgesehene Auflage. 1987. 194 Seiten. Broschiert

Karl Georg Faber
Theorie der Geschichtswissenschaft
5., erweiterte Auflage. 1982. 267 Seiten. Paperback
Beck'sche Reihe Band 78

Verlag C. H. Beck München